여자의 마음닦기
內訓
내훈
소혜왕후/정양완 옮겨풀어씀

동서문화사

머리글

 사람이 태어날 때, 하늘과 땅의 신령스러운 기운을 타고 나며, 오
상의 덕*¹을 안에 품고 있기 때문에 이치로 보아 옥과 돌과의 구별
이 없건만, 난초와 쑥의 차별이 있음은 무슨 까닭인가? 그것은 자기
의 몸을 닦는 도를 다함과 미처 다하지 못함에 있는 것이다.

 주(周)나라 문왕(文王)의 교화가 태사(太姒)의 밝으심에 더욱 넓어
졌고, 초(楚)나라 장왕(莊王)이 제후의 으뜸 됨 또한 번희*²의 힘에
크게 힘입었으니, 임금을 섬기고 남편을 섬기는 일이 누가 이보다 더
하겠는가.

 내 글을 읽다가 달기(妲己)의 웃음*³과 포사(褒姒)의 영총*⁴과 여

---

*1 五常之德, 다섯 가지 덕. 사람이면 의례 지켜야 할 덕목으로, 아비와 아들과는 친근함
   이 있으며, 임금과 신하 사이에는 의리가 있으며, 남편과 아내는 서로 넘나듦 없는 구별
   이 있으며, 어른과 아이는 질서가 있으며, 벗 사이에는 신의가 있음이라.
*2 樊姬, 초나라 장왕의 왕비.
*3 주(紂)가 유소씨(有蘇氏 : 나라이름)를 치니, 유소씨가 달기(妲己)를 주(紂)에게 바치거늘,
   주가 홀딱 빠져 안 들을 말이 없어서, 옳게 여기는 사람은 귀하게 하고, 미워하는 사람
   은 죽이곤 하였다. 그때 제후 중 배반하는 이가 있거늘, 달기가 말하기를 '벌이 가볍고,
   죽임이 적으면 위엄이 서지 않으리라'하며, 주를 충동하여 중한 형벌을 내리라 하였다.
   그래서 다리미를 불에 달구어 그 사람으로 하여금 들라 하니 손이 데거늘, 다시 구리
   기둥을 만들어 기름을 발라 숯불 위에 얹고 죽을 사람으로 하여금 기둥에 오르라 하
   여 달기의 웃음을 돕고, 이 형벌에다 이름을 붙여 포락형(炮烙刑)이라 하였다.
*4 유왕(幽王)이 포(襃)를 치매, 포 사람이 포사(襃姒)를 바치거늘, 왕이 홀딱 빠졌다. 포사
   가 괵석부(虢石父)와 알랑거려 신후(申后)와 태자(太子)의구(宜臼)를 헐뜯으니, 왕이 신후
   와 의구를 폐하고, 포사를 왕후로 삼고 그 아들 백복(伯服)을 태자로 삼았다. 의구가 신
   (申)땅에 쫓겨 있는데, 태사(太史) 백양(伯楊)이 이르기를 '재화(災禍)가 일어나리라. 어

희(驪姬)의 울음*5과 비연(飛燕)의 헐뜯음*6에 이르러서는 글 읽기를 그만두고도, 마음에 섬찟하게 여겨지지 않을 수 없었다.

　이로써 보건대, 나라가 태평하고 어지러움이 비록 남자의 어질고 포악함에 관계한다고 해도, 그 또한 여자의 어질고 포악함에도 달렸는지라 여자를 가르치지 않을 수가 없다. 무릇 남자는 그 마음을 툭 트인 세계에 노닐게 하고 그 뜻을 여러 미묘한 세계에 익숙하게 하여, 스스로 시비를 가리어 가히 몸가짐을 수행하도록 해야 하니, 어찌 나의 가르침을 기다린 후에야 행하겠는가. 그런데 여자는 그렇지가 아니하여 한갓 길쌈의 굵고 고움만을 달게 여기고 덕행의 높음을 알지 못하니, 이것이 내가 날마다 애닯아하는 것이다.

떻게 할까? 할 수도 없으리로다.' 하였다. 포사가 웃음을 즐기지 아니하여, 왕이 여러 가지로 달래도 짐짓 웃지 아니하더니, 왕이 제후와 더불어 약속하기를 '도적이 오면 봉화(烽火)를 들어 신호를 삼으리니, 문득 병마(兵馬)를 가지고 와서 구하라.' 하였다. 왕이 포사를 웃기려고 아무런 까닭도 없이 봉화를 드니, 제후가 왔지만 도적이 없었는데, 그때 포사가 몹시 웃었다. 또 포사가 비단 찢는 소리를 즐겨 들으매, 왕이 비단을 내어 찢게 하여 포사의 마음에 맞게 하였다. 신국(申國) 임금(신국 임금은 신후(申后)의 아버지라)이 견융(犬戎)(견은 나라 이름, 융은 되(戎))왕을 치거늘, 왕이 봉화를 들어 병마를 모았건만 병마는 오지 아니하여, 유왕을 죽이고 포사를 잡아 갔느니라.

*5 진(晋) 헌공(獻公)이 여융(驪戎)을 치자, 여융 사람이 여희(驪姬)를 바치거늘, 돌아와 해제(奚齊)를 낳았다. 제 아들을 세우고자 하여 태자에게 이르기를 "임금 꿈에 그대의 어머니를 보시니, 빨리 가서 제사지내라." 하였다. 태자가 곡옥(曲沃)에 가서 제사지내고 구운 고기(燔肉)를 보냈는데, 공은 마침 사냥 가 있어서, 여희가 대궐에 엿새(6일)를 두었다. 공이 돌아오시거늘, 약을 넣어드리며 공에게 사뢰기를 "밖에서 온 것은 그저 자셔서는 안 됩니다." 하였다. 공이 땅에 놓으니 땅이 부풀어오르고, 개에게 주니 개가 죽고, 신하에게 주니 신하가 죽거늘, 여희 울면서 이르기를 "도적이 태자에게서 났습니다." 하였다. 그래서 태자가 곡옥땅에 나가 있는데, 공이 죽이었다.

*6 한(漢) 성제(成帝)가 슬며시 나다니다가 양아 공주(陽阿公主)의 집을 지나는데 비연(飛燕)의 아우 생김새가 곱거늘, 또 불러들이니, 좌우에서 본 사람이 다 혀를 차며 칭찬하더라. 형제가 다 첩여(婕妤) 벼슬을 하니 후궁(後宮) 중에 으뜸이더니, 황후와 동열(同列)에 있던 반첩여(班婕妤)가 헐뜯기를 "상감님을 신에게 빌어 없애고자 합니다." 하였다. 왕이 곧이듣고 황후를 폐하여 소대궁(昭臺宮)에 보내었다.

또한 사람이 아무리 본디 맑게 트였더라도, 성인(聖人)의 가르침을 알지 못하고서 하루 아침에 갑자기 귀하게 되면, 이는 원숭이를 씻겨 고깔을 씌워 놓은 것이나 담에 낯을 돌려 세움과 같은 것이다. 진실로 세상에 바로 서서 남에게 말하기 어려우니, 성인의 가르침은 가히 천금(千金)으로도 그 값을 치를 수 없다고 말할 만하다.

그리고 일에는 어려움과 쉬움이 있으니, 이에 맹자(孟子)가 이르기를 "큰 산을 끼고 북녘 바다를 건너뜀을 사람이 이르되, '내 잘 못하겠다' 한다면, 이는 진실로 잘 못함이거니와, 어른을 위하여 가지를 꺾는 것을 사람이 이르되 '내 잘 못하겠다' 한다면, 이는 안 하는 것일 뿐이지, 잘 못하는 것이 아니다." 하시니, 어른을 위하여 가지를 꺾음은 쉽고 큰 산을 끼고 북녘 바다를 건넘은 어려우니, 이것으로 보건대, 몸을 바르게 하는 도(道)는 너희들이 어렵게 여길 것이 아니다.

요(堯)와 순(舜)은 천하의 큰 성인으로서, 요는 아들 단주(丹朱)를 순은 상균(商均)이라는 아들을 두었다. 엄한 아버지가 부지런히 가르치는 앞에도 오히려 어질지 못한 자식이 있거늘, 하물며 나는 홀어미(과부)라 어찌 능히 옥같은 마음을 지닌 며느리를 보겠는가.

이러기에 《소학(小學)》, 《열녀(烈女)》, 《여교(女敎)》, 《명감(明鑑)》 등이 지극히 적절하며 명백한 책이지만 권수가 자못 많아 쉬이 알지 못할 것이므로, 이 네 권 중에 가히 중요한 말을 가려내어 일곱 장(章)으로 만들어 너희에게 준다.

슬프다. 한 몸의 가르침이 다 이에 있거니, 한번 그 도를 잃으면 비록 뉘우친들 가히 미칠 것인가? 너희들이 마음에 새기고 뼈에 새겨 날마다 성인과 다름없도록 기약하라. 밝은 거울은 맑고 맑으니 어찌 조심치 아니할 것인가?

성화(成化) 을미(乙未 1475) 초겨울 어느 날

內訓序

凡人之生, 稟天地之靈, 含五常之德, 理無玉石之殊, 而有蘭艾之異, 何則, 在於修身之道, 盡與未盡矣.

周文之化, 益廣於太姒之明. 楚莊之霸, 多在於樊姬之力. 事君事夫, 孰勝於此. 余讀書而至於妲己之咲, 褒姒之寵, 驪姬之泣, 飛燕之讒, 未嘗不廢書寒心.

由此觀之. 治亂興亡, 雖關夫主之明闇, 亦繫婦人之臧否, 不可不教.

大抵男子游心於浩然, 玩志乎衆妙, 自別是非, 可以持己, 何待我教而後行也. 女子不然, 徒甘紡績之粗細, 不知德行之迫雲, 是余之日恨也.

且人雖素清通, 不見聖學, 而一旦遽貴, 則是沐猴而冠, 面墙而立. 固難立之於世, 語之於人. 聖人謨訓, 可謂千金不償矣.

且事難易, 孟子曰: 挾太山以超北海, 語人曰: 我不能. 是誠不能也. 爲長者折枝, 語人曰: 我不能. 是不爲也, 非不能也. 爲長者折枝易. 挾太山超北海難. 以此觀之. 修身之道, 非若等所難也.

堯舜天下大聖, 而子有丹朱商均. 嚴父孜訓之前, 尚有不淑之子. 況余寡母, 能見玉心之婦耶. 是以小學·烈女·女敎·明鑑, 至切且明, 而卷秩頗多, 未易可曉. 玆取四書之中, 可要之言, 著爲七章, 以螯汝等.

嗚呼. 一身之敎, 盡在於斯. 一失其道, 雖悔可追. 汝等銘神刻骨, 日期於聖. 明鑑昭昭, 可不戒歟.

成化乙未孟冬有日.

여자의 마음닦기
내훈
차례

내훈 권 제1

제1 말씨와 몸가짐
언행장言行章

《이씨여계(李氏女戒)》에 이르되,

마음에 간직함이 정(情)이요 입 밖으로 내는 것이 말이니, 말은 영(榮)과 욕(辱), 친(親)과 소(疏)의 관계가 좌우되는, 문의 지도리(要樞) 같이 중요한 것이며, 또한 능히 굳은 사이를 헤어지게도 하고, 뜻이 다른 사람을 모이게도 하며, 원망을 하고 원수가 되기도 하니, 크게는 나라를 망치고 집안을 망치며, 적게는 육친*¹ 사이를 이간시키기도 한다. 그러므로 어진 여자가 입 삼가기는 부끄러움과 헐뜯음을 부를까 두려워해서이니, 혹시 어른 앞에 있거나, 고요한 데 있거나, 잠시도 대답하는 말을 거슬리거나 알랑거리는 말을 하지 말아야 하고, 생각해 보지 않은 말을 하지 않으며, 장난치는 일을 하지 않으며, 지저분한 일에 얽히지 않으며, 혐의받을 일에 끼이지 아니한다.

李氏女戒曰: 藏心爲情, 出口爲語. 言語者, 榮辱之樞機, 親疎之大節也. 亦能離堅合異, 結怨興讐. 大者則覆國亡家, 小者猶六親離間. 是以賢女謹口, 恐招恥謗, 或在尊前, 或居閑處, 未嘗觸應答之語, 發諂諛之言. 不出無稽之詞, 不爲調戲之事. 不涉穢濁, 不處嫌疑.

---

*1 六親. 아비와 어미와 형과 아우·아내와 자식.

〈곡례(曲禮)〉*²에 이르기를,

여러 명이 함께 먹을 때는 혼자 배부르게 먹지 말며, 여럿이 같이 밥먹을 때 손을 비비적거리지 말며,*³ 밥을 뭉치지 말며,*⁴ 밥을 마구 먹지 말며,*⁵ 후룩거리며 급히 들이키지 말며, 쩝쩝거려 소리나게 먹지 말며, 뼈를 오도독오도독 씹지 말며, 입에 넣었던 고기를 도로 그릇에 놓지 말며, 뼈를 개에게 던져 주지 말며,*⁶ 굳이 얻어먹으려 들지 말며, 밥을 흘리지 말며, 기장밥을 먹을 때는 젓가락으로 먹지 말며, 국을 사발(국대접)에서 다시 간맞추지 말며, 이를 쑤시지 말며, 젓국을 마시지 말아야 한다. 그것은 손님이 사발에서 다시 간을 맞추면 주인은 잘 끓이지 못함을 미안하다 말하고, 손님이 젓국을 마시면 주인이 가난한 탓으로 반찬이 없음을 미안하다 사과한다.

젖은 고기는 이로 잘라 먹고, 마른 고기는 손으로 찢어서 먹고, 구이(炙)는 한번에 다 먹지 말아야 한다.*⁷

曲禮曰: 共食不飽, 共飯不澤手. 毋摶飯, 毋放飯, 毋流歠, 毋咤食, 毋齧骨, 毋反魚肉, 毋投與狗骨. 毋固獲. 毋揚飯. 飯黍毋以箸, 毋嚃羹, 毋絮羹, 毋刺齒, 毋歠醢. 客絮羹, 主人辭不能烹. 客歠醢, 主人辭以寠. 濡肉齒決. 乾肉不齒決. 毋嘬炙.

---

*2 《예기(禮記)》의 한 편명으로, 어린아이들이 지켜야 할 자질구레한 예절에 대해 기록한 책.
*3 옛날에는 젓가락 없이 손으로 먹었으므로, 음식이 묻은 손을 비비적거리면 지저분하기 때문임.
*4 한 그릇 밥을 같이 먹게 될 때, 뭉치면 자연히 많이 먹게 되어 욕심스러워지는 혐의가 있으므로.
*5 원문의 '방반(放飯)'의 뜻을 다음과 같이 해석한 데도 있다. 손으로 먹을 때, 손에 묻은 밥알을 떼어 그릇에 놓으면 지저분하기 때문이라고도 함.
*6 음식을 천히 여기는 것이 되므로.
*7 너무 걸신스럽기 때문임.

《단원풍속화첩》새참 단원 김홍도. 조선 후기. 일을 하다가 새참을 먹는 중의 그림.

남자와 여자는 서로 섞여 앉지 말며, 옷걸이를 같이 쓰지 말며, 수건과 빗을 같이 쓰지 말며, 서로 친하게 주고받지 말며, 형수와 시동생은 서로 내왕하지 말며, 아버지의 작은마누라에게 내의를 빨게 하지 말며, 바깥 말을 문 안에 들이지 말고, 안의 말을 문 밖에 내지 말아야 한다.

여자가 결혼하였거든 큰 연고 없이는 친정 왕래를 하지 말며, 고모와 큰누이와 누이동생과 딸이 이미 결혼하여 돌아왔거든 오라비 형제와 한 자리에 앉지 말며, 같은 그릇에서 먹지 말아야 한다.

男女不雜坐, 不同椸枷, 不同巾櫛, 不親授. 嫂叔不通問, 諸母不
漱裳. 外言不入於梱, 內言不出於梱. 女子許嫁纓, 非有大故, 不入
其門. 姑姊妹女子子, 已嫁而反, 兄弟弗與同席而坐, 弗與同器而食.

성(城)에 올라가거든 손가락질을 하지 말며, 성 위에서는 소리를
질러 부르지 말며, 장차 남의 집에 갈 때 굳이 가기를 원하지 말며,
대청에 오를 때 인기척을 반드시 내며, 문 밖에 신이 두 켤레 있으면
말소리가 들리거든 들어가고, 말소리가 들리지 않거든(은밀한 이야기
를 방해할까 보아서) 들어가지 말며, 장차 지게(방문)에 들어갈 제는
시선을 반드시 나직히 하며, 지게문에 들어가거든 걸쇠를 공경스럽
게 받들며, 눈을 사방으로 굴리지 말며, 지게문이 열렸거든 그대로
열어 두고, 지게문이 닫혀 있거든 또 닫되, 뒤에 들어갈 사람이 있거
든 꼭 닫지 말아야 한다. 남의 신을 밟지 말며, 남의 자리를 밟지 말
며, 옷을 들고 모로 몸을 숙이고 잔걸음으로 달려가, 반드시 묻는
말에만 응답하도록 조심해야 한다.

登城不指, 城上不呼. 將適舍, 求毋固. 將上堂, 聲必揚. 戶外有二
履, 言聞則入, 言不聞則不入. 將入戶, 視必下. 入戶奉扃, 視瞻毋回.
戶開亦開. 戶闔亦闔. 有後入者, 闔而勿遂. 毋踐履, 毋踏席, 摳衣趨
隅, 必愼唯諾.

무릇 눈길을 얼굴보다 위로 하면 거만스럽고, 허리띠보다 낮게 하
면 시름에 잠긴 듯하고, 곁눈질하면 간사한 느낌을 준다.

凡視, 上於面則敖, 下於帶則憂, 傾則姦.

몸가짐이 공경스러워야 하며, 점잖아서 생각하는 듯하고, 말을 편안하게 하면 사람들의 마음을 편안하게 해 준다. 거만함을 길러서는 안 되며, 사욕(私慾)을 쫓아서는 안 되며, 뜻은 겸손하게 비워야지 자만해서는 안 되며, 마음껏 즐겨서는 안 된다.

어진 사람은 가까이 하면서도 공경하며 어려워하면서도 사랑하고, 사랑하되 그 결점을 알 수 있어야 하며, 미워하되 그 장점을 알아야 하며, 재물은 쌓아 두되 나누어 주는 것도 알아야 하며, 편안한 데를 편안하게는 여기지만 의리의 판단으로 능히 편안을 버리고 괴로움으로 옮길 줄도 알아야 한다.

제물 앞에 있어도 구차히 얻으려 들지 말며, 어려움에 닥치면 회피하지 말아야 하며, 남과 다툴 때 이기려고 기를 쓰지 말며, 나눌 때 많이 가지려 들지 말며, 의심스러운 일을 밝히려고 억지쓰지 말고, 바른 대로만 말하고 우기지는 말아야 한다.

毋不敬, 儼若思, 安定辭, 安民哉. 敖不可長, 欲不可從, 志不可滿, 樂不可極. 賢者, 狎而敬之, 畏而愛之. 愛而知其惡, 憎而知其善. 積而能散, 安安而能遷. 臨財毋苟得, 臨難毋苟免. 很毋求勝, 分毋求多. 疑事毋質, 直而勿有.

〈소의(少儀)〉*8에 이르되,

잔치에 어른을 사사로이 모시고 음식을 먹을 때는, 먼저 수저를 들고 나중에 내려놓으며, 밥을 마음껏 떠먹지 말며, 마구 후룩후룩 마시지 말며, 조금씩 떠먹어 빨리 삼키고, 자주 씹어 쩝쩝대지 말아야

---

*8 《예기》의 한 편명으로서, 서로 만나고 음식 대접할 때의 몸가짐을 적어 놓았음.

한다.

少儀曰: 侍燕於君子, 則先飯而後已. 毋放飯, 毋流歠. 小飯而亟
之, 數噍, 毋爲口容.

남의 비밀스러운 일을 엿보지 말며, 곁에 있는 사람에게 가까운
척하지 말며, 예전에 알던 사람의 그릇된 일을 말하지 말며, 장난기
어린 표정을 짓지 말며, 급히 오지도 가지도 말며, 귀신을 우습게 여
기지 말며, 잘못된 일을 고치지 않고 그대로 좇아 본받지 말며, 미
처 닥치지도 않은 일을 지레 걱정하지 말며, 남의 옷차림이나 남의
어짊을 헐뜯지 말며, 자신의 몸에 빗대어 증거하는 언질을 하지 말
아야 한다.

不窺密, 不旁狎. 不道舊故, 不戲色. 毋拔來, 毋報往. 毋瀆神, 毋
循枉, 毋測未至. 毋訾衣服成器, 毋身質言語.

빈 것을 들되 마치 가득 채워진 것을 드는 것처럼 조심하고, 아무
도 없는 빈 곳에 들어갈 때는 마치 사람이 있는 것처럼 공손하게 해
야 한다.

執虛, 如執盈. 入虛, 如有人

《논어(論語)》에 이르기를,
임금이 음식을 주시거든, 반드시 돗자리를 깔고 바르게 하고 먼저
맛을 보고, 임금이 날고기를 주시거든 반드시 익혀 사당에 제물로
올릴 것이며, 임금이 살아 있는 것을 주시면 반드시 잘 길러야 한다.

論語曰: 君賜食, 必正席先嘗之. 君賜腥, 必熟而薦之. 君賜生, 必畜之.

공자는 임금을 모시고 음식을 드실 때, 임금이 고수레하시면 먼저 잡수셨다.

侍食於君, 君祭先飯.

〈곡례(曲禮)〉에 이르기를,
과일을 임금 앞에서 먹게 되면 씨가 있는 것은 그 씨를 버리지 말고 품고 와야 한다.

曲禮曰: 賜果於君前, 其有核者, 懷其核.

임금을 모시고 음식을 먹을 때, 임금께서 남은 것을 주시거든, 그릇은 씻을 수 있는 것은 음식을 쏟지 말고, 그 나머지는 모두 다른 그릇에 담아야 한다.

御食於君, 君賜餘, 器之漑者不寫, 其餘皆寫.
《예기(禮記)》*⁹에 이르기를,
임금이 수레와 말을 주시거든 타고 가서, 감사를 드리고, 옷이거든 입고 가서 인사를 하되, 임금의 명령이 채 내리지 않았거든 바로 타거나 입지 말아야 한다.

禮記曰: 君賜車馬, 乘以拜賜. 衣服, 服以拜賜. 君未有命, 弗敢即

*9 오경(五經)의 하나. 진한(秦漢) 시대, 고례(古禮)에 관한 설을 수록한 책.

乘服也.

〈악기(樂記)〉*10에 이르기를,
어진 선비는 간사한 소리와 어지러운 미색을 귀와 눈에 머물게 하지 않으며, 음란한 음악과 요사스럽고 바르지 않은 예의를 마음에 가까이하지 못하게 하며, 게으르고 빗나간 기운을 몸에 두지 아니하며, 귀·눈·코·입·마음과 지혜와 몸의 온갖 곳을 다 순하고 바르게 따라가게 함으로써 그 마땅함을 행해야 한다.

樂記曰: 君子姦聲亂色, 不留聰明. 淫樂慝禮, 不接心術. 情慢邪辟之氣, 不設於身體. 使耳目鼻口心知百體, 皆由順正, 以行其義.

범노공 질*11이 조카를 경계한 시에서 다음과 같이 말하였다.
말을 많이 하지 말기를 너에게 경계하노니
말 많음은 여러 사람들이 꺼리는 바라
진실로 말을 조심하고 삼가지 않으면
재액(재앙과 액운)이 이로 말미암아 비롯되느니라.
옳고 그른 것을 헐뜯으며 기리는 사이에,
족히 몸의 누(累)가 될 만하니라.

范魯公質, 戒從子詩曰: 戒爾勿多言. 多言衆所忌. 苟不愼樞機, 災厄從此始. 是非毀譽間, 適足爲身累.

---

*10 《예기》의 한 편명.
*11 范魯公 質. 송나라 때 사람으로 자는 문소(文素). 여러 차례 추밀원 지사를 지냈고, 태조 때 노국공(魯國公)에 봉해졌음. 성질이 조급하여 남의 잘못을 면전에서 질책하였으며, 청렴하고 절개를 지켰고, 자신이 받은 봉록(俸祿)을 외로운 이들에게 나누어 주었음. 문집으로는 《옹관기》, 《오대 통록》 등이 있음.

《여교(女敎)》에 다음과 같은 말이 있다.

여자에게 네 가지 덕행이 있으니, 첫째는 아낙네의 덕〔婦德〕이요, 둘째는 아낙네의 말씨〔婦言〕요, 셋째는 아낙네의 몸가짐〔婦容〕이요, 넷째는 아낙네의 솜씨〔婦功〕다.

아낙네의 덕, 부덕이란 구태여 재주와 총명이 가장 뛰어나게 다름이 아니며, 아낙네의 말씨란 구태여 말솜씨 좋고 말의 날카로움이 아니며, 아낙네의 몸가짐이란 구태여 얼굴빛이 좋거나 고움이 아니며, 아낙네의 솜씨란 구태여 그 솜씨가 남보다 뛰어남이 아니다.

말쑥하고 편안하며 바르고 조용하여 절개를 지켜 스스로를 다잡으며, 몸가짐에 부끄러움을 지니며, 행동하거나 가만히 있음에도 법도가 있음이 이른바 아낙네의 덕이다.

말을 가려서 하여 모진 말을 하지 않으며, 적절한 때가 된 후에야 말하여 남에게 싫은 느낌을 주지 않음이 이른바 아낙네의 말씨다.

더러운 것을 자주 빨아 옷과 꾸밈이 깨끗하며, 목욕을 수시로 하여 몸을 더럽게 아니함이 이른바 아낙네의 몸가짐이다.

길쌈에 마음을 오롯하게 하여 장난과 웃음을 즐기지 아니하며, 술과 밥을 정갈하게 준비하여 손님을 대접함이 이른바 아낙네의 솜씨다.

이 네 가지가 아낙네의 큰 덕이라, 이것이 없어서는 안 된다. 그러나 하기는 몹시 쉬운 일이니, 오직 마음먹기에 달려 있을 따름이다.

옛사람이 이르기를, '인(仁)이란 먼 것인가? 내가 인을 하고자 하면 그 인에 이르리라' 하였으니, 바로 이를 말하는 것이니라.

女敎云: 女有四行. 一曰婦德. 二曰婦言. 三曰婦容. 四曰婦功. 婦德, 不必才明絶異也. 婦言, 不必辯口利辭也. 婦容, 不必顔色美麗也. 婦功, 不必工巧過人也. 淸閑貞靜, 守節整齊, 行己有恥, 動靜有法, 是謂婦德. 擇辭而說, 不道惡語, 時然後言, 不厭於人, 是謂婦言.
盥浣塵穢, 服飾鮮潔, 沐浴以時, 身不垢辱, 是謂婦容. 專心紡績, 不
好戲笑, 潔齊酒食, 以奉賓客, 是謂婦功. 此四者, 女人之大德而不
可乏者也. 然爲之甚易, 唯在存心耳. 古人有言: 仁遠乎哉. 我欲仁,
斯仁至矣. 此之謂也.

유 충정공*12이 온공*13을 뵙고, 마음을 다하여 몸가짐을 할 요긴
한 것으로 가히 죽기까지 행할 일을 물었다.
온공이 이르기를,
"그 성실함일 걸!"
유공이 다시 묻잡기를
"행함에 있어 무엇을 먼저 해야 되겠습니까?"
온공이 이르기를
"거짓말을 아니함으로부터 시작해야 하느니라."
유공이 처음에는 몹시 쉽게 여겼는데, 물러나와 나날이 행할 바와
말한 바를 바로잡아 보니, 스스로 서로 억제하고 모순된 점이 많았
다. 그로부터 힘써 행하기 일곱 해가 지난 뒤에야 언행이 한결같아져
서 밖과 안이 서로 응하니, 어떤 일을 만나더라도 마음이 편안하여
늘 여유가 있었다.

劉忠定公見溫公, 問盡心行己之要, 可以終身行之者. 公曰: 其誠
乎. 劉公問: 行之何先. 公曰: 自不妄語始. 劉公初甚易之, 及退而自
檃栝日之所行與凡所言, 自相掣肘矛盾者多矣. 力行七年而後成.

---

*12 劉忠定公. 송나라 때 사람으로 이름은 안세(安世), 충정공은 시호인데 성품이 강직했음.
*13 溫公. 사마 온공(司馬溫公)을 말함. 송나라 때 정치가요 학자로 태사 온국공(太師溫國
公)을 받았으므로 보통 사마온공이라고 함.

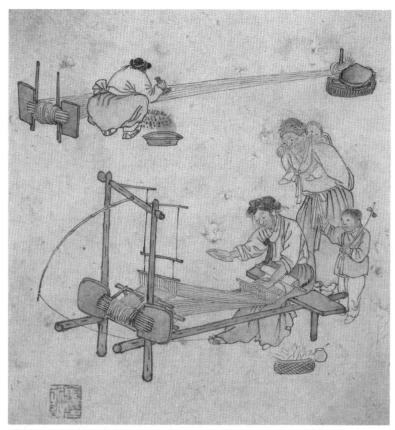

《단원풍속화첩》길쌈 김홍도. 조선 후기

自此言行一致, 表裏相應, 遇事坦然, 常有餘裕.

　유관*14은 비록 급작스러운 상황이 닥치더라도 말을 빨리 하거나
낯빛을 전혀 고치지 않았다. 그래서 부인이 유관의 화냄을 시험해
보고자 하여, 남편이 임금께 조회하러 갈 때쯤을 엿보아, 이미 옷차
림을 다 마쳤는데, 계집종을 시켜 고깃국을 받들고 가서는 짐짓 조

*14 劉寬. 후한 때 사람으로 시호는 소열(昭烈).

복(朝服)에 엎질러서 더럽히고는 급히 치우게 하였다.

　유관은 전혀 낯빛이 변하지 않은 채, 태연하게 천천히 말하기를,

"혹시 국에 네 손을 데이지나 않았느냐?"

라고 물었다.

　그의 성품과 도량이 이와 같더라.

　劉寬雖居倉卒, 未嘗疾言遽色. 夫人欲試寬令恚, 伺當朝會, 裝嚴
已訖, 使侍婢奉肉羹, 翻汚朝服. 婢遽收之. 寬神色不異, 乃徐言曰:
羹爛汝手乎. 其性度如此.

　공자가 이르시되,

"말을 충성되고 믿음직스럽게 하고 행실을 돈독하고도 공경스럽게
한다면, 비록 남녘이나 북녘의 오랑캐 나라라 할지라도 갈 것이다.
그러나 말을 충성되고 믿음직하게 하지 않고 행실을 돈독하고 공경
스럽게 하지 않는다면, 비록 한 고을 한 마을이라 할지라도 어찌 가
겠는가.(그런 데는 안 간다.)"

　孔子曰: 言忠信, 行篤敬, 雖蠻菊之邦, 行矣. 言不忠信, 行不篤敬,
雖州里, 行乎哉.

　《논어》에 이르기를,

　공자가 향당*15에서는 신실(信實)하여 능히 말을 못하는 듯하셨다.
그러나 종묘(宗廟)나 조정에 계실 때는 편안히 말씀하시되, 오직 조
심하셨다. 조정에서 하대부(下大夫)에게 말하실 때는 강직하게 하시
고, 상대부(上大夫)에게 말하실 때는 온화하고도 조용히 하시었다.

---

*15 鄕黨. 부모 형제, 붙이가 사는 곳.

論語曰: 孔子於鄉黨, 恂恂如也, 似不能言者. 其在宗廟朝廷, 便便言, 唯謹爾. 朝與下大夫言, 侃侃如也. 與上大夫言, 誾誾如也.

〈관의(冠儀)〉*16에 이르되,

무릇 사람이 사람된 까닭은 예(禮)와 의(義)니, 예의의 시초는 몸을 바르게 하며 낯빛을 바르게 하고 말을 순하게 함에 있으니, 몸이 바르며 낯빛이 바르고 말이 순한 뒤에야 예(禮)와 의(義)가 갖추어지리라.

그렇게 함으로써 임금과 신하 사이를 바르게 하고, 아비와 아들 사이를 친근하게 하며, 어른과 아이 사이를 화목하게 해야 할 것이다. 임금과 신하 사이가 바르며, 아비와 아들 사이가 친근하며, 어른과 아이 사이가 화목하게 된 뒤에야 예와 의가 서게 될 것이다.

冠義曰: 凡人之所以爲人者, 禮義也. 禮義之始, 在於正容體, 齊顏色, 順辭令. 容體正, 顏色齊, 辭令順, 而後禮義備. 以正君臣, 親父子, 和長幼. 君臣正, 父子親, 長幼和, 而後禮義立.

맹자가 이르시기를,

"사람의 도리가 있으니, 배부르게 먹고 따뜻하게 입어 편안히 살되 가르침이 없으면 짐승과 다름없을 것이므로, 성인(聖人)이 이를 근심하여 설*17로 하여금 사도*18를 시켜 인륜*19을 가르치게 하시었다.

즉 아비와 아들 사이에는 친함이 있고, 임금과 신하는 의리가 있

---

*16 《예기》의 한 편명. 관례(冠禮)를 올려 어른됨에 관한 것을 기록함.
*17 契. 순임금의 신하.
*18 司徒. 벼슬 이름.
*19 人倫. 사람이 지켜야 할 도리.

으며, 남편과 아낙네는 서로 침범 못할 구별이 있으며, 어른과 아이 사이에는 차례가 있으며, 벗 사이에는 신의가 있음이니라."

孟子曰 : 人之有道也. 飽食暖衣, 逸居而無敎, 則近於禽獸. 聖人 有憂之, 使契爲司徒, 敎以人倫. 父子有親, 君臣有義, 夫婦有別, 長 幼有序, 朋友有信.

주염계*20가 다음과 같이 말했다.
"중유*21는 자기 허물을 남이 지적해 주는 것을 기뻐하더니 그 이름을 널리 떨쳤다. 사람은 허물이 있어도 남이 바로잡아 타일러 줌을 기뻐하지 아니하니, 마치 병든 이가 의사를 꺼려 그 몸이 죽어가는 것도 깨닫지 못함과 같으니 슬프도다."

濂溪周先生曰 : 仲由喜聞過, 令名無窮焉. 今人有過, 不喜人規, 如護疾而忌醫, 寧滅其身而無悟也. 噫.

소강절*22이 자손을 다음과 같이 경계하여 말했다.
"상품(上品)에 속하는 사람은 가르치지 않아도 어질고, 중품(中品)에 속하는 사람은 가르친 뒤에야 어질어지고, 하품(下品)에 속하는 사람은 가르쳐도 어질지 못하다. 가르치지 않아도 어짊이 성인(聖人)이 아니고 무엇이며, 가르친 뒤에 어질어짐이 현인(賢人)이 아니고 무엇이며, 가르쳐도 어질어지지 못함은 어리석은 것이 아니고 무엇이리오.

---

*20 周濂溪. 북송 때의 대학자로서 이름은 돈이(敦頤)이고 염계는 호.
*21 仲由. 자로(子路)를 가리킴. 공자의 제자 중 행(行)에 힘쓰던 이.
*22 邵康節. 송나라 때의 학자로 이름은 옹(雍)이며, 강절은 시호.

이러기 때문에 어짊이란 길(吉)한 것을 말하고, 어질지 못함이란 흉(凶)한 것을 일컫는 것이다.

길(吉)이라 하는 것은 눈으로 예에 어긋나는 것을 보지 않으며, 귀로 예에 어긋나는 소리를 듣지 않으며, 입으로 예에 어긋나는 말을 하지 않으며, 발로 예에 어긋나는 데를 밟지 아니하며, 사람이 어질지 않으면 그와 사귀지 않고, 물건이 의리에 맞지 않으면 갖지 않으며, 어진이를 가까이하기를 마치 영지(靈芝)와 난초(蘭草) 앞에 나아감 같이 하고, 몹쓸 사람 피하기를 뱀이나 쐬기를 겁냄과 같이 하니, 더러 말하기를 길한 사람이라 하지 않더라도 나는 믿지 않을 것이다.

흉이라 하는 것은 말이 간사하고 속임수가 있으며, 몸가짐이 음침하고 험상궂으며, 이(利)를 밝히고, 그른 짓을 꾸미고, 탐심이 많고, 음란하고 재화(財貨)를 즐기며, 어진 사람 미워하기를 원수같이 하고, 죄짓기를 밥먹듯 하여, 작게는 몸을 망치고 본성을 잃게 되고, 크게는 집안을 망쳐 뒤이을 자손까지 그치게 하니, 더러 이르기를 나쁜 사람이라 하지 않더라도 나는 믿지 않으리라.

전(傳)에 다음과 같은 말이 있다.

선한 사람은 어진 일을 하되 세월이 부족하다 여기면서 하는데, 나쁜 사람은 못된 짓을 하면서도 날이 부족하다 여기면서 한다고 하였으니, 너희들은 선한 사람이 되려는가? 나쁜 사람이 되려는가?"

康節邵先生, 戒子孫曰: 上品之人, 不敎而善. 中品之人, 敎而後善. 下品之人, 敎亦不善. 不敎而善, 非聖而何. 敎而後善, 非賢而何. 敎亦不善, 非愚而何. 是知善也者, 吉之謂也. 不善也者, 凶之謂也. 吉也者, 目不觀非禮之色, 耳不聽非禮之聲, 口不道非禮之言, 足不踐非禮之地. 人非善不交, 物非義不取. 親賢如就芝蘭, 避惡如畏蛇蠍. 或曰不謂之吉人, 則吾不信也. 凶也者, 語言詭譎, 動止陰險, 好利飾非, 貪淫樂禍. 疾良善如讐隙, 犯刑憲如飮食. 小則隕身滅性, 大則覆宗絶嗣. 或曰不謂之凶人, 則吾不信也. 傳有之, 曰: 吉人爲善, 惟日不足. 凶人爲不善, 亦惟日不足. 汝等欲爲吉人乎, 欲爲凶人乎.

장사숙*23이 앉아 있는 오른쪽에 붙인 경계하는 말(座右銘)은 다음과 같았다.

모든 말은 반드시 성실하고 신의있게 하고, 모든 몸가짐을 반드시 독실하고 조심해야 하며, 음식은 반드시 삼가고 절제하여 먹으며, 글씨는 해서로 정확하게 써야 하며, 용모를 반드시 단정하고도 점잖게 하고, 옷차림은 반드시 엄숙하고 바르게 하며, 걸음걸이를 반드시 편안하고 조용히 하며, 거처하는 곳은 반드시 바르고 조용하게 한다. 일을 할 때는 반드시 먼저 잘 헤아려서 하고, 말을 할 때는 반드시 행실을 돌아보고 하며, 지켜야 할 떳떳한 덕은 반드시 굳건하게 지키며, 승낙할 때는 반드시 신중하게 대답하며, 착한 일을 보기를 내가 한 것처럼 여기고, 악을 보기를 나의 잘못인 듯이 여겨야 하나니, 무릇 이 열네 가지 일은 내가 다 깊이 살피지 못하기에, 이를 글로 써서 앉는 모퉁이에 자리잡게 하여 아침 저녁으로 보고 경계로 여기려 한다.

張思叔座右銘曰: 凡語必忠信, 凡行必篤敬, 飮食必愼節, 字畫必楷正, 容貌必端莊, 衣冠必肅整, 步履必安詳, 居處必正靜, 作事必謀始, 出言必顧行, 常德必固持, 然諾必重應, 見善如已出, 見惡如已病, 凡此十四者, 我皆未深省. 書此當座隅, 朝夕視爲警.

*23 張思叔. 송나라 때 학자로 이름은 역(繹). '사숙'은 자.

여정헌공*24이 소년 시절부터 학문을 익히되, 마음을 다스리며 본
성을 수양함으로써 근본을 삼더니, 즐겨하는 욕심을 적게 하며, 입
치레를 밝히지 않으며, 빠른 말씨와 당황하는 표정이 없으며, 빠르
게 걷지 않고, 게으른 모습을 보이지 않아야 한다. 모든 장난기어린
웃음과 더럽고 상스런 말을 조금도 입 밖에 내지 아니하여야 한다.
세속의 잇속과 온갖 번잡하고 화려한 노래 소리와 잡기(雜技)들이
어우러진 잔치와, 쌍륙*25이며 바둑, 기이한 놀이 등에 이르기까지도
덤덤하여 즐기는 바가 없었다.

呂正獻公, 自少講學, 即以治心養性爲本. 寡嗜慾, 薄滋味, 無疾言
遽色, 無窘步, 無惰容. 凡嬉笑俚近之語, 未嘗出諸口. 於世利紛華
聲伎遊宴, 以至於博突奇玩, 淡然無所好.

이천*26 선생의 어머니 후 부인(侯夫人)이 나이 일고여덟일 때에 옛
글을 읽었는데, 거기에 나오는 "여자는 밤에 밖에 나가지 아니하며,
밤에 밖에 나갈 때는 밝은 촛불을 들어라." 함을 읽고, 그때로부터
날이 저물면 다시는 방 밖에 나가지 아니하였다. 이미 장성해서는
글은 좋아하였지만 글짓기는 아니하였는데, 그 무렵 여자가 글을 짓
고 글쓴 것을 남에게 보내는 것을 보고 몹시 옳지 않은 것으로 여겼
기 때문이었다.

伊川先生母侯夫人七八歲時, 誦古詩曰: 女子不夜出, 夜出秉明
燭. 自是, 日暮則不復出房閣.: 旣長, 好文而不爲辭章. 見世之婦女,

---

*24 呂正獻公, 송나라 때 사람으로 이름은 공저(公著), '정헌'은 시호.
*25 雙六=雙陸. 주사위 놀이.
*26 伊川. 송나라 학자 정이(程頤). 이기 철학(理氣哲學)을 제창했음.

以文章筆札傳於人者, 則深以爲非.

《이씨여계(李氏女戒)》에 다음과 같은 말이 있다.

가난한 사람은 그 가난함을 편안히 여겨야 하고, 부유한 사람은 그 부유함을 경계해야 한다. 가난하면서 스스로 편안히 여기지 않는 이는 가난을 부끄럽게 여겨 재물을 널리 구하는데, 구하다가 얻지 못하면 원망이 생기게 되고, 부부가 서로 우습게 여겨 은혜가 원망으로 바뀌고, 살뜰하던 정이 덤덤해지게 된다. 부유하되 경계하지 아니하면 자랑하며 남을 이기려는 마음이 생길 것이니, 남을 우습게 여기는 빛이 겉으로 나타나면, 온화하고 부드러운 낯빛이 어디에 드러나겠는가. 온화하고 부드러운 낯빛을 버리고, 예쁜 모양을 지어 꾸민다면 그것은 경박한 여자와 다름없는 것이다.

李氏女戒曰: 貧者安其貧, 富者戒其富. 貧不自安者, 恥貧而廣求. 求旣不得, 怨由玆生, 室家相輕, 恩易情薄. 富而不戒, 則夸勝之心生. 凌慢之容旣彰, 和柔之色安在. 棄和柔之色, 作嬌小之容, 是爲輕薄之婦人.

유빈*27이 언젠가 글을 지어 그의 자제들을 경계하기를 다음과 같이 하였다.

"이름을 더럽히고, 제 몸을 해치게 하며, 조상을 욕되게 하고, 집안을 망치는 그 허물에 가장 큰 것이 다섯 가지가 있으니, 마땅히 깊이 가슴속에 새겨 두어야 한다.

---

*27 柳玭. 당나라 때 사람. 곧고 청렴하기가 그 아버지와 같아서 소종(昭宗)이 재상으로 삼으려 하였으나, 참소당해 노주로 좌천되어 죽었음.

첫째는, 저의 편안함만을 찾고, 담박*28함을 달게 여기지 아니하여, 조금이라도 자신에게 이롭기만 하다면 남의 말을 듣지 않는 것이다.

둘째는, 선비의 학술(學術)을 알지 못하고 옛 도(道)를 기뻐하지 아니하며, 앞서 간 성인의 글을 모르면서도 부끄러워하지 않으며, 현대의 일을 의논함에도 진중함이 없으며, 자신은 아는 것이 적으면서도 남이 학문 있음을 미워함이다.

셋째는, 자기보다 나은 사람은 싫어하고 자기에게 알랑거리는 이를 좋아하며, 오직 농담만 좋아하고 옛 도리는 생각하지 않으며, 남의 어진 일을 들으면 미워하고 남의 못된 일을 들으면 겉으로 드러내고, 치우치고 그릇된 일에 빠져서 덕의(德義)를 녹이고 삭여 버리니, 비록 관직에 있은들 종과 다를 것이 없다.

넷째는, 속절없이 노닐기를 즐기며, 술에 맛들여 잔을 입에 대는 것을 높은 멋으로 알고, 부지런히 일하는 것을 세속의 무리로 여기니, 버릇이 쉽게 거칠어져 알아도 이미 뉘우치기 어려운 일이다.

다섯째는, 이름과 벼슬에 다급하여 권력에 가까이하여, 한 자리(地位)나 반 다리(階層)를 혹시 얻었다 해도, 모든 이가 성내고 뭇사람이 미워하여 그 자리를 간직할 이가 드물 것이다.

내가 이름과 가문이 높은 집안을 살펴보니, 조상이 정성스럽고 효성스러우며 부지런하고 검박함으로 말미암아 일어서지 않은 집안이 없고, 자손이 모질며 추솔(麤率 : 거칠고 경솔)하며 사치롭고 오만함으로 말미암아 망하지 아니한 집안이 없으니, 일어서는 것은 하늘에 오르는 것처럼 어렵고, 망하기 쉬움은 털이 불에 타는 것과 같으며, 말하기에도 마음이 아프니 너희는 뼈에 새김이 마땅하니라."

---

*28 澹泊. 담박은 깊은 늪의 물 맑은 모양이니, 편안하고 고요하여 욕심이 없음이라.

柳玭嘗著書, 戒其子弟曰:壞名災己, 辱先喪家, 其失尤大者五, 宜深誌之. 其一, 自求安逸, 靡甘澹泊, 苟利於己, 不恤人言. 其二, 不知儒術, 不悅古道, 懜前經而不恥, 論當世而解頤, 身旣寡知, 惡人有學. 其三, 勝己者厭之, 佞己者悅之, 唯樂戲談, 莫思古道. 聞人之善嫉之. 聞人之惡揚之, 浸漬頗僻, 銷刻德義. 簪裾徒在, 廝養何殊. 其四, 崇好優游, 耽嗜麴蘗, 以銜杯爲高致, 以勤事爲俗流. 習之易荒, 覺已難悔. 其五, 急於名宦. 匿近權要, 一資半級, 雖或得之, 衆怒群猜, 鮮有存者. 余見名門右族, 莫不由祖先忠孝勤儉以成立之. 莫不由子孫頑率奢傲以覆墜之. 成立之難如升天, 覆墜之易如燎毛. 言之痛心, 爾宜刻骨.

한(漢)나라 소열*29 유비(劉備) 황제가 장차 돌아가시려 할 때, 후주*30에게 타일러 경계하기를,
"모진 일은 아무리 작다 하더라도 하지 말며, 좋은 일은 아무리 작다 하더라도 하지 않는 일이 없어야 한다."

漢昭烈將終, 勅後主曰:勿以惡小而爲之, 勿以善小而不爲.

범 충선공*31이 자제를 경계하여 이르기를,
"사람은 아무리 미련하더라도 남을 책망함에는 밝게 하고, 아무리 총명한 사람이라도 자기를 용서함에는 어둡게 하는 법이다. 너희는 오직 남을 나무라는 마음으로 스스로를 나무라고, 자기를 용서하는 마음으로 남을 용서하면, 성현의 지위에 이르지 못할까 걱정할

---

*29 昭烈. 3국 시대 한 나라의 시조. 성은 유(劉), 이름은 비(備). 소열은 시호.
*30 後主. 뒷 임금. 곧 유비의 아들인 선(禪).
*31 范忠宣公. 송나라 때 사람으로 이름은 순인(純仁)이며, 충선은 시호.

필요가 없을 것이다."

范忠宣公, 或子弟曰: 人雖至愚, 責人則明. 雖有聰明, 恕己則昏. 爾曹但常以責人之心責己, 恕己之心恕人, 不患不到聖賢地位也.

공감*³²은 의(義)를 행함에 마치 즐기는 일같이 하여 앞뒤를 돌아보지 않는다. 이(利)나 녹(祿)에 대해서는 두려워하며 피하고 겁을 냈는데 마치 나약한 겁쟁이 같더라.

孔戣於爲義, 若嗜慾, 不顧前後. 於利與祿, 則畏避退怯, 如懦夫然.

마원*³³의 형의 아들 엄(嚴)과 돈(敦)이 다 남을 놀리는 이야기 하기를 좋아하여, 경박하고 말 잘하는 사람과 사귀었다.
마원이 교지(交趾)에 있으면서 글월을 보내어 다음과 같이 경계하였다.
"나는 너희들이 남의 잘못을 듣거든 마치 부모의 이름을 들은 것처럼 하여, 귀로는 들을지언정 그것을 입에는 올리지 말았으면 한다. 남의 어질고 사나움을 즐겨 따지며, 망령되게 바른 법을 그르니 옳으니 하는 것은 내가 크게 미워하는 바이니, 차라리 죽으면 죽었지 자손 가운데 이런 행실을 한다고 듣기를 원치 않는다.
용백고*³⁴는 온후하고 곡진(曲盡)하며, 조심스러워 입에 이러쿵 저러쿵 시비하는 말을 담지 않으며, 겸손하고, 간략하며, 절도 있고, 검

---

*32 孔戣. 당나라 때 사람으로 자는 승시(勝始).
*33 馬援. 후한(後漢)의 복파 장군(伏波將軍). 교지(交趾)를 평정했음.
*34 龍伯高. 용술(龍述). 광무제 때 산도장(山都長)이었는데, 마원이 편지를 보고 영릉(零陵) 태수를 시킴.

소하며, 청렴하여 공평하고 위엄이 있으니, 내가 그를 사랑하며 귀히 여겨 너희들이 본받기를 원한다.

두계량(杜季良)은 호걸스럽고 의협스러우며, 의(義)를 좋아하여, 남의 근심을 제 근심같이 여기고, 남의 즐거움도 제 즐거움같이 즐긴다. 또 맑거나 흐리거나에 실수됨이 없어서, 그 아버지 상사(喪事)에 조상하는 손님들이 여러 고을에서 다 왔으니, 내 또한 사랑하여 귀히 여기기는 하지만, 너희들이 그를 본받기를 원하지는 않는다.

용백고를 본받다가 미처 다 본받지 못하더라도 오히려 조심하는 선비는 될 것이니, 이른바 '고니를 새기려다가 제대로 못 새기더라도 오히려 집오리 같기는 하다' 함이다.

두계량을 본받다가 제대로 안 되면 그대로 주저앉아 경박한 아이 되리니, 이른바 '범을 그리려다가 제대로 못 그리면 도리어 개 같다' 함이다."

馬援兄子嚴敦, 並喜譏議, 而通輕俠客. 援在交趾, 還書誡之曰: 吾欲汝曹, 聞人過失, 如聞父母之名, 耳可得聞, 口不可得言也. 好議論人長短, 妄是非正法, 此吾所大惡也. 寧死不願聞子孫有此行也. 龍伯高敦厚周愼, 口無擇言, 謙約節儉, 廉公有威, 吾愛之重之, 願汝曹效之, 杜季良豪俠好義, 憂人之憂, 樂人之樂, 淸濁無所失, 父喪致客, 數郡畢至. 吾愛之重之, 不願汝曹效也. 效伯高不得, 猶爲謹敕之士. 所謂刻鵠不成, 尙類鶩者也. 效季良不得, 陷爲天下輕薄子. 所謂畵虎不成, 反類狗者也.

제2 어버이 섬기기
효친장孝親章

　문왕(文王)이 세자였을 때, 왕계*¹에게 문안드리기를 하루에 세 번씩 하셨는데, 첫 닭이 울 때 옷을 차려입고 침실 밖에 가서 내수*²의 시종에게
"오늘 편안하신가요?"
하고 물어
"편안하십니다."
하면 이에 마음을 놓으시더니, 한낮쯤 되어 또 와서 이렇게 물었고, 저물녘에 또 와서 이렇게 물었다.

　더러 편안치 아니하신 때가 있으셔서, 내수가 문왕께 아뢰면, 문왕은 낯빛이 시름겨워져서 제대로 발걸음을 못 옮기시더니, 왕계가 병이 나아서 수라*³를 예와 같이 잡수신 뒤에는 또 처음 같이 하셨다. 수라를 진어*⁴하실 때, 반드시 식었는지 더운지를 살펴보시며, 수라를 물리거든 드신 바를 물으시고 섭니*⁵에게 명하기를
"다시는 이렇게 만들지 말라."
하였다.

---

*1 王季. 문왕의 아버지.
*2 內竪. 궁정에서 낮은 심부름하는 신하.
*3 임금의 진지.
*4 進御. 잡수심.
*5 薛里. 내관(內官)의 칭호. 임금의 수라를 도맡은, 이를테면 주방장.

"그리 하오리이다."
그 대답을 들은 뒤에야 물러나오셨다.

文王之爲世子, 朝於王季, 日三. 雞初鳴而衣服, 至於寢門外, 問內豎之御者, 曰: 今日安否, 何如. 內豎曰: 安. 文王乃喜. 及日中, 又至, 亦如之. 及莫, 又至, 亦如之. 其有不安節, 則內豎以告文王, 文王色憂, 行不能正履. 王季復膳, 然後亦復初. 食上, 必在視寒暖之節; 食下, 問所膳. 命膳宰曰: 末有原. 應曰: 諾. 然後退.

문왕이 병이 생기면, 그 아들 무왕이 의관을 벗지 않은 채 곁에서 모시더니, 문왕이 한 술 뜨시면 당신도 한 술 뜨고, 문왕이 두 술 뜨시면 당신도 두 술 뜨시었다.

文王有疾, 武王不說冠帶而養. 文王一飯, 亦一飯. 文王再飯, 亦再飯.

공자(孔子)는 다음과 같이 말씀하셨다.
"무왕 주공은 그 효가 극진했다. 무릇 효도라 하는 것은, 어버이의 뜻을 이어받으며 어버이가 하던 일을 잘 따르는 것이다. 주공은 그 자리에 올라 부모가 행하던 예를 행하였고 그 음악을 연주하였으며, 그 받들던 바를 공경하며, 그 가까이하시던 바를 사랑하고, 죽은 이를 섬기되 산 사람 섬김같이 하며, 없는 이를 섬기되 있는 사람처럼 하시니 이는 효도의 지극하심이라."

孔子曰: 武王周公, 其達孝矣乎. 夫孝者, 善繼人之志, 善述人之事者也. 踐其位, 行其禮, 奏其樂, 敬其所尊, 愛其所親, 事死如事生,

〈회혼례도(回婚禮圖)〉 부분　작자 미상. '회혼례'란 해로한 부부가 혼인한지 예순 돌을 축하하는 기념의례.

事亡如事存, 孝之至也.

맹자(孟子)는 다음과 같이 말씀하셨다.
"증자[*6]가 그 아버지 증석(曾晳)을 모실 때, 반드시 술과 고기가 있었다. 그리고 상을 물리려 할 때면 의례껏
'뉘게 주시렵니까?'
하고 여쭈었다.

[*6] 曾子: 공자의 제자로서 이름은 삼(參). 자는 자여(子輿)인데, 효행으로 유명함.

‘남은 게 있느냐?’

하시면, 반드시

‘있읍지요.’

하고 아뢰었다.

　증석이 죽자, 증원(曾元)이 그의 아버지 증자를 모시는 데도, 반드시 술과 고기가 있었다. 그런데 상을 물리려 할 때,

‘뉘게 주시렵니까?’

하고 여쭙지도 않았다. 더러 증자가

‘남은 게 있느냐?’

물으면,

‘없습니다.’

하니, 이는 다시 한 번 더 드리려는 생각에서였다. 이는 이른바 어버이 입만 섬기는 자요, 만약 증자같이 한다면 가히 어버이 뜻을 받든다 할 만하니, 어버이 섬기는 것은 증자 같아야 옳으니라.”

　孟子曰: 曾子養曾晳, 必有酒肉. 將徹, 必請所與. 問有餘, 必曰: 有. 曾晳死, 曾元養曾子, 必有酒肉. 將徹, 不請所與. 問有餘, 曰: 亡矣. 將以復進也. 此所謂養口體者也. 若曾子則可謂養志也. 事親, 若曾子者可也.

　증자는 다음과 같이 말하였다.

　“효자가 늙은 어버이를 모실 때에는, 그 마음을 즐겁게 해 드리고 그 뜻을 어기지 않으며, 그 듣고 보심을 즐겁게 해 드리며, 그 주무시는 곳을 편안케 해 드리며, 음식으로 정성껏 모셔야 한다. 그러므로 부모가 사랑하시는 바를 또한 사랑하며, 부모가 공경하는 바를 또한 공경해야 하니, 개나 말에 이르기까지도 다 그러해야 하거늘,

하물며 사람에게 있어서야 무엇을 더 말하랴."

曾子曰: 孝子之養老也, 樂其心, 不違其志, 樂其耳目, 安其寢處, 以其飲食忠養之. 是故, 父母之所愛, 亦愛之. 父母之所敬, 亦敬之. 至於犬馬, 盡然, 而況於人乎.

공자 이르시되,
"부모가 나를 낳으시니 혈통을 있는 것만큼 큰 것이 없으며, 임금과 어버이가 이에 임하시니 그 은혜 두텁기가 이보다 귀함이 없도다. 이런 까닭으로, 그 어버이를 사랑하지 않고 다른 사람을 사랑하는 이를 일러 패덕*⁷이라 하고, 그 어버이를 공경하지 아니하고 다른 사람을 공경하는 것을 일러 패례*⁸라 한다."

孔子曰: 父母生之, 續莫大焉. 君親臨之, 厚莫重焉. 是故, 不愛其親, 而愛他人者, 謂之悖德. 不敬其親, 而敬他人者, 謂之悖禮.

"효성스러운 자식의 어버이 섬기기는, 계실 때는 공경을 정성스럽게 하며, 봉양하기는 한껏 즐겁게 해 드리고, 병환이 나셨을 때에는 지극히 근심하며, 상을 당하게 되었을 때는 지극히 슬퍼하고, 제사를 지낼 때에는 가장 엄숙하게 하여야 한다.
이 다섯 가지를 갖춘 뒤에야 능히 어버이를 섬길 수 있다.
어버이를 섬기는 사람은 높은 벼슬에 있어도 교만하지 말며 낮은 자리에 있게 되어도 어지럽게 굴지 말며, 여럿이 있는 데서 다투지 말아야 한다. 높은 자리에 있어 교만하면 패망하고, 아랫사람이 되

---

*7 悖德. 그릇된 덕.
*8 悖禮. 어긋난 예.

어서 어지럽게 굴면 형벌 받고, 여럿이 있는 데서 다투면 무기를 쓰게 된다. 이 셋을 제거하지 않으면, 비록 날마다 소·양·돼지, 이 세 가지 고기로 봉양을 한다 하더라도 오히려 불효가 되느니라."
하였다.

孝子之事親, 居則致其敬, 養則致其樂, 病則致其憂, 喪則致其哀, 祭則致其嚴. 五者備矣, 然後能事親. 事親者, 居上不驕, 爲下不亂, 在醜不爭. 居上而驕則亡, 爲下而亂則刑, 在醜而爭則兵. 此三者不除, 雖日用三牲之養, 猶爲不孝也.

《여교(女敎)》에 이르되,
　시아비와 시어미가 며느리를 얻음은 능히 효도함에 있으니, 진실로 능히 효도 아니하면, 너를 얻어 무엇 하겠는가?
　며느리 되는 사람은 새벽 일찍 또한 밤늦도록 공경하며, 조심하여 오직 한 터럭 끝만큼이라도 그 뜻을 어길세라 두려워해야 한다. 시부모의 존귀함이 그 높기가 하늘같으니 모름지기 공경하며 반드시 온순하고 공손하게 하여, 행여 자기가 어진 양 믿지도 말고, 어쩌다 때리거나 꾸짖더라도 기꺼이 받아들여야 한다. 이는 진실로 날 사랑하심이니, 변명의 말을 잠시라도 입 밖에 내서야 될 것인가?
　저 동녘 마을 며느리에게는 일찍 말하지 아니하고, 모름지기 내 가까운 사람(친며느리)에게 이렇듯이 가르치는 것이니, 이런 저런 말을 입 밖에 내어 변명하려 하면 곧 패역과 같은지라, 반드시 곡진히 하여 효도와 공경을 더욱 힘써야 하느니라.
　혹시 부르심이 있거든 명을 듣고 바로 행해야 하니, 비록 몹시 힘이 들더라도 어찌 잠깐이나마 자신이 편안하려 들겠는가.
　어른께서 편안하시거든 효성스런 봉양을 다하여 혹시 시장하지

나 않을까 걱정하고, 몸이 좋지 않으시거든 걱정을 지극히 하여 옷과 허리띠를 벗거나 풀지 말 것이다. 자손들도 본받아 네가 하듯 할 것이니, 몸으로 가르치면 그대로 따라 할 것이니 조심하고 조심해야 하느니라.

女敎云: 舅姑娶婦, 在能孝之. 苟不能孝, 娶汝何爲. 爲之婦者, 夙夜祗畏. 惟恐一毫, 稍違其意. 舅姑之尊, 其高猶天, 必敬必恭, 毋倚己賢. 倘有咎罟, 悅豫而受. 此實我愛, 言敢出口. 彼東隣婦, 曾不施之. 必於我親, 乃爾敎之. 出言自解, 卽同悖逆. 但當曲從, 孝敬益力. 或有指使, 聞命卽行. 雖甚勞勤, 豈敢自寧. 安則致養, 唯恐其餒. 病則致憂, 衣不解帶. 後人則傚, 亦如汝爲. 身敎而從, 愼之戒之.

〈내칙(內則)〉*9에 다음과 같은 말이 있다.

부모나 시부모가 계신 곳에 있을 때 부르거든 응하여 바로 '네' 하고 공손하게 대답하며, 나아가고 물러나며 둥글게 돌거나 모를 꺾어 돌매 삼가 조심하며, 오르고 내리며 나며 들며, 앞으로 나아갈 때에는 그 몸을 읍(揖)할 때처럼 약간 굽히고, 물러날 때에는 몸을 약간 편다.

그 앞에서 감히 트림을 하거나, 한숨짓거나, 재채기를 하거나, 기침하거나, 하품하거나, 기지개를 켜거나, 한쪽 발을 절뚝거리거나, 어디 기대거나, 흘겨보지 말 것이다.

또 감히 침을 뱉거나 코를 풀지 말며, 춥더라도 감히 덧입지 말며, 가려워도 감히 긁지 말며, 중요한 일이 아니거든 감히 한쪽 어깨를 벗지 말며, 물 건널 때가 아니거든 옷을 걷어올리지 말아야 한다.

더러운 옷과 이불의 안을 보이지 말며, 부모가 코풀고 침뱉으심을

---

*9 《예기》의 한 편 이름. 안에서 본받아야 할 법칙을 기록하고 있음.

남에게 보이지 말고, 고깔과 허리띠가 때묻었거든 잿물 섞어 빨아드리기를 청하며, 웃옷과 아래옷이 때묻었어도 잿물 섞어 빨아드릴 것을 청하고, 웃옷과 아래옷이 뜯어졌거든 바늘에 실 꿰어 깁고 누벼드릴 것을 청해야 하니, 젊은이가 어른을 섬기며, 낮은 사람이 귀한 사람을 섬길 때는 다 이런 원칙을 따라야 한다.

內則曰: 在父母舅姑之所, 有命之, 應唯敬對. 進退周旋, 愼齊. 升降出入揖遊, 不敢噦噫嚏咳欠伸跛倚睇視, 不敢唾洟. 寒不敢襲, 癢不敢搔. 不有敬事, 不敢袒裼. 不涉, 不撅. 褻衣衾, 不見裏. 父母唾洟, 不見. 冠帶垢, 和灰請漱. 衣裳垢, 和灰請澣. 衣裳綻裂, 紉箴請補綴. 少事長, 賤事貴, 共帥時.

아들과 며느리가 효도하고 공경하는 것이란 부모나 시부모의 명령을 거스르거나 게을리하지 말아야 하는 것이다. 만약에 음식을 먹으라 하시거든 비록 즐겨하지 않더라도 반드시 맛을 보고 다음 말씀을 기다리고, 옷을 주시거든 비록 입고 싶지 않더라도 반드시 입고 말씀을 기다린다. 만약 일을 시키시고 다른 이로 하여금 나를 대신해서 하게 하면 비록 원치 않더라도 우선 그가 하게 하고, 또 나를 시키신 뒤에야 다시 해야 한다.

子婦孝者敬者, 父母舅姑之命, 勿逆勿怠. 若飲食之, 雖不者, 必嘗而待. 加之衣服, 雖不欲, 必服而待. 加之事, 人代之, 己雖不欲, 姑與之, 而姑使之, 而後復之.

〈곡례〉에 다음과 같은 말이 있다.
부모가 병이 나시거든 갓을 쓰는 사람(어른)은 머리를 빗지 말며,

걸어도 뽐내지 말며(활개짓하지 말며), 말하기를 느리적느리적 하지 말며, 거문고나 비파를 타지 말며, 고기를 먹되 맛있게 먹지 말며, 술을 마시되 용모가 변하기(얼굴이 빨개지고 비틀거리게 될 지경)에 이르도록 마시지 말며, 웃을 때 잇몸이 드러나도록 웃지 말며, 성을 내도 꾸짖기에 이르도록은 하지 말아야 한다. 병환이 좋아지시거든 예전으로 돌아가야 한다.

曲禮曰: 父母有疾, 冠者不櫛, 行不翔, 言不惰, 琴瑟不御, 食肉不至變味, 飮酒不至變貌, 笑不至矧, 怒不至詈. 疾止復故.

사마온공(司馬溫公)은 다음과 같이 말하였다.
"부모나 시부모가 병이 나시거든, 아들이나 며느리는 아무 일이 없거든 곁을 떠나지 말며, 손수 약을 달이거나 물에 타거나 하여 맛보고 받들어 잡수시게 하며, 아들과 며느리는 즐거운 표정을 짓지 말며, 장난치고 낄낄대지 말며, 잔치상을 차려 놀지 말아야 한다. 그리고 다른 일은 제쳐 두고 의사를 청해다가 약 짓기에 힘써야 하니, 병환이 좋아지시거든 처음과 같이 해야 한다."

司馬溫公曰: 父母舅姑有疾, 子婦無故不離側, 親調嘗藥餌而供之. 子婦色不滿容, 不戲笑, 不宴遊. 舍置餘事, 專以迎醫檢方合藥爲務. 疾已復初.

백유*¹⁰가 잘못한 일이 있었기에 그 어머니가 때리니 울었다. 그러자 그 어머니가
"전에는 너를 때려도 울지 않더니, 지금 우는 것은 무슨 까닭이

---

*10 伯兪. 한나라 때 사람. 성은 한(韓).

냐?"

하니, 아들의 대답은 다음과 같았다.

"제가 죄를 지으면 매질하실 때 늘 아프옵더니, 이제 어머님 힘이 부치시어 아프게 못 치시니 그래서 우옵니다."

그러기에 말하기를

"부모가 성내시거든 마음에 두지 말며 표정에 나타내지 말고 깊이 그 벌을 받아 가히 불쌍하게 여기게 함이 으뜸이다. 부모가 성내시거든 마음에 두지 말며 표정에 나타내지 않음이 그 다음이요, 부모가 성내시면 마음에 두고 표정에 나타냄이 제일 몹쓸 짓이다."

伯兪有過, 其母笞之, 泣. 其母曰: 他日笞子未嘗泣, 今泣何也. 對曰: 兪得罪, 笞常痛, 今母之力不能使痛, 是以泣. 故曰: 父母怒之, 不作於意, 不見於色, 深受其罪, 使可哀憐, 上也. 父母怒之, 不作於意, 不見於色, 其次也. 父母怒之, 作於意, 見於色, 下也.

〈내칙〉에 다음과 같은 말이 있다.

부모가 종이나 더러는 서모의 자식이나 그 손자들 가운데 누군가를 몹시 사랑하시거든, 비록 부모가 돌아가신 뒤라도 한평생 공경하여 그 마음을 변치 말아야 한다.

아들에게 두 첩(妾)이 있어, 부모가 그 하나를 예쁘게 보시고 아들은 다른 하나를 예뻐하거든, 옷이며 음식으로부터 일을 진행함에 이르도록 부모가 사랑하시는 바를 일시적이라도 바꾸지 말고, 부모가 돌아가신 뒤에도 변치 말아야 한다.

內則曰: 父母有婢子若庶子庶孫, 甚愛之, 雖父母沒, 沒身敬之, 不衰. 子有二妾, 父母愛一人焉, 子愛一人焉, 由衣服飲食, 由執事,母敢視父母所愛. 雖父母沒, 不衰.

아들이 제 아내를 몹시 마음에 흡족하게 여기더라도 부모가 좋아
하지 않으시거든 내보내야 한다. 그리고 아들이 마음에 들지 않더라
도 부모가 말씀하시기를,
"이 아이가 날 이토록 섬기는구나."
하시거든, 아들은 부부의 예를 행하여 죽을 때까지 변치 말아야
한다.

子甚宜其妻, 父母不說, 出. 子不宜其妻, 父母曰: 是善事我, 子行
夫婦之禮焉, 沒身不衰.

시아버지가 돌아가시면 시어머니도 늙으시어, 맏며느리는 제사 지
내는 일이며 손님 대접하는 온갖 일들을 반드시 시어머니께 여쭈어
보고, 작은며느리는 맏며느리에게 여쭈어 보아야 한다.
시어머니가 맏며느리를 시키시거든 게을리 말며, 작은며느리에게
조금도 무례하게 하지 말아야 한다. 어쩌다가 시부모가 작은며느리
에게 일을 시키시더라도 작은며느리는 맏며느리와 조금도 맞서지
말아야 하며, 잠깐도 나란히 걷지 말며, 잠깐도 똑같이 명령하지 말
며, 잠깐도 나란히 앉지 말아야 한다.
무릇 며느리들은 시어머니가 방으로 돌아가라 하지 않으시거든
잠깐도 물러나오지 말아야 한다. 또 며느리들에게 장차 일이 생기거
든, 큰 일이건 작은 일이건 반드시 시부모께 여쭈어야 한다.

舅沒則姑老, 冢婦所祭祀賓客, 每事必請於姑, 介婦請於冢婦, 舅
姑使冢婦, 母怠, 不友無禮於介婦. 舅姑若使介婦, 母敢敵耦於冢婦,

不敢並行, 不敢並命, 不敢並坐. 凡婦不命適私室, 不敢退. 婦將有事, 大小必請於舅姑.

부모가 비록 돌아가신 뒤에라도, 앞으로 착한 일 할 적에는 부모께 좋은 이름을 끼칠 것을 생각하여 반드시 과감하게 행동하며, 장차 착하지 못한 일을 할 적에는 부모께 부끄러우며 수치스러운 일을 끼칠 것을 생각하여 반드시 재빠르게 행동하지 말아야 한다.

父母雖沒, 將爲善, 思貽父母令名, 必果. 將爲不善, 思貽父母羞辱, 必不里.

이천(伊川) 선생이 말씀하시기를
"사람은 부모가 돌아가신 뒤, 그 생신날에는 반드시 평소보다 두 배 정도는 슬퍼해야 하니, 어찌 술을 빚고 음악을 하며 향락을 할 것인가? 그러나 더러 기쁘고 경사스런 일을 갖춘 사람은 괜찮다."

伊川先生曰: 人無父母, 生日當倍悲痛, 更安忍置酒張樂, 以爲樂. 若具慶者, 可矣.

《예기》에 다음과 같은 말이 있다.
어버이를 섬김에는 조용하게 하며 옳지 못한 일을 말할 때도 마음 상하게 해서는 안 되며, 좌우로 나아가 봉양하되 일정한 장소가 없이 어디서나 받들며, 죽도록 무슨 일이든지 부지런히 다하여 애써 모시며, 돌아가시면 상재 노릇을 극진히 3년 동안 해야 한다.
임금을 섬김에는 맞대어 놓고 그 뜻을 어겨 가면서라도 간(諫)해야 하며 슬며시 간해서는 안 되며,*¹¹ 좌우로 받들되 저마다 맡은 구실이 있으므로 맡은 바대로 받들어야 하며, 죽기까지 무슨 일이든다 부지런히 하여 모셔야 하며, 돌아가시면 어버이 상을 당했을 때와 같이 3년 동안 거상을 입어야 한다.

스승을 모실 때에는 맞대어 놓고 덤벼 간하지 말며,*¹² 슬며시 하지도 말 것이며, 좌우로 모시되 일정한 장소 없이 어디서나 모시며, 죽도록 무슨 일이든지 다하여 받들 것이며, 돌아가신 뒤에는 마음속으로 거상을 (부모나 임금 상 당했을 때와 마찬가지로) 3년 동안 입어야 한다.

禮記曰: 事親, 有隱而無犯, 左右就養無方, 服勤至死, 致喪三年. 事君, 有犯而無隱, 左右就養有方, 服勤至死, 方喪三年. 事師, 無犯無隱, 左右就養無方, 服勤至死, 心喪三年.

사마온공(司馬溫公)이 이르기를

"부모가 돌아가셔서 상중(喪中)에 있을 때에는 중문 밖에 검소하고 허름한 방을 지어 남자들이 거상할 곳을 만들고, 단을 공구르지 아니한 상복(斬衰)을 입고, 거적 위에서 자며, 흙덩이를 베개삼아 베며, 새끼에 삼(麻)을 감아 만든 수질*¹³과, 허리에 두르는 요질(腰絰)을 벗지 않으며, 남과 같이 앉지 말아야 한다.

아낙네는 딴 방*¹⁴에 있고, 휘장이며 이불, 요의 등 화려한 것을 걷어치워야 한다.

---

*11 이것은 의리의 문제이기 때문이다.
*12 간하면 바로 받아들일 것이므로.
*13 首絰. 머리에 두르는 삼띠.
*14 별실(別室).

남자는 아무 일 없이 중문 안에 들어가지 말며, 아낙네는 남자가 거상하는 곳에 불쑥 나가지 말아야 한다.

진(晋)나라 진수(陳壽)가 아버지 상을 당하였을 때, 병이 있어 계집 종을 시켜 환약을 빚게 했다. 손님이 그걸 보고는 마을 사람들에게 말하니 모두들 그르다고 하였다. 결국 이것 때문에 벼슬에 오르지 못하여 세상에 쓰이지도 못한 채 죽고 말았으니, 남의 혐의를 받을 만한 때에는 가히 매사를 삼가지 않을 수 없다."

司馬溫公曰: 父母之喪, 中門外擇樸陋之室, 爲丈夫喪次. 斬衰, 寢苦枕塊, 不脫絰帶, 不與人坐焉. 婦人次於中門之內別室, 撤去帷帳衾褥華麗之物. 男子無故, 不入中門, 婦人不得輒至男子喪次. 晉陳壽遭父喪, 有疾, 使婢丸藥. 客往見之, 鄕黨以爲貶議, 坐是沈滯, 坎坷終身. 嫌疑之際, 不可不愼.

"예전에 부모 상(喪)에는, 빈소*15를 차린 뒤에 죽을 먹고, 제일 굵은 베로 지은 자최(상복)*16를 입고서 거친 밥을 먹고 물마시고, 채소와 과일을 먹지 아니하며, 부모 거상에는 이미 우제*17 지내고, 졸곡*18제 지내고, 거친 밥 먹으며 물마시고, 채소와 과일을 먹지 않으며, 일주년만에 소상(小祥) 지내고 채소와 과일을 먹는다.

---

*15 殯所. 시체를 관에 모신 뒤, 발인할 때까지 안치하는 곳.
*16 齊衰. 조금 굵은 생베로 짓되 아래 가를 좁게 접어서 꿰맨 상복이다. 부모상에는 삼년, 조부모 상에는 일 년, 증조부모 상에는 다섯 달, 고조부모 상에는 석 달을 입고, 처상(妻喪)에는 일 년을 입는다.
*17 虞祭. 초우·재우·삼우가 있는데, 초우(初虞)는 죽은 영혼을 위로하기 위하여 장사지낸 날 바로 지내는 제사, 제우(再虞)는 장사지낸 뒤 두 번째 제사, 삼우(三虞)는 장사지낸 뒤 세 번째 제사. 이 세 제사를 통틀어 삼우제라고 함.
*18 卒哭. 삼우제를 지낸 뒤 지내는 제사. 죽은 지 석 달만에 정일(丁日)이나 해일(亥日)을 가려 지냄.

《기산풍속도첩(箕山風俗圖帖)》의 소상제례 기산 김준근. 조선 후기. 상주는 굴건제복, 남자들은 건이나 갓을 썼고 도포나 창의를 입었다.

그리고 또 일주년만에 대상(大祥)을 지내고, 초와 간장을 먹으며, 달을 걸러 담제[18] 지내고, 담제 지낸 뒤에야 단술을 마신다. 처음 술을 마시는 이는 먼저 단술을 마시고, 처음 고기를 먹는 이는 먼저 마른 고기부터 먹었다. 옛날 사람이 상중에 있을 때는 감히 드러내어 놓고 고기를 먹거나 술을 마시는 이가 없었다.”

“한(漢)나라 창읍왕[20]이 먼 곳에서 소제(昭帝)의 상(친상)을 당하

---

*19 禪祭, 대상을 지내고 그 다음 달에 지내는 제사.
*20 昌邑王. 한나라 무제(武帝)의 아들로 소제(昭帝)의 형. 소제가 젊은 나이에 후사가 없이

여 집으로 급히 달려갈 때, 도중에서 고기 반찬 없는 밥은 아니 먹더니, 곽광*21이 그 죄를 따져 폐하였느니라."

"진(晉)나라 완적*22이 재주만 믿고 거들먹거려 거상에도 예절답지 않거늘, 하증*23이 문제(文帝) 계신 자리에서 완적을 맞대어 놓고
'그대는 풍속을 헐어 버리는 사람이라, 가히 길러 둘 수 없다.'
하고 꾸짖고, 문제에게 아뢰기를 다음과 같이 하였다.

'공(公)이 바야흐로 효도로 천하를 다스리시되, 완적이 거푸 복〔重哀〕*24을 입은 몸으로 공석상에서 술마시며 고기 먹기를 허락하셨으니, 사예*25로 내어쫓으시어, 그로 하여금 화하(華夏) 땅을 더럽힘이 없게 하셔야 마땅할 것입니다."

"송(宋)나라 여능왕(廬陵王) 의진(義眞)은 무제(武帝)의 상을 당하였을 때, 곁에 모신 시종을 시켜 물고기며 육지의 고기며 맛있는 반찬을 사다가 재실*26 안에 따로 찬방(廚帳)*27을 꾸몄었다. 때마침 장사*28 유담*29이 들어오자 바로 명을 내렸다.
'술 데우고 생합*30을 구워 오라.'

죽자 소제의 형인 창읍왕을 제위에 올렸는데, 행실이 나빠 제위에 오른 지 27일 만에 폐위되었음.
*21 霍光. 한나라 무제(武帝)의 총신(寵臣)으로, 무제가 죽자 소제를 제위에 올렸으나 소제가 일찍 죽었으므로 소제의 형인 창읍왕을 제위에 올렸으나 행실이 음란하여 폐하고 선제(宣帝)를 세우는 등 20여 년간 막강한 권력을 휘둘렀음.
*22 阮籍. 죽림 칠현의 한 사람으로 노장(老莊)을 좋아하였으며 시와 거문고에 능했음.
*23 何曾. 한나라 때의 학자 정치가로 벼슬이 공경(公卿)에 이르렀음.
*24 미처 상복을 벗기 전에 거듭 부모상을 당하여 복을 입음.
*25 四裔. 나라의 사방 끝.
*26 齋室. 무덤이나 사당 옆에 제사지내기 위하여 지은 집.
*27 반찬 만드는 곳.
*28 長史. 벼슬 이름.
*29 劉湛. 송나라 무제·문제 때의 학자·정치가.
*30 生蛤. 날조개.

그러자 유담이 엄숙한 표정을 짓고 다음과 같이 말했다.

'공(公)이 이런 때를 당하여서, 이런 차림 있음이 마땅치 못하옵니다.'

의진이 말하기를,

'아침이 몹시 추우니, 장사(長史)는 한집안 같으니, 달리 생각하지 아니하기를 바라노라.'

하였다. 술이 나오자 유담이 일어나 말하기를

'이미 능히 예(禮)로써 스스로 처신(處身)치 못하고, 또 능히 예로써 남까지 처신치 못하게 하는구려.'

하더라."

"수(隋)나라 양제(楊帝)가 태자로 있을 때, 문헌황후(文獻皇后) 상을 당했는데, 매일 아침에 두 줌 쌀을 바치게 하고, 남몰래 시켜 살찐 고기와 포육과 젓갈을 대통(竹筒) 속에 넣고, 밀랍으로 통 주둥이를 막고, 옷이나 보자기에 싸서 가져오게 하였다."

"호남(湖南)의 초왕(楚王) 마희성(馬希聲)이 그 아버지인 무목왕(武穆王)을 장사 지내는 날에도 여전히 닭고깃국을 먹으니, 그 관속(官屬) 반기(潘起)가 비웃기를

'옛날 완적(阮籍)이 거상에도 찐 돼지고기를 먹었다더니, 어느 시대에도 어진 이가 없었던가?'

하였으니, 오대*31 때만 해도 거상 중에 고기 먹는 이를 남이 오히려 별스럽게 여겼으니, 흘러내려온 풍속이 폐단으로 된 유래는 매우 가깝다 하겠다."

"요즈음 사대부들은 상제가 되어도 고기 먹고 술마시기를 평상시와 다름없이 하며, 게다가 서로 좇아가 잔치하며 모이고도 경우 없이 부끄러워할 줄을 모르거니와, 그걸 보는 사람들 또한 달리 생각

---

*31 五代. 양(梁)·당(唐)·진(晉)·한(漢)·주(周).

하지를 않아서 예속(禮俗)이 허물어짐을 그만 예삿일로 여기게 되었으니, 딱한 노릇이다."

"가난한 두멧사람이 혹시 초상을 당하여 미처 염*³² 잡숫기 전이더라도 친한 벗이 술과 반찬을 가지고 와 조상을 위문하면, 주인 또한 술과 반찬을 마련하여 서로 어울려 연일 취하고 배부르도록 마시며, 장사 지낼 때도 또 이와 같이 취하도록 마시고 먹는다.

심한 사람은 초상 때 음악을 연주하여 죽은 이를 즐겁게 한다고 하며, 장사 지낼 때에 이르러서는 음악으로 상여를 앞서게 하고 울면서 뒤따라가기도 한다.

또 상제가 되어서도 이내 혼사를 치루는 이도 있으니, 아! 몸에 배인 풍속은 고치기 어렵고 어리석은 사람은 깨우치기 어렵기가 이 지경까지 이르다니!

무릇 부모 상을 당하여 상제가 된 사람은, 대상(大祥) 전에는 고기를 먹거나 술을 마셔서는 아니 되니, 어쩌다 병이 있어 잠시라도 꼭 고기를 먹으며 술을 마실지라도 병이 좋아지거든 또 반드시 처음으로 돌아가야 한다.(고기와 술은 금해야 한다.)

그런데 혹시 반찬 없는 밥을 목에 넘기지를 못하여, 오래되어 말라 병이 생길까 겁나는 사람은 가히 고깃국물과 포육과 젓갈과, 또는 고기로 그 맛을 도울지언정, 귀한 음식과 쩍진 반찬을 실컷 먹거나 남과 더불어 잔치하며 즐김이 옳지 않으니, 이렇게 한다면, 비록 소복(素服)을 입으나 실은 상제 노릇을 하지 않음이니라.

다만 쉰 살 이상 되어 혈기가 이미 쇠약하여 꼭 술이나 고기 힘을 빌려야 기운을 도울 수 있는 자는 그럴 필요까지는 없다. 상제 노릇을 할 때 음악을 즐기거나 혼사를 치루는 자는, 나라에 바른 법이

---

*32 斂. 돌아가신 분의 몸을 솜에 기름을 발라 씻기고 수의(壽衣)를 입힘을 염이라 하고, 염한다는 말은 돌아간 분을 높이느라 염잡숫는다고 함.

있어 다스리므로, 이에 대해 다시는 이야기하지 않겠다."

古者, 父母之喪, 旣殯, 食粥. 齊衰, 疏食水飮, 不食菜果. 父母之
喪, 旣虞卒哭, 疏食水飮, 不食菜果. 期而小祥, 食菜果. 又期而大祥,
食醯醬. 中月而禫, 禫而飮醴酒. 始飮酒者, 先飮醴酒. 始食肉者, 先
食乾肉. 古人居喪, 無敢公然食肉飮酒者. 漢昌邑王奔昭帝之喪, 居
道上, 不素食, 霍光數其罪而廢之. 晉阮籍負才放誕, 居喪無禮, 何
曾面質籍於文帝坐, 曰: 卿敗俗之人, 不可長也. 因言於帝, 曰: 公方
以孝治天下, 而聽阮籍以重哀, 飮酒食肉於公坐, 宜擯四裔, 無令汚
染華夏. 宋廬陵王義眞居武帝憂, 使左右買魚肉珍羞, 於齋內別立
廚帳. 會長史劉湛入, 因命臑酒炙車螯. 湛正色曰: 公當今不宜有此
設. 義眞曰: 旦甚寒, 長史事同一家, 望不爲異. 酒至, 湛起曰: 旣不
能以禮自處, 又不能以禮處人. 隋煬帝爲太子, 居文獻皇后喪, 每朝
令進二溢米, 而私令外取肥肉脯鮓, 置竹筒中, 以蠟閉口, 衣袱裹而
納之. 湖南楚王馬希聲, 葬其父武穆王之日, 猶食雞臛. 其官屬潘起
譏之曰: 昔阮籍居喪, 食蒸豚, 何代無賢. 然則五代之時, 居喪食肉
者, 人猶以爲異事, 是流俗之弊, 其來甚近也. 今之士大夫居喪, 食
肉飮酒, 無異平日, 又相從宴集, 靦然無愧, 人亦恬不爲怪. 禮俗之
壞, 習以爲常. 悲夫. 乃至鄙野之人, 或初喪未斂, 親賓則齎酒饌往
勞之. 主人亦自備酒饌, 相與飮啜, 醉飽連日. 及葬, 亦如之. 甚者,
初喪作樂以娛尸, 及殯葬則以樂導輀車, 而號泣隨之. 亦有乘喪卽
嫁娶者. 噫, 習俗之難變, 愚夫之難曉, 乃至此乎. 凡居父母之喪者,
大祥之前, 皆未可飮酒食肉. 若有疾, 暫須食飮, 疾止, 亦當復初. 必
若素食不能下咽, 久而羸憊恐成疾者, 可以肉汁及脯醢, 或肉少許,
助其滋味. 不可恣食珍羞盛饌及與人燕樂. 是則雖被衰麻, 其實不
行喪也. 唯五十以上血氣旣衰, 必資酒肉扶養者, 則不必然爾. 其居

喪聽樂及嫁娶者, 國有正法, 此不復論.

안정*33은 상제 노릇을 제대로 잘했다. 처음 부모가 돌아가시자 편안치 못하여 마치 무엇을 구하려다가 얻지 못한 듯 보였다. 그리고 이미 빈소에 모신 뒤에는, 휙 가 버리고는 뒤돌아보지 않는 이를 따라가려 해도 쫓지 못하여 실의(失意)에 찬 듯한 모습이었다. 이미 장사 지내고 난 뒤에는, 그 돌아오지 못할 것을 애타게 기다리는 듯하였다.

顏丁善居喪. 始死, 皇皇焉, 如有求而弗得. 旣殯, 望望焉, 如有從而弗及. 旣葬, 慨然, 如不及其反而息.

해우*34나라 원님인 하자평(何子平)은 그 어머니가 돌아가시자 벼슬도 그만두고 그 슬퍼함을 예(禮)에 지나칠 정도로 하여, 울 때마다 펄펄 뛰고 갑자기 까무라쳤다가 되살아나더라.

마침 대명말(大明末)에, 동쪽 지방이 가난하고 전쟁이 잇달았기 때문에 여덟 해 동안이나 능히 장사를 지내지 못하여, 낮이며 밤이며 소리치고 울기를 마치 첫 거상 때 단괄*35할 때와 같이 하였다. 겨울에는 솜 둔 옷을 입지 아니하고, 여름에도 서늘한 데 가지 않았으며, 하루에 쌀 두 홉으로 죽을 쑤어 먹었고, 소금과 나물도 먹지 아니하더라.

사는 집이 너무 헐어서 바람과 해를 가리지 못하거늘, 형의 아들

*33 顏丁. 춘추 시대 노(魯)나라 사람으로, 상제 노릇 잘함으로써 단궁(檀弓)의 칭찬을 받음.
*34 海虞. 남조(南朝) 송(宋).
*35 祖括. 상례 때 행하는 의식의 하나. '단'은 왼쪽 팔뚝을 벗어 내어놓음, '괄'은 갓을 벗고 머리를 동여맴.

인 백흥(伯興)이 작은아버지를 위하여 이것을 손질하려 하자, 자평
(子平)이 달갑게 여기지 않으며 말하기를,

"나는 내 정성을 다 펴지 못하였기 때문에 이 천지간에 죄지은 사
람이거니, 지붕을 이음이 어찌 마땅하겠는가?"
하였다.

채흥종(蔡興宗)이 회계(會稽) 땅 태수(太守)가 되어 왔다가 이를 몹
시 가엾게 여기고, 또 신통하게 여기어 무덤을 마련해 주었다.

海虞令何子平母喪去官, 哀毁踰禮, 每哭踊頓絶方蘇. 屬大明末,
東土饑荒, 繼以師旅, 八年不得營葬, 晝夜號哭, 常如袒括之日. 冬
不衣絮, 夏不就淸凉. 一日以米數合爲粥, 不進鹽菜. 所居屋敗, 不
蔽風日, 兄子伯興欲爲葺理. 子平不肯曰: 我情事未申, 天地一罪人
耳, 屋何宜覆. 蔡興宗爲會稽太守, 甚加矜賞, 爲營塚壙.

제3 결혼
혼례장昏禮章

〈혼의(昏義)〉*¹에 다음과 같은 말이 있다.

혼인의 예의는, 장차 서로 좋아하는 성*²이 다른 두 사람이 어울려서, 위로는 종묘를 섬기고 아래로는 후세에 자손을 잇게 하는 것이다. 그러기 때문에 군자(君子)는 이를 귀하게 여긴다.

이래서 혼인의 예에 납채*³ 문명*⁴ 납길*⁵ 납징*⁶과 신랑집에서 사람을 시켜 청기*⁷하러 오면 색시집에서 혼인을 도맡아 하는 혼주(婚主)가 먼저 사당에 돗자리를 펴고 상을 놓은 뒤에, 색시의 부모가 문 밖에 나가 절하고 맞아들이면 들어가서 서로 읍*⁸하여 인사하고, 사양하면서 올라가 사당에 앉아, 신랑집에서 전하는 명(命)을 듣게 된다. 이 모든 것은 혼인의 예를 공경스럽고 삼가며 소중하게, 그리

---

*1 《예기》의 한 편명. 결혼의 의의에 관한 것을 밝힘.
*2 姓. 사람.
*3 納采. 주대(周代) 결혼에 있어서 육례(六禮) 중의 첫째 일. 상대방과 결혼을 하고자 하면, 반드시 먼저 중매장이를 시켜 통하게 하고, 색시집에서 혼인을 승낙하면 사람을 시켜 그 가려줌에 대한 예물을 바치는데, 그때 기러기를 쓰는 것은 음양을 순히 하여 오가는 뜻을 취함임.
*4 問名. 납채한 뒤, 결혼에 대한 길흉을 점치기 위하여 색시 어머니의 성을 묻는 일.
*5 納吉. 옛 혼례 육례의 하나. 문명 뒤에 사당에서 점쳐 보아 길조를 얻으면, 사람을 시켜 색시집에 알려서 혼사를 결정지음을 말함.
*6 納徵. 폐백을 드려 혼인할 징표로 삼음.
*7 請期. 혼인할 좋은 날을 색시집에 받아 달라고 함.
*8 揖. 두 손을 가슴 높이로 맞잡고 고개 숙여 인사 함.

《기산풍속도첩》혼례　기산 김준근. 조선 후기. 초례청에 보이는 신부는 황의홍삼 삼회장에 초록 원삼을 입고 족두리를 썼다. 신랑은 사모·청단려·상아태·쌍학흉배·목화 차림이다.

고 바르게 하기 위해서이다.

昏義曰: 昏禮者, 將合二姓之好, 上以事宗廟, 而下以繼後世也. 故君子重之. 是以昏禮, 納采·問名·納吉·納徵·請期, 皆主人筵几於廟, 而拜迎於門外. 入, 揖讓而升, 聽命於廟. 所以敬愼重正昏禮也.

공경하고 삼가며, 소중하게, 그리고 예의를 바르게 한 뒤에야 친애

함이 예의 대체*⁹이니, 이렇게 함으로써 남편과 아내의 구별을 이루어서 부부의 의를 세우게 되는 것이다.

남편과 아내의 구별이 있은 뒤에야 부부의 의가 생기고, 부부의 의가 있은 뒤에야 아비와 아들이 정다움이 있고, 아비와 아들이 정다움이 있은 뒤에야 임금과 신하가 저마다 제 위치를 바로잡게(임금은 임금 노릇을, 신하는 신하 노릇을 제대로 함) 된다. 그러기에 혼인의 예는 예의 근원이라고 말하는 것이다.

敬愼重正而后親之, 禮之大體. 而所以成男女之別, 而立夫婦之義也. 男女有別, 而后夫婦有義. 夫婦有義, 而后父子有親. 父子有親, 而后君臣有正. 故曰: 昏禮者, 禮之本也.

《예기(禮記)》에 이르기*¹⁰를,

혼례는 자손 만대의 비롯됨(시작)이라 성(姓)이 다른 사람을 맞이하는 것은 부원*¹¹이요, 후별*¹²하기 위해서이다.

폐백(幣帛)은 반드시 정성되게 하며*¹³ 납폐의 말은 모두 올곧아서 바른 말로 고하여 신빙성이 있도록 해야 하니, 신의(信)는 남을 섬기는 도리요, 신뢰심은 또한 부덕*¹⁴이다.

한번 더불어 합환주(合歡酒)를 같이 마셔 부부가 된 뒤에는 죽기까지 변하지 않으니, 이런 까닭으로 남편이 죽어도 아내는 다른 남

---

*9 大體. 기본 원칙.
*10 교특생편(郊特牲篇)에 나옴.
*11 附遠, 관계가 먼 사람과 결혼하여 가정을 이룸.
*12 厚別. 남녀가 동성(同姓)이면 자손이 번성치 못하므로 혈통이 같은 사람을 엄격히 가려 피해야 된다는 말.
*13 정한 뒤에 물르지 말라는 뜻.
*14 婦德. 아낙네의 덕.

자에게 다시 시집을 가지 않는다. 결혼 때 남자가 친히 여자를 맞으러(장가들러) 가는 것은, 그래서 남자가 먼저 가고 여자가 뒤에 오는 것은, 남자의 강*15이 주동하고, 유*16가 피동(彼動)되는 뜻이니, 마치 하늘이 땅보다 앞서고, 임금이 신하보다 앞서는 것과 그 뜻은 마찬가지다.

친영*17 때, 신랑이 색시집에 들어가, 먼저 전안*18한 뒤에 서로 보는 것은 공경하여 남녀의 유별함을 밝힘이다. 남녀의 구분이 분명해진 뒤에야 아비와 아들이 정다움이 있게 되고, 아비와 아들이 정다움이 있게 된 뒤에야 인륜의 의의가 생기게 되고, 인륜의 의의가 생긴 뒤에야 예절이 생기게 되고, 예절이 생긴 뒤에야 만물이 편안하게 될 것이다. 남녀 구별이 분명치 않으면 아비와 아들의 정다움도 없게 될 것이니, 이렇게 되면 새나 짐승과 다를 바가 없을 것이다.

禮記曰: 夫昏禮, 萬世之始也. 取於異姓, 所以附遠厚別也. 幣必誠, 辭無不腆, 告之以直信. 信, 事人也, 信, 婦德也. 一與之齊, 終身不改, 故夫死不嫁. 男子親迎, 男先於女, 剛柔之義也. 天先乎地, 君先乎臣, 其義一也. 執摯以相見, 敬章別也. 男女有別, 然後父子親. 父子親然後義生, 義生然後禮作, 禮作然後萬物安. 無別無義, 禽獸之道也.

왕길(王吉)이 글월을 올려 아뢰기를,
"부부는 인륜의 가장 중요한 근본이니 단명(短命)과 장수(長壽)의

---

*15 剛. 강하다.
*16 柔. 부드럽다.
*17 親迎. 신랑이 색시를 맞으러 감.
*18 奠雁. 기러기를 상 위에 놓고 하느님께 재배.

싹이 됩니다. 세상에서 시집가고 장가들기를 너무 일찍하여, 남의 부모가 될 도리도 잘 알지 못하고서 자식을 두게 됩니다. 그러므로 교화(敎化)가 밝지 못하여 백성들이 흔히 일찍 죽는 것입니다."
라고 하였다.

王吉上疏曰: 夫婦, 人倫大綱, 夭壽之萌也. 世俗嫁娶太蚤, 未知爲人父母之道而有子. 是以敎化不明而民多夭.

문중자*19가 말하기를
"결혼하는 데 재물을 따지는 것은 오랑캐의 짓이니, 점잖은 사람은 그런 고을에는 발을 들여 놓지도 않았다. 옛날 남자와 여자의 집안이 저마다 덕을 택했을지언정 재물로써 예를 삼지는 않았다."

文中子曰: 婚娶而論財, 夷虜之道也, 君子不入其鄕. 古者男女之族, 各擇德焉, 不以財爲禮.

"일찍 시집가고 어려서 장가를 가는 것은 사람을 경박하게 가르침이요, 첩을 수없이 두는 것은 사람을 어지럽게 하는 가르침이다. 또한 귀천에 있어서 등급이 다르니, 한 남편에 한 아내는 서민의 직분이다."

早婚少聘, 敎人以偸. 妾媵無數, 敎人以亂. 且貴賤有等, 一夫一婦, 庶人之職也.

사마온공(司馬溫公)이 말하기를,

*19 文中子: 수(隋)나라의 유학자 왕통(王通)을 일컬음.

"대개 혼인을 의론할 때는, 마땅히 먼저 그 사위와 며느리의 성품과 그 집안의 법도가 어떠한지를 살펴야지, 구차스럽게 부귀를 바라서는 안 된다.

사위가 진실로 어질 것 같으면, 지금은 비록 가난하고 벼슬하지 못하였다 하더라도, 이 다음에 부귀할지 어찌 알겠는가? 그러나 만약에 사위가 시원치 않을 것 같으면, 지금 비록 잘살고 세도 있다 하더라도 이 다음에 빈천해질지 어찌 알겠는가?

아내에게는 집안의 성쇠가 달렸으므로, 만약 한때의 부귀를 탐내어 장가들었다가는 그 부귀를 믿고 남편을 업신여기며 시부모에 대하여 거드름떨지 않는 사람이 드무니, 그 교만하고 시새우는 성질을 길러주었다가는 뒷날에 걱정거리 됨이 어찌 끝이 있겠는가? 비록 아내의 친정 재물 덕에 부자 되고, 아내 친정 권세에 의지하여 귀한 벼슬을 한들, 참된 대장부의 기개가 있는 사람이라면, 당연히 부끄럽지 아니하겠는가?"
라고 하였다.

司馬溫公曰: 凡議婚姻, 當先察其壻與婦之性行, 及家法何如. 勿苟慕其富貴. 壻苟賢矣, 今雖貧賤, 安知異時不富貴乎. 苟爲不肖, 今雖富盛, 安知異時不貧賤乎. 婦者家之所由盛衰也, 苟慕一時之富貴而娶之, 彼挾其富貴, 鮮有不輕其夫而傲其舅姑. 養成驕妬之性, 異日爲患, 庸有極乎. 借使因婦財以致富, 依婦勢以取貴, 苟有丈夫之志氣者, 能無愧乎.

안정(安定) 호*[20] 선생이 말하기를,

---

*20 胡. 북송(北宋) 때 사람으로 이름은 원(瑗)이고 시호는 문소(文昭)인데, 안정보(安定堡)에서 살았으므로 안정 선생이라 불렸으며, 성은 호(胡).

"딸을 시집보낼 때는 반드시 내 집보다 나은 집에 보내야 한다. 내 집보다 나은 집이라면, 딸이 남편을 모시기를 반드시 공경스럽게 하고 조심스럽게 할 것이다.

며느리를 보기는 반드시 내 집만 못한 데라야 한다. 내 집만 못하면 며느리의 시부모 모심에 반드시 며느리의 도리를 지킬 것이다."
라고 하였다.

安定胡先生曰: 嫁女, 必須勝吾家者. 勝吾家, 則女之事人必欽必戒. 娶婦, 必須不若吾家者. 不若吾家, 則婦之事舅姑必執婦道.

〈사혼례(士昏禮)〉*²¹에 이르기를 다음과 같이 하였다.

혼례때 아비가 아들을 높여 친히 술을 부어 주고, 명하기를

"가서 평생 너를 도와줄 사람을 맞아 우리 집안의 종묘일을 잇되, 돌아가신 어머니를 힘써 앞장서서 공경하게 하고, 너는 모든 일에 변함이 없어야 한다."

아들이 대답하기를

"예, 그렇게 하겠습니다. 오직 말씀하신 대로 못 따를까 두렵습니다만 잠시도 감히 잊지 아니하겠습니다."

아비가 딸을 시집보낼 때 타이르기를

"조심하여 공경하고 아침 일찍부터 밤 늦게까지도 명을 어기지 말아라."

하고,

어미는 옷깃을 여미어 주고 향주머니를 매어 주며 딸에게 이르기를

"힘쓰고 공경하여 아침 일찍부터 밤 늦도록 하여 집안일을 그르치지 말아라."

---

*21 《의례(儀禮)》의 편명. 신비의 혼인 예절에 관한 내용을 기록했음.

《단원풍속화첩》신행　단원 김홍도. 조선 후기. 신행길에 나선 신랑의 행장을 그린 그림.

한다.

　서모(庶母)가 문 안으로 와서 (향)주머니 채워주고, 부모의 명을 되풀이하고 명하기를

　"네 부모의 말씀을 공경하여 듣고 받들어, 아침 일찍부터 밤 늦도록 행하여 허물이 없도록 하라."

　그러고는

　"띠와 주머니를 보라."

한다.

士昏禮曰: 父醮子, 命之曰: 往迎爾相, 承我宗事, 勗帥以敬先妣
之嗣. 若則有常. 子曰: 諾. 惟恐弗堪, 不敢忘命. 父送女, 命之曰: 戒
之敬之, 夙夜無違命. 母施衿結帨, 曰: 勉之敬之, 夙夜無違宮事. 庶
母及門內施鞶, 申之以父母之命. 命之曰: 敬恭聽宗爾父母之言, 夙
夜無愆, 視諸衿鞶.

공자(孔子)가 말씀하기를,

"아낙네는 남편에게 굽히는 것이니, 그러므로 온전히 제멋대로 처
단하지 아니하고, 세 가지로 쫓는 도리(三從之道)가 있다. 말하자면
친정에서는 아비를 쫓고, 시집가서는 남편을 쫓고, 남편이 죽으면 아
들을 쫓아, 잠시도 제멋대로 행하는 바가 없어야 한다.

가르치는 말소리가 안방 밖으로 나가지 않게 하며, 하던 일은 음
식을 먹는 동안만 멈출 수 있을 따름이다. 이런 까닭으로 아낙네는
안채 안에서 날이 저물고, 백 리 밖으로는 거상을 당해도 달려가지
않으며, 일을 제멋대로 처리하지 않으며, 행동을 저 혼자서 하지 않
으며, 다 안 뒤에야 행동하고, 가히 경험한 뒤에야 말하며, 낮에는
뜰에서 노닐지 않으며, 밤에 다닐 때에는 불을 밝혀야 하니, 이렇게
함으로써 아낙네의 덕을 바르게 하는 것이다.

여자가 시집을 가지 않아야 할 다섯 종류의 남자가 있으니 다음
과 같다. 역적의 집 아들을 취하지 말며, 아비의 명을 어기는 자식
을 취하지 말며, 대대로 형벌받은 사람이 있거든 취하지 말며, 집안
에 나쁜 병이 있거든 취하지 말며, 아비 없는 맏아들을 취하지 말아
야 한다.

또 아낙네에게는 내어쫓을 일곱 가지 단점이 있으니 다음과 같다.
부모에게 순종치 않거든 내어쫓고, 자식을 못 낳거든 내어쫓고, 음
란하거든 내어쫓고, 질투하거든 내어쫓고, 몹쓸 병 있거든 내어쫓고,

말 많거든 내어쫓고, 손이 검거든(盜癖) 내어쫓으라.

그러나 세 가지 내어쫓을 수 없는 것이 있으니 다음과 같다. 데려온 곳은 있어도 보낼 곳이 없거든 내어쫓지 말며, 함께 삼년상을 지냈으면 내어쫓지 말며, 가난하고 벼슬 못 하다가 뒤에 넉넉해지고 높은 벼슬하게 되었거든 내어쫓지 마라.

무릇 성인(聖人)은 이로써 남녀의 사이를 순하게 하시며, 혼인의 시작을 소중히 여기시는 바이니라."

孔子曰.: 婦人伏於人也, 是故無專制之義, 有三從之道. 在家從父, 適人從夫, 夫死從子, 無所敢自遂也. 敎令不出閨門, 事在饋食之閒而已矣. 是故, 女及日乎閨門之內, 不百里而犇喪. 事無擅爲, 行無獨成, 叅知而後動, 可驗而後言, 晝不遊庭, 夜行以火, 所以正婦德也. 女有五不取: 逆家子不取, 亂家子不取, 世有刑人不取, 世有惡疾不取, 喪父長子不取. 婦有七去: 不順父母去, 無子去, 淫去, 妬去, 有惡疾去, 多言去, 竊盜去. 有三不去: 有所取無所歸不去, 與更三年喪不去, 前貧賤後富貴不去. 凡此, 聖人所以順男女之際, 重婚姻之始也.

내훈 권 제2(상)

제4, 남편과 아내의 도리(상)

제4, 남편과 아내의 도리(상)
부부장夫婦章·상

《여교(女教)》에 이르기를

아내가 비록 남편과 가지런하다*¹ 하였으나, 남편은 아내의 하늘이다. 예로써 반드시 공경하여 섬기기를 아비와 같이 해야 한다. 제 몸을 낮추고 제 뜻을 굽혀 망령되이 높고 잘난 척 말며, 오직 순종할 줄 알고 조금도 거스르지 말아야 한다. 남편이 가르치고 경계하는 말을 듣되 마치 성인의 글을 들음과 같이 하며, 남편의 몸을 보배롭게 여기기를 구슬같이 하여, 조심조심 제 도리를 지켜야만 하니, 조금이라도 방자하게 행동하는 일이 있어서는 안 될 것이다. 이 몸이 내 것이 아니거니, 무엇을 감히 믿고 의지하겠는가.

남편이 진실로 허물이 있거든 자기를 낮추어 간(諫)하되 이해를 가지고 말하여, 얼굴 표정을 온화하게 하며 순하게 말을 해야 하니, 남편이 만약 매우 성내거든, 노여움이 가라앉은 뒤에 다시 간하여라. 비록 매를 맞더라도 어찌 조금이나마 원망하며 애달파 하리오.

남편의 직분은 높고 아내는 낮은지라, 혹시 치거나 꾸짖음이 있다 한들 분수에 마땅함이니, 어찌 조금이라도 말대답하며, 어디라고 감히 화를 내겠는가. 그를 의지하며 함께 늙어갈 것이기에 하루만의 일이 아니라 터럭만한 일도 반드시 아뢰어야만 할 것이니, 어찌 감히 제멋대로 처리할 것인가. 제멋대로 처리하면 사람이라고 할 수 없는

---

*1 齊. 균등하다.

것이다.

　시댁의 허물을 친정 부모에게 말하지 말아야 하니, 그것은 어버이
에게 시름을 끼칠 뿐이리니, 말한들 무슨 보탬이 되겠는가.

　시집가는 것을 이미 돌아간다고도 하니, 이렇게 되면 죽거나 살거
나 목숨을 다 바쳐 받들어야 하니, 어쩌다가 어지럽게 군다면 마·소
[馬牛]만도 못한 것이다.

　집안을 일으키고 싶거든 그 길은 화합함과 순종함뿐이니, 어떻게
하면 화합하고 순종할 것인가? 그것은 역시 공경함에 있다.

　女教云: 妻雖云齊, 夫乃婦天. 禮當敬事, 如其父焉. 卑躬下意, 毋
妄尊大, 唯知順從, 不敢違背. 聽其教戒, 如聞聖經. 實其身體, 若珠
與瓊. 戰兢自守, 敢曰縱肆. 已尚不有, 何物敢恃. 夫苟有過, 委曲諫
之. 陳說利害, 和容婉辭. 夫若盛怒, 悅則復諫. 雖被箠鞭, 安敢怨恨.
夫職當尊, 而妻爲卑. 或毆或詈, 乃分之宜, 我焉敢答, 我焉敢怒. 籍
以偕老, 匪一日故. 纖毫之事, 必當稟聞. 豈敢自專, 專則非人. 夫家
有失, 勿告父母. 徒胎親憂, 告亦何補. 嫁旣曰歸, 死生以之. 若是紛
紜, 馬牛不如. 欲家之興, 曰和與順. 何以致斯, 又在乎敬.

　부부의 도(道)는 음(陰)과 양(陽)이 맺으며 신명에 통달하니, 진실
로 하늘과 땅과의 큰 뜻이며, 인륜(人倫)의 큰 마디다. 이렇기에 예
(禮)에 남녀 사이를 귀히 여기고, 모시(毛詩)의 관저장*²에 그 뜻을

---

*2 關雎章. 관저(關雎)는 모시(毛詩)의 편(篇) 이름이니 관관(關關)은 암새 수새가 서로 정답
　게 노래하는 소리요, 저구(雎鳩)는 물새(징경이) 이름이니, 제 짝을 일정히 지켜 어지러
　이 짝을 바꾸지 아니하며, 둘이 늘 나란히 놀되 서로 허물없이 하지는 않아서, 뜻이 지
　극하되 분간이 있다. 주 문왕(周文王)이 성덕(聖德)이 있고 또 성녀(聖女)인 사씨(姒氏)를
　얻어서 배필(配匹)을 삼거늘, 궁중 사람이 그 처음을 제, 유한정정(幽閒貞靜. 그윽하고 한
　가롭고 곧고 고요함)한 덕이 있으므로 이 시를 지어 이르기를, 서로 화락하며 공경함이

《단원풍속화첩》자리짜기 단원 김홍도. 조선 후기. 자리 짜는 남편, 물레질 하는 아내 그리고 책 읽는 아이를 안정감 있게 배치하여 그렸다.

밝히었다. 이를 따라 말하건대, 중하게 여기지 않을 수 없다.

　남편이 어질지 못하면 아내를 거느리지 못하고, 아내가 어질지 못하면 남편을 섬기지 못하며, 남편이 아내를 거느리지 못하면 위의*³가 무너지고, 아내가 남편을 섬기지 못하면 의리가 무너지리니, 이 두 일을 비유하건대, 그 쓰임은 한 가지다.

　정경과 같다 하였다. 유는 길다는 뜻이요, 한(閒)은 안정(安靜)하다는 뜻이요, 정(貞)은 일정(一定)하다는 뜻이요, 정(靜)은 마음이 깨끗하다는 뜻이다.
*³ 威儀. 거동이 씩씩(엄)하고 본받음직함이다.

요즘 군자를 보건대, 다만 아내를 거느리지 못함이 잘못임과 위의를 감추지 못함이 잘못인 줄만을 알고 있다. 그러므로 아들을 가르쳐 글월로 몸을 단속하게 하되, 아내가 남편을 섬길 줄 모름이 잘못임과 예의를 간직치 아니함이 잘못인 줄은 정작 알지 못하고 있다. 오직 아들만을 가르치고 딸을 가르치지 아니하니, 그것은 피차(彼此)의 헤아림에 구애됨일 것이다.

《예기》에도 여덟 살에 비로소 글을 가르치고 열다섯에 학문에 뜻을 둔다고 했으니, 여자라 하여 유독 이에 의거하여 법을 삼지 않아도 되겠는가?

夫婦之道, 參配陰陽, 通達神明. 信天地之弘義, 人倫之大節也. 是以, 禮貴男女之際, 詩著關雎之義. 由斯言之, 不可不重也. 夫不賢則無以御婦, 婦不賢則無以事夫. 夫不御婦, 則威儀廢壞. 婦不事夫, 則義理墮闕. 方斯二者, 其用一也. 察今之君子, 徒知妻婦之不可不御, 威儀之不可不整. 故訓其男, 檢以書傳, 殊不知夫主之不可不事, 禮義之不可不存也. 但敎男而不敎女, 亦蔽於彼此之數乎. 禮. 八歲始敎之書, 十五而志於學矣. 獨不可依此, 以爲則哉.

음(陰)과 양(陽)은 그 바탕이 다르고, 남자와 여자는 행실이 다르니, 양(陽)은 강*⁴으로써 그 덕(德)을 삼고, 음(陰)은 유*⁵로써 용(用)을 삼으며, 남자는 강*⁶으로써 귀히 여기고, 여자는 약*⁷으로써 아름다움을 삼는다. 그러므로 속담에 이르기를 '아들을 낳아 이리[狼]

---

*4 剛. 굳셈.
*5 柔. 부드러움.
*6 剛. 굳셈.
*7 부드러움.

같더라도 오히려 약할까 두려워하고, 딸을 낳아 쥐(鼠) 같더라도 오히려 호랑이 같아질까 두려워한다'고 한다.

그러므로 몸을 수양함이 공경만한 것이 없고, 강(強)을 피하기에는 순종만한 것이 없다. 그런 까닭으로 공경하고 순종하는 도(道)는 아낙네가 지켜야 할 가장 근본적인 예라고 한다.

무릇 공경이란 다른 것이 아니라 오래 견딤을 말함이요, 무릇 순종이란 다른 것이 아니라 도량이 넓고 너그러이 받아들임이니, 오래 견딤(持久)은 제 깜냥(그침과 족함)을 알아 제 도리를 지킴(安分守己)이요, 도량이 넓고 너그러이 받아들일 줄 아는 사람은 온순하고 공경하여 낮추기를 숭상하기 마련이다.

부부의 의(誼) 좋음이 일생동안 떠나지 않아 방안에서 맴돌다가 마침내 흉허물 없는 마음이 생기게 마련이니, 흉허물 없는 마음이 생기면 말이 지나치게 되고, 말이 이미 지나치게 되면 방자함이 반드시 생기게 마련이고, 방자하게 되면 남편을 깔보는 마음이 생기나니, 이는, 제 깜냥을 모르고 제 도리를 지킬 줄 모르기 때문이다.

무릇 일에는 잘함과 잘못함이 있고 말에는 옳음과 그름이 있기 마련인데, 잘한 이는 다투지 않을 수 없고 잘못한 이는 변명치 않을 수 없으니, 변명함과 다툼이 생기면 성내는 일이 생기게 마련이다. 이는 온순하고 공경하여 낮추기를 숭상하지 않는 탓이다.

남편 깔보기(우습게 여기기)를 절제하지 못하면 남편의 꾸짖음이 따르고, 성내기를 그치지 않으면 회초리로 매맞기가 뒤따를 것이다. 부부가 의(義)로 화친하고 은정(恩情)으로 화합하는 것이거늘, 회초리로 매질하기를 행한다면 무슨 의가 있으며, 꾸짖기를 행한다면 무슨 은정이 있으리오. 은정도 의리도 다 없어진다면 부부는 헤어지게 마련인 것이다.

陰陽殊性, 男女異行. 陽以剛爲德, 陰以柔爲用. 男以強爲貴, 女
以弱爲美. 故, 鄙諺有云: 生男如狼, 猶恐其尪. 生女如鼠, 猶恐其虎.
然則, 脩身莫若敬, 避強莫若順. 故曰: 敬順之道, 婦人之大禮也. 夫
敬非他, 持久之謂也. 夫順非他, 寬裕之謂也. 持久者, 知止足也. 寬
裕者, 尚恭下也. 夫婦之好, 終身不離, 房室周旋, 遂生媟黷. 媟黷旣
生, 語言過矣. 語言旣過, 縱恣必作. 縱恣旣作, 則侮夫之心生矣. 此
由於不知止足者也. 夫事有曲直, 言有是非. 直者不能不爭, 曲者不
能不訟. 訟爭旣施, 則有忿怒之事矣. 此由於不尚恭下者也. 侮夫不
節, 譴呵從之. 忿怒不止, 楚撻從之. 夫爲夫婦者, 義以和親, 恩以好
合. 楚撻旣行, 何義之有. 譴呵旣宣, 何恩之有. 恩義俱廢, 夫婦離矣.

남편은 다시 장가드는 법이 있지만, 아내는 두 번 시집가도 된다
는 기록은 없다. 그러므로 이르기를, 남편은 하늘이며 하늘은 본래
도망할 수 없는 것이고, 남편은 헤어지지 못할 것이다. 행동이 신명
게 어긋나면 하늘이 벌할 것이고, 예의(禮義)에 허물이 있으면 남편
이 매정하게 하리니, 그러므로 《여헌(女憲)》*8에 이르기를,
한 사람의 마음에 들면, 이는 이른바 영원히 다함〔永畢〕이요, 한
사람의 마음에 들지 못하면 이는 이른바 영원히 끝남〔永訖〕이라 하
니, 이를 통하여 말한다면, 남편의 마음을 알아차리지 않을 수 없다.
그러나 알아차리려 하는 바가, 알랑거리며 아리따운 듯하여 구차히
친한 듯해야 한다고 말하는 것이 아니다. 오직 마음을 온전하게 하
며 얼굴 표정을 바르게 하여, 예의에 맞도록 해야 한다. 귀로는 더러
운 일을 듣지 말며, 눈으로는 그릇된 것을 보지 말며, 나간다고 모습
을 곱게 꾸미지도 말며, 들어왔다고 치장하는 것을 그만두지 말며,
무리를 지어 일을 꾸미지 말며, 남의 집 안을 엿보지 말아야 하니,

*8 아낙네를 경계한 글.

마음을 오롯하게 하며 얼굴 표정을 바르게 함이다.

　혹시 움직이는 것과 가만히 있어야 하는 행동이 경솔하며, 눈으로 보고 귀로 듣기가 일정치 않으며, 집에 들어와서는 머리를 흩으며 꼴사납게 하고, 밖에 나가려면 곱게 용모를 꾸미고, 말하지 못할 바를 말하며, 보아서는 안 될 바를 보기 때문에 이것이 바로 마음을 오롯하게 못하며, 얼굴 표정을 바르게 못함인 것이다.

　夫有再娶之義, 婦無二適之文. 故曰: 夫者, 天也. 天固不可逃, 夫固不可離也. 行違神祇, 天則罰之. 禮義有愆, 夫則薄之. 故, 女憲曰: 得意一人, 是謂永畢. 失意一人, 是謂永訖. 由斯言之, 不可不求其心. 然, 所求者, 亦非謂佞媚苟親也. 固莫若專心正色, 禮義俱絜. 耳無塗聽, 目無邪視, 出無冶容, 入無廢飾. 無聚會群輩, 無看視門戶, 此則謂專心正色矣. 若夫動靜輕脫, 視聽陝輸, 入則亂髮壞形, 出則窈窕作態, 說所不當道, 觀所不當視, 此謂不能專心正色矣.

　무릇 한 사람의 마음에 들면 이것을 영원히 마치는 것이라 이르고, 한 사람의 마음에 들지 못하면 이것을 일러 영원히 끝나는 것이라 하니, 사람의 뜻을 일정히 하고 마음을 오롯하게 하고자 해서 하는 말이다.

　시부모의 마음에 들지 않는 것이 어찌 옳은 일이겠는가. 어떤 이는 은혜로써 대해도 제 스스로 떠나갈 이 있으며, 또 의(義)를 가지고 있어도 절로 깨어지는 이도 있으니, 남편이 비록 사랑하나 시부모가 마땅치 않다 하면, 이것은 의(義)가 절로 깨어지는 것이다.

　그러면 어떻게 해야 시부모의 마음에 들게 될 것인가? 매우 정성스럽게 좇음보다 더한 것이 없느니라. 시어머니 말씀이 너를 그르게 아니 여겨 옳다 하면 당연히 명령을 좇음(따름)이 옳고, 시어머니 말씀이 너를 그르다 하더라도 오히려 그 명(命)을 따름이 옳으니, 옳건 그르건 거슬리지 말며, 굽으며 곧음을 다투어 가리지 말아야 하니, 이것이 바로 이른바 곡진하게 좇음(따름)이다.

그러기에 《여헌》에 이르기를

'며느리가 그림자와 메아리 같으면 어찌 아름답다고 칭찬하지 않으리오.'

하였던 것이다.

夫得意一人, 是謂永畢. 失意一人, 是謂永訖. 欲人定志專心之言也. 舅姑之心, 豈當可失哉. 物有以恩自離者. 亦有以義自破者也. 夫雖云愛, 舅姑云非, 此所謂義自破者也. 然脚舅姑之心, 奈何. 固莫尙於曲從矣. 姑云不爾而是, 固宜從令. 姑云爾而非, 猶宜順命. 勿得違戾是非, 爭分曲直. 此則所謂曲從矣. 故女憲曰:婦如影響, 焉不可賞.

《방씨여교(方氏女敎)》에 이르기를,

온갖 일이 대부분 여자에게서부터 일어난다. 모질게 시새움하고 게다가 독살스럽고 성 잘 내면 크게는 집안을 망치고 작게는 자신을 망치리니, 눈을 들어 보건대 도도*9히 흐르는 물같이 온 세상이 다 이러하다.

오직 도량이 크고 자비롭고 치우치거나 그르지 않아야 유덕(有德)한 마음이니, 집안이 저절로 화목하리라.

늦출 것과 급히 할 것을 보아 가면서 조종(操縱)하여 이치에 맞도록 해야 하지만, 그렇다고 너무 느긋하여 게으름에 이르게는 말아야 한다.

---

*9 滔滔. 도도는 물이 두루 퍼진 모양이니, 사람이 다 한가지임을 견준 것.

종이며 꼬마*10에 이르기까지 반드시 어진 마음[仁]으로써 이해하여 주어야 하니, 네가 너의 집 첩을 애틋하게 여겨야 하거니와, 저들이라고 사람이 아니겠는가. 자기를 미루어 남을 이해한다면 모든 일을 가히 알게 되리니, 사람다운 마음을 가진 사람이라면 당연히 이런 생각이 일어나지 않을 수 있겠는가.

배고파하고 추워함을 가엾게 여기며, 힘겨워하고 편안함을 고르게 해주고, 정말 어쩔 수 없을 때에야 비로소 꾸짖어야 할 것이다.

다른 일은 더러 쉽거니와 아내 노릇하기가 제일 어려우니, 이 일에 가히 힘쓰지 않아서 되겠는가.

方氏女敎云: 百事之生, 多自婦人. 旣悍而妬, 復毒而嗔. 大則破家, 小則亡己. 擧目而觀 滔滔皆是. 唯寬與慈, 及無偏頗, 此謂德懷, 家當自和. 視其緩急, 操縱合理. 又毋太寬, 以至懈弛. 至於婢媵, 當推以仁. 汝女汝愛, 彼獨非人. 以己取譬, 衆事可見. 有人心者, 能不興念. 軫其飢寒, 均其勞逸. 甚不得己, 始加訶詰. 他事或易, 爲婦最難. 爲婦最難, 可不勉旃.

《안씨가훈(顔氏家訓)》*11에 이르기를,

아낙네는 집안에 있어 음식을 도맡은지라, 오직 술이며 밥이며 의복에 속하는 예(禮)를 일삼을 뿐이라, 가히 나라의 정사(政事)에 참여하게 할 수 없으며, 집에서도 일을 도맡게 할 수 없다. 어쩌다 슬기로우며 재주와 지혜가 있어, 옛일이며 지금의 일을 잘 안다고 하더라

---

*10 옛말로는 고마. '곰'은 뒤의 뜻으로 팔곰치, 발곰치, 뱃고물, 임배배 곰배(알게 모르게)의 '곰'에 남아 있다. 버젓한 아내가 아니라 몰래 뒤에 둔 작은마누라를 뜻함. 요즘은 어린 애를 가리켜 꼬마라 하나, 옛말에서는 첩의 뜻임.

*11 남북조 시대의 학자 안지추(安之推)가 편 책으로 자손에게 주는 훈계 내용을 기록했음.

도, 진실로 반드시 군자*12를 도와 부족한 대목을 권할 뿐일지언정,
암탉이 아침에 울어 그로 인해 재앙을 불러들이는 일은 절대로 없
어야 한다.

顔氏家訓曰: 婦主中饋, 唯事酒食衣服之禮耳. 國不可使預政, 家
不可使幹蠱. 如有聰明才智, 識達古今, 正當輔佐君子, 勸其不足.
必無牝雞晨鳴, 以致禍也.

정태중(程太中) 부인 후씨(侯氏)가 시부모 섬기기를 효성스럽고 조
심스럽게 함으로써 이름났으며, 남편인 태중(太中)과 더불어 서로 대
접하기를 마치 손님 대접하듯 하더니, 태중이 그 아내의 도움에 힘
입어 예의와 공경이 더욱 지극하건만, 부인은 겸손과 순종으로 스스
로를 타이르고 경계하여, 비록 작은 일이라도 제멋대로 한 일이 한
번도 없이 반드시 남편에게 아뢴 뒤에야 행하였다. 부인은 바로 이
정*13 선생의 어머님이다.

程太中夫人侯氏, 事舅姑, 以孝謹稱. 與太中相待, 如賓客. 太中
賴其內助, 禮敬尤至, 而夫人謙順自牧. 雖小事, 未嘗專, 必稟而後
行. 夫人者, 二程先生之母也.

여형공*14 부인 선원(仙源)이 일찍이 말하기를,
"시강*15과 더불어 부부가 되어 같이 살기 육십 년 동안 하루도

*12 君子. 여기서는 남편.
*13 二程. 송나라 때의 대학자인 정호(程顥)와 정이(程頤) 형제를 가리키는 데, 형제가 다
　주돈이(周敦頤)의 문하로 일가를 이루었음.
*14 呂榮公. 북송 때의 명신으로 이름은 희철(希哲). 형양공이라고도 함.
*15 侍講. 임금이나 동궁(東宮) 앞에서 글을 강의하는 벼슬 이름.

낮을 붉힌 적이 없으며, 젊어서부터 늙기까지, 비록 잠자리에서조차 장난치거나 낄낄댄 적이 한 번도 없었다. 형양공의 몸가짐이 이와 같았건만, 그래도 자기는 오히려 범내한*16에게는 미치지 못한다고 한탄하더라."

呂榮公夫人仙源嘗言, 與侍講爲夫婦, 相處六十年, 未嘗一日有面赤. 自少至老, 雖衽席之上, 未嘗戲笑. 榮陽公處身如此, 而每歎范內翰, 以爲不可及.

번희(樊姬)는 초(楚)나라 장왕(莊王)의 부인이다. 장왕이 즉위하여 사냥을 즐기거늘, 번희가 간(諫)하였지만 고치지를 않았다. 이에 번희가 짐승의 고기를 먹지를 않으니, 잘못을 고치고 정사(政事)에 부지런하였다.

언젠가 조회를 하고 늦게야 파하거늘, 번희가 전(殿)에서 내려가 맞이하며,

"어찌 이리 늦게야 파하셨습니까? 시장하시고 몹시 힘드시지 않으십니까?"

하니, 왕이 이르되,

"어진 이와 함께 이야기하다 보니, 배고픈 줄도 힘든 줄도 모르겠소."

하더라.

번희가 묻기를

"왕께서 말씀하시는 어진 이가 누구입니까?"

하자

---

*16 范內翰, 범(范)은 성(姓)이고 내한(內翰)은 벼슬 이름인데, 송나라 한림학사(翰林學士)인 범중엄(范仲俺)을 가리킴.

"우구자(虞丘子)요."

하니, 번희가 입을 가리우고 웃으매, 왕이

"자네가 웃는 까닭이 무엇이오?"

하자

"우구자가 어질기야 어질지만, 충성스럽거나 곧지는 못합니다."

왕이

"무슨 말이오?"

하고 묻자, 번희가 다음과 같이 여쭈었다.

"제가 수건과 빗을 잡아 상감을 모신 지 십일 년입니다. 사람을 정(鄭)나라 위(衛)나라에 보내어 미인을 구해 상감께 바치되, 저보다 어진 이가 둘이요, 또 저와 같은 이가 일곱입니다. 제가 어찌 상감의 총애를 독차지하고 싶지 않겠습니까마는, 제가 듣기로는 집에 계집을 여럿 두는 것은 사람의 능력을 보기 위함이라 하기에, 제가 사사로운 욕심으로 공번됨을 가리울 수 없어서, 상감께서 많이 보시고 사람의 능력을 아시게 하려 합니다.

이제 우구자가 초나라에서 재상을 한 지가 십여 년이 됩니다만, 천거한 자가 자기 자제(子弟)가 아니면 집안의 형제들이요, 어진 이를 자리에 앉히고 못난 이를 물러나게 하였다고는 들은 적이 없사옵니다. 이는 상감의 총명을 가리우고 어진 이가 진출할 길을 막은 것이니, 어진 이를 알고도 벼슬에 나아가지 못하게 한다면 이는 불충이요, 어진 이를 알아보지 못한다면 이는 부지(不知)니, 저의 웃음이 또한 당연치 않습니까?"

왕은 기뻐했다. 그리고 번희의 말대로 우구자에게 전했더니, 우구자가 자리를 피하여 대답할 바를 모르더라. 그리고 두려워하며 자리에서 물러나와, 남을 시켜 손숙오[17]를 맞아 추천하여 맞아들였다.

*17 孫叔敖. 춘추시대 초(楚)나라 사람. 사람됨이 하도 곧아서 장왕(莊王) 때는 정승된 지

장왕은 손숙오를 영윤*[18]으로 삼아 초나라를 다스리기 삼 년만에 패주(覇主)가 되었다. 사관은 초사(楚史)에 다음과 같이 기록하였다. "장왕(莊王)이 오패*[19]의 하나됨은 번희(樊姬)의 힘(덕)이니라."

樊姬, 楚莊王之夫人也. 莊王卽位, 好狩獵. 樊姬諫, 不止, 乃不食禽獸之肉. 王改過, 勤於政事. 王嘗聽朝罷晏, 姬下殿迎曰:何罷晏也. 得無飢倦乎. 王曰:與賢者語, 不知飢倦也. 姬曰:王之所謂賢者, 何也. 曰:處丘子也. 姬掩口而笑. 王曰:姬之所笑, 何也. 曰:虞丘子, 賢則賢矣. 未忠也. 王曰:何謂也. 對曰:妾執巾櫛十一年, 遣人之鄭衛, 求美人, 進於王. 今賢於妾者, 二人, 同列者, 七人. 妾豈不欲擅王之寵愛哉. 妾聞堂上兼女, 所以觀人能也. 妾不能以私蔽公. 欲王多見, 知人能也. 今, 虞丘子相楚十餘年. 所薦非子弟, 則族昆弟. 未聞進賢退不肖, 是蔽君而塞賢路. 知賢不進, 是不忠. 不知其賢, 是不知也. 妾之所笑, 不亦可乎. 王悅. 明日, 以姬言告虞丘子, 丘子避席, 不知所對. 於是, 避舍使人迎孫叔敖而進之. 王, 以爲令尹. 治楚三年, 而莊王以覇. 楚史書曰:莊王之覇, 樊姬之力也.

소월희(昭越姬)는 월왕(越王) 구천*[20]의 딸이요, 초 소왕(楚昭王)의

석 달만에 간사한 아전이 없어지고 도적이 없어졌다고 함. 세 번이나 재상이 되었어도 기뻐하지 않았고, 재상을 그만두고도 뉘우치지 않았다고 함.

*18 令尹. 초나라 때의 관직 이름으로 재상을 말함.

*19 五覇. '패'는 두목이란 뜻. 무력이나 군도로써 정치를 하는 제후의 우두머리. 춘추 시대의 제 환공(齊桓公)·진 문공(晉文公)·송 양공(宋襄公)·진 목공(秦穆公)·초 장왕(楚莊王)을 5패라고 일컬음.

*20 句踐. 춘추 시대 월나라의 제2대 왕. 오(吳)나라의 왕 합려(闔閭)와 싸워서 이겼으나, 합려의 아들 부차(夫差)가 아버지의 원수를 갚고자 매양 섶에서 누워 복수를 다짐하였는데 마침내 회계산 싸움에서 구천을 사로잡았다. 그러나 구천은 20년 동안이나 쓸개를 씹으면서 이를 복수함을 잊지 않다가 마침내 오나라를 쳤다는, 와신상담(臥薪嘗

부인이다.

소왕(昭王)이 잔치하며 노니셨는데, 채희(蔡姬)는 왼편에 있고 월희
(越姬)는 오른쪽에 모시고 있었다. 왕이 친히 사마*²¹를 타고 달려가
서 마침내 부사대(附社臺)에 올라가 운몽택(雲夢澤)의 동산을 바라
보며, 뒤따라오는 사대부(士大夫)를 보며 즐거워했다. 두 부인들을 돌
아보며 왕이 다음과 같이 물었다.

"즐거운가?"

채희가 대답하였다.

"즐겁습니다."

왕이 말했다.

"내 원컨대, 그대와 더불어 이렇게 살고 죽어서도 또한 이러하기를
바라노라."

채희(蔡姬)는 다음과 같이 사뢰었다.

"저의 고을*²²임금이 백성의 역부(役夫)로서 군왕의 말발[馬足]을
섬긴 까닭으로, 종의 몸인 저에게 포저와 패물*²³을 주시고 이제 비
빈(妃嬪)과 동등하게 예우하시니, 진실로 원하옵건대 살아서 함께
즐기고 죽기를 또한 함께 하고자 하옵니다."

왕은 사관(史官)을 돌아보며 말했다.

"적어라. 채희가 나를 따라 죽으려고 하는구나."

왕이 또 월희에게도 같은 질문을 하시자, 월희의 대답은 다음과
같았다.

"즐겁기야 즐겁습니다마는, 그러하오나 오래 계속해서는 안 되옵니

　　膽)이란 고사(故事)를 만들어 낸 주인공.

*21 駟馬. 네 마리 말이 끄는 수레.

*22 채(蔡)나라를 가리킴.

*23 포저(苞苴)는 싸고 싼다는 뜻에서 남에게 주는 뇌물·예물. 완(玩)은 놀린다는 뜻이고,
　　호(好)는 사랑한다는 뜻임. 좋아하는 보물[玩好].

《사제첩》바느질 조영석. 18세기 초반. 어머니가 두 딸과 함께 바느질하는 장면.

다."

왕이 이르기를

"내 원하기는 그대와 살아서 이같이 하고(즐기고) 죽어서도 이같이 하고자 하니, 능히 그렇게 할 수 없겠는가?"

하자, 월희의 대답은 다음과 같았다.

"옛날 우리 돌아가신 임금 초나라의 장왕(莊王)이 너무도 향락에 빠져서 삼 년이나 정사(政事)를 돌보지 않으시더니, 마침내는 능히 고치시어 천하의 패주(覇主)가 되셨습니다. 저는 임금께서 우리 선군(先君)을 능히 본받으시어 장차 이 즐김을 고치시어 정사(政事)를 부지런히 하시리라 여겼더니, 이제 그렇지 아니하시고 종과 죽기를 기약하시니, 그래서 되겠습니까?

또 군왕이 폐백(幣帛)과 예물로 종[婢子]을 저의 고을*24에서 취하셨거늘 우리 임금이 대묘*25에 가서 명(命)을 받으시되, 죽기를 기약하지는 아니하셨습니다. 또 저는 여러 아주머니에게 듣건대, 아내가 죽음으로써 임금의 어짊을 빛내며 임금의 총애를 더한다는 소리는 들었어도, 구차스럽게 남몰래 죽기를 따름으로써 영화를 삼는다는 소리는 듣지를 못하였사오니, 저는 그 명을 따르지 못하겠나이다."

그제야 왕이 깨달아 월희의 말을 공경하기는 하였으나, 채희를 오히려 가까이 사랑하였다.

그 뒤 이십오 년이 지났다. 왕이 진(陳)나라를 구하러 갈 제, 두 부인이 따라갔었다. 왕이 병들어 군중(軍中)에 계시었다. 이때 붉은 구름이 해를 가리어 마치 나는 새와 같았기에, 주사*26에게 물었다. 주사의 말은 이러했다.

"왕의 몸에 해(害)가 있기 때문입니다. 그러나 장군이나 재상에게 옮길 수는 있습니다."

장군과 재상이 이 말을 듣고는

"제 몸으로 옮겨 귀신에게 빌겠습니다."

하거늘, 왕이

"장군과 재상은 내게는 다리와 팔과 같으니, 이제 재앙을 옮긴다 해서 어찌 이 몸에 없겠는가?"

하고 듣지 않으셨다.

그러자 월희가 말하기를

---

*24 월(越)나라를 가리킴.
*25 大廟. 종묘의 뜻.
*26 周史. 주나라 대사(大史).

"크시도다 상감의 덕이여! 이로써 제가 왕을 따르려 원하옵나이다. 옛날에 하시던 놀이는 지나친 향락이오라 허락하지 아니하였으나, 상감께서 예(禮)로 다시 돌아가심에 이르러서는 나라 사람이 다 장차 상감을 위하여 죽으려 할 것이오니, 하물며 저뿐이겠습니까? 바라건대 제가 먼저 가서, 요사스런 여우와 삵을 지하로 몰아내기를 원하옵니다."

하였다. 왕이 말씀하시기를

"옛날 놀며 즐길 제는 내가 우스갯소리를 하였거니와, 그런데 반드시 죽는다면 이는 나의 몹쓸 덕을 드러내는 것이다."

하니, 월희가 말하기를

"옛날 제가 비록 입에 올리지는 아니하였사오나, 마음 속으로는 이미 그러기로 작정하였었습니다. 듣건대 믿음직스런 사람은 그 본마음을 저버리지 아니하며, 의(義)로운 사람은 마음에 먹은 일을 헛되이하지 않는다 하오니, 저는 상감의 의(義)에 죽고, 상감의 향락에는 죽지 않겠사옵니다."

하고 스스로 목숨을 끊었다.

왕이 병이 위독하여 왕위를 세 아우에게 사양하니, 세 아우가 듣지를 않았다. 마침내 왕이 군중(軍中)에서 죽었는데, 채희는 따라 죽지 못하였다.

왕의 아우인 자려(子閭)가 자서(子西)와 자기(子期)와 더불어 의론하고서 다음과 같이 말하였다.

"어미가 신의(信義) 있는 사람이라야 그 아들이 반드시 어질 것이다." 하여 군사를 굴복시키고 진문(陣門)을 닫고서 월희의 아들 웅장(熊章)을 맞아 왕으로 세우니, 그가 곧 혜왕(惠王)이다. 그런 뒤에야 군사를 파하고 돌아와 소왕(昭王)을 묻었다.

昭越姬者, 越王句踐之女, 楚昭王之姬也. 昭王燕遊, 蔡姬在左, 越姬參右. 王親乘駟以馳逐, 遂登附社之臺. 以望雲夢之囿, 觀士大夫逐者. 旣驩, 乃顧二姬曰: 樂乎. 蔡姬對曰: 樂. 王曰: 吾願與子, 生若此, 死又若此. 蔡姬曰: 昔敝邑寡君, 固以其黎民之役, 事君王之馬足. 故以婢子之身, 爲苞苴玩好, 今乃比於妃嬪. 固願生俱樂, 死同時. 王顧謂史: 書之. 蔡姬許從孤死矣. 乃復謂越姬. 越姬對曰: 樂則樂矣. 然不可久也. 王曰: 吾願與子, 生若此, 死若此, 其不可得乎. 越姬對曰: 昔吾先君莊王, 淫樂三年, 不聽政事. 終而能改, 卒霸天下. 妾以君王, 爲能法吾先君, 將改斯樂而勤於政也. 今則不然, 而要婢子以死, 其可得乎. 且君王以束帛乘馬, 取婢子於敝邑, 寡君受之太廟也, 不約死. 妾聞之諸姑, 婦人以死, 彰君之善, 益君之寵. 不聞其以苟從其闇死爲榮. 妾不敢聞命. 於最, 王寤, 敬越姬之言. 而猶親嬖蔡姬也. 居二十五年. 王救陳, 二姬從. 王病在軍中, 有赤雲夾日, 如飛鳥. 王問周史, 史曰: 是害王身. 然, 可以移於將相. 將相聞之, 將請以身禱於神. 王曰: 將相之於孤, 猶股肱也. 今移禍焉, 庸爲去是身乎. 不聽. 越姬曰: 大哉, 君王之德. 以是, 妾願從王矣. 昔日之遊, 淫樂也. 是以不敢許. 及君王復於禮, 國人皆將爲君王死, 而況於妾乎. 請願先驅狐狸於地下. 王曰: 昔之遊樂, 吾戲耳. 若將必死, 是彰孤之不德也. 越姬曰: 昔日妾雖口不言, 心旣許之矣. 妾聞, 信者不負其心, 義者不虛設其事. 妾死王之義, 不死王之好也. 遂自殺. 王病甚, 讓位於三弟, 三弟不聽. 王薨於軍中, 蔡姬竟不能死. 王弟子閭, 與子西‧子期‧謀曰: 母信者, 其子必仁. 乃伏師閉壁, 迎越姬之子熊章, 立. 是爲惠王. 然後罷兵, 歸葬昭王.

후한(後漢)의 명덕(明德) 마(馬) 황후는 복파장군(伏波將軍) 원(援)의 작은 딸이다.

어려서 아버지를 잃고, 민첩하고 슬기로운 맏오라비 객경(客卿)도 일찍 죽자, 어머니 인(藺) 부인은 슬퍼하여 병을 얻어 혼미한 상태에 있었다. 그 무렵 황후 나이 열 살이었는데, 집안일을 도맡아 종들을 다스리고 안팎을 처리하는 일이 마치 어른과 같았다. 처음에는 모두들 알지 못하더니, 뒤에 듣고서는 모두 감탄하고 기특하게 여겼다.

한번은 황후가 오래 앓기에 대부인이 점을 치게 한즉, 점장이가 다음과 같이 말했다.

"이 딸이 비록 병이 있으나 반드시 가장 귀하게 될 것이니, 그 점괘를 말할 수는 없습니다."

그 뒤에 다시 관상장이를 불러 딸을 점치게 하였는데, 그는 황후를 보더니 매우 놀라며 말했다.

"내 반드시 이 황후를 위하여 신하가 되겠나이다. 그러나 귀하게는 되더라도 자식이 적을 것이니, 남의 자식을 기르면 힘입음이 낳은 자식보다 나을 것입니다."

그 뒤 태자궁(太子宮)에 뽑히어 들어갔을 때 나이 열셋이었다. 음황후(陰皇后)를 섬기며 동렬*27들을 예를 갖추어 대접하니 위아래 사람이 모두 편안히 여기었다. 임금의 총애를 입어 늘 후당(後堂)에 있더니, 명제(明帝)가 즉위하여 황후를 귀인(貴人)으로 삼았다. 그때 황후의 전어머니의 언니 딸인 가씨(賈氏)가 또 뽑히어 들어와 숙종*28을 낳았는데, 명황제는 황후가 아들이 없다 하여 숙종을 기르게 명하였다. 그리고 이르기를

"사람이 반드시 제 아들만 낳아 길러야 하는 것은 아니다. 다만 어여뻐 여겨 기르기를 지극히 하지 못할까만 걱정할 뿐이니라."
하였다.

---

*27 同列. 같은 궁녀.
*28 肅宗. 명황제의 아들 효장황제(孝章皇帝).

이에 황후는 온 정성을 다하여 길러 애쓰기를 몸소 낳은 아들보다 더 하니, 숙종도 또 효성이 두터우며 은성(恩性)이 타고나길 지극하여, 모자가 서로 자애하여 처음과 끝이 조금도 다름이 없었다.

황제의 자식이 많지 않음으로 황후가 늘 시름하여 좌우에 모신 후궁들을 천거하되, 혹 미치지 못할까 하여 두려워하였다. 후궁이 들어와서 뵈옵는 이 있으면 늘 위로를 더하시고, 만일 자주 보시는 후궁이면 높이 대접하였다.

영평*29 삼년 봄에 유사(有司)가 장추궁*30을 세우기를 여쭈었으나 황제가 말씀이 없으셔서 황태후가 이르기를

"마 귀인(馬貴人)의 덕이 후궁에서 으뜸이니, 바로 그 사람으로 하시오."

하시거늘, 황제는 마 귀인을 황후로 삼았다. 이에 앞서 황후는 작은 날벌레들이 수없이 몸에 붙고, 또 살갗과 살속에 파고들어갔다가 다시 나오는 꿈을 꾸었다.

황후는 이미 자리에 오른 뒤에도 더욱 자기를 겸손하여 낮추며 조심하였다. 키가 일곱 자 두 치고, 입이 반듯하고 머리결이 아름답고, 능히 《주역(周易)》을 외며, 《춘추(春秋)》와 《초사(楚辭)》*31를 즐겨 읽고, 더욱 〈주관(周官)〉*32과 동중서*33의 글을 잘하였다.

늘 굵은 깁*34을 입고, 치마에 선을 두르지 아니하였다. 초하루 보름에 모든 공주들이 와서 뵈올 제, 황후의 옷감이 설피고 굵음을 바라보고는 무늬 있는 고운 비단이라 여기다가 가까이 다가와 뵙고

---

*29 永平. 명제의 연호(年號).

*30 長秋宮. 황후, 또는 황후의 궁.

*31 초나라 지방에서 일어난 서정적 운문. 또는 이를 모아 놓은 굴원(屈原)의 책.

*32 《서경》의 편명으로, 주대(周代)의 제도와 위정자의 도리를 기록했음.

*33 董仲舒. 한나라 때의 대학자.

*34 비단.

는 웃으니 황후가 이르기를,

"이 깁이 물들이기에 특별히 알맞기에 썼을 뿐이다."

하시니, 육궁*³⁵에서 감탄하지 않는 사람이 없었다.

황제가 일찍이 원유,*³⁶ 이궁*³⁷에 행행(幸行)하시면 황후는 바로 바람과 사기*³⁸와 이슬과 안개를 조심하도록 여쭙는데, 그 말뜻이 정성되게 갖추었으되, 많이 조심하여 해가 될 것은 잘 가리셨음을 볼 수 있었다.

황제가 탁룡궁에 행차하시어 모든 재인*³⁹들을 다 부르시니, 하비왕*⁴⁰ 이하가 모두 곁에 있다가,

"황후를 부르소서."

하고 청하니, 상감이 웃으며 이르시기를

"그 양반*⁴¹의 뜻은 음악을 즐기지 않으시니, 비록 오신들 즐기지 아니하리라."

하시니, 이런 까닭으로 노니는 일에는 따름이 매우 드물었다.

십오 년에 황제가 지도를 보고 황자(皇子)에게 봉(封)을 하려 하되, 모두 제후 나라의 반만 봉하려 하자, 황후가 보시고 말했다.

"여러 아들에게 겨우 두어 고을만 식읍(食邑)으로 준다함은 법에 너무 적지 않습니까?"

그러자 황제가 이르기를

"내 아들이 어찌 선제(先帝) 아들과 같겠는가? 한 해에 이천만(二千

---

*35 六宮. 중국의 궁전에서 황후의 여섯 궁전. 정침(正寢) 하나에 연침(燕寢) 다섯으로, 정침에는 황후가, 연침에는 그보다 아래인 부인들이 있었음.
*36 苑囿. 후원에 짐승치는 동물원.
*37 離宮. 따로 있는 별궁.
*38 邪氣. 삿된 기운.
*39 才人. 후궁의 벼슬 이름.
*40 下邳王. 명제의 아들.
*41 황후를 말함.

萬)을 줌이 족할 것이오.”

하였다.

그때 초옥*42에는 여러 해 동안 판결나지 않아 죄수가 서로 증인
서느라 연좌되어, 갇혀 있는 사람들이 매우 많았다. 황후가 거기에
그릇됨이 많은가 걱정하여 틈을 타서 황제께 말씀드리며 슬퍼하시
자, 황제께서 감동하시어 밤에 일어나 방황하더니, 황후가 여쭌 말
씀을 생각하여 마침내 많이 풀어 주고 형벌을 낮추었다.

그때에 여러 장수가 아뢰는 일과 공경(公卿)의 의론이 종잡기 어
려운 일을 임금이 자주 황후에게 물으시면, 황후가 분별하여 그 실
정을 얻곤 하였다. 늘 뫼실 때에 말씀이 정사(政事)에 미치어 돕는
일이 많았고, 조금도 집안의 사사로움으로 청탁함이 없으므로 총애
받고 공경받는 일이 날로 더하여, 처음부터 끝까지 내내 한결같았다.

황제가 돌아가시자 숙종이 즉위하여 황후를 높이어 황태후(皇太
后)라 하였다. 여러 귀인*43들이 남궁(南宮)으로 옮겨가거늘, 태후가
이별함을 섭섭이 여겨 각각 크고 붉은 인끈(赤綬)을 주시고, 앉아 타
는 수레와 네 말이 끄는 수레와 흰 고운 베*44 삼천 필과, 여러 가지
고운 비단 이천 필과 황금 열 근을 더 주시었다.

태후는 자기가 직접 현종 실록(顯宗起居注)을 엮되, 맏오라비 방
(防)이 의약(醫藥)만드는 일에 참예한 일은 삭제하였다. 이에 임금이
청하기를

“황문*45 외삼촌이 아침 저녁으로 공양함이 일 년이나 되는데, 포
상도 아니하시고, 또 공로를 기록하지 않으심이 너무하시지 않습니

---

*42 楚獄. 초나라 감옥. 초왕(楚王) 영(瑛)이 모반하였으므로 힐문하였음.
*43 貴人. 명제의 후궁임.
*44 월나라 고운 베.
*45 黃門. 벼슬 이름.

까?"

하였다. 태후는 다음과 같이 대답하였다.

"내 후세 사람에게 선제*⁴⁶가 후궁의 집을 자주 가까이하였다는 소리를 듣지 않게 하려는 까닭으로 쓰지 아니하였노라."

건초 원년*⁴⁷에 숙종이 모든 아자비*⁴⁸를 봉작*⁴⁹하려 하거늘, 태후가 듣지 아니하였다. 이듬해 여름에 몹시 가뭄이 심하자, 이에 대해 말하는 사람이

"외척*⁵⁰을 봉작하지 않은 빌미*⁵¹라"

하거늘, 유사*⁵²가 이를 따라 여쭙기를,

"옛 법을 따르심이 마땅하옵니다."

하였다.

그러자 태후가 조서(詔書)를 내려 말씀하기를

"대개 일에 대하여 말하는 사람들은 모두 나에게 사랑받아 복을 구하려고 할 따름이다. 왕씨 오후*⁵³를 하루에 다 봉하였는데, 그때에도 누런 안개만 사방에 가득할 뿐, 비 왔다는 소리는 듣지 못하였으며, 전분*⁵⁴과 두영*⁵⁵이 은총으로 귀해지자 제멋대로 굴다가 나라가 기울어 뒤덮힌 재화가 세상에 전해짐이 되었다. 이런 까닭으로 선제(先帝)가 외숙을 막아 조심하여 중요한 벼슬에 있게 하지 아니

---

*46 돌아간 임금.
*47 建初 元年. 중국 후한 장재 1년.
*48 아저씨. 외숙.
*49 封爵. 벼슬을 줌.
*50 외가붙이.
*51 탓.
*52 有司. 당국자.
*53 王氏五侯. 성제 때 태후의 오라비 다섯을 봉하여 5후라 하였음.
*54 田蚡. 경제(景帝)의 황후의 오라비.
*55 竇嬰. 문제(文帝)의 황후의 오라비.

하셨으며, 모든 아들을 봉하기를 초(楚)와 회양(淮陽) 땅을 반을 갈라 맡게 하시면서 늘 이르시기를

'내 아들을 선제의 아들과 같게 할 수는 없다.'

하셨다. 이제 유사(有司)가 어찌 마씨*56를 음씨(陰氏)에게 비기려 하는가? 내 천하의 국모되어, 몸에 거친 깁옷을 입으며 음식에 맛진 것을 구하지 않으며, 곁에 있는 사람이 오직 깁과 베를 입고 향훈*57의 꾸밈이 없음은, 모름지기 아랫사람을 거느리고자 함이라. 내 생각에, 밧어르신*58이 보면 반드시 마음에 슬퍼하여 스스로 경계한다 하였더니, 다만 웃으며 이르시기를

'태후가 본래 검박함을 즐기느니라.'

하였을 뿐이다. 앞에 탁룡문*59을 지나갈 제 외가의 안부를 묻는 사람을 만나 보니, 그 수레는 흐르는 물 같고 말은 헤엄치는 용과 같았으며, 종들은 푸른 홑옷을 입었는데 깃과 소매는 정말 희거늘, 궁궐에서 모시고 있는 이를 돌아보니 그에 훨씬 못 미치더라. 이것을 그릇되다 하여 노여워하지 않으시고, 오직 세용(歲用)을 줄인 까닭은 스스로 그 마음에 넌지시 부끄러워하기를 바란 것이었거늘, 오히려 게을러 나라를 걱정하고 집을 잊을 생각이 없다. 신하를 알아보기로는 임금만한 이 없으니, 하물며 나는 오죽 하겠느냐!

　내 어찌 위로 선제의 뜻을 저버리고 아래로 선인*60의 덕을 헐어, 다시 서경*61이 패망한 재화를 좇으리오?"

하시고 능이 허락지 아니하시자, 황제가 조서를 보시고 슬퍼하며 탄

---

*56 馬氏. 황후 친정.
*57 香薰. 향이나 향내 나는 풀의 연기를 쏘임.
*58 外親. 아버지.
*59 濯龍門. 한나라 때 낙양의 성문 이름.
*60 先人. 돌아가신 아버지.
*61 西京. 전한(前漢)의 서울. 여기서는 전한.

식하여 또 다시 청하기를

"한(漢)나라가 흥함에 외숙을 제후로 함은 황자(皇子)가 왕 됨과 같았습니다. 태후께서 진실로 겸양하시나, 어찌 나로 하여금 유독 세 외숙에게 은혜를 배풀지 못하게 하십니까? 또 위위*⁶²는 나이 많으시고, 두 교위*⁶³는 큰 병이 있으니 이러다가 죽으면 나로 하여금 뼈에 사무치는 애달픔을 길이 품게 할 것이니, 좋은 때에 해야지 더디 머물지 못할 것입니다."
하였다.

태후 대답은 다음과 같았다.

"내 거듭 생각하여 양쪽이 다 좋도록 생각하였으니, 어찌 한낱 겸양하다는 이름을 얻고자 하여 상감으로 하여금 외척에게 은혜를 베풀지 않았다는 혐의를 입게 하자는 것이리오.

옛날 두 태후*⁶⁴가 왕 황후*⁶⁵의 맏오라비를 봉하려 하자, 승상인 조후*⁶⁶가 이르기를 '고조(高祖) 황제의 언약을 받기로는 군공(軍功)이 없는 이와 유씨(劉氏) 아니면, 제후에 봉하지 말라 하셨습니다.' 했는데, 이제 마씨(馬氏)가 나라에 공이 없으니 어찌 음씨(陰氏)·곽씨(郭氏)와 같이 중흥(中興)한 황후와 같게 하리오.

일찍이 부귀한 집안을 보니, 봉록(俸祿)과 벼슬이 거듭됨이 마치 두 번 열매를 맺은 나무의 뿌리가 반드시 상함과 같으며, 또 사람이 봉후를 원함은 위로는 제사를 받들고 아래로는 따사롭고 배부름을 구할 따름인데, 이제 제사는 사방의 귀한 것을 받고, 옷은 대궐에서 남는 것을 입거늘, 무엇이 부족하여 구태여 한 고을을 가짐이 마땅

---

*62 衛尉. 태후의 맏오라비 요(廖)의 벼슬.
*63 校尉. 방(防)과 광(光)의 벼슬.
*64 竇太后. 문제(文帝)의 왕후.
*65 王皇后. 경제(景帝)의 황후.
*66 條侯. 전한(前漢)의 주아부(周亞夫)의 벼슬.

하리오.

내가 생각하기를 곰곰히 하였으니 의심치 마시오. 지극한 효도의 행실은 어버이를 편안케 함이 으뜸이요, 이제 자주 이변을 만나 곡식값이 두어 곱으로 뛰어 밤낮으로 걱정하여 앉거나 눕기를 편안히 못 하거늘, 외척 봉하기를 먼저 하려 하여 어미의 생각하는 마음을 못내 거스리려 하는가.

내 본래 성미가 억세고 급하여 가슴에 기운이 있는지라 거슬려서는 안 되는 것이오.

그러나 만약 풍우가 제 철에 오고 국경 지대가 조용하여진 뒤에는 그대의 뜻을 행하도록 하시오.

나는 그저 단 엿이나 즐기며 손자의 재롱이나 낙으로 삼고, 다시는 정사(政事)에 참예치 않을 참이오.”

그때 신평공주(新平公主) 집 하인이 불을 내어 북궐 뒷채(後殿)에까지 미치자, 태후는 '내 죄라' 하시어 기거(起居)를 즐기지 아니하셨다. 그때 원릉(原陵)을 참배코자 하였으나, 자기가 방비를 잘못한 죄라 하여 능실(陵室)에 뵈옵기 부끄러이 여기시고 아니 가셨다.

처음에 대부인(大夫人)을 장사 지낼 때, 무덤 만듦새가 조금 높았으므로 태후가 이를 말씀하니, 맏오라비 요(廖) 등이 바로 깎아 내렸다. 그 외척 중에 겸양하며 검소하여 어진 행실을 하는 사람이 있거든 온화한 말씨를 빌어 재물과 벼슬로 상을 주시고, 어쩌다 조금만 허물이 있거든 먼저 엄격한 태도를 보이신 뒤에야 그릇되다 하시며, 그 수레와 의복을 화려하게 해서 법을 따르지 아니하는 사람은 곧 문중에 속하는 족보에서 빼어 끊고 제 고향으로 보내시었다.

광평(廣平)과 거록(矩鹿)과 악성왕*67이 수레와 말이 검박하여 금은으로 꾸밈이 없거늘, 상감이 태후께 아뢰자, 태후가 바로 돈을 각

---

*67 樂成王. 이 셋은 다 명제(明帝)의 아들.

각 오백만씩 주었다.

이에 태후를 따르고 교화되어 옷 입는 것을 한결같고 똑같이 하니, 모든 집안이 두려워하기를 영평*68 시절보다 더하였다.

태후는 베짜는 방[織室]을 두어 탁룡문 안에서 누에를 치게 하시고, 자주 가 보시며 즐겨하시곤 하였다.

늘 상감과 더불어 아침 저녁으로 정사(政事)를 이야기하시며, 모든 어린 왕들을 가르치시며, 경서(經書)를 의론하시며, 평생의 일을 말씀하시며, 종일토록 화평하게 지내셨다.

사년(四年)에 천하가 부유하여지고 사방 국경 지대가 무사하거늘, 상감이 세 외숙 요(廖)·방(防)·광(光)을 봉하여 제후를 시키니, 다 사양하며 관내후*69나 시켜 달라고 하거늘, 태후는 이 말을 들으시고 이르시기를

"성인의 가르침을 만드심이 각각 법이 있음은 사람의 정(情)과 성(性)이 당연히 같지 못함을 아셨기 때문이니, 내 젊어 한창때에는 오직 죽백*70을 사랑하고, 속으로 명을 돌아보지 아니하였더니라. 이제 비록 늙었으나 경계하는 것은 탐욕 때문인 것이다. 이런 까닭으로 밤낮으로 조심하여, 나를 낮추며 덜기를 생각하여 거처에 편안함을 구하지 않으며, 먹음에 배부르기를 생각지 아니하여, 이로써 선제(先帝)를 저버리지 않으며, 형제를 가르쳐 이 뜻을 같게 하여 눈감은 날에 다시 뉘우침이 없게 하고자 하였더니, 어찌 늙은이의 뜻을 다시 좇지 아니할 생각을 하는가? 만년 뒤에는 길이 뉘우치리로다."

그러자 요·방·광 들은 하는 수 없이 봉작을 받고, 벼슬에서 물러

나 집으로 돌아갔느니라.

그 해에 태후는 병을 앓았으나 무당과 의원을 믿지 않아서, 기도하지 말라고 자주 칙령을 내렸다. 마침내 유월에 이르러 돌아가시니 위(位)에 계심이 스물셋 해이고, 나이는 마흔 남짓하였다.

後漢明德馬皇后, 伏波將軍援之少女也. 少喪父, 母兄客卿, 敏慧早夭. 母藺夫人悲傷, 發疾慌惚. 后時年十歲. 幹理家事, 勑制僮御, 內外諮稟, 事同成人. 初諸家莫知者, 後聞之, 咸歎異焉. 后嘗久疾, 大夫人令筮之. 筮者曰: 此女雖有患狀, 而當大貴. 兆不可言也. 後又呼相者, 使占諸女. 見后大驚, 曰: 我必爲此女稱臣. 然, 貴而少子. 若養它子者, 得力, 乃當踰於所生. 選入太子宮, 時年十三. 奉承陰后, 傍接同列, 禮則修備, 上下安之. 遂見寵異, 常居後堂. 明帝卽位, 以后爲貴人. 時后前母姊女賈氏, 亦以選入, 生肅宗. 帝以后無子, 命令養之. 謂曰: 人未必當自生子, 但患愛養不至耳. 后於是盡心撫育, 勞悴過於所生. 肅宗亦孝性淳篤, 恩性天至. 母子慈愛, 始終無纖介之閒. 后常以皇嗣未廣, 每懷憂歎, 薦達左右, 若恐不及. 後宮有進見者, 每加慰納. 若數寵引, 輒增隆遇. 永平三年春, 有司奏立長秋宮. 帝未有所言. 皇太后曰: 馬貴人德冠後宮, 卽其人也. 遂立爲皇后. 先是夢有小飛虫無數赴着身, 又入皮膚中, 而復飛出. 旣正位宮闈, 愈自謙肅. 身長七尺二寸, 方口, 美髮. 能誦易, 好讀春秋, 楚辭, 尤善周官, 董仲舒書. 常衣大練, 裙不加緣. 朔望, 諸姬主朝請, 望見后布疎麤, 反以爲綺縠, 就視, 乃笑. 后辭曰: 此繒特宜染色, 故用之耳. 六宮莫不歎息. 帝嘗幸苑圃離宮, 后輒以風邪露霧, 爲戒. 辭意款備, 多見詳擇. 帝幸濯龍中, 並召諸才人, 下邳王已下, 皆在側. 請呼皇后, 帝笑曰: 是家, 志不好樂. 雖來無歡. 是以遊娛之事, 希嘗從焉. 十五年, 帝按地圖, 將封皇子, 悉半諸國. 后見而言曰: 諸子裁食數縣, 於制, 不已儉乎. 帝曰: 我子, 豈宜與先帝子等乎. 歲給二千萬, 足矣. 時, 楚獄連年不斷, 囚相證引坐, 繫者甚衆. 后慮其多濫, 乘閒言及, 愴然. 帝感悟之, 夜起彷徨, 爲思所納, 卒多有所降宥. 時, 諸將奏事, 及公卿較議難平者, 帝數以試后. 后輒分解趣理, 各得其情. 每於侍執之際, 輒言及政事, 多所毗補, 而未嘗以家私干欲. 寵敬日隆, 始終無衰. 及帝崩, 肅宗卽位, 尊后曰皇太后. 諸貴人, 當徙居南宮, 太后感析別之懷, 各賜王赤綬, 加安車駟馬, 白越三千端, 雜帛二千匹, 黃金千斤. 自撰顯宗起居注, 削去兄防參醫藥事. 帝請曰: 黃門舅朝夕供養, 且一年. 旣無褒異, 又不錄勤勞, 無乃過乎. 太后曰: 吾不欲令後世聞先帝, 數親後宮之家. 故不著也. 建初元年, 欲封爵請舅, 太后不聽. 明年夏, 太旱, 言事者以爲不封外戚之故, 有司因此上奏, 宜依舊典. 太后詔曰: 凡言事者, 皆欲媚朕, 以要福耳. 昔王氏五侯, 同日俱封, 其時黃霧四塞, 不聞樹雨之應, 又田蚡·竇嬰, 寵貴橫恣, 傾覆之禍, 爲世所傳. 故先帝防愼舅氏, 不令在樞機之位. 諸子之封, 裁令半楚·淮陽諸國, 常謂: 我子, 不當與先帝子等. 今有司奈何欲以馬氏, 比陰氏乎. 吾爲天下母, 而身服大練, 食不求甘, 左右但着帛布, 無香薰之飾者, 欲身率下也. 以爲外親見之, 當傷心自勑. 但笑言, 太后素好儉. 前過濯龍門上, 見外家問起居者, 車如流水, 馬如游龍, 倉頭衣綠褠, 領袖正白, 顧視御者, 不及遠矣. 故不加譴怒, 但絕歲用而已, 冀以默愧其心, 而猶懈怠, 無憂國忘家之慮. 知臣莫若君, 況親屬乎. 吾豈可上負先帝之旨, 下虧先人之德, 重襲西京敗亡之禍哉. 固不許. 帝省詔悲歎, 復重請曰: 漢興, 舅氏之封侯, 猶皇子之爲王也. 太后誠存嫌虛, 奈何令臣獨不加恩三舅乎. 且衛尉年尊, 兩校尉有大病, 如今不諱, 使臣長抱刻骨之恨. 宜及吉時, 不可稽留. 太后報曰: 吾反覆念之, 思令兩善. 豈徒欲獲謙讓之名, 而使帝受不外施之嫌哉. 昔竇太后, 欲封王皇后之兄,承相條侯言, 受高帝約, 無軍功, 非劉氏不侯. 今馬氏無功於國, 豈得與陰 郭中興之后等耶. 嘗觀富貴之家, 祿位重疊, 猶再實之木, 其根必傷. 且人所以願封侯者, 欲上奉祭祀, 下求溫飽耳. 今祭祀則受四方之珍, 衣食則蒙御府餘資, 斯豈不足, 而必當得一縣乎. 吾計之熟矣, 勿有疑也. 夫至孝之行, 安親爲上. 今數遭變異, 穀價數倍, 憂惶晝夜, 不安坐臥, 而欲先營外封, 違慈母之拳拳乎. 吾素剛急, 有胸中氣, 不可不順也. 若陰陽調和, 邊境清靜, 然後行子之志. 吾但當含飴弄孫, 不能復關政矣. 時新平主家, 御者失火, 延及北閣後殿. 太后以爲己過, 起居不歡. 時當謁原陵, 自引守備不愼, 慙見陵園, 遂不行. 初, 大夫人葬, 起墳微高, 太后以爲言, 兄廖等即時減削. 其外親, 有謙素義行者, 輒假借溫言, 賞以財位. 如有纖介, 則先見嚴恪之色, 然後加譴. 其美車服不軌法度者, 便絕屬籍, 遣歸田里. 廣平 · 鉅鹿 · 樂成王, 車騎朴素, 無金銀之飾, 帝以白太后, 太后即賜錢各五百萬. 於是, 內外從化, 被服如一, 諸家惶恐, 倍於永平時. 乃置織室, 蠶於濯龍中, 數往觀視, 以爲娛樂. 嘗與帝, 旦夕言道政事, 及教授諸小王, 論語經書, 述叙平生, 雍和終日. 四年, 天下豐稔, 方垂無事, 帝遂封三舅廖 · 防 · 光爲列侯. 並辭讓, 願就關內侯. 太后聞之, 曰: 聖人設教, 各有其方, 知人情性莫能齊也. 吾少壯時, 但慕竹帛, 志不顧命 今雖已老, 而復戒之在得, 故日夜惕厲, 思自降損, 居不求安, 食不念飽. 冀乘此道, 不負先帝, 所以化導兄弟, 共同斯志, 欲令瞑目之日, 無所復恨. 何意老志復不從哉, 萬年之日長恨矣. 廖等不得已, 受封爵而退位歸第焉. 太后其年寢疾, 不信巫祝小醫, 數勑絕禱祀. 至六月, 崩. 在位二十三年. 年四十餘.

내훈 권 제2(하)

제4, 남편과 아내의 도리(하)

제4, 남편과 아내의 도리(하)
부부장夫婦章·하

후한(後漢)의 화희(和熹) 등황후*¹는 태부*² 우(禹)의 손녀다. 아버지 훈(訓)은 호강교위*³요, 어머니는 음씨(陰氏)니 광렬황후(光烈皇后) 사촌 동생의 딸이다.

황후 나이 다섯 살에 태부 부인이 사랑하여 손수 머리를 깎아 주는데, 부인이 나이들어 눈이 어두운 탓으로 잘못하여 황후의 이마에 상처가 났으나 아픔을 참고 말하지 아니하거늘, 곁에 있던 사람이 이상히 여겨 물은즉, 황후의 대답은 다음과 같았다.

"아프지 않음이 아니나, 할머님이 귀여워하시어 머리를 깎아 주시거늘 늙으신 분의 마음을 상하게 할 수 없기 때문에 참는다."

여섯 살에는 사서(史書)를 잘 하고, 열두 살에는 시와 《논어(論語)》를 통달하더니, 여러 오라비들이 늘 글 읽을 적이면 곧 마음을 겸손히 하여 어려운 것을 물었다. 언제나 마음을 글월에 두고 살림살이를 묻지 않거늘, 어머니는 늘 마땅치 않게 여겨 이르기를

"계집애가 일을 익혀 옷을 짓지는 않고 오로지 학문에만 힘쓰니 반드시 박사(博士)가 되겠구나."
하였다.

---

*1 鄧皇后. 후한의 제4대 임금인 화제(和帝)의 황후.
*2 太傅. 벼슬 이름. 삼경(三卿)의 하나.
*3 護羌校尉. 한나라 때 벼슬 이름. 농서(隴西)에 주둔하여 여러 오랑캐를 진압하였음.

등황후가 어머니 말씀을 어기기 어려워 낮에는 아낙네의 일을 배우고 밤이면 글월을 외우므로 집안 사람들이 이름지어 선비라 하였다. 아버지 훈(訓)은 딸을 기특하게 여겨 크고 작은 모든 일마다 같이 의논하곤 하였다.

영원*⁴ 4년에 당연히 간택에 뽑히어 대궐에 들어가게 되었는데, 마침 훈(訓)이 죽자, 등황후는 밤낮으로 울고 삼 년이 되도록 소금과 채소도 잡숫지 아니하므로 차츰 여위어, 옛모습이 없어서 친한 사람마저 알아보지 못하였다.

황후가 언젠가 꿈에 하늘을 만지니 넓고 아득하여 정말로 퍼렇고, 종유(鍾乳) 모양 같은 것이 있어서 우러러 빨아먹었는데, 꿈을 해몽하는 사람에게 물으니 말하기를

"요(堯)임금이 꿈에 하늘을 휘어잡고 오르시고, 탕(湯)임금이 꿈에 하늘에 이르러 핥으신 것입니다. 그것은 성왕(聖王)이 될 조짐의 꿈이라 그 길함을 이루 말씀으로 드릴 수 없을 정도입니다."
하였다.

또 관상보는 사람이 황후를 보더니 놀라 사뢰기를

"이는 성탕*⁵의 관상입니다."
하거늘, 집안사람들은 남몰래 기뻐하되 조금도 입 밖에 내지 않았다. 황후의 아재비 해(陔)가 이르기를

"전에 들으니, '천 사람을 살린 사람은 자손 중에 봉후(封候)할 사람이 있다' 했으니, 형인 훈(訓)이 알자*⁶되어서, 석구하*⁷를 다스려 해마다 수천 명을 살렸으니, 천도(天道)를 가히 믿을 수 있다면 우리

---

*4 永元. 후한 화제(和帝)의 연호.
*5 成湯. 은(殷)나라의 첫째 왕.
*6 謁者, 사방에 사신 가는 벼슬.
*7 石臼河. 하북성 평산헌 북쪽에 있는 물 이름.

〈바둑을 두는 부부〉 내외가 바둑을 두는 양반 집안의 풍속도. 조선 후기.

집안이 반드시 복(福)을 받으리라.”
하였다.

　이전에 태부(太傅)인 우(禹)도 말하기를,

“내 백만의 무리를 거느려 한 사람도 함부로 죽이지 아니하였으니,
후에 자손이 반드시 흥할 날이 있을 것이다.”
하였다.

　영원 칠년에 황후가 또 여러 집 딸들과 함께 간택에 뽑히어 궁에
들어갔는데, 황후의 키 일곱 자 두 치요 모습이 너무 고와 모든 색
시들 가운데 가장 뛰어나므로, 좌우에 모시고 있던 이들이 다 놀라
더라.

　영원 팔년 겨울에 대궐에 들어가 귀인[8]이 되니, 그때 나이 열여섯
이더니, 온순 공손하며 의젓하고 조심스러워하는 행동마다 법도가

─────────────
*8 貴人. 한나라 때 여관(女官). 황후의 다음 가는 버슬.

있었다. 음후*⁹를 섬기되 새벽부터 밤까지 조심조심하며, 같은 또래를 대접하시되 늘 자기를 극복하여 낮추시며, 비록 나인이나 천인이라도 다 은혜를 베풀었으므로, 화제(和帝)가 깊고 아름답게 여겨 극진하게 대했다. 황후가 병들자 왕은 특별히 황후의 어머니와 형제를 들어오게 하여 의약을 받들게 하되 날짜(日數)를 정하지 않으시매, 황후가 상감께 다음과 같이 아뢰었다.

"대궐 안은 지극히 엄중하거늘, 바깥사람으로 하여금 오래 대궐에 머물게 하여 위로는 상감으로 하여금 처가집을 잘 봐준다는 비웃음을 받으시게 하고, 아래로는 첩으로 하여금 은총받고도 족한 줄을 모른다는 헐뜯음을 받게 하여, 위아래가 서로 손상됨을 진실로 원치 않사옵니다."

상감께서 말씀하시기를

"남들은 다 대궐에 자주 들어오는 것을 영화롭게 여기는데, 귀인(貴人)은 도리어 근심으로 여기어 스스로 자만심을 억누르고 겸손하니, 정말 저러기 쉽지 않도다."

하였다.

늘 잔치 때마다 여러 시누이들*¹⁰과 귀인(貴人)들이 저마다 다투어 가꾸고 꾸미어, 비녀며 귀고리가 빛나고 웃옷과 치마가 곱거늘, 황후는 무늬 없는 옷을 입어 복장이 꾸밈이 없었다. 만일 그 옷이 음황후와 더불어 같은 빛이면 곧 갈아입으며, 만약 나란히 상감께 뵈어야 할 때는 감히 바로 앉지 않고 따로 떨어져 서 있으며, 걸어갈 때에도 몸을 굽혀 스스로 낮추시며, 상감께서 늘 물으시면 언제나 머뭇머뭇하여 나중에야 여쭈어, 감히 음황후를 앞질러 말한 적이 없었다. 그러기에 상감께서는 등황후의 마음씀과 삼감을 아시고 감

---

*9 陰后. 음황후.
*10 諸姬. 임금과 성(姓)이 같은 사람.

탄하기를

"덕을 닦는 수고로움이 이와 같다니!"

하였다.

그 뒤로는 음황후를 점점 멀리하거늘, 매양 상감을 뵙게 될 때마다 문득 아프다고 핑계를 대곤 하였다.

그때 상감이 자주 황자(皇子)를 잃었으므로 황후는 후사가 많지 못함을 늘 걱정하여 눈물을 흘리며 한숨짓고, 자주 재인(才人)을 가려 상감께 바쳐 상감의 마음을 위로하였다.

음황후는 등황후의 덕에 대한 기림이 날로 성해짐을 보고는 어찌할 줄을 몰라, 축저*¹¹하여 해치려고 하더라.

상감께서 언젠가 병들어 몹시 위태로웠다. 음황후가 가만히 이르기를

"내 뜻을 얻으면 등씨(鄧氏)로 하여금 다시는 그 씨가 남지 못하게 할 것이다."

하였다. 등황후가 이 말을 들으시고 곁에 모시고 있는 사람들을 대하여 눈물을 흘려 이르기를 다음과 같이 하였다.

"내 정성을 다하며 마음을 다하여 황후를 섬겼건만 마침내 도움이 되지 못하니, 반드시 하늘의 벌을 받았음이다. 아내가 남편을 따라 죽는 의리가 비록 없다지만, 주공(周公)이 자기 몸으로 무왕의 명을 대신하기를 빌었으며, 월희(越姬)는 마음에 반드시 죽을 본분을 맹서하였으니, 위로는 상감의 은혜에 보답하고 가운데로는 붙이의 화(禍)를 면케 하며, 아래로는 음씨(陰氏)로 하여금 사람을 돼지같이 여기는 인시*¹²의 기롱(譏弄)을 못 하게 하리라."

---

*11 祝詛. 귀신에게 빌어 남을 해치도록 함.

*12 人豕. 전한 때 한 고조(高祖)의 황후 여씨(呂氏)는 고조가 죽고 아들 혜제(惠帝)가 즉위
하자, 평소에 고조의 총애만을 믿고서 태자인 혜제를 폐하고 자기의 소생인 여의(如

하시고 곧 약을 먹으려 하거늘, 나인(內人. 宮人) 조옥(趙玉)이 굳이 말리며 속히 아뢰기를

"마침 심부름하는 사람이 왔는데, 황제의 병환이 이미 나으셨습니다."

하거늘, 황후가 믿으시어 그러려니 하고 약 먹기를 그만두었다. 이튿날 상감께서 과연 나으셨다.

십사년 여름에 음황후(陰皇后)가 무고*¹³죄로 폐위되거늘, 등황후가 청하여 음황후를 구하려 하였으나 뜻을 이루지 못하였다.

상감께서는 곧 뜻을 정하신대로 처결했으므로, 황후는 더욱 병이 심하다 핑계하여 스스로 깊이 숨었다.

마침 유사(有司)가 장추궁(長秋宮)을 세우기를 여쭈니, 상감이 이르되

"황후의 존귀하기는 나와 같아서, 종묘를 섬기며 천하 백성의 어미가 되나니 어찌 그 일이 쉬우리오? 오직 등귀인(鄧貴人)의 덕이 후궁 중 으뜸이니, 그만하면 가히 감당하리로다."

하였다.

겨울에 이르러 황후로 책봉하니, 세 번 사양을 한 뒤에야 즉위하였다. 그리고 표*¹⁴를 손수 지어 깊이 감사하기를

"덕이 박하여 황후의 자리에 뽑힘에 넉넉치 못합니다."

라고 하였다.

이때 여러 나라에서 바치는 공물(貢物)을 바치는데 서로 다투어 귀하고 좋은 것을 바치더니, 황후가 즉위한 뒤로부터는 다 금지시키

<hr />

意)를 태자로 삼자고 졸라대던 척 부인(戚夫人)을 잡아들여 척부인의 손발을 자르고 눈을 후벼내고 귀를 짓이기며 목이 쉬어 말을 못하는 약을 먹인 뒤 뒷간에 처넣고서 사람돼지(人豕)라 했음.

*13 巫蠱. 무당을 시켜 귀신을 받들어 사람을 해하기를 비는 푸닥거리.

*14 表. 임금에게 올리는 서장(書狀).

고 세시(歲時)에 다만 종이와 먹만을 바치게 할 뿐이었다.

상감께서 늘 등씨(鄧氏)들을 벼슬 시키려고 하면, 황후가 곧 슬프게 빌어 사양한 까닭으로 맏오라비 즐(騭)은 왕이 세상을 뜰 때까지도 호분중랑장*15에서 넘어서지를 못하였다.

원흥 원년(元興 元年)에 상감이 돌아가시거늘, 맏아들 평원왕(平原王)은 병이 있었다. 그리고 여러 황자(皇子)들은 지레 죽음이 전후로 열이나 되었으므로, 뒤에 낳은 황자는 곧 감추어 민간에서 길렀다. 상제(殤帝)는 태어난 지 백일이었는데, 황후가 이를 맞아다가 임금으로 세웠다.

황후를 높여 황태후로 세우고, 태후가 조회(朝會)에 임하였다. 화제(和帝) 장례 후에 궁인들이 다 외원(外園)으로 돌아감에, 태후가 주귀인(周貴人)과 풍귀인(馮貴人)에게 책(策)을 주어 이르기를

"내 귀인(貴人)들과 더불어 후궁에 있게 되어 서로 정답게 하였던 것이 십여 년이더니, 복을 타지 못하여 선제(先帝)께서 일찍 세상을 버리시니 외로운 마음 허전하여 우러를 곳이 없는지라, 낮이며 밤이며 길이 그리워 슬픔이 마음에서 울어나는구려. 이제 당연히 옛법대로 헤어져 외원(外園)으로 돌아가게 되니, 서러워 한숨지으니, 연연시*16인들 어찌 여기에 비기겠는가?"
하였다.

두 귀인에게 왕청개거*17와 빛나게 꾸민 수레와 수레를 메는 말

---

*15 虎賁中郎將. 한나라 때 벼슬 이름. 천자 호위를 맡음.
*16 燕燕詩.《시경》의 패풍(邶風)에 나오는 편명. 위(衛) 장공(莊公)의 부인 장강(莊姜)이 자식이 없어서 진녀(陳女) 대규(戴嬀)의 아들 완(完)을 아들 삼았는데, 장공이 죽자 완이 즉위했다. 폐인(嬖人. 임금에게 사랑받는 사람)의 아들 주우(州吁)가 임금 완을 죽였으므로 대규가 진나라로 아주 돌아가게 되매, 장강이 대규를 보내며 애달아 이 시를 지었다고 함.
*17 王青盖車. 황자(皇子)가 왕으로 봉해졌을 때 타는 수레.

각각 네 필, 황금 삼십 근, 여러 가지 비단 삼천 필과 월산(越産) 고운 흰빛 베 사천 필을 주라 하시고, 또 풍귀인(馮貴人)에게 굵고 붉은 인끈을 주시고, 머리에 보요*¹⁸와 환패*¹⁹가 없다 하여 한 벌씩 더 주었다.

이때 새로 큰 초상을 당하여 법이 갖추어 서지 못하였는데, 궁중에서 굵은 구슬 한 상자가 없어졌다. 태후가 고문하고자 하되, 반드시 죄없는 사람이 있을까 걱정되어, 친히 궁인을 보아 낯빛을 살피니 바로 자복하였다.

그리고 화제(和帝)가 곱게 보시던 사람인 길성(吉成)을 따르던 사람들이 모두 길성을 무고(巫蠱)죄로 헐뜯거늘 후궁에 명령하여 신문하니 말과 증거가 분명하였다. 그러나 태후는 선제(先帝)의 좌우에 모시던 사람을 대접함에 특별히 은혜롭게 하실 때에도 평일에 오히려 모진 말이 없었는데, 이제 돌아섬(배반함)이 이와 같으니 인정에 맞지 않다 여기시고, 다시 스스로 불러 보시어 사실을 밝히시니 과연 아랫사람이 한 일이었다. 이에 감탄하여 탄복하지 아니한 사람이 없고, 모두들 "거룩하시고도 밝으시도다." 하였다.

後漢和熹鄧皇后, 太傅禹之孫也. 父訓, 護羌校尉. 母, 陰氏, 光烈皇后從弟女也. 后年五歲, 太傅夫人愛之, 自爲剪髮. 夫人年高目冥, 誤傷后額, 忍痛不言. 左右怪而問之, 后曰: 非不痛也, 大夫人哀憐, 爲斷髮, 難傷老人意, 故忍之耳. 六歲, 能史書. 十二, 通詩‧論語. 諸兄每讀經傳, 輒下意難問. 志在典籍, 不問居家之事. 母常非之, 曰: 汝不習女工以供衣服, 乃更務學, 寧當擧博士耶. 后重違母言, 晝修婦業, 暮誦經典, 家人號曰諸生. 父訓, 異之. 事無大小, 輒

---

*18 步搖. 걸음 걸을 때마다 패옥이 잘랑잘랑 흔들리게 된 머리 꾸미개.
*19 環珮. 허리에 차는 폐옥.

與詳議. 永元四年, 當以選入, 會訓卒. 后晝夜號泣, 終三年, 不食塩菜. 憔悴毀容, 親人不識之. 后嘗夢捫天, 蕩蕩正青, 若有鐘乳狀, 乃仰漱飲之. 以訊諸占夢, 言: 堯夢, 攀天而上. 湯夢, 及天而咶之. 斯皆聖王之前占, 吉不可言. 又, 相者見后, 驚曰: 此成湯之法. 家人竊喜而不敢宣. 后叔父陔言: 嘗聞活千人者, 子孫有封. 兄訓爲謁者, 使修石臼河, 歲活數千人. 天道可信, 家必蒙福. 初, 太傅嘆曰: 吾將百萬之衆, 未嘗妄殺一人, 其後世, 必有興者. 七年, 后復與諸家子, 俱選入宮. 后長七尺二寸, 姿顏姝麗, 絶異於衆, 左右皆驚. 八年冬, 入掖庭, 爲貴人, 時年十六. 恭肅小心, 動有法度. 承事陰后, 夙夜戰兢. 接撫同列, 常克己以下之, 雖宮人隸役, 皆假恩借. 和帝深嘉愛焉. 及后有疾, 特令后母兄弟, 入侍醫藥, 不限日數. 后言於帝曰: 宮禁至重, 而使外舍久在內省, 上令陛下有幸私之譏, 下使賤妾獲不知足之謗. 上下交損, 誠不願也. 帝曰: 人皆以數入爲榮, 貴人反以爲憂, 深自抑損, 誠難及也. 每有讌會, 諸姬貴人, 競自修整, 簪珥光采, 袿裳鮮明, 而后獨着素, 裝服無飾. 其衣有與陰后同色者, 即時解易. 若並時進見, 則不敢正坐離立, 行則僂身自卑. 帝每有所問, 常逡巡後對, 不敢先陰后言. 帝知后勞心曲體. 歎曰: 修德之勞, 乃如是乎. 後, 陰后漸踈, 每當御見, 輒辭以疾. 時, 帝數失皇子. 后憂繼嗣不廣, 恒垂涕歎息, 數選進才人, 以博帝意. 陰后見后德稱日盛, 不知所爲. 遂造祝詛, 欲以爲害. 帝嘗寢病危甚, 陰后密言: 我得意, 不令鄧氏復有遺類. 后聞, 乃對左右流涕, 言曰: 我竭誠盡心, 以事皇后, 竟不爲所祐, 而當獲罪於天. 婦人雖無從死之義, 然周公身請武王之命, 越姬心誓必死之分. 上以報帝之恩, 中以解宗族之禍, 下不令陰氏有人豕之譏. 即欲飲藥, 宮人趙玉者固禁之, 因詐言: 屬有使來, 上疾已愈. 后信以爲然, 乃止. 明日, 帝果廖. 十四年夏, 陰后以巫蠱事, 廢. 后請救不能得, 帝便屬意焉. 后愈稱疾篤, 深自閉絶. 會有司奏建長秋宮. 帝曰: 皇后之尊, 與朕同體, 承宗廟, 母天下, 豈易哉. 唯鄧貴人, 德冠後庭, 乃可當之. 至冬, 立爲皇后. 辭讓者三, 然後即位. 手書表謝: 深陳德薄, 不足以充小君之選. 是時, 方國貢獻, 競求珍麗之物. 自后即位, 悉令禁絶, 歲時, 但供紙墨而已. 帝每欲官爵鄧氏, 后輒哀請謙讓. 故兄騭, 終帝世不過虎賁中郎將. 元興元年, 帝崩. 長子平原王, 有疾. 而諸皇子夭歿, 前後十數, 後生者, 輒隱秘養於人閒. 殤帝生始百日, 后乃迎立之. 尊后爲皇太后, 太后臨朝. 和帝葬後, 宮人並歸園. 太后賜周馮貴人策, 曰: 朕與貴人託配後庭, 共歡等列, 十有餘年. 不獲福祐, 先帝早棄天下, 孤心焭焭, 靡所瞻仰, 夙夜永懷, 感愴發中. 今當以舊典, 分歸外園, 慘結增歎, 燕燕之詩, 曷能喻焉. 其賜貴人王靑蓋車 · 采飾輅 · 驂馬各一駟, 黃金三十斤, 雜帛三千匹, 白越四千端. 又賜馮貴人王赤綬, 以未有步搖 · 環珮, 加賜各一具. 是時, 新遭大憂, 法禁未設, 宮中亡大珠一篋, 太后念, 欲考問, 必有不辜. 乃親閱宮人, 觀察顏色, 即時首服. 又和帝幸人吉成御者, 共枉吉成以巫蠱事, 遂下掖庭考訊, 辭證明白. 太后以先帝左右, 待之有恩, 平日尚無惡言, 今反若此, 不合人情. 更自呼見實覈, 果御者所爲. 寞不歎服, 以爲聖明.

대명(大明) 태조(太祖)의 효자소헌지인문덕 승천순성 고황후(孝慈昭憲至仁文德 承天順聲高皇后) 마씨*[20]는 그 조상이 송(宋)나라 태보,*[21] 태부 다음 벼슬인 묵(默)으로부터 숙주(宿州)의 민자향(閔子鄉) 신풍리(新豊里)에서 대대로 마을의 호걸로 살아왔다. 아버지 마공(馬公)은 본성이 강직하고 사람을 사랑하여 주기를 즐겨, 행여라도 남이 시급한 때 도와 주지 못할가봐 늘 염려하였다. 어머니 정씨(鄭

---

*20 馬氏. 명나라 태조 고황제(高皇帝) 주 원장(朱元璋)의 황후 마씨를 가리킴.
*21 太保. 삼공의 하나.

氏)는 황후가 어렸을 때 일찍 죽어서, 아버지에게는 그전에 정원(定遠) 사람인 곽자흥(郭子興)과 죽자 사자 하는 친구*22 사이였으므로 황후를 그 집에 부탁하고 아버지가 죽으니, 곽자흥이 황후를 친딸같이 길렀다.

황후는 어려서부터 얌전하고 조용하며 단정하고 한결같으며, 효성스럽고 공경스러우며 인자하고 슬기롭기가 사람의 생각을 초월할 지경이었다. 그런데다가 시(詩)와 서(書)를 더욱 즐기더니, 비녀를 꽂으면서부터는 태조 고황제의 빈(嬪)이 되었는데, 정성과 공경에 감동하여 안팎이 다 칭찬하였다.

혹심하게 흉년든 해를 만났는데, 황후가 상감을 따라 군중(軍中)에 계실 때, 자기의 배고픔은 참고 누룽지와 포육(脯肉)을 품었다가 상감께 바치어 양식이 그치지 않게 하시었다. 급하고 어려운 때에 아낙네의 도리를 조심하여 따르더니, 상감께서 늘 기록한 글월이 있으면 곧 황후에게 명하여 보관하게 하시고 다급할 때 가져오라 하면, 황후가 바로 주머니에서 내어 바치어 조금도 헛갈리지 않았다.

상감이 향을 피우고 하늘에 빌기를

"바라옵건대 천명(天命)에 맡기오니, 천하의 백성을 수고롭게 마옵소서."

하시거늘, 황후가 상감께 사뢰기를 다음과 같이 하였다.

"이제 호걸(豪傑)이 모두 다투어 비록 천명으로 돌아갈 곳을 알지 못하나, 제 생각으로는 사람을 죽이지 아니함으로 근본을 삼아, 엎어진 사람을 일으키며 위급한 사람을 구제하여 그들 마음을 모을 것 같으면, 사람의 마음 가는 곳이 곧 천명이 있는 곳이니, 저 죽이

---

*22 刎頸之友. 친구를 위해서라면 목을 베어도 아깝지 않을 정도로 친함. 염파(廉頗)와 인상여(藺相如)의 우정에서 비롯된 말.

며 노략*23질을 하여 사람의 마음을 잃음은 하늘이 미워하시는 바이라, 비록 그 몸이나마 보존하기 어렵습니다."

상감께서 말씀하시기를

"그대의 말이 내 뜻에 가장 드오."

하시고 이튿날 비를 맞으며 돌아가시어 황후께 이르기를

"어제 그대의 말을 들으니 마음속에 오고가서 잊을 수 없었소이다. 한 군사가 군령을 어기고 계집을 데리고 있거늘, 고문하니 속이지 못하여 사실을 그대로 밝히되 '노략하였습니다.' 하므로 내 말하기를 '오늘날 병마를 써서 싸움은(질서의) 어지러움〔紊難〕을 금지함이니, 만일에 남의 계집을 과부 만들고 남의 자식을 고아로 만든다면, 바로 질서를 문란케 하는 짓이다. 당장에 버리지 아니하면, 내 반드시 너를 죽이겠다.' 하였더니, 군사가 감동하여 바로 버리니, 그대의 말 덕분이라."

하였다.

황후 사뢰기를

"마음 쓰심이 그와 같으시니 어찌 사람의 마음이 모여들지 아니할까 걱정하시리이까."

하더라.

황후는 처음에 자식이 없어서 상감 형님의 아들 문정(文正)과 맏누님의 아들 이문충(李文忠)과 목영(沐英) 등 두어 명을 기르시되, 사랑하기를 내가 낳은 자식 같이 하였으며, 뒤에 태자(太子)와 여러 왕(諸王)을 낳으시고도 그들에 대한 사랑을 그치지 않았다.

상감이 군사를 거느리고 강을 건너실 제 황후 또한 장사(將士)의 처첩을 거느리고 대평(大平) 땅으로 뒤따라 오셨는데, 건강(建康)에 이르러 머물게 되었을 때는, 오(吳)나라와 한(漢)나라의 국경이 이어

*23 虜掠. '노'는 사람 잡는 것이고 '략'은 때리고 빼앗음.

져 있어서 싸움하지 않는 날이 없었으므로, 친히 시녀(侍女)를 거느리시고 옷과 신을 다시 기우시어 군사들을 도와 주시는 일로 밤중까지 눈붙이지 않았다. 때때로 상감의 계략을 보좌하여 일마다 상황에 맞게 하곤 하였다.

홍무 원년(洪武元年) 정월에 상감께서 즉위하시어 황후로 책봉하면서 신하들에게 다음과 같이 말씀하였다.

"옛날 한나라 광무 황제가 풍이*[24]를 위로하기를, '매우 급박할 때 무루정*[25]의 콩죽과 호타하의 보리밥을 준 간절한 뜻을 오래 갚지 못하였도다' 하시어 임금과 신하와의 사이에 처음과 끝을 보전했다. 내 생각하니, 황후가 포의*[26]로 일어나 달고 쓴맛을 같이 하며, 일찍이 나를 따라 군중(軍中)에 있을 때, 시급한 때 자기 배고픔을 참고 누룽지를 품어 나에게 주었으니, 콩죽과 보리밥에 비기건대 그 어렵기가 더욱 심하였다.

옛날 당 태종(唐太宗)의 장손황후(長係皇后)는 은태자(隱太子)에게 혐의와 원한을 받게 되어, 위로 효도를 다하며 모든 비(妃)들을 조심하여 섬겨 질투와 혐의를 없게 하니, 내 자주 곽씨*[27]의 의심함을 받을 때도 내 뜻에 따라 하고 걱정하지 않았다. 장사(將士)들이 옷과 쓸 것을 주면 황후가 먼저 곽씨에게 바치어 그 뜻을 위로하여 기쁘게 하며, 나를 해치고자 함에 이르러서는 문득 임시변통으로 마침내 환난을 면하니, 거의 또 장손왕후 경우보다 더 어려운 형편이었다.

─────────────

*24 馮異. 후한 부성(父城) 사람, 왕망을 위해 한나라에 대항하다가 나중 후한 광무제의 주부가 됨. 무루정에선 콩죽을, 남궁에서는 보리밥을 드려 광무제가 호타하(滹沱河)를 건너게 됨.
*25 蕪蔞亭. 정자 이름.
*26 布衣. 벼슬도 지위도 없는 사람.
*27 郭氏. 황후를 키운 곽자흥을 가리킴.

내 혹시 옷이나 쓸 것으로 말미암아 조그마한 허물을 성낼 것 같으면, 나를 위하여 말하기를 '상감께서는 옛날 가난하고 미천하던 때를 잊으셨습니까?' 하시어서 내 또 놀라곤 했다.

집안의 어진 아내가 오히려 나라의 어진 제상과 같으니 어찌 차마 잊으리오."

하시고, 조회를 마친 뒤에 그 내용을 황후께 말하니, 황후 말씀은 다음과 같았다.

"제가 듣건대 부부는 서로 보전함은 쉽고 임금과 신하는 서로 보전하기는 어렵다 하오니, 폐하께서 이미 빈천했던 시절의 저를 잊지 아니하시니, 원하옵건대 여러 신하와 백성들의 가난했던 때도 잊지 마소서. 또 제가 어디 장손 황후의 어지심과 같겠습니까. 바라옵건데, 폐하께서 요순(堯舜)을 본받으셨으면 하올 뿐입니다."

황후는 이미 궁중에 정위(正位)에 오르시어, 더욱 스스로 부지런히 힘쓰시며 궁첩(宮妾)을 살피시어 아낙네의 일을 다스렸으며, 일찍 일어나고 밤늦게야 잠자리에 들어 게으르게 하지 않으셨다. 상감께는 어진 사람을 가까이하며 학문에 힘쓰기를 권하며, 일에 따라 조심스럽게 간했다. 또 옛 글월을 강론하여 육궁*²⁸을 일깨워 깨우치는 데 부지런히 하여 게을리하지 않았다.

하루는 여사*²⁹인 청강*³⁰ 범유인*³¹ 등을 불러모아 놓고 물었다.

"당(唐)으로부터 내려오면서, 어느 황후가 가장 어질며, 가법(家法)은 어느 대(代)가 가장 바른고?"

이에 대답하기를

---

*28 六宮. 후비(后妃)가 거처하는 궁전. 정침(正寢)이 하나, 연침(燕寢)이 다섯.
*29 女史. 글 아는 여자로서 황후의 예도와 안녁 정사(政事)를 주관하는 벼슬.
*30 淸江. 땅 이름.
*31 范孺人. '범'은 성씨이고 '유인'은 대부의 부인을 이름.

"오직 조송*32 여러 황후들에 어진 이가 많으며, 가법(家法)이 가장 바릅니다."

그러자 황후는 여사(女史)에게 명하여 가법과 어진 행적을 적게 하였다. 그리고 늘 외우게 하여 들으시고, 이르기를

"한갓 나를 위한 오늘날의 법이 될 뿐 아니라, 자손과 제왕과 후비가 모두 반드시 살펴보리니, 이 가히 만세의 법이 되리로다."

하였다. 더러 이르기를

"송조(宋朝)는 인후(仁厚)함에 지나칩니다."

하니, 황후가 이르시기를,

"인후함이 지나친 것은 오히려 각박함보다 낫지 않은가? 내 자손이 진실로 능히 인후로 근본을 삼는다면, 삼대(三代)에 이르기 어렵지 아니하니라. 인후함이 비록 지나치다 하여 어찌 사람의 나라에 해로움이 있으리오."

하였다.

상감께서 예전에 황후에게 이르기를

"임금은 온갖 책임의 모임이니, 한 백성이 제 자리를 얻지 못하여도 임금의 책임이라."

하시거늘, 황후가 바로 일어나 절하며 사뢰기를,

"제가 듣건대, 옛사람이 이르기를 한 백성이 제 자리를 얻지 못함이 나의 죄라 하며, 한 백성이 굶주리거든 이르기를 내가 굶주리게 하였다 하고, 한 백성이 추워하거든 이르기를 내 춥게 하였다 하더니, 이제 폐하의 말씀이 곧 옛사람의 마음이로소이다. 상감 마음(聖心)에 부디 삼가기를 다하시어 불쌍한 백성에게 은혜를 더하시면 온 천하가 그 복을 입사오며, 저 또한 곁들여 영화로움이 있으리이다."

하였다.

---

*32 趙宋. 조(趙)는 송나라 황제의 성(姓).

그리고 또 예전에 상감이 편안하신 때를 보아 조용히 상감께 사뢰기를,

　　"임금님이 비록 밝고 거룩한 바탕을 타고나셨으나 능히 혼자서 천하를 다스리지는 못하십니다. 때문에, 반드시 어진 사람을 가리어 나라 다스리기를 의논하여야 합니다. 그러나 세대가 더욱 내려갈수록 재주를 온전히 지닌 이가 없으니, 폐하가 인재를 쓰기에 본래 능하여 각각 그 길고 짧음(長短)을 따라 쓰시기를 바랍니다만 더욱 중요한 것은 적은 허물을 용서하시어 그 사람을 보전하셔야 합니다."

하니, 상감이 기뻐하시어 좋다고 하셨다.

하루는 원(元)나라의 부고(府庫)를 얻어 보화(寶貨)를 서울로 옮겨온다는 소문을 듣고 상감께 물었다.

　　"원나라 부고에서 무엇을 얻으셨습니까?"

　　상감 이르시기를

　　"보화일 뿐입니다."

　　황후 말씀이

　　"원씨(元氏)가 이 보화를 지니다가 어찌 지키지 못하고 잃었나이까? 재물이 보배가 아니옵니다. 제왕이 저마다 다른 보배가 있사옵나이다."

하니 상감께서

　　"황후의 뜻을 내 알겠나이다. 오직 어진 사람 얻음으로 보배 삼으라 하시는구려."

　　황후는 바로 절하고 말씀하시기를

　　"참으로 성인의 말씀 같사옵니다. 제가 늘 보니, 사람의 집에 살림이 넉넉해지면 교만이 생기고 팔자가 늘어지면 안일을 밝히게 되옵니다. 집과 나라가 같지 아니하나 그 이치는 다르지 아니하니, 사람의 본능적인 마음을 반드시 가장 경계해야 할 것입니다.

제가 폐하와 가난을 함께하고 살다가 이제 부귀에 이르니, 교만하며 방자함이 생기고, 위태로움과 멸망이 싹틀까 늘 두렵습니다.

  이런 까닭으로 세상에 전하기를, '잔재주는 나라를 망치는 도끼요 주옥(珠玉)은 마음을 방탕케 하는 짐독*³³이라 하니, 옳도다, 이 말씀이여! 오직 어진 신하를 얻어 아침 저녁으로 네 마음을 열어 내 마음을 적시어 다오.'*³⁴라 하여 천하를 모두 보호함이 곧 가장 큰 보배이며 만세에 이름나게 함이 곧 큰 보배이니, 어찌 한갓 재물에 있겠습니까?"

하니, 상감께서

  "좋도다!"

하였다.

  예전에 건청궁(乾淸宮)에서 황제를 뫼시고 앉아 계시다가 이야기가 가난하던 때의 일에 미쳤더니, 상감께서 이르시기를

  "내 그대와 함께 어려움을 겪고 신고를 모두 겪었소. 오늘날 집안을 덕으로 감화하여 나라가 되었음은, 얻고자 하는 마음이 없었던지라 위로는 천지(天地)의 덕과 조상의 은혜를 느꺼워하거니와, 그러나 역시 그대가 안에서 도운 공이라."

하니, 황후 사뢰기를

  "폐하께서 백성을 구하려고 한번 먹은 마음이 황천(皇天)에까지 사무치시어 천명이 돌보시고 조상이 도우신 덕이지, 제가 무슨 힘이 있었겠습니까? 오직 원하옵기는, 폐하가 어렵던 시절을 잊지 마시옵고, 편안한 날에 경계하옵소서. 저 또한 어려운 시절 서로 따르던 것을 잊지 아니하여 늘 조심하오리다. 그러면 천지와 조상이 오늘날에 도울 뿐 아니라 장차 자손 무궁한 복이 되리이다."

＊33 酖毒. 짐조(鴆鳥)라는 새 깃을 담근 술의 독기로 사람을 능히 죽게 함.
＊34 고종(高宗)이 부열(傅悅)에게 이른 말.

하더라.

상감의 모든 진지상을 황후가 반드시 손수 살펴보았으므로 나인이 청하여 사뢰기를

"궁 안에 사람이 많으니, 귀하신 몸으로 수고롭게 마시옵소서."

황후가 이르시되,

"내 진실로 궁 안에 사람 있는 줄을 알거니와, 오직 '아낙네가 남편 섬기기는 조심하지 않을 수 없으며, 음식 올리기는 깨끗지 않아서는 안 되는데, 어쩌다가 지극하지 못함이 있어 너희들이 벌을 받게 되면 내 마음이 어찌 편안하리오. 내가 이렇게 함은 한편으로는 위(상감)를 공경하여 소홀히 여기지 아니함이요, 한편으로는 너희를 잘 지켜 죄를 면케 하려 함이니, 어찌 사람이 없다 해서 그러겠는가?"

하시니, 나인들이 듣잡고 다 감동하여 기뻐하였다.

황후가 서한(西漢)의 두 태후(竇太后)가 황로*35를 즐겼다는 여사(女史)의 강론을 들으시고, 돌아보며 물으시기를

"황로(黃老)는 어떠한고?"

여사(女史) 대답하옵기를

"맑고 깨끗하여 무위*36로 으뜸을 삼으니, 인(仁)을 그치며 의(義)를 버려 백성이 효도하며 인자함에 돌아가게 하는 것이옵니다."

황후가 이르기를

"그렇지 않다. 효도하며 인자함이 곧 인의(仁義)의 일이거니, 어찌 인의를 그쳐 효도하며 인자하리오. 인의는 다스림의 으뜸이거늘, 그치며 버리라 이르니 이는 이치가 아니로다."

하였다.

---

*35 黃老, 황제(黃帝)와 노자(老子)를 가리킴.

*36 無爲. 자연만 따를 뿐 인위가 없음.

황후가 《소학(小學)》을 외우게 시키시고 마음을 기울여 들으시었다. 이윽고 황제께 청해 말씀하셨다.

"《소학》은 말씀이 알아듣기 쉽고, 일이 행하기 쉽습니다. 인도*37에 갖추지 아니함이 없어 진실로 성인의 가르치신 법이니, 어찌 빛나게 드러내지 아니하십니까?"

상감께서 이르시되

"옳소이다. 내 이미 친왕*38과 부마*39와 대학생들로 하여금 강론하며 읽게 하였소."

하였다.

황후는 전에 원세조(元世祖)의 황후가 낡은 활줄을 삶아서 다시 썼다는 일을 들으셨다. 그래서 명하여 가져다가 삶아, 그것으로 베를 짜서 이불을 만들어서 외로운 늙은이에게 주었다. 또 옷과 치마를 마르시고 남은 가윗밥*40을 이어 수건과 요를 만들고 이르시기를

"몸이 부귀에 있을 때 반드시 천지를 위하여 물건을 아껴야만 하니, 하늘이 내신 물건을 우습게 여겨 함부로 버리는 것을 옛사람은 깊이 경계했다."

하였다.

베짜는 사람이 실을 나을 때 버리는 묵정이*41가 있으면 또 이어서 짜게 하여 여러 왕비와 공주에게 주시면서 이르시되

"부귀(富貴) 속에 나서 자라서는 모름지기 누에치고 뽕기르기가 쉽지 않음을 알아야 한다. 비록 이 묵정이는 버릴 것이지만 민간에 있

---

*37 人道. 사람 살아가는 도리.
*38 親王. 황제 형제와 황자(皇子).
*39 駙馬. 부마도위(駙馬都尉)벼슬 이름. 나라 사위는 부마 도위가 되므로 여기서는 나라 사위를 이름.
*40 가위질하고 남은 부스러기 헝겊.
*41 묵이, 오래 되어 낡은 것.

어서는 오히려 얻기 어려우니, 그러므로 짜서 너희에게 보이는 것이니 알고 있지 않으면 안 되느니라."

하시었다.

늘 빤 옷을 입으시고, 사치롭고 좋은 것을 즐기지 아니하시며, 이불이 비록 낡아도 차마 갈지를 못하시어 어떤 이가 물었다.

"천하에 지극한 귀와 지극한 부를 누리시면서 어찌 이를 아끼십니까?"

황후가 이르시기를

"내 들으니 옛날 후비(后妃)들은 다 부자이면서 모두 검박하며 귀하면서도 부지런함으로 글월에서 칭찬받는다 하니, 사치스런 마음은 쉽게 나고, 높은 자리에 있음은 어려울 것이다. 잊지 못할 것이 부지런과 검박이요, 믿지 못할 것이 부귀니, 부지런하고 검박한 마음이 한번(게으름과 사치로) 옮기면 화복(禍福)의 응징이 메아리로 이르듯 하니, 늘 생각함이 이에 미치고, 자연히 함부로 여길 마음을 품지 못할 따름이로다."

나인(內人. 宮人)에게 허물이 있어 상감께서 화내시거늘, 황후 또한 화를 내시며, 곁에서 모시고 있는 사람들에게 명하여 궁정사*⁴²에 잡아넣어 거기에 맡겨 죄를 의논하라 하시었다. 상감께서 화를 풀고서 황후께 물으시기를

"그대가 친히 그릇되다 하여 벌주지 아니하고 궁정사에 맡김은 어째서인가?"

황후가 사뢰기를

"제가 듣건대, 상벌이 공변되어야 족히 남을 항복시킬 수 있다 하옵니다. 그러기 때문에 기쁨으로 상을 더하지 아니하며 화로써 형벌을 더하지 아니하니, 기쁘며 노한 사이에 상벌을 행하면 반드시 기

---

*42 宮正司, 궁중일을 관리하던 부서.

〈다듬이질〉 베를 감은 굵은 홍두깨에 마른 빨래를 감아 판판해지도록 다듬이질을 하는
모녀. 1920.

울어 지나침이 있어 사람이 그 사정*[43]을 의논하려니와, 궁정사에
맡기면 반드시 잘못의 가볍고 무거움을 짐작할 것입니다. 천하를 다
스리는 사람이 또 어찌 능히 사람마다 몸소 상벌을 주겠습니까? 유
사(有司)가 의논할 따름입니다."

　상감께서 이르시되

"그대도 덩달아 성냄은 어째서인고?"

　황후가 사뢰기를

"폐하께서 화내신 때를 당하여 문득 친히 벌을 주시면 한갓 나인

---

*43 私情. 사사로운 감정.

이 지나치게 무거운 책망을 얻을 뿐 아니라, 폐하께서 또 중화*⁴⁴한 마음을 상하실 것이니, 그러므로 제가 화냄은 폐하의 노여움을 풀려고 한 것입니다."

하였으므로 상감이 기뻐하셨다.

황후가 시부모를 미처 섬기지 못함을 슬퍼하였다. 그래서 상감이 그리워 슬퍼하심을 보시고 또 같이 눈물을 흘렸으며, 아침 저녁으로 휘적*⁴⁵을 입고 상감을 따르시어 봉선전(奉先殿)에 절하셨다. 그리고 늘 제삿날이 되면 손수 제수를 만드셔서 정성과 공경을 힘써 하시고, 비빈(妃嬪) 이하를 대접하시되 은혜를 품으시며, 은총을 입어 자식이 있는 사람에게는 대접을 더 후히 하시었다.

여러 왕비와 공주에게 이르시기를

"공(功) 없이 복받음은 하늘이 시틋하게 여기는 터이니, 내 너희들과 금실로 수놓은 비단옷을 입으며 음식을 좋게 하고 날이 저물도록 하는 일 없으니, 반드시 아낙네의 일을 부지런히 하여 하늘에(은총에) 보답하여야 하느니라."

하시며, 태자와 여러 왕을 비록 몹시 두터이 사랑하시나 힘써 학문에 힘쓰도록 자세히 이르시며 정성으로 하시더니, 전에 다음과 같이 말씀하시었다.

"너희 아버님이 만국에 높이 임하시어 몸으로 태평을 이룩하심은 학문으로 얻으신 것이니, 너희 아들들은 반드시 계승할 것을 생각하여, 너를 낳아 주신 조상을 욕되게 하지 말아야 하느니라."

또 이르시기를

"내가 여사(女史)의 말을 들으니 등우(鄧禹)가 장군이 되어서 제멋대로 사람을 죽이지 않은 까닭으로 그 딸이 황후가 되었다 한다. 우

---

*44 中和. 치우치지 않고 고요하고 화한 마음.
*45 褘翟. 황후가 선왕의 제사때 입는 옷.

리 가문이 대대로 충후(忠厚)하며 우리 아버님께 이르러서 비록 등우와 같은 공은 없으시나, 평생에 의(義)를 시급(時急)히 하시어 내가 오늘날 황후되옴이 우연치 아니하니라. 너희들은 뒷날 백성과 사직을 맡아야 하니 더욱 모름지기 충후(忠厚)를 많이 하여야 자손이 길 것이다. 조금이라도 저 잘난 줄만 믿고 덕에 힘쓰지 아니하고, 우연히 잘 되는 일도 있다 하고 여기지 말아야만 하느니라. 너희는 조금도 잊지 말아야 한다."

여러 왕자들이 더러 옷과 기구(器具) 따위를 서로 밝히면 황후가 이르시되

"당요(唐堯)와 우순(虞舜)이 띠[茅]로 지붕을 잇고 흙으로 섬[階]을 만드셨으며, 하우(夏禹)와 문왕(文王)은 거친 옷과 낮은 옷(겸손한 차림)을 입으셨다. 너희 아버지는 더 검박하여 더욱 사치하거나 좋은 것을 시틋하게 여기시고, 밤낮으로 걱정하며 부지런하시어 천하를 다스리시니, 너희는 공도 없으면서 비단옷 입고 좋은 음식 먹으면서도 오히려 옷과 기구를 더 가지려 하니, 어찌 뜻과 기상이 아버지와 다르기가 이와 같은가? 반드시 스승을 친히 하고 벗을 사귀어, 성현(聖賢)의 학문을 강론하여 마음을 트이고 밝게 하여야 자연히 이런 마음과 버릇이 없어지리라."

하였다.

황후가 인자로운 마음으로 아랫사람을 대접하여 친척과 공신의 집에 다 기쁜 마음을 얻지 않음이 없으며, 명부*⁴⁶가 들어와 뵈오면 존귀한 체 임하시지 않으시고 맞이하여 대접하기를 마치 집안사람 같이 하셨다.

큰물이나 가뭄과 흉년이 든 해를 만나면 수라*⁴⁷를 올릴 제 보리

---

*46 命婦. 대부의 아내.
*47 임금님 진지.

밥과 들나물을 마련했는가 물으시었다. 상감께서 주린 백성 먹일 일들을 말씀하시자, 황후가 이르시기를

"제가 듣건대, 큰물과 가뭄이 어느 때고 없을 때가 없다고 하오니, 주린 백성 먹일 대책을 미리 마련하여 대비함만 같지 못합니다. 마침내 불행히도 아홉 해 동안 큰물과 일곱 해나 가뭄이 든다면 장차 어떤 방법으로 주린 백성을 먹여 구하시렵니까?"

하시매, 상감께서는 깊이 옳게 여기셨다.

전에 상감을 위해 아뢰기를

"은혜를 베풂에는 널리 두루 펴고자 하나, 차등이 있으니, 여러 사람에게 나날이 주기는 진실로 어렵습니다. 백관(百官)의 집이 서울에 있는 이들은 고향의 멀고 가까움이 같지 않으며, 그 집안의 가난함과 넉넉함이 또한 다릅니다. 봉록*48에는 한정이 있으니 어쩌다 주지 아니하면 가난이 반드시 심할 것이고 더위와 비와 몹시 추운 때를 만나면 안타까운 한숨이 나올까 걱정되옵니다."

상감께서 그 뜻에 감동하시어, 사람을 보내어 형편을 물어 주시곤 하였다.

근신*49과 모든 공사(公事)를 여쭙는 관원이 조회를 마치고 전정*50에서 모이어 밥을 먹거늘, 황후가 내관*51에게 그 음식을 가져오게 하여 친히 맛보시니 맛이 사나워 좋지 아니하거늘, 상감께 여쭈시되

"조정(朝廷)이 하늘의 녹(祿)으로써 천하의 어진 사람을 기르는 것이므로, 그러기에 자기 스스로에 대한 봉양을 박하게 하고자 하시

---

*48 俸祿. 공무원의 봉급.
*49 近臣. 임금을 가까이 모신 신하.
*50 殿庭. 대궐의 뜰.
*51 內官, 내시 또는 여관.

고 어진 이를 대접하기는 넉넉히 하고자 하십니다. 그런데 이제 음식을 맡은 사람이 그 아랫사람을 가르치지 못하여, 오직 상감께 올리는 것만이 달며 맛있고, 여러 신하들의 음식은 다 그 제 맛을 얻지 못하였으니, 어찌 폐하께서 어진 이를 대접하시는 뜻입니까?"

하자, 상감께서 이르시기를

"음식에 대한 일은 내가 마음을 쓰지 않아 여러 신하들이 다 달고 맛난 것을 먹으리라 여기었더니, 어찌 맡은 사람이 제 마음대로 후박*52을 달리할 줄을 생각하였으리오. 여러 신하들이 말하고자 하여도, 또 입 밖으로 내기를 어렵게 여기었을 것을 알겠도다. 이 일이 비록 아주 적으나 그 관계됨이 크니, 황후가 오늘날 말씀하지 아니하셨더라면 내 어찌 이러함을 알았으리오."

하시고 빨리 광록경*53인 서흥조(徐興祖)들을 부르시어 아주 잘못되었다 하시니, 그들이 다 부끄럽게 여겨 사죄하였다.

상감께서 언젠가 대학(大學)에 거동하시어 선사(先師) 공자(孔子)를 제사지내고 돌아오시거늘, 황후가 듣잡고 물으시기를

"대학생이 얼마나 되옵니까?"

상감께서 이르시기를

"수천 명이옵니다."

또 물으시기를

"다 집이 있습디까?"

이르시기를

"거의 다 있습니다."

황후가 사뢰기를

---

*52 厚薄. 여기서는 맛있고 없음.
*53 光祿卿·光祿寺卿. 궁중에서 음식을 맡아 다스리는 벼슬 이름. 광록시경 1인, 소경 2인이 술과 음식을 맡아 봄.

"천하를 잘 다스릴 사람은 어진 인재를 으뜸으로 삼습니다. 이제 인재가 많으니, 매우 기쁩니다. 다만 생원(生員)은 대학에서 먹고 마시되 처자는 우러러 고할 데 없으니, 저 생원이 어찌 마음에 걸린 데가 없겠습니까?"

상감께서 바로 명하시어, 다달이 양식을 주어 그 집 살림을 넉넉하게 하도록 통상적인 법을 삼으셨다.

예전에 상감께 사뢰기를

"일의 옳고 그름은 임금 마음의 그릇됨과 바름에 근원하고, 천하가 편안하고 위태로움은 백성의 마음이 서럽고 즐거워함에 있습니다."

또 사뢰기를

"법을 자주 고치면 반드시 폐단이 생기고, 법 자체가 폐단이 있으면 간사(姦邪)가 생기고, 백성을 자주 어지럽히면 반드시 곤궁해지고, 백성이 곤궁해지면 난리가 납니다."

상감께서는 왕후가 하는 말들을 모두 여사(女史)에게 명하여 쓰라고 하셨다.

황후가 병이 드셨거늘 상감께서 잠자기와 음식 드시기를 편안히 못 하시어 여러 신하에게 말씀하시자, 여러 신하들이

"산천(山川)에 기도하고 이름난 의사를 두루 구하시옵소서."

청하거늘, 황후가 들으시고 상감께 사뢰기를

"제가 평생에 병이 없더니 이제 하루 아침에 병듦이 이와 같으매, 내 일어나지 못할까 여기옵나이다. 죽고 사는 것은 명이 있으니, 빌고 의원이 온들 어찌 보탬이 되리이까."

하였다. 병이 위독해지자 상감께서 물으시기를

"그대가 죽은 뒤 부탁할 일이 있나이까?"

황후가 사뢰기를

"폐하께서 저와 더불어 벼슬 하나 없는 몸으로 일어나시어, 오늘날에 폐하께서 만백성의 임금이 되시고 제가 또한 만백성의 어미가 되었으니, 높고 영화롭기 지극한데 더 무엇을 말씀하오리까? 오직 천지(天地)와 조상을 고맙게 여겨, 아무런 벼슬도 없던 시절을 잊지 마실 것 그것뿐입니다."

상감께서 다시 물으시니, 황후가 사뢰시되

"폐하께서 반드시 어진 이를 구하시며, 간(諫)하는 말을 들으시며, 정사(政事)를 밝게 하시어 태평성대를 이루시며, 모든 아들을 가르치시어 덕(德)에 나아가며 업(業)을 닦게 하셔야 합니다."

상감께서 이르시기를

"내 벌써 알았소이다. 그러나 늙은 몸이 어찌 내 마음같이 하겠소?"

황후가 또 아뢰시기를

"죽거나 사는 것은 하늘의 명이니, 원컨대 폐하께서 나중 끝마치심을 처음같이 하시어 자손이 다 어질며, 벼슬한 이와 백성들이 저마다 제 자리를 얻게 하신다면, 제가 비록 죽더라도 산 것과 같을 것입니다."

하시고, 그만 돌아가셨다.

나이 쉰하나이시니 홍무(洪武) 임술(壬戌·서기 1382)년 팔월 병술(丙戌) 날이다.

상감께서 슬피 우시고, 죽을 때까지 다시 황후를 세우지 않으시었다. 상감께서 전에 조회를 마치시거늘 내관(內官)과 여사(女史)가 서로 나아와 이 말씀*54을 여쭙기 마지 아니하자, 상감께서 슬퍼하시어 반기지 않으시며

"황후가 살았더라면 내 어찌 이런 어지러운 말을 들었으리오."

---

*54 황후 다시 세울 일.

하셨다.

　황후가 살아 있었을 때는 내정*55으로 상감을 애쓰시게 아니하여, 상감께서는 조용하며 몹시 편안하시던 까닭으로, 더욱 서러워함을 견디지 못하시었다.

　大明太祖孝慈昭憲至仁文德承天順聖高皇后馬氏, 其先自宋太保默, 家于宿州閔子鄉新豊里, 世豪里中. 父馬公, 性剛直, 愛人喜施, 賙人之急, 如將不及. 母鄭氏, 早卒, 后幼. 父素與定遠人郭子興爲刎頸之交, 遂以后託其家. 父卒, 子興育后, 同己女. 后自少, 貞靜端一, 孝敬慈惠. 聰明出人意表, 尤好詩書. 旣笄, 嬪于太祖高皇帝. 誠敬感孚, 內外咸譽之. 值歲大歉, 后從帝在軍. 嘗自忍飢, 懷糗餌脯脩, 供帝未嘗乏絕. 造次顚沛, 恪遵婦道. 帝每有識記書札, 輒命后藏之. 倉卒取視, 后即於囊中, 出而進之, 未嘗脫誤. 帝焚香祝天, 願天命早有所付, 毋苦天下生民. 后謂帝曰: 方今豪傑並爭, 雖未知天命所歸. 以妾觀之, 惟以不殺人爲本. 顚者扶之, 危者救之, 收集人心. 人心所歸即天命所在. 彼縱殺掠, 以失人心. 天之所惡, 雖其身亦難保也. 帝曰: 爾言深合我意. 明日冒雨歸, 語后曰: 昨聞爾言, 往來方寸閒, 不能忘. 有一卒違令, 忽與婦人俱, 詰之, 不能隱, 吐實云: 掠得之. 我告之曰: 今日用兵, 所以禁亂. 若寡人之妻, 孤人之子, 適以生亂. 不即舍之, 吾必戮爾. 此卒感悟, 遂即舍之. 由爾之言也. 后曰: 用心如此, 何憂人心之不歸乎. 后初, 未有子, 撫育帝兄子文正, 姊子李文忠, 及沐英等數人, 愛如己出. 後太子諸王生, 恩無替焉. 帝帥師渡江, 后亦率諸將士妻妾, 纖至太平. 及居建康時, 吳漢接境, 戰無虛日. 親率妾媵, 完緝衣鞵, 助給將士, 夜分不寐. 時時左右帝規畫, 動合事機. 洪武元年春正月, 帝即位, 冊爲皇后, 因謂侍

---

*55 內政. 안살림.

臣曰: 昔漢光武, 勞馮異曰: 倉卒蕪蔞亭豆粥 · 滹沱河麥飯, 厚意久不報. 君臣之間, 始終保全. 朕念皇后, 起布衣, 同甘苦, 嘗從朕在軍. 倉卒自忍飢餓, 懷糗餌食朕. 比之豆粥麥飯, 其困尤甚. 昔唐太宗長孫皇后, 當隱太子構隙之際, 內能盡孝, 謹承諸妃, 消釋嫌猜. 朕數爲郭氏所疑, 朕徑情不恤. 將士或以服用爲獻, 后先獻郭氏, 慰悅其意. 及欲危朕, 后輒爲緘縢, 卒免於患. 殆又難於長孫皇后者. 朕或因服御, 詰怒小過, 輒謂朕曰: 主忘昔日之貧賤耶. 朕復惕然. 家之良妻, 猶國之良相, 豈忍忘之. 罷朝因以語后, 后曰: 妾聞夫婦相保易, 君臣相保難. 陛下旣不忘妾於貧賤, 願無忘群臣百姓於艱難. 且妾安敢比長孫皇后賢. 但願陛下以堯舜爲法耳. 后旣正位中宮, 益自勤勵. 督宮妾, 治女工, 夙興夜寐, 無時豫怠. 勸帝親賢務學, 隨事幾諫. 講求古訓, 諭告六宮, 孜孜不倦. 一日, 集女史清江范孺人等, 問曰: 自漢唐以來, 何后最賢. 家法何代最正. 對曰: 惟趙宋諸后多賢, 家法最正. 后於是命女史, 錄其家法賢行, 每令誦而聽之, 曰: 不徒爲吾今日法, 子孫 · 帝王 · 后妃 · 皆當省覽. 此可以爲萬世法也. 或曰: 宋朝, 過於仁厚. 后曰: 過於仁厚, 不猶愈於刻薄乎. 吾子孫, 苟能以仁厚爲本, 至於三代不難矣. 仁厚雖過, 何害於人之國哉. 帝嘗謂后曰: 君者, 百責所萃. 一夫不得其所, 君之責也. 后卽起拜曰: 妾聞, 古人有云: 一夫失所, 時予之辜. 一民饑, 曰: 我饑之. 一民寒, 曰: 我寒之. 今陛下之言, 卽古人之心, 致謹於聖心, 加惠於窮民, 天下受其福, 妾亦與有榮焉. 又嘗從容告帝, 曰: 人主雖有明聖之資, 不能獨理天下. 必擇賢以圖治. 然世代愈降, 人無全材. 陛下於人材, 固能各隨其短長而用之. 然尤宜赦小過, 以全其人. 帝喜, 稱善. 一日聞得元府庫, 輸其貨寶至京師. 問帝曰: 得元府庫何物. 帝曰: 寶貨耳. 后曰: 元氏有此寶, 何以不能守而失之. 蓋貨財非可寶, 抑帝王自有寶也. 帝曰: 皇后之意, 朕知之矣. 但謂以得賢爲寶耳. 后卽

拜謝曰: 誠如聖言. 妾每見人家, 産業厚則驕至, 時命順則逸生. 家
國不同, 其理無二. 人之常情, 所當深戒. 妾與陛下同處窮約, 今富
貴至此, 恒恐驕縱生於奢侈, 危亡起於忽微. 故世傳, 技巧爲喪國斧
斤, 珠玉爲蕩心鴆毒. 誠哉是言. 但得覽才, 朝夕啓沃, 共保天下, 即
大寶也. 顯名萬世, 即大寶也. 而豈在於物乎. 帝曰: 善. 嘗侍坐乾清
宮, 語及窮約時事. 帝曰: 吾與爾跋涉艱難, 備嘗辛苦. 今日化家爲
國, 無心所得. 上感天地之德, 祖宗之恩. 然亦爾內助之功也. 后曰:
陛下一念救民之心, 格于皇天, 天命眷之, 祖宗祐之. 妾何力之有.
但願陛下, 不忘於窮約之時, 而警戒於治安之日. 妾亦不忘相從於
患難, 而謹飭於朝夕. 則天地祖宗, 非惟庇祐於今日, 將爲子孫無窮
之福耳. 帝凡御膳, 后必躬自省視. 宮人請曰: 宮中人衆, 無煩聖體.
后曰: 吾固知宮中有人, 但婦之事夫, 不可不謹. 膳羞上進, 不可不
蠲潔. 脱有不至, 汝輩受責, 吾心豈安. 吾所以爲此者, 一以敬上而
不敢忽. 一以保汝輩, 免於責也. 豈爲無人耶. 宮人聞之, 莫不感悅.
后聞女史論西漢竇太后好黃老, 顧而問曰: 黃老何如. 女史答曰: 清
淨無爲爲本. 若絕仁棄義, 民復孝慈, 是也. 后曰: 不然. 孝慈即仁義
事也. 詎有絕仁義而爲孝慈哉. 仁義乃爲治之本, 乃曰絕之棄之, 非
理也. 后令誦小學書, 注意聽之. 既而, 奏曰: 小學書, 言易曉, 事易
行. 於人道, 無所不備. 眞聖人之敎法, 盖表章之. 帝曰: 然, 吾已令
親王·駙馬·大學生·咸講讀之矣. 后嘗聞元世祖后, 煮故弓絃事.
亦命取練之, 織爲衾裯, 以惠孤老. 每製衣裳餘帛, 緝爲巾裯. 曰: 身
處富貴, 當爲天地惜物. 暴殄天物, 古人深戒也. 織工治絲, 有荒類
棄遺者, 亦俾緝而織之. 以賜諸王妃·公主, 謂曰: 生長富貴, 當知
蠶桑之不易. 此雖荒類棄遺, 在民間猶爲難得. 故織以示汝, 不可不
知也. 平居服澣濯之衣, 不喜侈麗. 衾裯雖弊, 不忍易. 有言於后曰:
享天下至貴至富, 何庸惜此. 后曰: 吾聞古之后妃皆以富而能儉, 貴

而能勤, 見稱於載籍. 蓋奢侈之心易萌, 崇高之位難處. 不可忘者勤儉, 不可恃者富貴也. 勤儉之心一移, 禍福之應響至. 每念及此, 自不敢有忽易之心耳. 宮人有過, 帝怒之. 后亦怒, 命左右, 執付宮正司議罪. 帝怒解, 問后曰: 爾不自責罰, 付之宮正司, 何也. 后曰: 妾聞賞罰惟公, 足以服人. 故不以喜而加賞, 不以怒而加刑. 喜怒之際, 而行賞罰, 必有偏重, 人議其私. 付之宮正司, 則當斟酌其輕重矣. 治天下者, 亦豈能人人自賞罰哉. 有司者論之耳. 帝曰: 爾亦怒之, 何也. 后曰: 當陛下怒時, 遽自罰之, 非惟宮人得重責, 陛下亦損中和之氣. 故妾之怒者, 所以解陛下之怒也. 帝喜. 后以不逮事舅姑爲恨. 見帝追慕悲傷, 亦爲之流涕. 晨夕褘翟從帝, 拜謁奉先殿. 每當祭, 躬治膳羞, 務盡誠敬. 接妃嬪以下有恩. 被寵顧有子者, 待之加厚. 語諸王妃 · 公主曰: 無功受福, 造物所惡, 吾與若屬, 被金繡美飲食, 終日無所爲, 當勤女工, 以報造物者. 太子 · 諸王, 雖愛之甚篤, 勉令務學, 諄切懇至. 嘗曰: 汝父尊臨萬國, 身致大平, 亦由學以聚之. 爾小子當思繼繼繩繩, 以不辱所生. 又曰: 吾聞女史言: 鄧禹爲將, 不妄殺人故, 其女爲后. 吾家世忠厚, 至吾父, 雖無禹之功, 然平生急於義. 今日爲后, 非偶然也. 汝輩異日有人民社稷之寄, 尤必積累忠厚, 乃可長世. 切不可自恃而不務德, 謂事有偶然也. 汝切識之. 諸王或以衣服 · 器皿相尚者, 后曰: 唐堯虞舜, 茅茨土階. 夏禹文王, 惡衣卑服. 汝父儉朴, 尤惡奢麗, 日夜憂勤, 以治天下. 汝輩無功, 錦衣玉食, 猶欲以服御相加. 何志氣不同如是乎. 惟當親師取友, 講論聖賢之學, 開明心志, 自無此氣習也. 后慈以接下, 親戚勳舊之家, 無不得其懽心. 命婦入朝, 不以尊貴臨之, 延接如家人禮. 遇水旱歲凶, 進食必間設麥飯野蔬. 帝因告以賑恤之事, 后曰: 妾聞, 水旱無時無之. 賑恤之有方, 不如畜積之先備. 卒不幸, 有九年之水, 七年之旱, 將何法以賑之. 帝深以爲然. 嘗爲帝言: 施恩欲溥徧, 然亦有等差. 衆庶日給, 固有艱難. 百官家在京者, 其鄕里遠近不同. 家貧富亦異, 而俸入有限. 慮或不給, 艱難必甚, 遇暑雨祁塞, 輒形於嗟嘆. 帝感其意, 每遣存問, 周給之. 近臣及諸奏事官朝罷, 會食庭中. 后命中官取其飮食, 親嘗之, 滋味凉薄不旨, 奏帝曰: 朝廷用天祿, 以養天下之賢. 故自奉欲其薄, 養賢欲其豊. 今之典大烹者, 不能輯其下人, 惟奉上者甘旨, 群臣飮食皆不得其味, 豈陛下養賢之意乎. 上曰: 飮食之事, 朕不經心, 將謂群臣皆得甘旨, 豈意所司自分厚薄. 想群臣欲言, 又難於啓齒. 事雖甚微, 所係亦大. 皇后今日不言, 朕豈知其如此. 亟召光祿卿徐興祖等, 切責之. 興祖等皆慚服. 帝嘗臨大學, 祀先師孔子, 還. 后問曰: 大學生幾何, 帝曰: 數千. 又問: 悉有家乎. 曰: 亦多有之. 后曰: 善理天下者, 以賢才爲本. 今人才衆多, 深足爲喜. 但生員廩食於大學, 而妻子無所仰給. 彼寧無所累於心乎. 帝卽命月賜糧給其家, 以爲常. 嘗謂帝曰: 事幾得失, 本君心之邪正. 天下安危, 係民情之苦樂. 又曰: 法屢更, 必弊, 法弊則姦生. 民數擾, 必困, 民困則亂生. 帝皆命女史書之. 后得疾, 帝寢食不安, 以語群臣. 群臣請禱祀山川, 徧求名醫. 后聞, 謂帝曰: 妾平生無疾. 今一旦得疾如此. 自度不能起. 死生有命, 禱祀求醫, 何益之有. 及疾亟, 帝問曰: 爾有身後之屬乎. 后曰: 陛下與妾起布衣, 今日陛下爲億兆主, 妾爲億兆母, 尊榮至矣, 尙何言. 惟感天地祖宗, 無忘布衣而已. 帝復問之. 后曰: 陛下當求賢納諫, 明政敎, 以致雍熙. 敎育諸子, 使進德修業. 帝曰: 吾已知之, 但老身何以爲懷. 后復曰: 死生命也, 願陛下愼終如始, 使子孫皆賢, 臣民得所. 妾雖死如生也. 遂崩. 年五十一. 洪武壬戌八月丙戌也. 帝慟哭, 終身不復立后. 帝嘗罷朝, 內臣女史更進, 奏事不已. 帝悽然不懌曰: 皇后在, 吾豈有此煩聒哉. 后在時, 內政一不以煩帝, 帝從容甚適, 故不勝哀悼焉.

숙류녀*56는 제(齊)나라 동곽(東郭) 땅의 뽕따는 아가씨로서, 민왕(閔王)의 황후이다. 목에 큰 혹이 있는 까닭으로 이름을 숙류라 하였다.

　처음에 민왕(閔王)이 거동하여 동곽 땅에 가시니, 백성이 다 구경하되 이 큰혹부리아가씨만은 뽕따기를 여전히 하거늘, 왕이 괴상하게 여기시어 불러서 물으시기를

　"내 거동함에 수레와 말이 몹시 많기에 아이·어른 없이 백성들이 다 일을 팽개치고 와서 구경하는데, 너는 길가에서 뽕을 따되 한 번도 돌아보지 아니함은 어째서인가?"

하니, 여쭙기를

　"제가 부모의 명령을 받들어 뽕을 따되, 대왕을 바라보라는 말씀은 듣지 아니하였나이다."

　왕이 이르시기를

　"야릇한 아가씨로구나. 아깝구나(큰 혹이 있음이여)!"

　숙류녀가 사뢰기를

　"저의 맡은 바는 맡기면 두 마음을 아니 먹으며 주면 잊지 아니하옴이니, 속마음이 어떤가 할 뿐이언정 큰 혹이 무엇이 상관있겠습니까?"

　왕이 매우 기뻐 이르기를

　"어진 아가씨로다."

하고는 뒷수레에 명하시어

　"태워라."

하시니, 큰혹부리아가씨가 사뢰기를

　"부모가 안에 계신데, 부모의 명령을 듣지도 않고 대왕을 따른다면 대왕 덕분에 제가 중매도 없이 시집간 여자가 되겠으니, 대왕께서

─────────────
*56 宿瘤女. 큰혹부리아가씨란 뜻.

는 이런 여자를 무엇에 쓰시겠습니까?"

왕이 크게 부끄럽게 여겨 이르시기를

"내 잘못 하였노라."

하니, 또 사뢰기를

"곧은 여자는 한 가지라도 예도(禮度)에 벗어나면, 비록 죽더라도 따르지 않는 법입니다."

그제야 왕이 그녀를 보내시고, 사람을 시켜 돈 일백 일*57을 더하여 주고서 맞아오게 하니, 부모가 놀라고 두려워 목욕시키고 머리 감겨 옷을 더 입히려 하였더니, 아가씨가 말하기를

"그렇게 하여 왕을 뵈오면 모양이 다르며, 옷을 갈아입으면 알아보지 못하시리니, 바라옵건대 그렇게 해서라면 저는 죽어도 가지 아니하겠습니다."

그래서 그 전과 같이 하고 심부름 온 사람을 따라갔다.

민왕이 돌아가 모든 부인들을 보고 말하기를,

"오늘 내가 놀이를 나갔다가 한 거룩한 아가씨를 얻었는데 이제 올 테니, 너희들은 내어쫓으리라."

모든 부인들이 다 이상하게 여겨 옷을 잘 차리고 서서 그녀가 오기를 기다리고 있었다. 그러자 큰혹부리아가씨가 그 부인들을 보고 놀라거늘, 궁중에 있는 모든 부인이 다 입을 가리고 낄낄 웃어 왕을 모신 사람들이 체모를 잃고 웃느라 스스로 그치지를 못하거늘, 왕은 몹시 부끄럽게 여기어 이르시되

"웃지 말라. 꾸미지 아니했을 따름이라. 꾸미며 안 꾸밈이 진실로 그 차이는 십 보와 백 보의 차이니라."

그러자 혹부리아가씨가 이르기를

"꾸밈과 안 꾸밈은 서로 차이나는 것이 천(千)과 만(萬)이라 하여

---

*57 鎰. 1일은 스물넉 량.

도 오히려 족히 표현하지 못하리니, 어찌 다만 열과 백과의 차이일 뿐이겠습니까?"

왕이 이르시기를

"무슨 말인고?"

하시니, 그녀가 여쭙기를

"사람의 본성은 서로 가깝지만, 습관들이는 것은 서로 차이가 멉니다. 옛날 요·순(堯·舜)과 걸·주(桀·紂)는 다 똑같은 천자(天子)였습니다. 요와 순은 몸소 인의(仁義)로 자신을 꾸미시어, 비록 천자가 되신 뒤에도 검박함을 편안케 여기시어, 지붕을 띠로 이으시고도 끝을 가지런히 다듬지 않으시며, 가람나무 서까래를 깎지 아니하시고, 후궁(後宮)의 옷은 두 가지 빛을 못 입게 하시니, 이제 수천 년에 이르도록 다 어질다 하옵나이다.

걸과 주는 몸소 인의로 자신을 꾸미지 아니하고 오히려 자질구레한 꾸밈을 배워 익혀, 높은 누대와 깊은 연못을 만들며, 후궁은 깁과 고운 명주를 밟고 다니며, 주옥(珠玉)을 가지고 놀게 하고도 마음에 만족스럽게 여기지 않았기 때문에 몸이 죽고 나라가 망하여 천하에 웃음거리가 되었으니, 천여 년이 지난 지금도 천하가 악하다 하니, 이로 보건대 꾸미고 아니 꾸밈이 서로 차이가 천과 만과라도 오히려 넉넉히 표현치 못할 것이니, 어찌 다만 열과 백뿐이겠습니까?"

그제야 모든 부인들이 다 몹시 부끄럽게 여겼다. 민왕이 큰혹부리 아가씨에게 몹시 감동되어 황후로 삼고, 법령을 내시어 집을 나직이 하시며, 연못을 메우시고, 반찬을 더시며, 음악을 줄이게 하고, 후궁이 두 빛 옷을 못 입게 하시니, 한 해 만에 교화가 이웃나라에까지 퍼지어 제후들이 와서 조회를 바쳤으며, 이에 삼진*58을 치고 진(秦)·

---

*58 三晉. 진나라를 셋으로 나누어 위(魏)·조(趙)와 한(韓)나라를 만들었기 때문에 삼진이라 이름.

초(楚)를 겁내게 하시어, 한 번에 황제의 이름을 세우시니, 민왕이 이에 이르심은 큰혹부리아가씨의 공이시다.

큰혹부리아가씨가 죽은 뒤에 연(燕)나라가 제(齊)나라를 쳐 민왕이 도망하시니, 신하에게 죽임(弑害)을 당하였다.

군자가 이르기를 큰혹부리아가씨가 통달(通達)하시고 예(禮)가 있으니, 모시(毛詩)에 이르기를

"성(盛)한 쑥이여　　　　　　菁菁者莪
저 두덩 가운데 있도다　　　在彼中阿
이미 군자를 보니　　　　　既見君子
즐겁고도 위의 있도다"　　樂且有儀

하니, 이를 말함이로다.

宿瘤女者, 齊東郭採桑之女, 閔王之后也. 項有大瘤, 故號曰宿瘤. 初, 閔王出遊, 至東郭. 百姓盡觀, 宿瘤採桑如故. 王恠之. 召問曰: 寡人出遊, 車騎甚衆, 百姓無少長, 皆棄事來觀. 汝採桑道傍, 曾不一視, 何也. 對曰: 妾受父母教, 採桑. 不受教觀大王. 王曰: 此奇女也. 惜哉, 宿瘤. 女曰: 婢妾之職, 展之不二, 予之不忘. 中心謂何, 宿瘤何傷. 王大悅之, 曰: 此賢女也. 命後乘載之. 女曰: 賴大王之力, 父母在內, 使妾不受父母之教而隨大王, 是奔女也. 大王又安用之. 王大慙曰: 寡人失之. 又曰: 貞女一禮不備, 雖死不從. 於是, 王遣歸. 使使者, 加金百鎰, 往聘迎之. 父母驚惶, 欲洗沐加衣裳. 女曰: 如是見王則變容更服, 不見識也. 請死不往. 於是, 如故隨使者. 閔王歸, 見諸夫人告曰: 今日出遊, 得一聖女. 今至, 斥汝屬矣. 諸夫人皆怪之, 盛服而衛, 遲其至也. 宿瘤駭. 宮中諸夫人, 皆掩口而笑. 左右失貌, 不能自止. 王大慙曰: 且無笑, 不飾耳. 夫飾與不飾, 固相去十百也. 女曰: 夫飾, 相去千萬, 尚不足言. 何獨十百也. 王曰: 何以言之.

對曰: 性相近也, 習相遠也. 昔者, 堯舜桀紂俱天子也. 堯舜, 自飾以
仁義. 雖爲天子, 安於節儉. 茅茨不剪, 采椽不斲, 後宮衣不重采, 食
不重味. 至今數千歲, 天下歸善焉. 桀紂, 不自飾以仁義. 習爲苛文,
造爲高臺深池. 後宮蹈綺縠, 弄珠玉, 意非有饜時也. 身死國亡, 爲
天下笑. 至今千餘歲, 天下歸惡焉. 由是觀之. 飾與不飾, 相去千萬,
尚不足言. 何獨十百也. 於是, 諸夫人皆大慙. 閔王大感瘤女, 以爲
后. 出令, 卑宮室, 塡池澤, 損膳, 減樂, 後宮不得重采. 期月之閒, 化
行鄰國, 諸侯朝之. 侵三晉, 懼秦楚, 一立帝號. 閔王至於此也, 宿瘤
女有力焉. 及女死之後, 燕遂屠齊, 閔王逃亡, 而弑死於外. 君子謂
宿瘤女通而有禮. 詩云: 菁菁者莪, 在彼中阿. 旣見君子, 樂且有儀.
此之謂也.

한(漢)나라 포선(鮑宣)의 아내 환씨(桓氏)의 자*[59]는 소군(少君)이었
다. 포선이 일찍이 소군의 아버지에게 글을 배웠는데, 환씨의 아비는
그가 청렴하고 괴로움을 견디어 냄을 기이하게 여겼기 때문에 딸을
그와 결혼시켰다.

혼수(婚需)와 재물(財物)이 매우 많았는데, 포선이 기뻐하지 아니
하며 아내에게 이르기를

"소군은 넉넉한 집안에서 태어나 아름답게 꾸미는 것을 몸에 익혔
거늘, 나는 정말 가난하고 벼슬도 못하여 예의에 당치 못하오."

아내가 이르기를

"제 아버님께서 당신이 덕을 닦으며 깜냥을 지키기 때문에 천한
저로 하여금 (수건과 빗을 받들어) 당신을 모시게 하셨으니, 이미 군
자를 뫼신 이상 저는 다만 명령을 따르겠나이다."

포선이 웃으며 이르기를

---

*59 字. 자는 덕을 표하는 이름.

"능히 이와 같다면 이는 내 뜻이라."

하거늘, 아내를 따라온 사람과 옷이며 장식품들을 다 돌려 보내고, 다시 짧은 베치마를 입고 포선과 같이 작은 수레를 끌고 고향에 가서 시어머니에게 절을 마치고, 항아리를 들고 나가 물을 길어 아내의 도를 닦으니, 고을과 나라에서 모두들 칭찬하였다.

漢鮑宣妻桓氏, 字少君. 宣嘗就少君父學. 父奇其淸苦, 故以女妻之. 裝送資賄甚盛, 宣不悅, 謂妻曰: 少君生富驕, 習美飾. 而吾實貧賤, 不敢當禮. 妻曰: 大人以先生脩德守約, 故使賤妾侍巾櫛. 旣奉承君子, 唯命是從. 宣咲曰: 能如是, 是吾志也. 妻乃悉歸侍御服飾, 更著短布裳. 與宣共挽鹿車, 歸鄕里. 拜姑禮畢, 提甕出汲, 脩行婦道, 鄕邦稱之.

내훈 권 제3

제5, 어머니의 본보기

모의장母儀章

〈내칙(內則)〉에 이르기를,

자식을 낳으면 유모 등을 집안의 여러 여자와 마땅한 사람 중에서 선택하되, 반드시 마음씨가 너그럽고 조용하며 인자하고 은혜로우며 온화하고 어질며 온순·공손하고 조심하며, 말이 적은 사람을 구하여 자식이 본받게 해야 한다.

자식이 능히 밥을 먹게 되면 가르치기를 오른손으로 먹게 하며, 능히 말을 하거든 남자는 "네"[*1] 하고, 여자는 "네에"[*2] 하고 공손하게 대답하는 것을 가르치며, 남자의 띠는 가죽이고 여자의 띠는 실 띠인 것을 알게 한다.

여섯 살이면, 숫자와 동서남북 방위 이름을 가르쳐야 한다. 일곱 살이면 남자와 여자가 같은 자리에 앉지 말며, 밥을 같이 먹지 말아야 한다. 여덟 살이거든 문 밖을 들고 날 때나 자리에 앉아 음식을 먹을 때 반드시 어른의 뒤에 하여 비로소 양보하는 법을 가르쳐야 한다. 여자는 열 살이거든 밖에 나가지 아니하며, 스승의 가르침을 순하게 들어 따라 하며, 삼과 모시를 잡고, 실과 고치를 만지며(治) 베짜며 다회(띠)를 짜 아낙네의 일을 배워 옷을 지어야 한다. 제사를 지내는 것을 보고, 술과 수정과와 대그릇·나무그릇과 김치와 젓갈을

---

*1 유(唯). 네 하고 이내 공손히 응답함.
*2 유(兪). 네 하되 응답함이 조용함이다.

들여놓으며, 예로써 제사 받드는 것을 도와야 한다.

열다섯이거든 비녀를 꽂으며, 스물이거든 혼인을 해야 하나, 무슨 연고가 있으면 스물셋에 혼인해야 한다. 예를 갖추어(聘) 혼인하면 정식으로 아내가 되고, 중매 없이 바람나면(奔) 작은 마누라가 된다.

內則曰: 凡生子, 擇於諸母與可者, 必求其寬裕慈惠, 溫良恭敬, 慎而寡言者, 使爲子師. 子能食食, 敎以右手. 能言, 男唯女兪. 男鞶革, 女鞶絲. 六年, 敎之數與方名. 七年, 男女不同席, 不共食. 八年, 出入門戶, 及卽席飮食, 必後長者, 始敎之讓. 十年, 不出, 姆敎婉娩聽從. 執麻枲, 治絲繭, 織紝組紃, 學女事以共衣服. 觀於祭祀, 納酒漿籩豆菹醢, 禮相助奠. 十有五年而笄, 二十而嫁, 有故, 二十三年而嫁. 聘則爲妻, 奔則爲妾.

사마온공(司馬溫公)이 이르기를

"여자가 여섯 살이 되면 처음으로 여자가 하는 일의 작은 것을 배우고 일곱 살에는 《효경(孝經)》과 《논어(論語)》를 외우고, 아홉 살에 《논어》와 《효경》과 《여계(女戒)》 따위의 글월을 새겨 강론하여 대충 큰 뜻을 알게 하여야 하니, 요즘 사람이 혹시 여자에게 노래와 시(詩)를 짓게 하며, 세상의 속된 음악에 손대기를 가르치는데, 자못 마땅한 일이 아니다."

司馬溫公曰: 女子六歲, 始習女工之小者. 七歲, 誦孝經論語. 九歲, 講解論語孝經及女戒之類, 略曉大意. 今人或敎女子以作歌詩, 執俗樂, 殊非所宜也.

"아들과 며느리가 공경하지 아니하며 효도하지 않더라도 서둘러

〈사임당 신씨부인도〉 이용우. 1938. 이화여자대학교박물관

미워하지 말고, 우선 가르쳐 보아라. 가르치지 못할 지경이 된 후에야 성내고, 성내지도 못할 지경이 된 뒤에야 매로 쳐야만 하니, 자주 매로 쳐도 내내 고치지 아니하거든 아들을 내어쫓고 며느리도 내어쫓아야 한다. 그러나 또 그 허물을 명백히 말하지는 말아야 한다."

凡子婦未敬未孝, 不可遽有憎疾. 姑敎之, 若不可敎, 然後怒之. 若不可怒, 然後笞之. 屢笞而終不改, 子放婦出. 然亦不明言其犯禮也.

《방씨여교(方氏女敎)》에 이르기를,
자식을 기르되 수고하며 부지런히 하여 성공하기를 바람은, 먼저 조상을 이으며 가문(家門)을 이으며, 죽은 이를 장사 지내며 산 이를 이바지하여, 그 맡은 바가 지극히 중하고 맡은 일이 쉽지 아니해서이니, 어쩌다 가르치지 아니한다면, 어떻게 타락하는 것을 피할 수 있겠는가.

넉넉한 사람이 금(金)을 산같이 쌓았다가 하루 아침에 패망하는 것은 마치 손바닥 뒤집는 것과 같음을 내가 보았으며, 또 이름난 사람도 공덕이 빛나다가 하루 아침에 무너져 남의 비웃음을 산 것을 보았다. 부모가 처음 경영할 때는 낮이며 밤이며 겨를이 없이 하여 자식을 위한 까닭으로 생각이 깊었으며 그 생각(分別)함이 오래더니, 어찌 오늘날에 생각이 이에 이를 줄 알았으리오. 황천(黃泉)에서 안다면 두 눈물이 물이 되리라. 이것은 다른 탓이 아니라 사랑함에 근원한 것이다. 사랑함만 있고 가르침이 없으면 자라서 곧 어질지 못하니, 제 뜻만 받아 주지 말고, 조금만 방종하거든 즉시 조심케 하며, 저의 못됨을 두둔하지 말아, 한번 그런 짓을 저지르더라도 반드시 때려야 한다.

아이의 허물 있음은 다 어미의 탓이니, 그 허물을 그대로 길러 자라게 되면 비록 뉘우치더라도 그때 가서는 이미 늦으니라, 자식의 어리석고 못난 것은 진실로 어미에게 달렸으니, 어미여! 어미여! 조금이라도 그 허물을 눈감고 모르는 척하지 말아야 한다.

方氏女教云: 育子辛勤, 欲望其成, 嗣先續門, 送死養生. 其任至重, 負荷不易, 若非教之, 寧免隕墜. 我見富人, 積金如山, 一旦敗之, 若反掌閒. 又見名流, 功德晃耀, 一旦壞之, 胎人訕誚. 厥初經營, 晝夜弗遑, 凡爲子故, 謀深慮長, 豈知今日, 遽至於此. 黃泉有知, 雙淚傾水. 此盖無他, 愛爲之根. 有愛無教, 長遂不仁. 毋徇其意, 稍縱輒束. 毋護其惡, 一起輒撲. 嬰孩有過, 皆母養之. 養之至成, 雖悔已遲.

子之不肖, 實係於母. 母哉母哉, 敢辭厥咎.

　주(周)나라 태임(太任)은 문왕(文王)의 어머님이시며, 지(摯)나라 임씨(任氏)의 가운데 따님이다. 왕계(王季)가 왕비(王妃)로 삼으시니, 태임(太任)은 본성이 단정하시며 한결같으며 성실하시며 엄하시어 오직 덕(德)을 행하시었다. 임신을 하게 되자 눈으로는 궂은 짓(모습)을 보지 아니하시며, 귀로는 음란한 소리를 듣지 아니하시며, 입에 오만한 말씀을 내지 아니하시고 문왕을 낳으시니, 총명하시며 통달(通達)하시어, 태임(太任)이 가르치시되 한 가지를 가르치시면 백 가지 일을 아시니, 군자가 이르기를 '태임이 능히 배에서 가르치〔태교. 胎敎〕셨다.' 하였다.

　옛날에는 아낙네가 임신을 하면 눕되 비뚤게 눕지 않으며, 앉되 모퉁이에 앉지 않으며, 서되 한 발을 치우치게 하지 않으며, 비위를 상할 만한 것을 먹지 아니하며, 벤 것이 반듯하지 않으면 먹지 아니하며, 깐 자리가 바르지 않아도 앉지 않으며, 눈에 잡된 모습을 보지 아니하며, 귀에 음란한 소리를 듣지 아니하며, 밤이면 소경을 시켜 모시(毛詩)를 외우게 하며 바른 일을 이르게 하였는데, 이같이 하면 낳은 자식이 생김새가 단정하여 재주와 덕(德)이 반드시 남보다 뛰어났다.

　이러기 때문에 자식을 가졌을 때 반드시 마음에 전해지는 바를 조심해야만 한다. 어진 일에 감동되면 어질고, 모진 일에 마음이 움직이면 그릇된 자식을 낳게 된다. 사람이 태어날 때 만물과 같음이 다 그 어미가 만물에 감응된 까닭으로 얼굴과 목소리가 같아지는 것이니, 문왕의 어머님은 가히 어미와 같아짐을 알았다고 할 만하다.

周太任者, 文王之母, 摯任氏中女也, 王季娶爲妃. 太任之性, 端一
誠莊, 惟德之行. 及其有娠, 目不視惡色, 耳不聽淫聲, 口不出敖言,
生文王而明聖, 太任敎之以一而識百. 君子謂太任爲能胎敎. 古者,
婦人妊子, 寢不側, 坐不邊, 立不蹕, 不食邪味. 割不正不食. 席不正
不坐. 目不視邪色, 耳不聽淫聲, 夜則令瞽誦詩道正事. 如此則生子,
形容端正, 才德必過人矣. 故妊之時, 必愼所感. 感於善則善, 感於
惡則惡. 人生而肖萬物者, 皆其母感於物, 故形音肖之. 文王母可謂
知肖化矣.

주(周)나라 태사(太姒)는 무왕(武王)의 어머님이시며, 하우(夏禹)의
후예 신사씨(莘姒氏)의 따님이셨다.

인자하시고 도(道)가 밝으시어 문왕(文王)이 아름답게 여기시어 몸
소 위수(渭水)에 가서 맞으실 때, 배를 이어 다리를 만드시었다. 대궐
에 들어오심에 이르러서는 태사가 태강(太姜)과 태임(太任)께 사랑을
받으시며, 아침 저녁으로 부지런히 힘쓰시어 며느리의 도[婦道]를 다
하시었다.

태사의 이름이 '문모(文母)'이시니, 문왕(文王)은 밖을 다스리시고
문모는 안을 다스리셨다. 태사가 열 아들을 낳으시니 맏아들은 백
읍(伯邑) 고(考)요, 다음은 무왕(武王) 발(發)이요, 그 다음은 주공(周
公) 단(旦)이요, 다음은 관숙(管叔) 선(鮮)이요, 다음은 채숙(蔡叔) 도
(度)요, 다음은 조숙(曹叔) 진탁(振鐸)이요, 다음은 곽숙(霍叔) 무(武)
요, 다음은 성숙(成叔) 처(處)요, 다음은 강숙(康叔) 봉(封)이요, 다음
은 담계(聃季) 재(載)니, 태사가 열 아들을 가르치시기를 어린 때로
부터 자람에 이르도록 조금도 그릇되고 치우친 일을 보이지 않으시
었다.

周太姒者, 武王之母, 禹後有莘姒氏之女. 仁而明道, 文王嘉之,
親迎于渭, 造舟爲梁. 及入, 太姒恩媚太姜·太任, 旦夕勤勞, 以進
婦道. 太姒號曰文母. 文王治外, 文母治內. 太姒生十男. 長, 伯邑考.
次, 武王發. 次, 周公旦. 次, 管叔鮮. 次, 蔡叔度. 次, 曹叔振鐸. 次,
霍叔武. 次, 成叔處. 次, 康叔封. 次, 聃季載. 太姒敎誨十子, 自少及
長, 未嘗見邪僻之事.

맹가*³의 어머님이 그 집이 무덤에 가까워서, 맹자가 어렸을 적에
놀음놀이(장난)를 무덤 사이의 일을 하여, 발을 구르고 땅을 치며
통곡하고 달구질하여 파묻는 시늉을 하시므로, 맹자 어머니가 이르
시기를
"여기는 아들을 기를 만한 곳이 아니로구나."
하시고 그곳에서 옮겨 저잣거리에 가 집을 잡으시고 살았다. 그랬더
니 그 놀음놀이가 시장에서 물건을 흥정하고 파는 시늉을 하시매,
맹자 어머니가 이르시기를
"여기도 아들을 기를 만한 곳이 아니로구나."
하시고 곧 옮겨 학교 근처에 가 집을 정하시거늘, 이번에는 그 놀음
놀이가 제기(祭器)를 벌이고 절하고 사양하며 나아가고 물러나시매,
맹자 어머니 이르시기를
"여기야말로 정말 아들을 기를 만한 곳이로구나."
하시고, 그곳에서 계속 사시었다.
　맹자가 어렸을 적에 물으시기를
"동녘 집에서 돼지를 잡음은 무엇하려 함입니까?"
하니, 어머니가 이르시되
"너를 먹이려고 한다."

---

*3 孟軻. 맹자. 가(軻)는 맹자의 이름.

하고는, 뉘우치고 다시 이르시기를

"옛날에는 아기를 가져서도 가르침(胎敎)이 있었거늘, 이제 알고 있는데도 속이면 이는 미덥지 못함을 가르치는 것이라."

하시고, 돼지고기를 사다가 먹이셨다. 그 아들이 다 자라 학문에 나아가 마침내 큰 선비가 되시었다.

孟軻之母, 其舍近墓. 孟子之少也, 嬉戲爲墓間之事, 踊躍築埋. 孟母曰: 此非所以居子也. 乃去, 舍市. 其嬉戲, 爲賈衒. 孟母曰: 此非所以居子也. 乃徙, 舍學宮之旁. 其嬉戲, 乃設俎豆, 揖壤進退. 孟母曰: 此眞可以居子矣. 遂居之. 孟子幼時, 問東家殺猪何爲. 母曰: 欲啖汝. 旣而悔曰: 吾聞古有胎敎. 今適有知而欺之, 是敎之不信. 乃買猪肉以食之. 旣長就學, 逐成大儒.

여형공*⁴의 이름은 희철(希哲)이요 자(字)는 원명(原明)으로서, 신국(申國) 정헌공(正獻公)의 맏아들이다. 정헌공이 집안에서 대범하고 진중하며 말이 없어서 일을 가지고 마음에 두지 아니하며, 신국 부인(申國夫人)의 본성이 엄하고 법도가 있어서 비록 공을 사랑하면서도 공을 가르치기를 일마다 모두 법도를 따라 행하게 하였다. 겨우 열 살이 되었을 무렵, 심한 추위와 더위와 비가 내리는 중에도 부모를 뫼시고 서 있기를 해가 다 가도록 하되, 앉으라 말하지 아니하면 잠시도 앉지 아니하였다.

날마다 반드시 갓 쓰고 띠 두르고서야 어른을 뵈오며, 비록 몹시 더웁더라도 부모와 어른의 곁에 있을 때는 두건(頭巾)과 버선과 행전*⁵을 벗지 아니하여 옷입기를 조심하였다.

---

*4 呂滎公. 송나라 사람.
*5 行纏. 바지나 고의를 입을 때, 정강이에 꿰어 무릎 아래에 매는 것.

거리를 걷거나 나가고 들어갈 때도 차 파는 데〔다방〕와 술 파는 데에 들어가지 아니하며, 저자〔市場〕와 동네의 말과, 정(鄭)나라·위(衛)나라의 음악을 잠시라도 귀에 스치게도 하지 않으며, 바르지 않은 글과 예의 아닌 모습은 잠깐도 보려고 아니하더라.

정헌공이 영주(潁州)의 통판*⁶이었을 때 구양공*⁷이 마침 지주사*⁸이어서, 초 선생(焦先生) 천지*⁹ 백강(伯强)이 문충공*¹⁰의 댁에 손님〔客〕이 되어 갔었는데, 그 인품이 엄하며 질기고 꿋꿋하며 방정(方正)하기 때문에 정헌공이 불러 맞아다가 여러 아들을 가르치게 하였다.

여러 학생들이 조금이라도 허물이 있으면, 초 선생은 단정히 앉아 불러 서로 마주앉아서는 하루 해가 다 가고 저녁이 다하도록 말을 아니하였다. 여러 학생들이 겁이 나서 항복한 뒤에야 선생은 다소 말씀과 낯빛을 눅이시었다.

그때 공(公)의 나이가 겨우 열댓 살이었는데, 안으로는 정헌공과 신국 부인의 교훈이 이렇듯이 엄하고 밖으로는 초 선생(焦先生)의 교화와 지도가 이렇듯 도타웠기 때문에, 공의 덕행과 재능이 이루어져 뭇사람과 크게 달랐다. 공이 전에 이르기를, 인생에서는 안으로 어진 아비와 형이 없고, 밖으로 엄한 스승과 벗이 없으면 능히 성공할 사람이 적다 하였다.

呂滎公名希哲, 字原明, 申國正獻公之長子. 正獻公居家, 簡重寡

*6 通判. 송나라 때의 벼슬 이름. 한 주의 정사를 감독하는 벼슬.
*7 歐陽公. 송나라 때 사람으로 이름은 수(修). 학문이 깊고 시문을 잘해 당송 팔대가의 한 사람으로 꼽힘.
*8 知州事. 주의 지사 벼슬.
*9 千之. 구양 수의 문하로 성은 초, 자는 백강(伯强). 성품이 강직하고 방정했음.
*10 文忠公. 구양 수의 시호.

默, 不以事物經心. 而申國夫人性嚴有法, 雖甚愛公, 然敎公事事循
蹈規矩. 甫十歲, 祁寒暑雨, 侍立終日, 不命之坐, 不敢坐也. 日必冠
帶, 以見長者. 平居, 雖甚熱, 在父母長者之側, 不得去巾襪縛袴, 衣
服唯謹. 行步出入, 無得入茶肆酒肆. 市井里巷之語, 鄭衛之音, 未
嘗一經於耳. 不正之書, 非禮之色, 未嘗一接於目. 正獻公通判潁州,
歐陽公適知州事, 焦先生千之伯强, 客文忠公所, 嚴毅方正. 正獻公
招延之, 使敎諸子. 諸生小有過差, 先生端坐, 召與相對, 終日竟夕,
不與之語. 諸生恐懼畏伏, 先生方略降辭色. 時, 公方十餘歲, 內則
正獻公與申國夫人敎訓, 如此之嚴, 外則焦先生化導, 如此之篤. 故
公德器成就, 大異衆人. 公嘗言: 人生內無賢父兄, 外無嚴師友, 而
能有成者, 少矣.

　제(齊)나라 의로운 계모는 제(齊)나라에 살았던 두 아들의 어머니
였다. 선왕(宣王) 시절에 어떤 사람이 길에서 싸우다 죽었다. 두 아들
이 그 곁에 서 있는데, 아전이 묻자 형이 이르기를

　"내가 죽였소."

했다. 아우가 이르기를

　"형이 아니라 바로 내가 죽였소."

하여, 한 해가 다 되도록 판결이 나지 않아 왕에게 여쭈니, 왕이 이
르기를

　"그 어미에게 물어 보렴. 능히 자식의 어질고 모짊을 알 것이니, 그
죽이고 살리고 싶은 바를 들어 보라."

하였다. 그 어미가 울다 여쭙기를

　"작은 애를 죽이십시오."

하니, 또 묻기를

　"대개 막내는 사람이 귀여워하는 바이어늘, 이제 죽이려 함은 무

〈초충도(草蟲圖)〉 수박과 들쥐 신사임당(8폭 병풍). 조선 전기

슨 까닭인가?”

그 어미가 여쭙기를

“막내는 제 자식이고 맏이는 전처의 소생이니, 그 아비가 병들어 죽어 갈 때에 저에게 부탁하기를 ‘잘 길러 보라.’ 하거늘, 제가 ‘네.’ 하였습니다. 이제 이미 남의 부탁을 받고, 남에게 승낙하고 어찌 가히 남의 부탁을 저버려 그 승낙을 미덥지 않게 하겠습니까?

또 형을 죽이고 아우를 살린다면 이는 내가 낳은 아들만 사랑함으로써 공변된 의(義)를 버림이요, 언약을 배반하며 신의를 저버리는 것이니, 이는 죽은 남편을 속이는 것입니다. 언약을 기약대로 못하며, 이미 승낙한 일을 분명히 아니하면 어찌 세상에서 살겠습니까? 아들의 처지가 비록 서럽지만, 유독 자신의 행적이라고 하니 자신의 그 행적을 어찌하겠습니까?"

하고 울어 옷깃이 젖거늘, 왕은 그 의(義)를 아름답게 여기며 그 행적을 높이 여기시어 다 용서해 주고, 그 어미를 높이어 의로운 어미(義母)라 하시었다.

齊義繼母者, 齊二子之母也. 當宣王時, 有人鬪死於道者, 二子立其傍, 吏問之, 兄曰: 我殺之. 弟曰: 非兄也, 乃我殺之. 期年, 不能決, 言之於王. 王曰: 試問其母, 能知子善惡, 聽其所欲殺活者. 其母泣而對曰: 殺少者. 又問: 夫少子者, 人之所愛也. 今欲殺之, 何也. 其母對曰: 少者, 妾之子也. 長者, 前妻之子也. 其父疾且死之時, 屬之於妾曰: 善養視之. 妾曰: 諾. 今旣受人之託, 許人以諾, 豈可忘人之託, 而不信其諾邪. 且殺兄活弟, 是以私愛廢公義也. 背言忘信, 是欺死者也. 夫言不約束, 已諾不分, 何以居於世哉. 子雖痛乎, 獨謂行何. 泣下沾襟. 王美其義, 高其行, 皆赦, 而尊其母, 號曰義母.

위(魏)나라 망씨(芒氏)의 자모*11는 위나라 맹양씨(孟陽氏)의 딸로서 망묘(芒卯)의 후처(後妻)였는데, 세 아들을 두었다. 전처의 아들이 다섯이 있으되 다 새어미를 사랑치 아니하였다. 그래도 자모(慈母)는 대접을 각별히 하건만 여전히 사랑하지 아니하였다. 자모는 자기의 세 아들에게는 전처의 아들과 같은 옷이며 음식을 못하게 하였

---

*11 慈母. 착한 어머니.

는 데도 오히려 사랑하지 아니하였다.

그때 전처의 가운데아들이 위왕(魏王)의 법을 어기어 사형(死刑)의 언도를 받았거늘, 자모는 걱정하며 슬퍼하여 허리띠 한 자가 줄었는 데도 숨가쁘게 다니며 그 죄를 구하려 들었다. 남들이 자모(慈母)에게 이르기를

"아들은 어미를 사랑치 아니함이 지극히 심하거늘, 무엇 때문에 부지런히 애쓰며 걱정하여 두려워하는 것인가?"

하였다.

자모가 이르기를

"어쩌다 내 친자식이 비록 나를 사랑치 아니하여도 오히려 그 화를 두려워하여 그 해를 없게 해야 하거늘, 특히 배다른 자식에게 아니하면 어찌 여느 어미와 다르리오.

제 아비가 그들의 어미가 없음으로 나를 계모로 삼았고 계모는 친어미 같으니, 남의 어미가 되어서 능히 그 자식을 사랑치 아니하면 가히 자*¹²라 이를 것인가? 친자식을 친애하고, 배다른 자식을 편벽되이 대한다면 가히 의(義)라 이를 것인가? 자애롭지 아니하고 의리 없으면 어떻게 세상에 떳떳하겠는가?

저희가 비록 사랑치 아니하나 나는 어찌 가히 의리를 잊겠습니까?"

하고 곧 진정(陳情)하니, 위나라 안리왕(安釐王)이 들으시고 그 의를 높이 여겨 이르시기를

"자모(慈母)가 이와 같으니 그 아들을 용서하지 않을 수 있겠는가?"

하시며 그 아들을 용서하시고, 그 집을 복호*¹³하시거늘, 이로부터

---

*12 慈. 사랑하다.

*13 復戶. 세금 면제.

다섯 아들이 자모를 친히 하며 화합하여 어울림이 하나 같거늘, 자모 예의로써 여덟 아들을 가르쳐 다 위나라에 대부(大夫) 경사(卿士)되어 저마다 예의로 성공하게 되었다.

魏芒慈母者, 魏孟陽氏之女, 芒卯之後妻也. 有三子, 前妻之子有五人, 皆不愛. 慈母遇之甚異, 猶不愛. 慈母乃令三子, 不得與前妻子齊衣服飮食, 猶不愛. 於是, 前妻中子犯魏王令, 當死. 慈母憂戚悲哀, 帶圍減尺, 朝夕勤勞, 以救其罪. 人有謂慈母曰: 人不愛母至甚也, 何爲勤勞憂懼如此. 慈母曰: 如妾親子, 雖不愛妾, 猶懼其禍而除其害. 獨於假子而不爲, 何以異於凡母. 其父爲其孤也, 而使妾爲其繼母. 繼母者, 如母也. 爲人母而不能愛其子, 可謂慈乎. 親其親而偏其假, 可謂義乎. 不慈且無義, 何以立於世. 彼雖不愛, 妾安可以忘義乎. 遂訟之. 魏安釐王聞之, 高其義曰: 慈母如此, 可不赦其子乎. 乃赦其子, 復其家. 自此, 五子親附慈母, 雍雍若一. 慈母以禮義之漸, 率導八子, 咸爲魏大夫卿士, 各成於禮義.

제(齊)나라 정승 전직자(田稷子)가 아랫사람의 돈 일백 일(鎰)을 받아 어미에게 드리니, 어미가 이르기를
"아들이 정승 된 지 삼 년이로되 녹*14이 이처럼 많지 못하였는데, 어찌 사대부(士大夫)에게 준 것이겠는가? 어디서 이것을 얻었는가?"
하니, 여쭙기를
"진실로 아랫사람에게 받았습니다."
어머니가 말씀하기를
"내 들으니, 선비란 몸을 닦으며 몸가짐을 깨끗이 하여 구차하게 얻지 아니하며, 진정을 다하여 거짓일을 아니하며 의(義) 아닌 일을

---

*14 祿. 봉급.

마음에 생각지 아니하며, 도리에 어긋난 이(利)를 집안에 들이지 아니해야 한다. 이제 임금이 벼슬을 만드시어 너를 대접하시며 넉넉한 녹을 너에게 주시거니, 반드시 힘을 다하며 네 능력을 극진히 하여 충성되고 곧으며, 신의가 있어 속이지 아니하며, 청렴하며 깨끗하며 공정(公正)함으로써 임금의 은혜에 보답해야만 할 터이다. 그런데 이제 네가 이를 어겼으니, 남의 신하되어 충성스럽고 곧지 아니함은 바로 사람의 자식이 되어 효도를 아니함이다. 의(義) 아닌 재보(財寶)는 내 것이 아니며, 효도를 아니하는 아들은 내 아들이 아니니, 이 놈 일어나 나가거라."

하거늘, 전직자는 부끄럽게 여겨 그 돈을 도로 보내고 선왕(宣王)께 자기 죄를 사뢰고

"죽여 주소서."

청하니, 왕이 그 어미의 의를 특별히 칭찬하시며 전직자의 죄를 용서하시어 도로 재상을 삼으시고, 나랏돈〔公金〕으로 그 어미에게 상 주시었다.

齊相田稷子, 受下吏之貨金百鎰, 以遺其母. 母曰: 子爲相三年矣. 祿, 未嘗多若此也. 豈脩士大夫之費哉. 安所得此. 對曰: 誠受之于下. 其母曰: 吾聞, 士脩身潔行, 不爲苟得. 竭情盡實, 不爲詐僞. 非義之事, 不計於心. 非理之利, 不入於家. 今君設官以待子, 厚祿以奉子. 當以盡力竭能, 忠信不欺, 廉潔公正, 報其君也. 今子反是. 夫爲人臣不忠, 是爲人子不孝也. 不義之財, 非吾有也. 不孝之子, 非吾子也. 子起. 田稷子慙而出, 反其金, 自歸罪於宣王, 請就誅焉. 王大賞其母之義, 遂舍稷子之罪, 復其相位. 而以公金賜母.

당(唐)나라 최현위(崔玄暐)의 어머니 노씨(盧氏)가 전에 현위를 경

계하여 말하기를

"내 사촌형인 둔전낭중*15 신현어(辛玄馭)를 만났는데, 이르기를

'자식이 벼슬아치 노릇을 하는 데 대하여 남이 와서 말하기를, '가
난하여 못살더라' 하면 이는 좋은 소식이거니와, 어쩌다가 '재물이
많으며 옷과 말이 화려하더라' 들려주면 이는 궂은 소식이라.'

하였다. 나는 그것을 틀림없는 이론이라 여긴다.

요즈음 보니, 친가(親家)나 성(姓)이 다른 친척 중에 벼슬아치 노
릇하는 이가 재물을 갖다가 부모에게 바쳤는데, 그 부모는 오직 기
뻐하고 내내 그것이 어디서 났느냐고 묻지 아니하였다 한다. 그것이
반드시 녹봉에서 남은 것이라면 참 좋은 일이거니와, 어쩌다 그릇된
일로 얻은 것이라면 도둑과 무엇이 다르겠는가?

비록 큰 허물이 없다 한들 혼자 속으로 마음에 부끄럽지 아니하
겠는가?"

하니, 현위가 경계를 잘 받들어 청렴하고 조심함으로 칭찬을 받게
되었다.

　　唐崔玄暐母盧氏, 嘗戒玄暐曰: 吾見姨兄屯田郎中辛玄馭曰: 兒
子從官者, 有人來云: 貧乏不能存. 此是好消息. 若問貲貨充足, 衣
馬輕肥, 此惡消息. 吾常以爲確論. 比見親表中仕宦者, 將錢物上其
父母, 父母但知喜悅, 竟不問此物從何來. 必是祿俸餘資, 誠亦善事.
如其非理所得, 此與盜賊何別. 縱無大咎, 獨不內愧於心. 玄暐遵奉
敎戒, 以淸謹見稱.

　　이천*16 선생의 어머님 후 부인(候夫人)은 인자하고 마음이 너그럽

*15 屯田郎中. 둔전과 관전을 맡아보던 벼슬 이름.
*16 伊川. 송나라 때의 학자 정이(程頤).

고 후덕하여, 여러 첩의 자식들을 덮두들기며 귀여워하되 내가 낳은 자식과 달리하지 않았다. 아재비(叔)와 어린 아주미(幼姑)를 부인이 간수하되 내 자식과 똑같이 하며, 집안을 다스림이 법도가 있어서 엄하게 아니하여도 제대로 다스려지며, 종들을 때리기를 즐기지 아니하고 어린 종들을 자식같이 하며, 자식들이 혹시 꾸짖으면 반드시 경계하여 이르기를

"귀천(貴賤)이 비록 다르지만 사람은 모두 한 가지니, 네 이만한 때에 능히 이 일을 하였느냐 못 하였느냐?"

하였다.

선공*17이 화내시면 반드시 당신(남편)을 위하여 눅이어 두시되, 다만 자식들이 허물이 있으면 그치지 아니하여 늘 이르기를

"자식의 잘못된 바는, 어미가 그 허물을 가리워 아비가 알지 못하는 탓이다."

하곤 하였다.

부인의 아들 여섯 가운데 산 이가 둘이니, 그 사랑하며 귀여워함이 가히 지극하다 말할 만해도, 가르치는 일에는 조금도 게을리하지 아니하였다.

겨우 두어 살에 거닐다가 혹시 넘어지면 집안사람이 달려가 안아 들어 놀라 울까봐 두려워하는데, 부인이 꾸짖기를

"네가 가만가만 살살 다니면 어찌 넘어지겠느냐?"

하였다.

음식을 먹을 때는 늘 앉은 자리 곁에 두고서, 밥먹을 때 국에 간을 맞추면 꾸짖어 말리며, 이르기를

"어려서 하고 싶은 것을 마음대로 맞추려고 하면 자라서는 어떠하겠느냐?"

---

*17 先公. 돌아가신 아버지, 여기서는 이천 선생의 아버지.

하였다.

비록 부리는 사람이라도 모진 말로 꾸짖지 못하게 하였기 때문에, 이*18 형제가 평생에 음식이나 옷을 가리지 아니하며 모진 말로 남을 꾸짖지 못함은, 본성이 그런 것이 아니라 어머니에게 그렇게 가르침을 받았기 때문이다.

남과 다투어 성을 내면, 비록 옳아도 옳다고 두둔하지 아니하고, 이르기를

"자기를 굽힐 줄 모름을 걱정할지언정 이기지 못함을 걱정치 마라."

하였다.

좀 자라나서는 어진 스승과 벗을 따라 노닐게 하고, 비록 가난하나 손님을 청하고자 하면 기꺼이 먹을 것을 마련하여 대접하였다.

伊川先生母侯夫人, 仁恕寬厚. 撫愛諸庶, 不異己出. 從叔幼姑, 夫人存視, 常均己子. 治家有法, 不嚴而整. 不喜笞朴奴婢, 視小藏獲如兒女. 諸子或加呵責, 必戒之曰: 貴賤雖殊, 人則一也. 汝如是大時, 能爲此事否. 先公凡有所怒, 必爲之寬解. 唯諸兒有過則不掩也. 常曰: 子之所以不肖者, 由母蔽其過, 而父不知也. 夫人男子六人, 所存惟二, 其愛慈可謂至矣. 然於敎之之道, 不少假也. 纔數歲, 行而或踣, 家人走前扶抱, 恐其驚啼. 夫人未嘗不呵責曰: 汝若安徐, 寧至踣乎. 飮食, 常置之坐側, 常食絮羹, 卽叱止之, 曰: 幼求稱欲, 長當何如. 雖使令輩, 不得以惡言罵之. 故, 頤兄弟平生, 於飮食衣服, 無所擇, 不能惡言罵人 非性然也. 敎之使然也. 與人爭忿, 雖直不右, 曰: 患其不能屈, 不患其不能伸. 及稍長, 使從善師友游, 雖居貧, 或欲延客, 則喜而爲之具.

---

*18 頤. 정이, 이천 선생 이름.

이의자*¹⁹는 주애(珠崖) 땅 원님의 후처(後妻)와 전처(前妻)의 딸이니, 딸의 이름은 초*²⁰요, 나이는 열세 살이었다. 주애(珠崖) 땅에는 구슬이 흔해서 계모가 큰 구슬을 꿰어 팔에 매었었는데, 그 원님이 죽어 장사를 지내게 되었다.

법(法)에 구슬을 가지고 관*²¹에 들어가는 사람은 사형이었기에, 계모가 팔에 매었던 구슬을 버렸더니, 나이 아홉 살 된 아들이 그 것을 곱게 여겨 몰래 주워다가 어미 거울집에 넣어두었는데, 모두들 모르고 있었다.

장사 지내러 가느라 관에 이르렀다. 관후*²²와 아전이 뒤져서 구슬 열 개를 계모의 거울집에서 찾아내고는, 다음과 같이 말하는 것이었다.

"슬프다. 이 법을 어겼으니 어찌할 방법이 없으니, 누가 벌을 받겠는가?"

딸이 곁에 있다가, 혹시나 어미가 잊고 거울집에 넣은 것은 아닌가 하여 두려워하며 말하기를

"제가 반드시 벌 받겠습니다."

아전이 이르기를

"그렇게 함이 좋겠소?"

하니, 여쭙기를

"아버지가 불행히 돌아가셨기에 부인이 팔에 매었던 것을 끌러서 버리셨는데, 내 마음에 아깝게 여겨 몰래 주워다가 부인의 거울집에 넣었으니 부인은 알지 못하십니다."

---

*19 二義者. 의로운 두 사람.
*20 初. 갓난이란 뜻.
*21 關. 검문소.
*22 關候. 검문하는 사람.

하였다.

　계모가 듣고 빨리 가 초(初)에게 물으니, 초가 말하기를

　"부인이 버리신 구슬을 내가 도로 주워 부인의 거울집에 넣었으니, 내가 반드시 벌 받겠습니다."

하자, 어미 생각에 또 초(初)가 정말 그랬으리라 하여 불쌍히 여겨 아전에게 말하기를

　"바라건대, 어린아이 짓을 고문하지 마소서. 아이는 정말로 모르니, 이 구슬은 내 팔에 매였던 것인데 남편이 죽음에 내가 끌러 거울집에 넣고는 장사 지내기 바빠 길은 멀고 어린아이를 데리고 오느라 문득 잊었으니, 내가 반드시 벌 받겠습니다."

하니, 초(初)가 한사코 말하기를

　"정말 내가 하였습니다."

하였다. 계모가 또 이르기를

　"딸이 오직 사양할 뿐이지, 실로 내가 넣었습니다."

하고 울어 그치지 못했다. 이에 딸이 또 이르기를

　"부인은 나의 어버이 없음을 가엾이 여기시어 굳이 나를 살리고자 하실 뿐이지, 정말 모르십니다."

하고 초도 울어 눈물이 턱을 타고 흘러내렸다. 그러자 장사 지내는 것을 배웅할 사람들도 다 울어 서러워하거늘, 곁에 있는 사람이 코가 시큰해져서 눈물을 흘리지 아니한 이가 없었다. 아전은 붓을 잡아 다짐*23을 쓰되 한 자도 쓰지 못하고, 관후가 저물도록 울어 판결하지 못하며 이르기를

　"어미와 딸과 의(義) 있음이 이와 같으니 내 차라리 벌받을지언정 차마 글을 쓰지 못하리로다. 또 서로 사양하니 누가 옳은지를 어찌 알 것인가."

---

*23 관청에서 받던 공서(供書).

하고 구슬을 버리고 보내니, 그들이 간 후에야 아들이 저 혼자 감춘 것을 알았다.

二義者, 珠崖令之後妻及前妻之女也. 女名初, 年十三. 珠崖多珠, 繼母連大珠, 以爲繁臂. 及令死, 當送喪. 法, 內珠入於關者死. 繼母棄其繁臂珠. 其子男, 年九歲. 好而取之, 置之母鏡奩中, 皆莫之知. 遂奉喪歸, 至海關. 關侯士吏搜索, 得珠十枚於繼母鏡奩中. 吏曰: 嘻. 此値法, 無可奈何. 誰當坐. 女初在左右, 顧心恐母忘置鏡奩中. 乃曰: 初當坐之. 吏曰: 其狀如何. 對曰: 君不幸, 夫人解繁臂棄之. 初心惜之, 取而置夫人鏡奩中. 夫人不知也. 繼母聞之, 遽疾行問初, 初曰: 夫人所棄珠, 初復取之置夫人奩中. 初當坐之. 母意亦以初爲實然, 憐之, 乃因謂吏曰: 願且待, 幸無劾兒. 兒誠不知也. 此珠, 妾之繁臂也. 君不幸, 妾解去之而置奩中. 迫奉喪, 道遠, 與弱小俱, 忽然忘之. 妾當坐之. 初固曰: 實初取之. 繼母又曰: 兒但讓耳. 實妾取之. 因涕泣不能自禁. 女亦曰: 夫人哀初之孤, 欲强活孤耳. 夫人實不知也. 又因哭泣, 泣下交頤. 送葬者, 盡哭哀慟, 傍人莫不爲酸鼻揮涕. 關吏執筆書劾, 不能就一字. 關侯, 垂泣終日, 不能決. 乃曰: 母子有義如此, 吾寧坐之, 不忍加文. 且又相讓, 安知孰是. 遂棄珠而遣之. 旣去後, 乃知男獨取之也.

제6, 서로 화목하게 지냄
돈목장敦睦章

《여교(女敎)》에 이르기를

맏며느리〔姒〕와 작은며느리〔娣〕는 형제와 같으니 정이 두터워야 하고 남처럼 여겨서는 안 된다.

더러 어진 이를 만나면 감동하여 사랑하여 힘써 어진 일을 같이 하여 더불어 늙기를 기약하기도 하고, 더러 모질고 사나운 사람을 만나면 망녕된 생각만 서로 더하게 되고, 오직 자기의 잘못만을 알아야 하니, 어느 겨를에 남을 구제하겠는가?

두 억셈이 함께 싸우면 반드시 하나가 꺾이게 되니, 대응하기를 부드럽게 해야 자기의 어짐을 완전히 할 수 있다. 그러므로 내 오직 온순 공손하게 행동하고 성내어 오만하게 구는 것을 그럴 만하게 여기며, 내가 오직 먼저 베풀고 그 갚음을 구하지 말아야 하니, 조그마한 이(利) 끝을 다투어 지극히 가까운 사이를 어긋나게는 하지 말아야 한다. 지극히 가까운 사이는 얻기 어려우니 이(利)를 어찌 족히 이르리오.

목숨이 짧을지 길지를 미리 거슬러 헤아릴 수 없으니, 힘으로 빼앗아 둔들 뒤에 누가 이을 줄 알리오? 두루 모여 백 년이 잠깐 사이에 지나가나니, 장점(長點)을 다투고 단점(短點)을 겨루어 본들 무엇을 하겠는가?

女敎云: 唯姒娣如弟共昆, 情義之篤, 難侔他人. 或逢淑賢, 感慕與起, 竭力爲善, 期與之齒. 或遇兇頑, 妄意相加, 但知自責, 違恓乎他. 兩剛共鬪, 必有一折, 應之以柔, 庶全其缺. 我唯執恭, 任其狠傲. 我唯先施, 不責其報. 毋競小利, 以乖至親. 至親難得, 利何足云. 或夭或壽, 不可逆計. 力奪而有, 後知誰繼. 共聚百年, 頃刻卽過. 爭長競短, 欲如之何.

증자(曾子)가 말씀하시기를

"친척이 좋아하지 않거든 잠깐이라도 밖의 사람과 사귀지 말며, 가까운 이와 친하지 못하였거든 잠깐이라도 먼 곳 사람을 구하지 말며, 작은 일을 살피지 못하였거든 잠깐이라도 큰 일을 말하지 말아야 한다.

그러므로 사람의 삶이 백 년 동안에 병도 있고 늙을 때 어릴 때도 있으니, 군자는 가히 다시 못할 것을 생각하여 먼저 행하는 것이다. 친척이 이미 죽고 없으면 비록 효도하고자 한들 누구에게 효도하며, 나이가 이미 늙고 나면 비록 우애하고자 한들 누구와 우애를 나눌 것인가. 이런 고로 효도하고자 하여도 못 미침이 있으며, 우애롭고자 하여도 뜻밖에 못 할 때가 있다 함은 이를 두고 한 말일 것이다!"

曾子曰: 親戚不說, 不敢外交. 近者不親, 不敢求遠. 小者不審, 不敢言大. 故, 人之生也, 百歲之中, 有疾病焉, 有老幼焉. 故, 君子思其不可復者而先施焉. 親戚旣沒, 雖欲孝, 誰爲孝. 年旣耆艾, 雖欲悌, 誰爲悌. 故, 孝有不及, 悌有不時. 其此之謂歟

유개*¹ 중도(仲塗)가 말하기를

"아버님이 집안을 다스리시되 효도하며 또 엄하게 하시더니, 초하루와 보름에 아우와 며느리들이 대청 아래서 절을 한 뒤 곧 손을 위로 들고 얼굴을 숙여 우리 아버님 훈계를 들었는데, 아버님의 말씀은 다음과 같았다.

'사람들 집에 형제 우애가 없지 않은 이 없건만은, 모두 다 며느리 얻어 집안에 들어옴으로 나날이 다른 성(姓)이 서로 모여 장단점을 다투고 서로 헐뜯음이 나날이 들려 자기 몫의 살림만을 유달리 생각하게 된다. 마침내 배반하고 거슬림에 이르러, 한데 살지 않고 네 집 내 집을 갈라 분가(分家)하여 미워하기를 도둑이나 원수같이 하니, 이는 다 너희 부인들이 저지른 일이니라.

남자 속[마음]이 굳어 몇 사람이나 능히 아내의 말에 혹하지 아니하겠는가? 내가 본 것이 많은데 너희들은 어찌 이런 일이 있겠는가?' 하셨으므로 모두들 물러나와 두려워서 조금도 불효한 일을 입 밖에 내지 아니하니, 우리들은 이에 힘입어(이 덕에) 능히 집을 온전하게 잘 보존할 수 있었노라."

柳開仲塗曰: 皇考治家, 孝且嚴. 旦望, 弟婦等拜堂下畢. 卽上手伍面聽我皇考訓誡. 曰: 人家兄弟無不義者. 盡因娶婦入門, 異姓相聚, 爭長競短, 漸漬日聞, 偏愛私藏, 以致背戾, 分門割戶, 患若賊讎, 皆汝婦人所作. 男子剛腸者幾人, 能不爲婦人言所惑. 吾見多矣. 若等寧有是耶. 退則惴惴, 不敢出一語爲不孝事. 開輩抵此賴之, 得全其家云.

사마온공(司馬溫公)은 그 형 백강(伯康)과 우애가 두터우며, 백강

*1 柳開. 송나라 때의 문인· 학자로 자는 중도.

〈다림질〉 혜원 신윤복. 조선 후기

의 나이가 여든이 되니 공(公)이 받들기를 아버님같이 하고, 안보(安
保)하기를 어린아이 보살피듯 하여, 늘 밥먹고 조금 있다가 묻기를
"시장하지 않으세요?"
하고, 날씨가 좀 차면 곧 그 등을 만지면서 말하기를
"옷이 얇지 않으세요?"
하더라.

司馬溫公, 與其兄伯康友愛尤篤. 伯康年將八十. 公奉之如嚴父,
保之如嬰兒. 每食少頃, 則問曰: 得無饑乎. 天少冷, 則附其背曰: 衣
得無薄乎.

당(唐)나라 영공(英公) 이적(李勣)은 귀하기 이를 데 없는 복야*²가

---

*2 상서좌복야(尙書左僕射)라는 벼슬을 받았음.

되었으되, 그 누이가 앓으면 반드시 그를 위해 몸소 죽을 쑤는데 그만 불이 수염에 붙었다. 누이가 이르기를

"종이 많은데 어찌 스스로 수고하느라 이러하느냐?"

이적은 다음과 같이 말했다.

"어찌 사람이 없다하겠습니까? 돌이켜보건대, 이제 누이도 나이 들어 늙고 저 또한 늙었으니, 비록 자주 누이를 위하여 죽을 쑤고자 한들 또 가히 그럴 수 있겠습니까?"

하였다.

唐英公李勣, 貴爲僕射. 其姊病, 必親爲然火煮粥. 火焚其鬚. 姊曰: 僕妾多矣. 何爲自苦如此. 勣曰: 豈爲無人耶. 顧今姊年老, 勣亦老, 雖欲數爲姊煮粥, 復可得手.

진(晉)나라 함녕*3에 큰 전염병이 돌아서 유곤*4의 두 형이 다 죽고 둘째형 비(毗) 또한 위독하여 전염병의 기세가 바야흐로 기승을 부렸으므로, 부모와 여러 아우들이 다 피하여 밖으로 나갔다. 그러나 곤(袞)은 혼자 남아 있어 밖으로 나가지 아니하였다. 여러 부모 형제들이 곤에게 나가기를 강요하자, 이에 말하기를

"곤은 본성이 병을 두려워하지 아니하옵니다."

하고는, 자기 몸소 형을 붙들고 밤낮으로 잠자지 아니하며 그 사이에 또 곁관(槨)을 어루만지며 슬피 울었다. 이렇게 하기를 여남은 열흘*5에 병세(病勢)가 이미 헐해지거늘 집안사람이 돌아오니, 비의 병이 많이 나아졌으며, 곤도 또 병이 옮지 않았다. 어른들이 다 이르기를

---

*3 咸寧. 서기 275~279.

*4 庚袞. 진나라 때의 학자로 근검하고 학문이 깊었으며 효행이 지극했음.

*5 한 백여 일.

"다르구나, 이 아들은! 남이 능히 지키지 못할 바를 지키고, 남이 능히 행하지 못할 바를 행하였으니, 날씨 추운 뒤에야 소나무와 잣나무가 뒤에 지는 줄 아는 법이니, 비로소 전염병도 감염되지 않음을 비로소 알겠도다."
하였다.

晉咸寧中, 大疫. 庾袞二兄俱亡, 次兄毗復危殆, 癘氣方熾, 父母諸弟皆出次于外. 袞獨留不去, 諸父兄強之. 乃曰: 袞性不畏病. 逐親自扶持, 晝夜不眠, 其閒復撫柩, 哀臨不輟. 如此十有餘旬. 疫勢旣歇, 家人乃反. 毗病得差, 袞亦無恙. 父老咸曰: 異哉此子, 守人所不能守, 行人所不能行. 歲寒然後知松栢之後凋, 始知疫癘之不能相染也.

수(隋)나라 이부상서*6 우홍(牛弘)의 아우 필(弼)이 술을 즐기며 주정을 하더니, 하루는 술에 취하여 홍의 수레를 끄는 소를 쏘아 죽였다. 홍이 집에 돌아오자 그 아내가 그를 맞으면서 이르기를
"서방님이 소를 쏘아 죽였습니다."
홍이 듣고는 황당히 여겨, 묻는 바도 없이 바로 대답하기를
"포(脯)를 뜨구려."
하고는 자리를 잡고 앉자, 그 아내가 또 말하기를
"서방님이 소를 쏘아 죽였으니 정말 얄궂은 일입니다."
하거늘, 홍이 이르기를
"벌써 알고 있소."
하고는 얼굴빛도 변하지 않은 채로 글 읽기를 멈추지 않았다.

---

*6 吏部尙書. 지금의 내무부 장관격.

隋吏部尚書牛弘, 弟弼, 好酒而酗. 嘗醉, 射殺弘駕車牛. 弘還宅.
其妻迎謂弘曰: 叔射殺牛. 弘聞, 無所怪問, 直答曰: 作脯. 坐定, 其
妻又曰: 叔射殺牛, 大是異事. 弘曰: 已知. 顔色自若, 讀不輟.

범 문정공*[7]이 참지정사(參知政事) 노릇을 할 때에 여러 자식에게
고하기를,

"내 가난한 때 네 어미와 내 어버이를 봉양할 제, 네 어미가 친히
음식을 만들었으나 내 어버이 맛있는 음식을 전에 넉넉히 잡숫지
못하였는데, 이제 많은 녹(祿)을 받아 그것으로 어버이를 봉양코자
하나 어버이가 계시지 아니하며, 네 어미 또한 세상을 떠나고 없으
니, 내가 가장 한스럽게 여기는 바이니라. 어찌 너희들만 부귀락(富
貴樂)을 누리게 할 것인가?

우리 오(吳) 땅 안에 친척이 매우 많으며 내게는 본래 가까운 이와
먼 이가 있지만, 내 조상이 보신다면 다 똑같은 자손이다. 본래 가까
운 이와 먼 이가 따로 없으니 진실로 조상의 마음에 가까운 이와 먼
이가 없을진댄, 주리며 추위하는 이를 내 어찌 가엾게 여기지 않으
리오."
하였다.

(＊ 그는 의전(義田)을 두어 일가 친척들을 돌보아 주는 것을 좋아
했다.)

范文正公, 爲參知政事時, 告諸子曰: 吾貧時, 與汝母養吾親. 汝
母躬執㸑, 而吾親甘旨, 未嘗充也. 今而得厚祿, 欲以養親, 親不在
矣. 汝母亦已早世, 吾所最恨者. 忍令若曹享富貴之樂也. 吾吳中宗
族甚衆, 於吾固有親踈. 然吾祖宗視之則均是子孫, 固無親踈也. 苟

＊7 范文正公. 송나라 때 사람으로 이름은 중엄(仲淹), 문정은 시호.

祖宗之意無親疎, 則飢寒者吾安得不恤也.

노(魯)나라의 의고자*8는 노나라 시골에 살던 부인이다. 제(齊)나라가 노나라를 쳐 성 밖에까지 이르니, 한 부인이 한 아이는 안고 한 아이는 손 잡고 가다가 군대가 쫓아오자, 안고 있던 아이는 버리고 손 잡았던 아이를 안고 산으로 달아나는 것이었다. 버려진 어린 아이가 어미를 따라가며 마구 울거늘 부인은 돌아보지 아니하고 가기에, 제나라 장군이 잡아다가 물으니 대답하기를

"안고 있던 아이는 내 오라비의 자식이요 버린 것은 내 자식이니, 군대가 뒤쫓아 옴을 보고 제 힘이 능히 아이 둘을 간수할 수 없으므로, 내 자식을 버렸습니다."

하니, 제나라 장군이 이르기를

"자식은 어미에게 가깝고 사랑함이 마음에 지극한 것인데, 이제 그 아이를 버리고 도리어 오라비의 자식을 안음은 무슨 까닭인가?"

하니, 부인이 이르기를

"내 자식은 사사로운 아람치 사랑이고 오라비의 자식은 공변된 의(義)인데, 공변된 의를 저버리고 사사로운 사랑을 위해 오라비 자식을 버리고 내 자식만 간수한다면 행여 죽음을 면한다 한들, 어찌 의롭다 하겠습니까? 이런 까닭으로 제 자식을 버리고 의를 행하려는 것입니다. 의가 없이는 세상에 떳떳이 설 수가 없습니다."

이에 제나라 장군은 군마(軍馬)를 그치고 주둔하여 사람을 제나라 임금께 보내어 진언하고 돌아갔다. 노나라 임금은 이 말을 들으시고 깁(비단) 일백 필을 주시고, 이름을 의고자(義姑姊)라 하였다. 공정하며 성신하여 의를 행하기를 결연히 하니, 그 의(義) 크도다. 비록 한 아낙네라도 나라가 오히려 덕을 입었거늘, 하물며 예의로 나

*8 義姑姊. 외로운 큰고모(姑姊). 아버지의 누이.

라를 다스린다면 어떠하겠는가.

魯義姑姊者, 魯野之婦人也. 齊攻魯至郊, 見一婦人, 抱一兒, 攜一兒行. 軍且及之. 棄其所抱, 抱其所攜, 而走於山. 兒隨而啼. 婦人遂行不顧. 齊將執而問之, 對曰: 所抱者, 妾兄之子也. 所棄者, 妾之子也. 見軍之至, 力不能兩護, 故棄吾之子. 齊將曰: 子之於母, 其親愛也痛甚於心. 今釋之, 而反抱兄之子, 何也. 婦人曰: 己之子, 私愛也. 兄之子, 公義也. 夫背公義而嚮私愛, 亡兄子而存妾子, 幸而得免, 獨謂義何. 故忍棄子而行義. 不能無義而立於世. 於是, 齊將按兵而止. 使人言於齊君而還. 魯君聞之. 賜束帛百端, 號曰: 義姑姊. 公正誠信, 果於行義. 夫義, 其大矣哉. 雖在匹婦, 國猶賴之. 況以禮義治國乎.

제7, 청렴함과 검소함
염검장廉儉章

공자(孔子)가 이르시기를
"어질구나 회*¹여!

한 그릇의 밥과 한 표주박 냉수로 끼니를 해결하며 더러운 마을에 사는 것을 남들은 그 시름을 견디어 내지 못할 것이지만, 회(回)는 그 즐거움을 바꾸지 아니하나니 어질구나 안회(顔回)여!"

公子曰: 賢哉. 回也. 一箪食, 一瓢飮, 在陋巷. 人不堪其憂. 回也. 不改其樂. 賢哉. 回也.

호 문정공*²이 이르기를
"사람은 반드시 일체 세상의 맛을 담담한 것이라 여겨야 좋으니, 반드시 부귀상*³을 지닐 필요가 없다. 맹자(孟子)가 이르시기를 '높이 두어 인*⁴짜리 집과, 열 자 넓이로 벌린 밥상과, 작은마누라(妻) 수백 명을 거느리는 것을, 나는 뜻을 이룬 뒤에라도 바라지 않겠다' 하시었으니, 배우는 사람은 반드시 먼저 이러한 일들을 덜어 버리고

---

*1 回, 안연(顔淵)의 이름. 공자의 제자 중에서 가장 어질었으나 32세에 요절했음.
*2 胡文定公. 송나라 때 사람으로 이름은 안국(安國), 문정은 시호. 태학 박사 벼슬을 지냈음.
*3 富貴相. 부귀할 모양.
*4 仞. 여덟 자.

늘 제가 힘써 마음을 흥기시켜야만 곧 타락함에 이르지 아니하리라.

늘 생각하되, 제갈공명(諸葛孔明)이 한(漢)나라 말엽에 남양(南陽)에서 몸소 밭을 갈면서, 이름이나 영달하기를 구하지 아니하였더니, 뒤에 비록 유선주*⁵가 초빙해서 예로써 부름에 응하였으나, 산이며 강을 도맡아 쪼개어 천하를 셋으로 나누어, 몸은 장군과 재상의 소임에 있으면서 손에 귀중한 병마(兵馬)를 잡았으니, 또 무엇을 구하여 못 얻으며, 무엇을 하고자 하여 못 이루리오마는, 후주*⁶를 뫼시어 이르기를

'성도(成都)에 뽕나무 팔백 그루와 거친 밭 열다섯 이랑이 있으니, 자손의 옷과 밥이 자연히 넉넉하옵니다. 내 몸이 밖에 있어 따로이 장만한 것 없고, 특별히 살림을 걱정하여 조금도 늘리지 아니하오니, 만일 죽는 날에 광에 남은 쌀이 있거나 창고에 남은 재물이 있거나 하여 그로써 폐하를 저버리지는 아니하오리다.'
하더니, 죽음에 이르러 과연 그 말과 같았으니, 이와 같은 부류의 사람은 정말로 가히 대장부라 불러야만 한다."
하였다.

胡文定公曰: 人, 須是一切世味淡薄方好. 不要有富貴相. 孟子謂: 堂高數仞, 食前方丈, 侍妾數百人, 我得志, 不爲. 學者須先除去此等, 常自激昻, 便不到得墜墮. 常愛諸葛孔明, 當漢末, 躬耕南陽, 不求聞達. 後來雖應劉先主於聘, 宰割山河, 三分天下. 身都將相, 手握重兵. 亦何求不得, 何欲不遂. 乃與後主言: 成都有桑八百株, 薄田十五頃. 子孫衣食, 自有餘饒. 臣身在外, 別無調度. 不別治生, 以長尺寸. 若死之日, 不使廩有餘粟, 庫有餘財, 以負陛下. 及卒,

---

*5 劉先主. 촉한(蜀漢)을 세운 유비(劉備)를 말함.
*6 後主. 유비의 아들 유선(劉禪).

《단원풍속화첩》 논갈이　김홍도. 조선 후기

果如其言. 如此輩人, 眞可謂大丈夫矣.

　양진*[7]이 추천한 형주(荊州)의 무재*[8] 왕밀(王密)이 창읍(昌邑)의

---

*[7] 楊震, 후한 때의 대학자로 성격이 강직하고 불의를 보면 참지 못했음.
*[8] 茂才. 원래 수재(秀才)를 일컬으나 황제인 유수(劉秀)의 이름을 휘하여 무재라 함.

원(군수)이 되어 절하고 양진을 뵈올 때, 금 열 근을 품고 와서 양진에게 주니, 양진이 말했다.

"친구인 나는 그대의 인품을 알아 추천했는데, 그대는 친구인 나를 알지 못하니 어째서인가?"

왕밀의 말이

"어스름 밤이라 알 사람이 없습니다."

양진의 말이

"하늘이 아시고 귀신이 알고 내가 알고 그대가 아니, 어찌 앎이 없다 이르리오?"

하니, 밀이 부끄럽게 여겨 돌아갔다.

楊震所擧荊州茂才王密, 爲昌邑命, 謁見. 懷金十斤, 以遺震. 震曰: 故人知君, 君不知故人, 何也. 密曰: 莫夜, 無知者. 震曰: 天知, 神知, 我知, 子知, 何謂無知. 密愧而去.

온공(溫公)이 이르시기를

"나의 집은 본래 가난한 집안이었다. 대대로 청백(淸白)함으로써 서로 이어 오니, 내 본성이 화려함을 즐기지 아니하여 젖먹던 아이 때부터 어른께서 금은(金銀)과 화려하고 좋은 옷을 더 입혀 주면 곧 부끄럽게 여겨 내버리었다. 나이 스물에 과거(科擧)에 한 자리를 더럽히어*⁹ 문희연*¹⁰ 잔치에 홀로 꽃을 꽂지 아니하니 같이 과거를 본 친구가 말하기를

'임금이 내려주신 것[어사화(御賜花)]이라 어겨서는 안 될 것이네.'

함에, 어사화 한 송이를 꽂았노라.

---

*9 합격하였다는 뜻.
*10 聞喜宴. 진사(進士)에 합격하면 나라에서 베풀어 주던 잔치.

평생동안 옷은 추위를 가릴 만큼만 입고 음식은 배를 채울 만큼만 먹되, 또 조금이라도 더럽거나 해진 옷을 입어 풍속을 속여 이름을 드러내지 아니하고, 오직 내 본성을 따를 뿐이로다."

溫公曰: 吾家本寒族, 世以淸白相承. 吾性不喜華靡, 自爲乳兒時, 長者加以金銀華美之服, 輒羞赧, 棄去之. 年二十, 忝科名. 聞喜宴, 獨不戴花. 同年曰: 君賜, 不可違也. 乃簪一花. 平生, 衣取蔽寒, 食取充腹. 亦不敢服垢弊, 以矯俗干名. 但順吾性而已.

"선공*11이 군목판관*12이 되었기 때문에 손님이 오면 술을 대접하지 않은 적이 없었다. 그러나 술상을 차리었으나 세 차례나 다섯 차례, 혹은 일곱 차례를 넘기지는 않았다.

술은 저자에서 사오고 실과는 배·밤·대추·감만 놓으며 안주는 포(脯)·젓갈·나물국만 하고 그릇은 사기(沙器)와 옻칠한 그릇을 쓰셨는데, 당시의 사대부(士大夫)가 다 그러하였기 때문에 사람들이 서로 그르다 아니하였다. 모임은 잦았으나 예를 정성껏 갖추었고 음식은 별것 아니지만 정이 두터웠다.

그러나 요즘 사대부의 집은, 집에서 담근 술이 아니거나, 과실은 먼 데서 온 귀한 것이 아니거나, 음식이 여러 가지가 아니고 그릇이 상에 가득하지 아니하면 손님이나 벗을 모으지 않는다. 늘 두어 날을 계획하고 이런저런 것들을 모은 뒤에야 글월(초대장)을 내니, 진실로 혹시 그렇게 아니하면 사람들이 다투어 그르다 하여 더럽고 안 달맞다(인색하다)고 하기 때문에, 세속을 따라 사치하여 화려하게 하지 않는 이가 드무니 슬프다. 풍속의 퇴폐함이 이와 같으니, 벼슬에

---

*11 先公. 돌아가신 아버지란 뜻으로, 여기서는 사마온공의 아버지.
*12 群牧判官. 지방관의 속관.

있는 이들이 비록 금하지는 못할망정 조장해서야 되겠는가."
하였다.

先公爲群牧判官. 客至, 未嘗不置酒. 或三行, 或五行, 不過七行.
酒沽於市, 果止梨栗棗柿, 肴止於脯醢菜羹, 器用瓷漆. 當時士大夫
皆然, 人不相非也. 會數而禮勤, 物薄而情厚. 近日士大夫家, 酒非
內法, 果非遠方珍異, 食非多品, 器皿非滿案, 不敢會賓友. 常數日
營聚, 然後敢發書. 苟或不然, 人爭非之, 以爲鄙吝. 故不隨俗奢靡
者鮮矣. 嗟乎. 風俗頹弊如是. 居位者雖不能禁, 忍助之乎.

장문절공*13이 재상이 되었지만 자기 먹고 살기는 하양(河陽) 땅
에서 장서기*14 노릇할 때와 같았다. 가까이 지내는 사람이 더러 타
이르기를

"이제 공(公)이 녹(祿)을 받음이 적지 아니한데, 자기 먹고 지내기
가 이와 같으시니 비록 스스로 진실로 청백하며 검소하다고 여겨도
남들은 공손*15이 베이불을 덮던*16 흉내를 낸다는 비웃음이 제법
있으니, 공은 좀 일반 대중의 풍속을 따름이 마땅하겠습니다."
하자, 공이 탄식하여 다음과 같이 말하였다.

"오늘날 녹봉으로 비록 온 집안이 다 비단옷 입고 좋은 음식을 먹
은들 어찌 그것을 못 할까 걱정하겠는가. 그러나 돌이켜보건대, 사람
의 보통 마음가짐은 검박하다가 사치로 옮기기는 쉬우나 사치하다
가 검박해지기는 어려운 법이오. 내 오늘날 받는 녹봉이 어찌 늘 있

---

*13 張文節公. 송나라 때의 학자. 이름은 지백(知白).
*14 掌書記. 옛날 기실참군(記室參軍) 같은 기록을 맡는 벼슬.
*15 公孫. 한 무제 때 정승.
*16 전한 시대 재상 공손홍이 하도 검소하여 재상이 되었어도 베이불을 덮었다는 고사가
　　있음.

겠으며, 내 몸이 어찌 늘 살아 있으리오. 하루아침에 오늘날과 달라지면 집안 식구들이 사치에 오래도록 익숙해져서 검박해지지 못하여 반드시 제자리를 잡지 못할 것이니, 어찌 내가 벼슬자리에 있거나 벼슬자리에 없거나, 살아 있거나 몸이 죽어 없어지거나 간에 한결 같음만 같겠는가."

張文節公爲相, 自奉如河陽掌書記時. 所親或規之曰: 今公受俸
不少, 而自奉若此. 雖自信淸約, 外人頗有公孫布被之譏. 公宜少從
衆. 公歎曰: 吾今日之俸, 雖擧家錦衣玉食, 何患不能. 顧人之常情,
由儉入奢易, 由奢入儉難. 吾今日之俸豈能常有. 身豈能常存. 一旦
異於今日. 家人習奢已久, 不能頓儉, 必至失所. 豈若吾居位去位,
身存身亡, 如一日乎.

포 효숙공*¹⁷이 경윤*¹⁸이었을 때, 한 백성이 제 발로 와서 이르기를
"백금(白金) 백 량(百兩)을 나에게 맡긴 사람이 죽었기에 그 아들에게 돌려주니 받지 아니합니다. 바라옵건대, 그 아들을 불러서 이 백금 백 량을 주십시오."
경윤(京尹)이 그 아들을 부르니, 사양하기를
"죽은 아비는 결코 백금을 남에게 맡기지 아니하였습니다."
하고 두 사람이 서로 사양하기를 오래 하더니, 여형공*¹⁹이 듣고 이르기를
"세상에 '좋은 사람은 없다(無好人)'는 석 자를 즐겨 말하는 사람은 가히 저를 해친다고 말할 수 있다. 옛사람이 이르기를 '사람이 저

*17 包孝肅公. 송나라 때 사람으로 이름은 증(拯).
*18 京尹. 서울 시장.
*19 呂滎公. 송나라 때 사람으로 이름은 희철(希哲), 자는 원명(源明).

마다 가히 요순(堯舜)이 되리라' 하니 자기를 미루어 보아 아는 것이다."
하였다.

包孝肅公, 尹京時, 民有自言:以白金百兩寄我者死矣. 予其子, 不肯受. 願召其子予之. 尹召其子. 辭曰:亡父未嘗以白金委人也. 兩人相讓久之. 呂榮公聞之, 曰:世人喜言無好人三字者, 可謂自賊者矣. 古人言:人皆可以爲堯舜. 盖觀於己而知之.

이 문정공*20이 살 집을 봉구(封丘)문 밖에 짓는데, 청사(廳舍) 앞이 좁아서 겨우 말(馬)을 돌릴 수 있을 정도였다. 어떤 사람이 너무 좁다고 한즉, 공이 웃으며 말하기를
"사는 집이란 반드시 자손에게 전하는 것이다. 이것이 재상의 청사(廳舍)가 된다면야 진실로 좁거니와, 대축(大祝)이나 봉례랑(奉禮郞)의 청사가 된다면 너무 넓은 것이다."
하였다.

李文靖公, 治居第於封丘門外. 廳事前僅容旋馬. 或言其太隘. 公笑曰:居第當傳子孫. 此爲宰輔廳事, 誠隘. 爲太祝奉禮廳事, 則已寬矣.

문중자*21의 옷은 검소하되 깨끗하고 쓸데없는 꾸밈이 없었다. 비단이나 수놓은 비단을 집에 들이지 아니하여

---

*20 李文靖公. 송나라 때 사람으로 이름은 항(沆), 문정은 시호. 관직에서 물러나서는 세속과 인연을 끊고 띠집에서 검소하게 살았음.
*21 文中子. 청나라 때 사람 왕통(王通).

"군자는 누른빛과 흰빛이 아니거든 입지 아니한다. 그러나 아낙네에게는 푸른빛과 옥색이 있다."
하였다.

文中子之服, 儉以絜, 無長物焉. 綺羅錦綉, 不入于室. 曰: 君子非黃白不御. 婦人則有青碧.

초(楚)나라의 접여*²²는 밭갈아서 먹고 살았다.

하루는 그 아내가 저자에서 돌아와 이르기를

"당신이 젊어서 의(義)를 행하더니, 어찌 늙었다고 이를 버리려 한답니까? 문 밖에 수레 자국이 왜 저렇게 깊습니까?"

접여가 말하기를

"임금이 나의 불초함을 알지 못하시어, 나로 하여금 회남(淮南) 땅을 다스리게 하려고 사람을 보내시어 금과 말을 가져와 내 뜻을 묻고 계시오."

그 아내가 물었다.

"아니, 그럼 허락하셨단 말씀입니까?"

이에 접여 이르기를

"부귀는 사람마다 원하는 바인데, 어찌 나의 허락함을 싫어하는가?"

아내가 하는 말이

"어진 사람은 예가 아니면 움직이지 아니하므로 가난 때문에 절개를 바꾸지 아니하며, 천하다 해서 행적을 바꾸지 아니하나니, 내 당신을 섬겨 몸소 밭갈아 음식하고 손수 길쌈하여 옷지어, 밥이 배부

---

*22 接與. 초나라 사람의 이름이니, 짐짓 미친 양하고 벼슬아치 노릇을 아니하기 때문에 그 시절 사람이 초광 접여(楚狂接與)라 불렀음.

르며 옷이 따뜻하며, 의(義)에 의지하여 행동함에 그 즐거움이 또한 족한데, 만약 남의 많은 녹(祿)을 받으며, 남의 튼튼한 수레와 좋은 말을 타고, 남의 살찌고 좋은 고기를 먹고서 장차 그 값을 제대로 못했을 때의 벌을 어떻게 기다리겠소?"

접여 대답하기를

"그렇다면 내 허락지 아니하겠소."

아내가 말하기를

"임금이 시키시는 데 따르지 아니함이 충(忠)이 아니요, 따르다가 어김이 의(義) 아니니, 떠나감만 못하오."

하여, 남편은 가마솥〔釜〕과 시루를 지고, 아내는 길쌈할 베틀을 이고, 성(姓)과 이름을 바꾸어 옮겨, 그들이 간 곳을 알지 못하였다.

楚狂接輿, 耕以爲食. 妻從市來曰: 先生少而爲義, 豈將老而遺之哉. 門外車跡, 何其深也. 接輿曰: 王不知吾不肖也, 欲使我治淮南. 遣使者持金駟來聘. 其妻曰: 得無許之乎. 接輿曰: 夫富貴者, 人之欲也. 子何惡我, 許之矣. 妻曰: 義士非禮不動, 不爲貧而易操, 不爲賤而改行. 妾事先生, 躬耕以爲食, 親績以爲衣, 食飽衣暖, 據義而動, 其樂亦自足矣. 若受人重祿, 乘人堅良, 食人肥鮮, 而將何以待之. 接輿曰: 吾不許也. 妻曰: 君使不從, 非忠也. 從之又違, 非義也, 不如去之. 夫負釜甑, 妻戴紝器, 變姓易名而徙. 莫知所之.

《내훈》을 펴내며

황공하옵게도 우리 인수왕대비전하(仁粹王大妃殿下)께서는 세조대왕(世祖大王) 잠저(潛邸)*¹에 계시면서 양쪽 궁(宮)의 일을 받들게 되었으나, 대비전하께서는 낮이나 밤이나 부지런하시었다.

급기야 빈(嬪)으로 책봉되시었으며, 빈이 되신 다음에도 더욱 며느리의 도리를 몹시 조심스럽게 행하시었다. 몸소 어찬(御饌)*²을 보살피셨고 늘 주위를 떠나지 않으셨다.

그리하여 세조대왕께서는 항상 효부라 칭찬하시었으며, '효부(孝婦)'라는 인장까지 만들어 하사하심으로써 그 효를 드러내시었다.

대비전하께서는 타고나신 성품이 엄격하고 바르셔서 왕손들을 양육하는 데에 있어 조그마한 허물이나 잘못이 있어도, 가리어 비호해 주는 법이 거의 없이 즉시 정색을 하여 훈계하고 신칙하였으므로, 양쪽 궁에서 우스갯이름을 지어 '폭빈(暴嬪)'*³이라 놀리기도 하였다.

세조대왕께서는 주상전(主上殿)*⁴을 부를 때 '아자(我子—내 아들)'라 하셨고, 대왕대비께서는 월산대군(月山大君)*⁵을 부를 때 '오자(吾

---

*1 임금이 아직 즉위하지 않았을 때 살던 집.

*2 임금에게 올리는 음식상 차림.

*3 세조(世祖)가 그의 며느리인 인수왕대비(仁粹王大妃) 한(韓)씨의 성격이 엄격하였으므로, '난폭한 왕비'라는 뜻으로 사랑스럽게 부르던 우스갯별명이다.

*4 세조의 장자이며 수빈(粹嬪) 한(韓)씨의 남편인 장(暲)을 가리킨다. 장은 당시 세자로 있었으나 왕위에 오르기 전에 죽었으므로 추존하여 덕종(德宗)이라 하였다.

*5 인수왕대비의 아들. 성종(成宗)의 형. 휘(諱)는 정(婷), 자는 자미(子美), 호는 풍월정(風月亭). 문장이 뛰어났다. 시호(諡號)는 효문(孝文)이다.

子―내 아들, 우리 아들)'라 하시면서 위안하시었다. 엄격한 교육이 이와 같으셨으니, 오늘에 이르러서는 더 할 말이 있겠는가.

윗분의 기쁨을 받들어 드리고 오랜 안락한 생활의 틈틈이 여자들의 무지함을 염려하여 부지런히 훈계하고 가르치셨다.

그러나 《열녀(烈女)》《여교(女敎)》《명감(明鑑)》《소학(小學)》 등의 글은 책의 권수가 넓고 번잡하여 처음 배우는 이들에게는 힘이 들었다. 그래서 친히 슬기롭게 잘라내고 중요한 것들을 한데 모아서 모두 일곱 장으로 완성하여 이름을 《내훈(內訓)》이라 하셨다.

계속하여 한글로 옮겨 쉽게 깨우칠 수 있도록 하셨으므로, 비록 우매한 사람일지라도 한번 살펴보면 내용을 분명하게 알 수 있어서 익히고 외우기에 편하게 하시었다.

내가 가만히 살펴보았더니, 역대의 어진 왕비들 중에는 시부모를 부지런히 잘 섬기며 어질고 효성스런 덕을 극진하게 하고 자식을 엄격하게 잘 가르쳐서 나라와 가문을 경사스럽게 한 사람들이 많았다. 그러나 몸소 훈서(訓書)를 지어서 후세에 전해 주는 이는 드물었다.

이 책의 지음이 어찌 인수전하의 옥엽(玉葉)*⁶만을 가르치기 위한 것이겠는가. 민간의 우매한 부인들에 이르기까지 여자들이 일하는 틈틈이 아침 저녁으로 익히고 외어서 마음에 맛을 음미한다면, 차차 집안을 다스리는 법을 알게 될 것이다.

그러므로 그것이 풍속의 교화에 어찌 적은 도움만 되겠는가.

아아, 참으로 지극하신 분이다.

성화(成化) 을미(乙未) 첫 겨울, 십오일. 상의(尙儀) 신(臣) 조씨(曹氏)는 공경스럽게 발문을 올린다.

---

*6 천자나 임금의 일족(一族)을 가리킨다.

독서　국립미술박물관

　恭惟我仁粹王大妃殿下, 自在世祖大王潛邸, 承事兩宮, 晝夜靡
懈. 及冊爲嬪, 尤謹婦道. 躬執御饌, 不離左右. 世祖大王常稱孝婦,
造賜孝婦圖書, 以顯孝焉. 天資嚴正, 所育王孫等, 少有過失, 略不
掩護, 卽正色誡飭. 兩宮戲名暴嬪. 世祖大王稱我主上殿曰我子. 大
王大妃稱月山大君曰吾子, 以慰焉. 嚴敎如此, 以至今日, 可勝言哉.
承歡長樂之餘, 患女婦之無知, 孜孜訓誨. 然烈女女敎明鑑小學等
書, 卷帙浩繁, 初學病焉. 親自睿斷, 撮其切要. 惣成七章. 名曰內訓.
繼以諺譯, 使之易曉. 雖至愚騃, 一覽瞭然, 以便習誦. 臣竊觀, 歷代
賢妃, 勤事舅姑, 以盡仁孝之德, 嚴於敎子, 以成國家之慶者多. 而

躬撰訓書, 垂誡者鮮矣. 是書之作, 奚啻仁粹殿下之敎玉葉耶. 以至
閭巷愚婦, 女工之暇, 朝習暮誦, 於心玩味, 則漸知克家之道. 其於
風化豈小補云. 嗚呼至哉.

　成化乙未孟冬十有五日, 尙儀 曹氏 敬跋

《내훈》을 옮겨 풀어쓰고 나서

정양완鄭良婉

'내훈(內訓)'이란 아낙네의 몸가짐과 마음가짐을 가르치기 위한 지침서다.

《내훈》이란 책은 소혜 왕후[*1]가 《소학(小學)》《열녀(烈女)》《여교(女敎)》《명감(明鑑)》 등에서 여성 교육에 가장 요긴하다고 여긴 대목들을 가리어 〈언행장(言行章)〉 제1, 〈효친장(孝親章)〉 제2, 〈혼례장(昏禮章)〉 제3, 〈부부장(夫婦章)〉 제4, 〈모의장(母儀章)〉 제5, 〈돈목장(敦睦章)〉 제6, 〈염검장(廉儉章)〉 제7의 7장으로 나누고, 앞에 자신의 서문을 얹고 뒤에는 상의(尙儀) 조씨(曹氏)의 발문(跋文)을 붙여 국역(國譯)하여 3권으로 분권(分卷)하여 엮은 규범서(閨範書)다.

서문에 '성화 을미 맹동 유일(成化乙未孟冬有日)'이라 씌어 있고 조씨(曹氏)의 발문에도 '성화 을미 맹동 십유오일(成化乙未孟冬十有五日)'이라는 날짜가 붙어 있어서, 정확한 간행 연대는 알 수 없지만, 적어도 초간(初刊)의 연대는 이 어름이 아니었을까 짐작케 한다. 그래서 '성화 을미'는 바로 성종 6년이므로, 1475년을 《내훈》의 초간 연도로 보고 있다고 여겨진다.

---

*1 昭惠王后. 세종(世宗) 19년(1437)~연산군(燕山君)10년(1504). 성종(成宗)의 모후(母后)요 덕종(德宗)의 비(妃)이며, 좌의정 청주 한(韓)씨 확(確)의 딸로서, 세조 1년(1455) 수빈(粹嬪)에 책봉되고 성종 2년(1471) 인수대비(仁粹大妃)로 진봉(進封)되었으며, 연산군 10년에는 다시 소혜(昭惠)로 개봉(改封)되었음.

《내훈》의 이본(異本)으로는 광해군(光海君) 2년(1611) 판본과 효종(孝宗) 7년(1656) 판본 및《어제내훈(御製內訓)》이라는 이름으로 영조(英祖) 12년(1736)에 간행된 판본이 있는데, 이 영조본에는 소혜 왕후의 서문 뒤에 영조의 어제 내훈 소지(御製內訓小識)가 붙어 있고, 발문 또한 국역(國譯)되어 있다.

이제, 번역을 위해 저본(底本)으로 삼은《내훈》에 대하여 한 마디하고자 한다. 을해자(乙亥字) 활자본인 이《내훈》의 책크기(본문에는광곽(匡郭)이 나 있음)는 33cm×20,6cm이고 사주 쌍변(四周雙邊) 9행에 매행마다 17자, 주(注)는 쌍행(雙行), 판심(版心)에는 상하 화문(花紋) 어미(魚尾) 흑구(黑口)가 있는데, 토(吐)만 단 한문 부분은 1면에 9행, 국역 부분은 8행으로 되어 있는 것이 특징이다.

이 책에는 "만력(萬曆) 원년(元年) 십이월(十二月) 일(日) 내사(內賜)성균관(成均館) 전적(典籍) 심충겸(沈忠謙) 내훈(內訓) 일건(一件) 명(命) 제사(除謝) 은(恩) 좌승지(左承旨) 신(臣) 정(鄭) 화압[花押(惟一)]"이라는 내사기(內賜記)가 적혀 있어('어본(御本)' '선사지기(宣賜之記)'라는 주인(朱印)도 있음), 이 책은 바로 성균관 전적 심충겸[*2]에게 내린 책임을 알 수 있다. '만력 원년'이란 선조 6년(1573)이니, 심충겸은 선조 5년에 친시(親試) 문과(文科)에 장원하였으므로 바로 그 이듬해가 된다.

본래 3권으로 분권(分卷)되었던《내훈》이 이 판본에서는 제2권이상·하로 분책(分冊)되어 3권 4책으로 나뉘어, 각각 '인(仁)' '의(義)' '예(禮)' '지(智)'의 넷으로 나뉘어 있으니 그 내용은 다음과 같다.

---

*2 인종(仁宗)1(1545)~선조(宣祖) 27(1594). 명종(明宗)의 비(妃)인 인순 왕후(仁順王后)의 동생으로, 임진란 때 병조 참판으로 선조를 평양까지 호종(扈從)하였고 이항복(李恒福)과 함께 의주(義州) 파천(播遷)을 역설했으며, 선조 27년에는 병조 판서에 이름.

'인(仁)'		내훈 서	1~9장
		내훈 목록	1장
	1권	언행장 제1	1~38장
		효친장 제2	39~73장
		혼례장 제3	73~87장
'의(義)'	2권(상)	부부장 제4	1~59장
'예(禮)'	2권(하)	부부장 제4	1~76장
'지(智)'	4권	모의장 제5	1~39장반
		돈목장 제6	39~54장
		염검장 제7	54~70장
		발	1~2장

이상에서 소혜 왕후가 가장 중점을 둔 부분은 '부부장'임을 알 수 있으니, 그것은 '모의장'(39장)보다도 3배 이상이 넘는 분량으로도 알 수 있거니와, '인' '의' '예' '지'로 나누면서도 2권을 상·하로 양분한 자취에서도 2권이 원본에서는 단권(單卷)이었을 것을 시사하는 동시에, 이는 당시 교서관(校書館) 제조(提調)로 이 책의 간행에 관여한 유희효(柳希孝 1513~577)의 《미암일기초(眉巖日記草)》에 나오는 제2권의 분책(分冊)이 이와 들어맞으므로,*3 성화(成化) 을미(乙未 성종 6년 1475)가 초간(初刊)의 연대에 가깝다면, 이 책의 간행 연도는 아마도 내사기(內賜記)가 적힌 만력 원년, 즉 선조 6년(1573)이 아닌가 여겨진다. 그것은 서(序)·발(跋)의 연대만으로는 후대(後代)에 복간되는 책의 간행 연도를 짐작키 어렵고, 후대에도 전대(前代)의 서·발을 그대로 덧싣는 예가 있기 때문이다. 《어제내훈(御製內訓)》의 경우에도 서문이 그대로 실리고 그 다음에 '어제 내훈 소지'가 실려 있고, 뒤에는

*3 《국어학 자료 선집》Ⅱ. p.318 〈내훈 해제〉 참조, 국어학회편 일조각. 1973판.

상의(尚儀) 조씨(曹氏)의 발문도 그대로 싣고, 그것을 국역하여 덧붙여 여전히 '성화 을미 맹동 시월 십유오일'이 실려 있음이 그 한 예다.

내사기(內賜記)의 연대를 바로 간행 연대로 보자는 또 하나의 이유는, 100년 전에 찍은 책을 100년이나 묵혔다가 하사했을 리도 없을 것이기 때문이다. 비록 '지(智)' 권3 〈모의장〉 이의자조(二義者條)에 볼〈풀〔臂〕이라든지 또는 마르는〉마는 등의 변이가 있기는 하나, △, ㅇ, 방점 등이 그대로 유지되어 있어서, 성화 을미 초간본을 만력 원년에 복간한 것이 아닌가 여겨진다.

《내훈》을 엮게 된 소혜 왕후의 저작 의도는 바로 자신의 서문에 실려 있으니, 다음과 같다.*4

대저 사람의 태어남이 하늘과 땅의 신령한 기운을 타고 나며, 오상(五常)의 덕(德)을 품었으므로, 이치로 보아 옥석(玉石)의 구별이 없으련만 난초와 쑥의 차이가 있음을 무슨 까닭인가?

그는 옥과 자갈, 난초와 쑥의 차이는 바로 "몸을 닦을 도(道)를 다함과 다하지 못함에 있다"고 보았던 것이다.

그러기에 태사(太姒)와 번희(樊姬)를 가장 올바른 현처(賢妻)의 예로, 포사(褒姒)와 여희(驪姬)·비연(飛燕)을 악처(惡妻)의 예로 들어,

치란(治亂) 흥망(興亡)이 남자의 현·불현(賢不賢)에 달렸으나, 또한 아내의 어질며 사나움에 달렸는지라 가르치지 않을 수 없다.

하고, 호연(浩然)한 세계에 마음을 노닐며 여러 오묘한 데에 뜻을 둔

---

*4 역자의 졸역에 따름.

남자야 어찌 자기의 가르침을 기다리겠는가마는,

　계집은 그렇지 않아 한갓 길쌈의 거칠고 고움만을 달갑게 여기
　고 덕행(德行)의 높음을 알지 못하니 이는 나의 날로 애달파하는 일
　이라.

하여, 여공(女工)이나 달갑게 여기고 덕행의 높음은 아랑곳하지 않는
무지(無知)한 아낙네에 대한 교육의 필요성을 역설한 터이다. 아무리
청통(淸通)하게 타고났더라도, 후천적으로 성인(聖人)의 가르침을 배
우지 못하고 하루 아침에 귀히 되면 잔나비를 갓 고깔 씌워 담에 낯
대고 세움과 같다고도 하였다. 그렇다고 성인의 가르침이 어려운 바
도 아님을 밝히었다. 그리고 직접적인 목적은 다음에 밝혀진다. 즉,

　요순(堯舜)은 천하에 큰 성인이셨건만 단주(丹朱)와 상균(商均) 같
　은 아들이 있었으니, 엄한 아버지가 부지런히 가르치는 앞에서도 오
　히려 어질지 못한 자식이 있거든, 하물며 나는 홀어미*5라 능히 옥
　같은 며느리를 보겠는가?

이렇기 때문에 《소학(小學)》《열녀(烈女)》《여교(女敎)》《명감(明鑑)》
에서 중요한 마디만을 가리어 7장을 만들어 너희에게 준다.” 하였다.
　소혜 왕후는 세조(世祖) 잠저시(潛邸時)에서부터 이미 그를 모셔
효부의 도서(圖書)까지 받은 효부였으며, 19세에 혼자 된 뒤로도 성
종 14년(1483)까지는 시어머니인 정회 왕후(貞熹王后)를 모셨고, 연산
군 10년에 그가 죽기까지 무릇 4대를 섬기고 기른, 너무도 엄격하여

---

*5 덕종은 세조 1년(1455)에 왕세자로 책봉되었으나 즉위 전에 요절하였으므로 소혜 왕후
　또한 수빈(粹嬪)으로 책봉되자 이내 과부가 되었음.

폭빈(暴嬪)이란 별명까지 붙은 왕비였다.

홀어미의 자식이라는 남의 손가락질을 받지 않게 하기 위하여 그가 낳은 성종, 월산 대군(月山大君) 및 명숙 공주(明淑公主)를 한결같이 엄히 가르쳐 길렀거니와, 조선 왕조의 숨은 기틀이 되어, 여러 왕과 세자를 뒤에서 알뜰히 내조해야 할 비빈(妃嬪)의 교육을 위하여, 7장에 나눈 대목들에 각각 두드러진 역사상의 본보기 거울이 될 인물들의 고사(故事) 예를 낱낱이 들어 그들의 교육에 힘썼던 것이다.

비록 비빈의 교육에 주목적을 둔 책이지만, 상의(尙儀) 조씨(曹氏)의 발(跋)에서의 말과도 같이 이 내용은 천하의 여성에게 두루 귀감이 될 것이므로, 해를 거듭하여 거듭거듭 중간(重刊)하여 여성 교육의 지침으로 삼아, 현존하는 우리나라 모든 규범류(閨範類)의 본보기가 되고 있음은 두말할 나위가 없다.

규범류 중에는 우암(尤庵) 송시열(宋時烈) 선생의 《계녀서(戒女書)》와 같이 아버지가 딸을 위해 짓거나 시아버지가 며느리를 위해 짓는 경우도 있지만 이 《내훈》은 시어머니가 며느리를 위해, 혹은 어머니가 딸을 위해서 지은, 여성의 견지에서 여성을 가르치고 다잡는 가장 알뜰한 규범이며, 특히 국역을 붙여 알기 쉽게 한 점 또한 높이 평가되어야 하리라 생각한다.

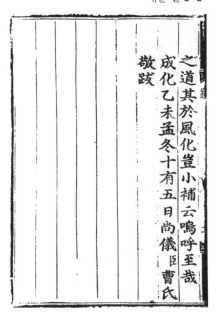

之道其於風化豈小補云嗚呼至哉
成化乙未孟冬十有五日尚儀臣曹氏
敬跋

※소혜왕후의 《내훈》은 본디 성종 6년(1475)경에 초간되었으나 지금까지 확인된 초간본은 전해지지 않고, 다만 선조 6년(1573) 이전에 중간된 것으로 보이는 일본 名古屋 蓬左文庫 소장본이 가장 오래된 판본으로 전해지는데, 이 책에 실린 원본은 바로 蓬左文庫 소장본을 축소한 것임을 밝힌다.

恭惟我
仁粹王大妃殿下自在
世祖大王潛邸承事
兩宮晝夜靡懈及冊爲
嬪尤謹婦道躬執
御饌不離左右
世祖大王常稱孝婦造賜孝婦圖書以顯孝
焉
天資嚴正兩宮

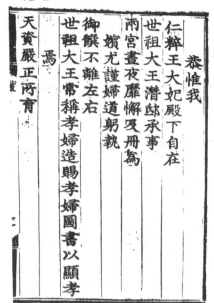

兩嬪
世祖大王稱我
主上殿下曰我子
大王大妃稱月山大君曰吾子以慰焉嚴教
如此以至今日可勝言哉承歡然烈女
長樂之餘患女婦之無知孜孜訓誨初女
女教明鑑小學等書卷秩活繁初學病
王孫等少有過失略不掩護即正色誡飭

焉
親自脣斷撮其切要惣成七章名曰內訓繼
以諺譯使之易曉雖至愚騃一覽瞭然
以便習誦　臣竊觀歷代賢妃勤事舅姑
以盡仁孝之德嚴於教子以成國家之
慶者多而躬撰訓書垂誠者鮮矣是書
之作豈
仁粹殿下之教王葉耶以至閭巷愚婦女工
之暇朝習暮誦於心玩味則漸知克家

內訓卷第一

言行章第一

李氏女戒예 曰藏心이 爲情이오 出口ㅣ 爲
語ㅣ니 言語者ᄂᆞᆫ 榮辱之樞機며 親踈之大節
也ㅣ니 亦能離堅合異며 結怨興讎ᄒᆞᄂᆞ니 大者
則覆國亡家ᄒᆞ고 小者도 猶六親을 離間ᄒᆞᄂᆞ니
是以로 賢女ㅣ 謹口ᄒᆞ야 恐招恥謗ᄒᆞᄂᆞ니 或在尊
前ᄒᆞ며 或居閑處에 未嘗觸應答之語ᄒᆞ며 發諧
謔之言ᄒᆞ며 不出無稽之詞ᄒᆞ며 不爲調戲之事

內訓目錄 終

敦睦章第六

廉儉章第七

ᄒᆞ며 不涉穢濁ᄒᆞ며 不處嫌疑ᄒᆞᄂᆞ니라
李링氏ᄶᆞᆼ女녕戒갱예 닐오ᄃᆡ ᄆᆞᅀᆞ매
ᄎᆞ아슈미 情쪙이오 이베내요미 마리니
마ᄅᆞᆫ 榮ᅌᅯᆼ華ᅘᅪᆼ와 辱쇽과 지두릿ㅈᆞ가기
며 親친과 踈송와 큰ᄆᆞᄃᆡ니 ᄯᅩ能ᄂᆞᆼ히구
든거슬여희에ᄒᆞ며 다ᄅᆞᆫ거슬몯게ᄒᆞ며
怨ᅙᅯᆫ望망ᄋᆞᆯ지ᅀᅳ며 寃ᅙᅯᆫ讎쓩ᄅᆞᆯ니르완
ᄂᆞ니 크닌나라ᄒᆞ옴ᄇᆡ리ᄂᆞᆫᆯᄀᆞ고져

그니도오히려六륙親친을여희에ᄒᆞᄂᆞ
니六륙親친은아비와어미와兄ᄒᆡᆼ뎨와
男남진과겨집과ᄆᆞᆮ아ᄃᆞᆯ왜라이럴
ᄉᆡ賢ᅘᅧᆫ女녕ㅣ이블삼가오ᄆᆞᆫ붓그러움과
할아ᄆᆞᆯ브를가저호미니시혹尊존前쪈
에잇거나시혹寂쪅靜쪙ᄒᆞᆫ뒤이쇼ᄆᆡ敢
간도對됭答답ᄒᆞᄂᆞᆫ마롤犯뻠촉ᄒᆞ며
아당ᄃᆞ왼말ᄂᆡ디아니ᄒᆞ며相샹考콯아
니ᄒᆞ말ᄂᆡ디아니ᄒᆞ며노릇삿일ᄒᆞᆫ디아

내훈 권[1] 2-2

니ᄒᆞ며 더러운 이ᄅᆞ레 버ᇰ 므디 아니ᄒᆞ며 嫌혐
疑ᅌᅴ예 잇디 아니ᄒᆞᄂᆞ니라

曲禮예 曰ᄃᆞ호ᄃᆡ 共食애 不飽ᄒᆞ며 共飯애 不澤手
며 母搏飯ᄒᆞ며 母放飯ᄒᆞ며 母流歠ᄒᆞ며 母咤食ᄒᆞ며
母醫骨ᄒᆞ며 母反魚肉ᄒᆞ며 母投與狗骨ᄒᆞ며 母固
獲ᄒᆞ며 母揚飯ᄒᆞ며 飯黍애 母以箸ᄒᆞ며 母嚃羹ᄒᆞ며
母絜羹ᄒᆞ며 母刺齒ᄒᆞ며 母歠醢니 客이 絜羹ᄒᆞ
든 主人이 辭不能烹ᄒᆞ고 客이 啜醢어든 主人이

내훈 권[1] 3-1

辭以窭ᄒᆞ며 濡肉을 齒決ᄒᆞ고 乾肉을 不齒決ᄒᆞ며
母嘬炙ㅣ니라

曲곡禮롕 예ᄂᆡᆯ오ᄃᆡ 모다 밥 머글 제 손ᄲᅮ씨디 말
며 밥믈의 디말며 바볼젓ᄭᅵᆺ 뎌 먹디 말며
그지엄시 마시디 말며 飮ᅙᅢᆷ ᄣᅢᆷ 을소리
나게 말며 ᄲᅧ를 너ᄒᆞ디 말며 고기를 도로
그르세 노티 말며 ᄲᅧ를 가히게 더디 주디

내훈 권[1] 3-2

말며 구틔여 어더 머 구려 말며 밥 훔디 말
며 기장 바볼 머 구뎌 져로 말며 糞ᄀᆞᇰᄉᆞ 거
리롤 후려 먹 디 말며 닛삿ᄲᅵ려 디 말며 糞ᄀᆞᇰ을 沙상鉢ᄲᅡᇙ애
셔 고텨 마 초 디 말며 닛삿ᄲᅵ려 디 말며
국 마시 디 마롤 디 니 손이 糞을 沙상鉢애
애셔 고텨 마 초 ᄒᆞ거든 主즁人신이 잘글
히 디 몯 ᄒᆞ 올 辭ᄊᆞ 緣원ᄒᆞ고 손이 젓국을
마시거든 主즁人신이 가난 ᄒᆞ 모로 辭ᄊᆞ

내훈 권[1] 4-1

緣원ᄒᆞ며 저즌 고기란 니로 버히고 ᄆᆞᄅᆞᆫ
고기란 니로 버히디 말며 炙젹을 ᄒᆞᆫ 띄예 모
도 먹디 마롤 디니라

○ 男女ㅣ 不雜坐ᄒᆞ며 不同椸枷ᄒᆞ며 不同巾櫛
ᄒᆞ며 不親授ᄒᆞ며 嫂叔이 不通問ᄒᆞ며 諸母ᄅᆞᆯ 不漱
裳ᄒᆞ며 外言이 不入於梱ᄒᆞ며 內言이 不出於梱
이니 女子ㅣ 許嫁ᅙᅢ얀 纓ᄒᆞ야 非有大故ㅣ어든 不
入其門ᄒᆞ며 姑姊妹와 女子子ㅣ 已嫁而反이어든

내훈 권1 4-2

兄弟弗與同席而坐ᄒᆞ며弗與同器而食이니라
남진과겨집괘섯거앉디말며옷거리ᄅᆞᆯ
ᄒᆞᆫᄃᆡ말며手슈巾건과빗과ᄅᆞᆯᄒᆞᆫᄃᆡ말며
親친히심기디말며嫂숭와叔슉괘무루
믈서르말며 嫂숭ᄂᆞᆫ兄형의겨지비오叔슉ᄋᆞᆫ남진의兄형弟뗑라
아ᄇᆡ고마ᄅᆞᆯ아랫옷샐이디말며밧긧말
ᄉᆞ미門몬안해드리디말오안햇말ᄉᆞ미
門몬밧긔내디마ᄅᆞᆯ디니라겨지비婚혼

내훈 권1 5-1

姻힌ᄒᆞ얫거든큰緣원故공ㅣ잇디아니
커든그門몬의드디말며아ᄌᆞ미와몬누
의와아ᄉᆞ누의와ᄯᆞᆯ왜ᄒᆞ마婚혼姻힌ᄒᆞ
야도라왯거든兄형弟뗑ᄒᆞᆫᄃᆡ괴앉디말
며ᄒᆞᆫ그르세먹디마ᄅᆞᆯ디니라
○登城不指ᄒᆞ며城上不呼ᄒᆞ며將適舍ᄒᆞᇙ시求毋
固ᄒᆞ며將上堂ᄒᆞᇙ시聲必揚ᄒᆞ며戶外예有二屨ㅣ어
든言聞則入ᄒᆞ고言不聞則不入ᄒᆞ며將入戶ᄒᆞᇙ시

내훈 권1 5-2

視必下ᄒᆞ며入戶ᄒᆞᇙ시奉扃ᄒᆞ며視瞻을毋回ᄒᆞ며戶
開어든亦開ᄒᆞ고戶闔이어든亦闔호ᄃᆡ有後入者ㅣ어
든闔而勿遂니라毋踐屨ᄒᆞ며毋踖席ᄒᆞ며摳衣趨
隅ᄒᆞ야必愼唯諾이니라
城쎵의올아ᄀᆞᄅᆞ치디말며城쎵우희브
르디말며쟝ᄎᆞᄂᆞ미지븨갈제求꿓호ᄆᆞᆯ
구틔여말며쟝ᄎᆞ堂땅의오ᄅᆞᆯ제소ᄅᆡᄅᆞᆯ
모로매펴며문밧긔두시니잇거든말ᄉᆞ

내훈 권1 6-1

미들이거든들오말ᄉᆞ미들이디아니커
든드디말며쟝ᄎᆞ이페들제보ᄆᆞᆯ모로매
ᄂᆞᄌᆞ기ᄒᆞ며이페들제걸솨ᄅᆞᆯ바ᄃᆞ며보
ᄆᆞᆯ두르디말며이피여렛거든ᄯᅩ열오이
피다뎃거든ᄯᅩ다도ᄃᆡ後ᅘᅮᇢ에들리잇거
든다도ᄆᆞᆯ다ᄒᆞ디마ᄅᆞᆯ디니라ᄂᆞ미시ᄂᆞᆯ
ᄇᆞᆲ디말며ᄂᆞ미돗ᄀᆞᆯ드듸디말며오ᄉᆞᆯ들
오모ᄒᆞ로ᄃᆞ라가모로매맛ᄀᆞᆯ모ᄅᆞᆯ조심

可極이니 賢者는 狎而敬之며 畏而愛之며
愛而知其惡며 憎而知其善며 積而能散며
安安而能遷니라 臨財야 毋苟得며 臨難야
毋苟免며 狠毋求勝며 分毋求多며 疑事를
毋質야 直而勿有라 호니

恭공 아니호면 ᄒᆞ며 定뎡히ᄒᆞ야면 百
姓셩을便뼌安ᄒᆞ게ᄒᆞ린더 傲오ᄋᆞᆯ慢

○ 凡視를 上於面則敖호고 下於帶則憂호고
傾則姦이라 호니

물읫 보모를 츼오르면 傲오를 慢만ᄒᆞ고
고기올면 姦간邪쌰ᄒᆞ니라

○ 每不敬야 儼若思며 安定辭면 安民哉뎌
敎不可長이며 欲不可從이며 志不可滿이며 樂不

몰디러셔구틔여어두려말며어ᄌᆞ러
이론디러셔구틔여어免면호려말며
토매이긔요몰求ᄭᅮ틔말며 ᄂᆞ호매해가
졸몰求ᄭᅮ티말며疑ᄋᆜ心심ᄃᆞ왼이론마
기오디마라ᄋᆞᆯ ᄃᆞ왼이론마

少儀예日ᄃᆡ侍燕於君子則先飯而後已며
毋放飯며毋流歠며小飯而亟之며數嚼야
毋爲口客이니

은어루길오미 몬호며 私ᄉᆞ欲욕이어
루노노하호미 몬호리며 뜨ᄃᆞ를어루ㄱ독
호미 몬호리며 온이론어루ㄱ장호미
恭공敬경호며

이론알며 요ᄃᆡ그어딘이론알며사
두ᄃᆡ能능히호ᄃᆞ며 便뼌安ᄒᆞ
安ᄒᆞ히너교ᄃᆡ能능히 ᄒᆞ니라 財찡寶봉

少쇼儀의예닐오디君군子ᄌ씌아름뎌
뫼셔밥머글저기어든몬져먹고後ᅘᅮᆼ에
말며바볼졋ㄱᄉ먹디말며그지업시마
시디말며혀기머거싈리슴씨며ᄌ조시
버입노릇ᄒ디마롤디니라
○不窺密ᄒ며不旁狎ᄒ며不道舊故ᄒ며不戲色
며ᄒ毋拔來ᄒ며毋報往ᄒ며毋瀆神ᄒ며毋循枉며
毋測未至ᄒ며毋訾衣服成器ᄒ며毋身質言語

라 니
그윽혼이롤엿보디말며겨틧사ᄅ
억쎄호양말며네아ᄂ논사ᄅᆞ미왼이롤니게
ᄅ디말며노릇드왼顔안色ᅀᅵᆨ말며時씽
急급히오디말며時씽急급히가디말며時씽
鬼귕神씬을輕켱慢만히말며그르혼이
룰웃드듸여말며아니왯ᄂ이롤혜아리
미말며ᄂᆞ미웃과일언그ᄅᆞᇇ나ᄆᆞ라디말

며제모ᄆᆞ로말ᄉᆞᆷ을마기오디마롤디니라
○執虛ᄃᆞᆮ호ᄃᆡ如執盈ᄒ며入虛ᄃᆞᆮ호ᄃᆡ如有人이라
뷘거슬자보디ᄃᆞ기ᄀᆞ독호것자봄ᄀᆞ디ᄒᆞ며
뷘ᄃᆡᄃᆞ로ᄃᆡ사ᄅᆞ미솜곤히홀디니라
論語에닐오ᄃᆡ君군이賜食ᄉᆞᆨ이어든必正席先嘗之
시ᄒᆞ며君군이賜腥ᄉᆞᆼ이어든必熟而薦之ᄒ며시君군이
賜生ᄉᆞᆼ이어든必畜之ᄒ시ᄒᆞ다더
論론語ᅌᅥ에닐오ᄃᆡ님금이바볼주어시

둔모로매ᄆᆞᆺ골正졍히ᄒᆞ고몬져맛보시
며님금이놀고기ᄅᆞᆯ주어시ᄃᆞᆫ도로매니
겨薦쳔ᄒᆞ시며님금이산거슬주어시ᄃᆞᆫ
모로매치더시다
○侍食於君군씌실君군祭졩ᄒ거시ᄃᆞᆫ先飯시ᄒᆞ다더
님금씌뫼셔밥머그싈저ᄀᆡ님금이祭졩
ᄒ거시ᄃᆞᆫ몬져좌터시다
曲禮예曰ᄃᆞᆯ호ᄃᆡ賜果於君前시어ᄃᆞᆫ其有核者란

懷其核이니
曲콕禮롕예닐오디果광實씷을님긊알
피셔주어시든그조수잇는거스란그조
수를푸몰디니라
○御食於君신호君이 賜餘신어시든器之溉者란
不寫고其餘란皆寫ㅣ니
님금씌뫼셔밥머글제님금이나문거슬
주어시든그르싀시슬거스란손디마오
주어시든그르싀시슬거스란손디마오

그나문거스란다소돌디니라
禮記에曰딣君이 賜車馬신어든乘以拜賜며
衣服시이어든服以拜賜며君이 未有命시이어든弗
敢即乘服也ㅣ니
禮롕記긩예닐오디님금이술위와몰와
주어시든타가주샤몰저수오며오시어
든니버주샤몰저수오며님금이命명이
잇디아니커시든깘간도즉자히닙며닙

디마롤디니라
樂락記긩예닐오디君군子는姦간聲셩亂란色
을不블留聽聰明며滛滛樂뜨禮롕를不接心術며情慢邪
辟之氣로不設於身體야使耳目鼻口心知百體로
皆由順正야以行其義라닉
樂락記긩예닐오디君군子는姦간邪
샹호소리와어즈러운비쏼귀누네머믈
우디아니호며滛음亂란호音흠樂학과

邪썅慝득호慝득邪썅禮롕數숭롤므수
매브티아니호며게으르며기우든그
운을모매두디아니호야귀와눈과고콰
입과모숨과智딩慧쀙와온가짓體롕를
히여다順쓘호며正졍호몰브터써그義
횡롤당히사눈맛라行혱홀디니라
范뽕魯公質이 戒従子詩曰딣戒爾의勿多言
ㅎ라 多言은衆모忌라니苟不愼樞機면炎灾尼

니

이 從此ᄎᆞ로 始시ᄒᆞᄂᆞ니 是非毁譽聞에 適足爲身累

范뻠魯롱公공質질이 아ᄎᆞᆫ아ᄃᆞᆯ警경戒갱

諺ᅌᅥᆫ詩싱예 닐오ᄃᆡ네의말ᄒᆞ디아니ᄒᆞ

몯警경戒갱ᄒᆞᄂᆞ니 말ᄒᆞ리한사ᄅᆞᆷ의 ᄢᅴ

눈배니라眞진實씷로지도릿조각을삼

가디아니ᄒᆞ면 災정害ᄒᆡᆼ를왼尼읙이이

롤브터비릇ᄂᆞ니외니올ᄒᆞ니ᄒᆞ며할아

며기리ᄂᆞᆫᄉᆞᆔ예足죡히모맷띠ᄃᆞ올만

ᄒᆞᄂᆞ니라

女교애 云ᄒᆞᄃᆡ女有四行ᄒᆞ니 一曰婦德이오二曰

婦言이오三曰婦容이오四曰婦功이라 婦德은不

必才明絶異也ㅣ오 婦言은不必辯口利辭也ㅣ

오 婦容은不必顏色美麗也ㅣ오 婦功은不必

工巧過人也ㅣ라 清閑貞靜ᄒᆞ야守節整齊ᄒᆞ며

已有恥ᄒᆞ며 動靜有法이 是謂婦德이라 擇辭而

行

ᄂᆞ니ᄒᆞ나ᄒᆞᆫ겨지비德득이오둘흔겨지

비마리오세흔겨지비양ᄌᆞ오네흔겨지

비功공이라겨지비德득은구틔여지

와聰明명이라겨지ᄂᆞᆫ구틔여장달오미아니오겨지

비마른구틔여이비필ᄒᆞ나며말ᄉᆞ미놀

카오미아니오겨지비양ᄌᆞᄂᆞᆫ구틔여

안色ᄉᆡᆨ이됴ᄒᆞ며고오미아니오겨지비顏

功공은구틔여工巧꽁ᄒᆞ미사ᄅᆞᆷ의게

說야不道惡語ᄒᆞ며 時然後에言야不厭於人

이 是謂婦言이라 盥浣塵穢야服飾鮮潔ᄒᆞ며

沐浴以時ᄒᆞ야 身不垢辱이 是謂婦容이라尊心

紡績야不好戲笑ᄒᆞ며 絜齊酒食야以奉賓客

이 是謂婦功이라 此四者ᄂᆞᆫ女人之大德而不

可乏者也ㅣ니 然이나爲之甚易ᄒᆞ니唯在存心耳

라 古人이有言ᄒᆞᄃᆡ 仁遠乎哉아我欲仁이면斯

仁이至矣라ᄒᆞ니 此之謂也ㅣ라

女녕教갱애닐오ᄃᆡ겨지비녜ᄒᆡᆼ더기잇

내훈 권1 14-2

너무미아니라호며ᄌᆞᆨᄌᆞᆨ호며正
정ᄒᆞ며安한靜쪙ᄒᆞ야節졂介갱롤자바
整졍齊쪙ᄒᆞ며몸行ᄒᆞᆼ호요매ᄠᅥᆺ그러우
믈두며무움과ᄀᆞ마니이쇼매法법이쇼
미이닐온겨지비德득이라말ᄉᆞᆷᄭᅩᆯ히
야ᄂᆞᆯ어모딘마롤니ᄅᆞᆷ디아니ᄒᆞ며시졀
인後ᅘᅮᆼ에ᅀᅡ닐어사ᄅᆞᆷ미게아쳗브디아
니호미이닐온겨지비마리라더러운거

내훈 권1 15-1

슬시서옷과ᄡᅮ미조ᄒᆞ며沐목浴욕을
시졀로ᄒᆞ야모몰더럽게아니호미이닐
온겨지비양ᄌᆞ라질삼애ᄆᆞᆷ몰專젼一
힚히ᄒᆞ야노릇과우ᅀᅮ믈즐기디아니ᄒᆞ
며술와밥과ᄅᆞᆯ조히ᄒᆞ야손ᄋᆞᆯ이바도미
이닐온겨지비功공이라이네ᄒᆡ겨지비
큰德득이라업수미몬ᄒᆞ리니그러나
요미甚씸히쉬우니오직ᄆᆞᅀᆞᆷ두매이실

내훈 권1 15-2

ᄯᆞᄅᆞ미라넷사ᄅᆞ미닐오ᄃᆡ仁ᅀᅵᆫ이머니
내仁ᅀᅵᆫ을코져ᄒᆞ면仁ᅀᅵᆫ이ᄅᆞᆯ리라ᄒᆞ
니이롤니ᄅᆞ니라
劉ᄅᆛ忠듕定뗭公공이見견溫온公공ᄒᆞ야問문盡진心심行ᄒᆞᆼ已이之징要ᅙᅭᆺㅣ
可캉以잉終즁身신行ᄒᆞᆼ之징者쟝ᄒᆞᆫ公공이曰ᅙᅥᆶᄒᆞ샤其끵誠ᅉᅥᆼ乎ᅘᅩᆼ뎌ᄂ
劉ᄅᆛ公공이問문行ᄒᆞᆼ之징何ᅘᅡ先션고이잇고公공이曰ᅙᅥᆶᄒᆞ샤自ᄍᆞᆼ不붏
妄망語ᅌᅥᆼ로始싱라ᄒᆞ니劉ᄅᆛ公공이初총甚씸易잉之징ᄒᆞ더니及끕退퉝ᄒᆞ야
而ᅀᅵᆼ自ᄍᆞᆼ檃ᅙᅥᆫ栝괋日ᅀᅵᇙ之징所송行ᄒᆞᆼ과與영凡뻠所송言언ᄒᆞ니自ᄍᆞᆼ相샹戾

내훈 권1 16-1

肘듕矛뭏盾쓘者쟝ㅣ多당矣ᅙᅴᆼ라力륵行ᄒᆞᆼ七칧年년而ᅀᅵᆼ後ᅘᅮᆼ에成쎵ᄒᆞ야
自ᄍᆞᆼ此ᄎᆞ로言언行ᄒᆞᆼ이一ᅙᅵᇙ致팅라表푷裏링相샹應ᅙᅳᆼᄒᆞ니遇ᅌᅮᆼ事ᄊᆞ坦
然ᅀᅧᆫ야常쌍有ᅌᅮᆺ餘영裕ᅌᅮᆺ더니
劉ᄅᆛ忠듕定뗭公공이溫온公공을보ᄉᆞ와
와ᄆᆞᄉᆞᄆᆞᆯ다ᄒᆞ야모매行ᄒᆞᆼ호ᇙ이ᄅᆞᆯ몬ᄌᆞᆫ
ㅣ어루모미ᄆᆞᆺ듣록行ᄒᆞᆼᄒᆞᇙ이ᄅᆞᆯ몬ᄌᆞᆫ
대公공이니ᄅᆞ샤ᄃᆡ그誠쎵實씷ᄒᆞ민더
劉ᄅᆛ公공이ᄆᆞᄃᆞᆫ조ᄒᆡᆼ行ᄒᆞᆼ호ᄃᆡᄆᆞ슷거

17-1

訖늘이어 使侍婢로 奉內羹야 翻汚朝服고 婢

夫人이 欲試寬令志야 伺當朝會야 裝嚴已

劉寬이 雖居倉卒야도 未嘗疾言遽色니

과 안쾌셔르 應호야더라

야샹녜有餘영호더라

러일로브터言언行이호과온後후에이

힘ᄡᅥ行호닐급현

오려커든防뻥을마 리요ᄒ시고

쓴은防뻥며니 몸사 傷샹오 ᄒ거든

16-2

슬믄뎌 ᄒ리잇고 公이니라샤 거즛

말아니ᄒ오모로브터비르솔디니라 劉

公이처서믜甚씸히수이너기더니를

러나날로行야 홀바와다 몯믈잇닐온바

롤欒론枯꿣 남구

ᄒ디 ᄒ더니

18-1

孔子ㅣ 日 야샤 言忠信고 行篤敬면 雖蠻貊

之邦이라도 行矣와어니 言不忠信고 行不篤敬

度이곤더라

婢時急히거도더니 寬이神씬

色이다 아니 야 安 ᄒ야 徐썽히닐

오디 羹이 네 소니 데어녀 ᄒ니 그 性셩

을바다 朝服애드위터더러이고

면ᄒ 雖州里ㄴ 行乎哉아

17-2

遽收之니더 寬이 神色이 不異야 乃 徐言曰

羹爛汝手乎니아 ᄒ 其性度ㅣ如此라더

劉寬이 雖倉卒야도

으로 히여곰 恣호믈 엿워裝嚴

야朝會예當호믈엿워婢로고깃羹

을ᄒ마 ᄎ거늘侍婢로

孔공子ᄌᆞᅵ 니ᄅᆞ샤ᄃᆡ 말ᄉᆞ미 忠듕信신
ᄃᆞ외며 行ᅙᆡᆼ이 篤독ᄒᆞ고 恭공敬경
ᄒᆞ며 恭공敬경ᄒᆞ면 비록 蠻만貊ᄆᆡᆨ
ᄒᆞ라도 蠻만은 南남녁 되라오
와 말ᄉᆞᆷ을 忠듕信신
도타이ᄒᆞ며 恭공敬경 아니ᄒᆞ면 비록
올ᄆᆞᆺ히 ᄃᆞᆫ니ᄃᆞ니리여
論語에 曰ᄀᆞᆯ 孔子ᅵ 於鄕黨애 恂恂如也ᄒᆞ

似不能言者ᅵ러시다 其在宗廟朝廷
言ᄒᆞ샤 唯謹爾러시다 朝애 與下大夫로 言ᄒᆞ샤
ᄃᆡ 侃侃如也ᄒᆞ며 與上大夫로 言ᄒᆞ샤ᄃᆡ 誾誾
如也ᅵ러시다
論론語ᅌᅥ에 닐오ᄃᆡ 孔콩子ᄌᆞᅵ 鄕ᅘᅣᆼ黨당
ᅌᅢ 鄕ᅘᅣᆼ黨당ᄋᆞᆫ 父뿡兄ᄒᆡᆼ 族쪽이라 信신 實ᄊᆯ
야 能능히 말ᄉᆞᆷ 몯ᄒᆞᄂᆞᆫᄃᆞᆺᄒᆞ더시니 便뻔便뻔
廟ᄆᆢᆸᅵ며 朝ᄕᅲ廷뗭에 겨샤ᄂᆞᆫ 便뻔便뻔

히 말ᄉᆞᆷ ᄒᆞ샤ᄃᆡ 오직 삼가더시다 朝ᄕᅲ廷뗭
땅에 下ᅘᅡᆼ大땡夫붕ᄃᆞ려 니ᄅᆞ샤ᄃᆡ
直띡히 ᄒᆞ시며 上썅大땡夫붕ᄃᆞ려 剛강
샤ᅵ 和ᅘᅪ悅�ᆯᄒᆞ히 ᄒᆞ더시다
冠관義ᅌᅴ예 曰ᄀᆞᆯ 凡뻠人ᅀᅵᆫ之所以爲人者ᄂᆞᆫ 禮義也ᅵ
니 禮義之始ᄂᆞᆫ 在於正容體ᄒᆞ며 顏色이 齊ᄒᆞ며 辭令이 順而
辭令이 容體正ᄒᆞ며 顏色이 齊ᄒᆞ며 辭令이 順而
後에 禮義備라ᄒᆞ리니 以正君臣ᄒᆞ며 親父子ᄒᆞ며 和

而後에 禮義立이라ᄒᆞ리니
長幼ᅵ니 君臣이 正ᄒᆞ며 父子ᅵ 親ᄒᆞ며 長幼ᅵ 和
冠관義ᅌᅴ예 닐오ᄃᆡ 믈읫 사ᄅᆞ미 ᄡᅥ 사ᄅᆞᆷ
ᄃᆞ외옛ᄂᆞᆫ 바ᄂᆞᆫ 禮롕와 義ᅌᅴ왜니 禮롕義ᅌᅴ
ㄱ 자기ᄒᆞ며 ᄎᆞ비르소ᄆᆞᆫ 모몸正정히ᄒᆞ며 ᄂᆞᆾ비
비치ᄀᆞᆽᄒᆞ며 말ᄉᆞ미 順ᄒᆞᆫ
미 正정ᄒᆞ며 ᄂᆞᆾ비치ᄀᆞᆽᄒᆞ며 말ᄉᆞ미 順
ᄡᅳᆫ 後ᅘᅮᇢ에 ᄉᆞ禮롕와 義ᅌᅴ왜 ㄱᄌᆞ리라

憂之샤 使契爲司徒야 敎以人倫ㅣ니 시 父子
ㅣ有親호며 君臣이 有義호며 夫婦ㅣ有別호며 長
幼ㅣ有序호며 朋友ㅣ有信이라호니

孟子ㅣ니르샤디 사룸미 道뚱理링
이시나 빈브르게 먹고 더운 옷 니버 便뼌
安한히 살오 고르칠미 업스면 禽끔獸슣
에 갓가오릴시 聖셩人신이 이시르믈 두샤
契셣을 히여 司송徒뚱룰 사마 司송徒뚱
일 뚱

뼈 님금 臣쎤 下행 룰 正정 히 호며 아비 와
아 돌 와 로 親친 히 호 며 얼 운 과 아 히 와 룰
和행 히 홀 디 니 下행 왜 正정
호 며 아 비 와 아 돌 왜 님금 과 臣쎤
희 왜 和행 혼 後警 에 사 禮롕 와 義왜 왜 셔
리라

孟子ㅣ曰왏샤 人之有道也나 飽食暖衣
逸居而無敎면 則近於禽獸ㅣ릴 聖人이 有

니호 噫라

濂렴溪켱周즇先션生싱이 니르샤디 仲
由유ㅣ 눈 허믈 듣록 올깃거 호니라 훈 일후미
그지업더니 이젯 사룸믄 허므리 잇거든
느믜 規귕諫간호물 깃디 아니호미
스믜시드라 病뼝을 가져셔 醫휭 貟원을 씌
여 출히 그 모미 주거도 아디 몬호미 굿호
니 슬프다

후미 라

ㄱ로 孝효 디 人신 倫륜 을 뼈 호 게 호 시
니 아비와 아들 왜 親친 호미 이시며 님금
과 臣쎤 下행 왜 義읭 이시며 남진과 겨집
괘 골히요미 이시며 얼운과 아히 왜
第똉 이시며 버디 信신이 이쇼미니라

濂렴溪켱周즇先션生싱이 닐오디 仲
名이 無窮焉호니 今人은 有過ㅣ어든 不喜人
規미호디 如護疾而忌醫야 寧滅其身而無悟也

康節邵先生이 戒子孫曰호ᄃᆡ 上品之人은 不
教而善고 中品之人은 教而後善고 下品之
人은 教亦不善ᄒᆞ니, 不教而善이 非聖而何
며 教而後善이 非賢而何며 教亦不善이 非
愚而何ㅣ리오 是知善也者ᄂᆞᆫ 吉之謂也오
不善也者ᄂᆞᆫ 凶之謂也니 吉也者ᄂᆞᆫ 目不
觀非禮之色ᄒᆞ며 耳不聽非禮之聲ᄒᆞ며 口不
道非禮之言ᄒᆞ며 足不踐非禮之地ᄒᆞ며 人非
善不交ᄒᆞ고 物非義不取ᄒᆞ며 親賢을 如就芝蘭

避惡을 如畏蛇蠍ᄒᆞᄂᆞ니, 或曰不謂之吉人
이고 則吾不信也리라 凶也者ᄂᆞᆫ 語言이 諓
諓ᄒᆞ고 動止陰險ᄒᆞ며 好利飾非ᄒᆞ고 貪淫樂禍
ᄒᆞ며 疾良善ᄒᆞᄃᆡ 如讐隙ᄒᆞ고 犯刑憲ᄒᆞᄃᆡ 如飮食ᄒᆞ야 小
則隕身滅性ᄒᆞ고 大則覆宗絶嗣ᄒᆞᄂᆞ니, 或曰不
謂之凶人이라 則吾不信也ᄒᆞ리라 傳에 有之
ᄒᆞ니 曰吉人은 爲善ᄒᆞᄃᆡ 惟日不足ᄒᆞ고 凶人
은 爲不善ᄒᆞᄃᆡ 亦惟日不足ᄒᆞ니라 汝等은 欲爲
吉人乎아 欲爲凶人乎아

康강節졍邵ᅀᅭ先션生ᄉᆡᆼ이 子ᄌᆞ孫손ᄋᆞᆯ
警경戒갱ᄒᆞ야닐오ᄃᆡ 上썅品픔
엣사ᄅᆞ미ᄀᆞᄅᆞ치디아니ᄒᆞ야도 上썅品픔
엣사ᄅᆞ믄ᄀᆞᄅᆞ쳐도善쎤ᄒᆞ고 中듕
品픔엣사ᄅᆞ믄ᄀᆞᄅᆞ쳐도善쎤ᄒᆞ고
下ᅘᅡᆼ品픔엣사ᄅᆞ믄ᄀᆞᄅᆞ쳐도善쎤
ᄒᆞᄂᆞ니 아니ᄀᆞᄅᆞ쳐도善쎤ᄒᆞᄆᆞᆫ聖셩人ᅀᅵᆫ
아니라엇더니며ᄀᆞᄅᆞ쳐도善쎤
호ᄆᆡ賢현人ᅀᅵᆫ이아니라엇더니며

쳐도善쎤티몯호미어리니거시아니라엇
더니라오이럴시善쎤이라ᄒᆞ거슨吉긿
을닐오니ᄃᆞᆯ오 不善쎤이라ᄒᆞ거슨凶
을닐오ᄂᆞᆫ도라ᄆᆞᆯ디로다吉긿
손누네非빙禮롕옛色ᄉᆡᆨ을보디아니ᄒᆞ며
귀예非빙禮롕옛소ᄅᆞᆯ듣디아니ᄒᆞ며
이베非빙禮롕옛마ᄅᆞᆯ니ᄅᆞ디아니ᄒᆞ며
바래非빙禮롕옛ᄯᅡᄒᆞᆯ불ᄇᆞ디아니ᄒᆞ며사

動똥이 그윽ᄒᆞ고 險험ᄒᆞ며 利링ᄅᆞᆯ 즐기
머 외ᄅᆞᆯ 수미고 貪탐ᄒᆞ고 濫람 亂란ᄒᆞ
고 炎염 禍ᅘᅪᆼᄅᆞᆯ 즐겨 머어딘 사ᄅᆞᆷ 몰믜요
ᄃᆡ 究궣 讎쓯 ᄀᆞ티ᄒᆞ고 罪쬥ᄅᆞᆯ 犯뻠ᄒᆞ디
飮음食씩ᄀᆞ티ᄒᆞ야 져그면 모몰 배여 性
셔ᇰ을 업게ᄒᆞ고 크면 宗조ᇰ 族쪽을 업더리
와 다 繼곙 嗣ᄉᆞᆼᄅᆞᆯ 긋게ᄒᆞᄂᆞ니 或ᄒᆡᆨ이
요ᄃᆡ 凶흉ᄒᆞᆫ 사ᄅᆞ미라 ᄒᆞᄂᆞᄃᆡ 아니ᄒᆞ야도

리미 善썬이 아니어든 사괴디 아니ᄒᆞ고
物믈이 義ᅌᅴ 아니어든 取츙티 아니ᄒᆞ며
賢현ᄒᆞᆯ 親친히ᄒᆞ디 靈령 芝징 蘭란 草
초ᇰ애 나 삼금티 아니ᄒᆞ고 모딘 닐 避삥ᄒᆞ디
오ᄃᆡ 吉긿ᄒᆞᆫ 사ᄅᆞ미 ᄃᆞ외리라 凶흉이라 혼거
비얌 쇠야기 저흠 ᄀᆞ티ᄒᆞᄂᆞ니 或ᄒᆡᆨ이
나ᄂᆞᆫ 信신티 아니ᄒᆞ리라 凶흉이라 흔거
ᄉᆞᆷ 말ᄉᆞ미 謗謗ᄒᆞ고 行ᄒᆡᆼ 止징ᄅᆞᆯ 舉겨ᇰ

常當
作恒

必 楷正ᄒᆞ며 容貌를 必端莊ᄒᆞ며 衣冠ᄋᆞᆯ 必肅整
ᄒᆞ며 步履를 必安詳ᄒᆞ며 居處를 必正靜ᄒᆞ며 作事
ᄅᆞᆯ 必謀始ᄒᆞ며 出言ᄋᆞᆯ 必顧行ᄒᆞ며 常德ᄋᆞᆯ 必固
持ᄒᆞ며 然諾ᄋᆞᆯ 必重應ᄒᆞ며 見善ᄒᆞ고 如己出ᄒᆞ며 見
惡ᄒᆞ고 如己病이니 凡此十四者를 我皆未深省
이라ᄒᆞ야 書此當座隅ᄒᆞ야 朝夕에 視為警이라노
라 張댱思ᄉᆞ叔슉의 안ᄂᆞᆫ 바ᄋᆞᆯ 右ᄒᆞᆫ 녁 銘명에
닐오ᄃᆡ ... ᄆᆞᄅᆞᆯ 모로매

나ᄂᆞᆫ 信신티 아니ᄒᆞ리라 傳뎐에 잇ᄂᆞ니
닐오ᄃᆡ 吉긿ᄒᆞᆫ 사ᄅᆞ미 ᄆᆞᆫ 善쎤을ᄒᆞ디 날ᄋᆞᆯ
不붏足죡히 너겨ᄒᆞ거든
不붏善쎤을ᄒᆞ디 날ᄋᆞᆯ 不붏足죡히
ᄃᆞ외옷ᄒᆞ녀 凶흉ᄒᆞᆫ 사ᄅᆞ미 ᄃᆞ외옷ᄒᆞ녀
겨ᄒᆞᄂᆞ다 ᄒᆞᄂᆞ니 ᄒᆡ 돌ᄂᆞᆯ 옷 不붏足죡히
張댱思ᄉᆞ叔슉의 座右銘ᄋᆞᆯ에 曰ᄒᆞᄃᆡ 凡語어를 必忠信신며
凡行을 必篤敬ᄒᆞ며 飮食을 必愼節ᄒᆞ며 字畫

ᄒᆞ고 寂쩍 靜쪙히 ᄒᆞ며 일지 소물모로매
始싱 作작 애혜아려 ᄒᆞ며 말ᄉᆞᆷ내요물모
로매 힝뎍을 도라보아 ᄒᆞ며 뎐뎐ᄒᆞᆫ 德득
을모로매구디자ᄇᆞ며 그라오녀호믈모
로매 ᄆᆞ거이맛ᄭᅵᆯ므며 善쎤을보고내모
매셔나ᄂᆞᆫ가ᄀᆞ티ᄒᆞ며 惡학을보고모맷
病뼝ᄀᆞ티홀디니믈읻이열네가짓이쿨
내다기피차리디몯ᄒᆞ야ᄡᅥ앋ᄂᆞᆫ모홀當

忠듕 信신히 ᄒᆞ며 믈읻힝뎍을모로매도
타오며조심ᄒᆞ야ᄒᆞ며 飮ᅟᅳᆷ食씩호며
로매삼가무디롤두어ᄒᆞ며 字ᄍᆞ 그슬
모로매고르고正졍히ᄒᆞ며 容용 貌모ᄅᆞᆯ
모로매端둰正졍히ᄒᆞ고 싁싁히ᄒᆞ며오시
며곳가롤모로매식식ᄒᆞ고 整졍齊쩨히
ᄒᆞ며거름거르며사ᄂᆞᆫ싸홀모로매正졍히
녹ᄌᆞ느기ᄒᆞ며볼뜨듸모로매正졍히

올講강習씹호ᄃᆡ 무ᅀᅮᆷ물다ᄉᆞ리며 性셩
을養양ᄒᆞ며 ᄆᆞ로根곤源원을삼더니즐겨
호몰져기ᄒᆞ며滋ᄌᆞ味밍롤열이ᄒᆞ며ᄮᆞᆯ
른말ᄉᆞᆷ과急급遽꺙히비치업스며ᄮᆞᆫ
거르미업스며게으른양ᄌᆡ업스며믈읻
노ᄅᆞ셋우숨과더러우며상두왼말ᄉᆞ몯
잢간도이베내디아니ᄒᆞ며世솅閒간앳
利링와어즈러운빗난것과소리와지조

당케ᄒᆞ야아춤나조히보아警겅戒갱ᄒᆞ
노라
呂렁正졍獻헌公공이 自少로講學디호
ᄅᆞ爲本니호ᄃᆡ 寡嗜慾며薄滋味며無疾言遽
色며無窘步며無惰容며凡嬉笑俚近之語
롤未嘗出諸口며 於世利紛華聲伎遊宴
以至於博奕奇玩히 淡然無所好ᄒᆞ더
呂령正졍獻헌公공이져머서브터學ᄒᆞ

와노쇼모로博박奕역奇긔玩완애니르
리오博박은상륙이오奕역은바독이라淡땀
然션히淡땀시라 즐기논배업더라

伊이川川先션生성의母모侯후夫부人신이七八歲歲時에誦고古
詩시曰욀 女女子ㅣ不夜出ᄒᆞᄂᆞ니 夜出秉明燭
好고自是로日暮則不復出房閣이러시다長야ᄒᆞ야
好文도而不爲辭章ᄒᆞ며見世之婦女ㅣ以文
章筆札로傳於人者고則深以爲非라더

伊이川川先션生성ㅣ어마님侯후夫부
人신이나ᄒᆞ닐굽여들빈시졀에넷그레
닐오ᄃᆡ겨지비바민사나디아니ᄒᆞᄂᆞ니바
민날뎨볼곤燭쵹올자부라호몰외오고
일로브터나리졈어든ᄂᆞ외방이나디
아니ᄒᆞ더니ᄒᆞ마주라글월을즐겨호ᄃᆡ
글지소몰아니ᄒᆞ며그시졀겨지비글지
시와글수모로ᄂᆞ민게보내ᄂᆞᆯ닐보고

장외오너겨ᄒᆞ더라

李리氏씨女녕戒갱예曰욀貧빈者쟝ᄂᆞᆫ安其貧ᄒᆞ고富者ᄂᆞᆫ
戒其富니貧不自安者ᄂᆞᆫ恥貧而求ᄒᆞᄂᆞ니
求旣求不得ᄒᆞ면怨由玆生야ᄒᆞ室家ㅣ相輕야ᄒᆞ恩
易情薄라ᄒᆞ리富而不戒면則夸勝之心이生
니ᄒᆞ리凌慢之容이旣彰ᄒᆞ면和柔之色이安在
오리니棄和柔之色고作嬌小之容ᄒᆞ면是爲輕薄
之婦人이라ᄒᆞ니

李링氏씨女녕戒갱예닐오ᄃᆡ가난ᄒᆞᆫ
가난호ᄆᆞᆯ便뼌安한히너기고가ᅀᆞ며
가ᅀᆞ며로ᄆᆞᆯ警경戒갱홀디니간가난코제
便뼌安한히너기디아니ᄒᆞ린가ᄂᆞᆫ올벗
그러니비求궁ᄒᆞᄂᆞ니求궁ᄒᆞ다가ᄉᆞ
몬ᄒᆞ면怨원ᄒᆞ이이롤브터나夫봉妻쳉서
르ᄆᆞ던히너겨恩ᄒᆞ이밧고며情쪙이淡땀
ᄡᆞᆯ薄빠ᄒᆞ리라가ᅀᆞ멸오警경戒갱아니

ᄒᆞ면 쟈랑ᄒᆞ며 더욱 므ᄉᆞᆷ이 나리니 므던
ᄒᆞ니 기ᄂᆞᆫ 양ᄌᆞᆯ지ᄒᆞ마ᄃᆞᆫ 面ᄋᆞᆯ 溫온和황ᄒᆞ
며 부드러운 顔안色ᄉᆡᆨ이어드ᆞ이 시료 溫온
고 아ᄅᆞᆺ다온 양ᄌᆞᆯ지ᄉᆞᆷ면 이 輕경薄박ᄒᆞ
거지비니라
柳뉴玭변이 嘗챵著뎌書셔ᄒᆞ야 戒갱其기子ᄌᆞ弟뎨曰
며ᄒ 辱喪家ᄒᆞ니 其失이 尤大者ㅣ 五니 宜深

誌之다어 其一은 自求安逸ᄒᆞ고 靡甘澹泊ᄒᆞ야 苟
利於已든 不恤人言라ᄒᆞᆯᄉᆡ 其二ᄂᆞᆫ 不知儒術
ᄒᆞ며 不悅古道ᄒᆞ며 懵前經而不恥ᄒᆞ며 論當世而
解頤ᄒᆞ야 身旣寡知ᄒᆞ고 惡人有學라ᄒᆞᆯᄉᆡ 其三은
勝已者ᄅᆞᆯ 厭之ᄒᆞ고 佞已者ᄅᆞᆯ 悅之ᄒᆞ며 唯樂戲
談ᄒᆞ며 莫思古道ᄒᆞ야 聞人之善ᄒᆞ고 嫉之ᄒᆞ며 聞人
之惡ᄒᆞ고 揚之ᄒᆞ야 浸漬頗僻ᄒᆞ야 銷刻德義ᄒᆞᄂᆞ니
簪裾ᄒᆞ며 徒在ᄒᆞ야 廝養과 何殊오리 其四ᄂᆞᆫ 崇
好優游ᄒᆞ며 耽嗜麴蘗ᄒᆞ야 以衒杯로 爲高致ᄒᆞ고

以勤事로 爲俗流ᄒᆞᄂᆞ니 智之易荒이라 覺已難
悔라ᄒᆞ니 其五ᄂᆞᆫ 急於名宦ᄒᆞ야 匿近權要ᄒᆞ야 一資
半級을 難或得之ᄒᆞ도라 衆怒群猜ᄒᆞ야 鮮有存者
ᄒᆞᄂᆞ니 余見名門右族ᄒᆞ고 莫不由祖先의 忠孝
勤儉ᄒᆞ야 以成立之ᄒᆞᄂᆞ며 成立之難ᄋᆞᆫ 如升天ᄒᆞ고
傲ᄒᆞ야 以覆墜之ᄒᆞᄂᆞ니 覆墜之易ᄂᆞᆫ 如燎毛ᄒᆞ니 言之痛心ᄒᆞ니 爾宜刻
骨라이니

柳뉴玭변이 아래 글워를 밍ᄀᆞ라 그 子ᄌᆞ
弟뎨ᄅᆞᆯ 警경戒갱ᄒᆞ야 닐오ᄃᆡ 일후믈 ᄒᆞ
야 ᄇᆞ리며 모ᄆᆞᆯ 辱ᄒᆞᄂᆞᆫ 허므리 ᄆᆞᆺ크니
을 辱ᄒᆞ며 先션人ᄉᆞᆫ
다ᄉᆞᆺ시니 기피 記긩知딩홀 ᄃᆡ어다 그
나ᄒᆡ제 便ᄈᆞᆫ 安ᄒᆞᆫ 홀고 澹땀泊
박 올ᄒᆞ히 너기디 아니ᄒᆞ야 가ᄈᆞᆫ 소ᄒᆡ틀
ᄯᆞ로ᇰ 쪅靜쪄ᇰᄒᆞ야ᄒᆞᆫ 거즈제모

매利(링)ᄒᆞ거든ᄂᆞᆫ 마ᄅᆞᆯ分(분)別(볋)아니
홀시라 그둘흔션ᄇᆡ의術(슣)을아디몯ᄒᆞ
며녯道(똥)ᄅᆞᆯ롤깃디아니ᄒᆞ야前(쪈)聖(셩)人
經(경)을어즐호ᄃᆡ붓그리디아니ᄒᆞ며當(당)
여졔모미ᄒᆞᄆᆞ아논이리젹고ᄂᆞ미비홈
이쇼ᄆᆞᆯ아쳘시라그세흔제모매ᄂᆞᆫᄒᆞᆯ
아쳘고졔모매謟(쳠)ᄒᆞ릴깃그며오직노

ᄅᆞᆫ샛말ᄒᆞ요믈즐기고녯道(똥)理(링)ᄉᆞ랑
호믈아니ᄒᆞ야ᄉᆞᆯᄆᆡᆫ善(쎤)을듣고믜며
ᄉᆞᆯᄆᆡᆫ惡(학)올든고베퍼기우러邪(썅)僻(벽)
벽ᄒᆞ이레ᄌᆞ마져德(득)義(읭)ᄅᆞᆯ롤노기며
사겨ᄇᆞ리ᄂᆞ니冠(관)服(뽁)이비록이신ᄃᆞᆯ
죵과므스기다ᄅᆞ리오그네혼쇽졀업시
노뇨믈즐기며수우를맛드러盞(잔)므로
ᄆᆞ로노ᄠᅮᆫ이롤삼고일브즈러니호ᄆᆞ로

世(솅)俗(쑉)이무를삼ᄂᆞ니비ᄒᆞ시수ᄇᆡ거
ᄎᆞ러아라도ᄒᆞ마뉘으ᄎᆞ미어려오니라
그다ᄉᆞᆫ名(명)利(링)그우슬에時(씽)急(급)
히ᄒᆞ야有(읗)勢(솅)호ᄃᆡ갓가이ᄒᆞ야호ᄒᆞᆫ資(ᄌᆞᆼ)
죵ᅵ나半(반)ᄃᆞ리롤비록시혹得(득)ᄒᆞ야
도衆(즁)人(신)이怒(농)ᄒᆞ며물사ᄅᆞ미미여
두리아太(태)ᄂᆞ니라내일홈난家(강)門(몬)과ᄂᆞ
ᄯᅩᆫ宗(죵)族(쪽)올보니몯졋祖(죵)上(썅)이忠(튱)

心(심)ᄒᆞ며孝(흉)道(똥)ᄒᆞ며브즈런ᄒᆞ며
儉(껌)朴(박)호ᄆᆞ로브터이러셔디아니ᄒᆞ
아니ᄒᆞ고子(ᄌᆞ)孫(손)의모딜며麁(총)率(슗)
ᄒᆞ며奢(샹)侈(칭)호ᄆᆞ며傲(ᅌᅩᆼ)慢(만)호ᄆᆞ로브
터업더디다니ᄒᆞ아니ᄒᆞᄂᆞ니이러셔
미어려우믄하ᄂᆞᆯ해올옴곤고업더뒤미
쉬우믄터리ᄉᆞ롬곤ᄒᆞ니ᄅᆞ건댄모ᄉᆞ
미알ᄑᆞᄂᆞ니너희ᄡᅥ에刻(큭)ᄒᆞ미맛당ᄒᆞ니

責人則明고 雖有聰明도라 恕己則昏니

爾曹는 但以責人之心로 責己고 恕己之

心로 恕人면 不患不到聖賢地位也니라

范범忠튱宣쉔公공이子弟똉를警경

戒개야닐오되사름미비록至징極끅

어리여도노외다호므란볼기고비록

聰총明명호야도제몸져보므란어즐

ㄴ니너희무른오직상녜노외다호논므

범忠宣公이 戒子弟야 曰 人雖至愚도라

마디말라

호므로호디말며됴호이리적다호므로

漢한昭죨烈령이쟝太업스실제後漢主

롤勑틱야니르샤되모딘이리젹다호므로

漢昭烈이 將終실 敕後主曰 勿以惡

小而爲之며 勿以善小而不爲라

라

伯高는 敦厚周愼야 口無擇言며 謙約節儉

寧死언 不願聞子孫의 有此行也라호노龍

長短며 妄是非正法이 此吾所大惡也라호노

得聞며 口不可得言也ㅣ라호노好議論人의

汝曹ㅣ 聞人過失던 如聞父母之名야 耳可

客니러 援이 在交趾야 遠書誠之曰吾欲

馬援이 兒子嚴敦이 並喜譏議야 而通輕俠

되사오나온사름곤더라

슈므로제몸을외다호고제몸겹는므수

무로느믈져브면聖성賢현人地띵位윙

예니르디몯호갓分분別볋이업스리라

孔공戲감이 於爲義에 若嗜慾야 如懦夫然

利與祿란애 則畏避退怯더시 於

孔공戲감이 於義얽호요매즐기논일그티

호야앏뒤홀도라보디아니호고利링와

爵쟉祿록애란저허避삥호야믈러두류

며 廉公有威니 吾ㅣ愛之重之호야 願汝曹의
效之호노라 杜季良은 豪俠好義호야 憂人之憂
며 樂人之樂호야 淸濁애 無所失호야 父喪애 致
客둔 數郡이 畢至호노니 吾ㅣ愛之重之호란마
願汝曹의 效也ㅣ니라 效季良호야 不得이라도 尙
猶爲謹勑之士ㅣ니 所謂刻鵠不成이라도 尙
類鶩者也ㅣ라 效伯高호야 不得이라도 陷爲天下
輕薄子ㅣ니 所謂畫虎不成이면 反類狗者也ㅣ
라

馬援이 兄의 아ᄃᆞᆯ 嚴과 敦과
다 議論 弄호믈 議論을 즐겨 輕薄
히 호야 말잘 호ᄂᆞᆫ 손올 사괴더니 援이
交趾예 이셔 글월 돌아보내야 警
戒 호야닐오ᄃᆡ 나ᄂᆞᆫ 너희 무리사ᄅᆞ미
허므를 드로ᄃᆡ 父母의 일홈 드론닷
호야 귀예 어루 드를ᄊᆞᆫ뎡 이베
어루 시러 니르디몯과뎌 여곰 노라사ᄅᆞ미

어딜며 사오나오ᄆᆞᆯ 즐겨 議論 호며
妄量으로 正法을 외니올 호
니 호미 이내이키아 쳔논배니 출히 주거
쑤니언뎡 子孫의 이런힝뎍 잇다드
로물 願티아니 호노라 龍伯高
ᄂᆞᆫ 도타오며 曲盡히 조심 호야이
베골히욜마리업스며 謙讓 호며
略 호며 廉 호며 儉

淸廉 호며 公ㆍ反번 호며 威嚴엄
이잇ᄂᆞ니 내 ᄃᆞ수며 重히 너겨너희무
리본바 도ᄆᆞᆯ 願 호노라 杜季良
은 豪華ㅣ오 말잘 호고 義ㅣ며
드러 사ᄅᆞ미 시르믈 시름ᄒᆞ며 사ᄅᆞ미즐
교ᄆᆞᆯ즐겨 몯기며 호리요매일훔ᄇᆡᆺ업서
아비거상애 소니오디두서ᄀᆞ을히다니
ᄇᆞ니 내 ᄃᆞᄉᆞ며 重히 너겨기간마ᄂᆞ너희

(38-2)

무리 본바 도욀 願원티 아니ᄒᆞ노라 伯백
高고ᄅᆞᆯ 本본 받다가 得득디 몯ᄒᆞ야도 오히
려 조심ᄒᆞᄂᆞᆫ 士ᄉᆞᆼㅣ ᄃᆞ외리니 닐온 밧거
히곤 다호미라 李령良량을 本본 받다가 得득
디 몯ᄒᆞ면 ᄤᅢ디여 天텬下ᅘᅡᆼ애 輕경薄
빅혼 아히 ᄃᆞ외리니 닐온 밧 범을 그리
가 일우디 몯ᄒᆞ면 도ᄅᆞ혀 가히 곤다호미라

孝親章第二 (39-1)

文王之爲世子ᄒᆞ야 朝於王季호ᄃᆡ 日三이러시니
難初鳴而衣服ᄒᆞ시고 至於寢門外ᄒᆞ야 問內竪之
御者ᄒᆞ야 曰內今日安否ㅣ 何如오 內竪ㅣ
曰安커든 文王이 乃喜ᄒᆞ더시니 及日中ᄒᆞ야 又
至ᄒᆞ야 亦如之ᄒᆞ시며 及莫ᄒᆞ야 又至ᄒᆞ야 亦如之러시다
其有不安節則內竪ㅣ 以告文王ᄒᆞ야ᄃᆞᆫ
文王이 色憂ᄒᆞ샤 行不能正履ᄒᆞ더시니 食上애 必在視寒暖

(39-2)

之節ᄒᆞ며 食下ᄒᆞ야셔 問所膳ᄒᆞ고 命膳宰曰
末有原ᄒᆞ라 應曰諾ᄒᆞᄂᆡ 然後에 退ᄒᆞ더시니
다시 ᄃᆞ외샤 食下ᄒᆞᆫ 後에 ᄯᅩ 처섬ᄀᆞ티 ᄒᆞ더시니
文王이 世子ㅣ ᄃᆞ외야 겨실제 王
季ᄭᅴ 朝ᄒᆞ샤ᄃᆡ 날마다 세번곰 ᄒᆞ더시니 ᄃᆞᆰ기 처섬 울어든 옷 ᄆᆡ샤 寢
室ㅅ門ᄋᆞᆯ 밧긔 니르르샤 內竪
ㅣ 御ᄒᆞᄂᆞ니ᄅᆞᆯ 무러 니ᄅᆞ샤ᄃᆡ

(40-1)

오ᄂᆞᆯ 安否ㅣ 엇더ᄒᆞ시뇨 內竪
ㅣ 닐오ᄃᆡ 便安ᄒᆞ시다 ᄒᆞ거든 文
王이 깃거ᄒᆞ더시다 낫가온ᄃᆡ 미처 ᄯᅩ
니르르샤 ᄯᅩ이 ᄀᆞ티 ᄒᆞ시며 나조ᄒᆡ 미처
ᄯᅩ 니르르샤 ᄯᅩ이 ᄀᆞ티 ᄒᆞ더시다 便安
티 아니ᄒᆞ신 ᄆᆞ디 잇거시ᄃᆞᆫ 內竪
ㅣ ᄡᅥ 文王ᄭᅴ 告ᄒᆞ야ᄃᆞᆫ 文王
이 顔빗ᄎᆞᆯ 시름ᄒᆞ샤 녀샤ᄃᆡ 能히

正정히 드듸요 몯론ᄒᆞ더시니 王왕季곙

ㅣ 水슝剌랑ᄋᆞᆯ 녜ᄀᆞ티ᄒᆞ신 後휳에ᅀᅡᄂᆞ

처섬ᄀᆞ티ᄒᆞ더시다 水슝剌랑ᄋᆞᆯ

로매 시그며 더운 ᄆᆞᆯ로ᄡᅥ 보시며 水슝

剌랑

고섭ᄂᆞᆯ 命명ᄒᆞ야ᄂᆞ니ᄅᆞ샤ᄃᆡ 그리ᄒᆞ리이다 그

對됭答답ᄒᆞᅀᆞ와 믈러오더시다

리ᄒᆞᆫ 後휳에ᅀᅡ 믈러오더시다

○文王이 有疾이어든 武王이 不說冠帶而養

이러시니 文王이 一飯이어든 亦一飯ᄒᆞ시며

再飯이어든 亦再飯ᄒᆞ더시다

文王이 病뼝이 잇거시든 武

이곳갈ᄯᅴ롤 밧디 아니ᄒᆞ샤 養ᅌᅣᆼᄒᆞ읍더

시니 文王이 ᄒᆞᆫ번 반쫘ᄒᆞ야시ᄃᆞᆫ 文

ᄒᆞᆫ번 반쫘 두번 반쫘ᄒᆞ시며 文王이 두번 반쫘

야시ᄃᆞᆫ ᄯᅩ 두번 반쫘ᄒᆞ시다

孔子ㅣ ᄀᆞᆯᄋᆞ샤ᄃᆡ 武王周公은 其達孝矣乎ㅣ

더 夫孝者ᄂᆞᆫ 善繼人之志ᄒᆞ며 善述人之事者

也ㅣ니 踐其位ᄒᆞ며 行其禮ᄒᆞ며 奏其樂ᄒᆞ며 敬其

所尊ᄒᆞ며 愛其親ᄒᆞ며 事死ᄒᆞ며 如事生ᄒᆞ며 事亡

如事存이 孝之至也ㅣ라

孔子ㅣ ᄀᆞᆯᄋᆞ샤ᄃᆡ 武王周公

ᄋᆞᆫ 그 ᄉᆞᄆᆞᆺ 孝道ㅣ신뎌 孝道

ㅣ라 ᄒᆞᆫ거슨 사ᄅᆞᆷ의 ᄠᅳᆮ을 이대ᄂᆞ니 ᅀᅳ며

사ᄅᆞᆷ의 이룰 이대ᄒᆞ요미니라 그 位윙룰

볼오며 그 禮롕롤 行ᄒᆡᆼᄒᆞ며 그 音흠樂악

을 奏쥼ᄒᆞ며 그 고마ᄒᆞ시던 바롤 恭공敬경

ᄒᆞ며 그 ᄯᅩᆺ 올아이 ᄒᆞ시던 바롤 ᄃᆞᄉᆞ며

주그닐 셤교ᄃᆡ 사ᄂᆞ니 셤ᄭᅳᆷ ᄀᆞ티ᄒᆞ며

닐 셤교ᄃᆡ 잇ᄂᆞ니 셤ᄭᅳᆷ ᄀᆞ티ᄒᆞ시니 孝ᅘᅭᇢ

道똫의 至징極끅ᄒᆞ샤미라

孟子ㅣ ᄀᆞᆯ오샤 曾子ㅣ 養曾皙ᄒᆞ샤ᄃᆡ 必有酒

내훈 권① 42-2

肉시ㅎ더 將徹호ᄃᆡ 必請所與ᄒᆞ며 問有餘ᄒᆞᆫ대
曰 必有酒肉이러시라 將徹 不請所與ᄒᆞ며 問
子ᄃᆡ 必有酒肉ᄒᆞᆫ대 將徹ᄒᆞᆯᄉᆡ 不請所與
ᄂᆞᆫ 所謂養口體者也ㅣ니 若曾子者ᄂᆞᆫ 可也ㅣ니
有餘ㅣ시ᄃᆡ 曰亡矣라ᄒᆞ니 將以復進也ㅣ라ᄒᆞ니 此
也ㅣ니 事親이 若曾子則可謂養志
孟子ㅣ니ᄅᆞ샤ᄃᆡ 曾元이
晳셕을 養양호ᄃᆡ 모로매 술고기

내훈 권① 43-1

게ᄒᆞ더시니 쟝太무를 저ᄒᆞ긔 모로매 주쇼ᄉᆞᆯ바
롤請쳥ᄒᆞ며 有餘엉롤ᄆᆞᆫ거시ᄃᆞᆫ 모로
매솔오ᄃᆡ 잇ᄂᆞ니다ᄒᆞ더시다 曾증晳셕
이죽거늘 曾증元원이 曾증子ᄌᆞᄅᆞᆯ 養양
호ᄃᆡ 모로매술고기롤잇게ᄒᆞ더니 쟝太
므를저ᄒᆞ긔 줄바롤請쳥티아니ᄒᆞ며 有餘홍
餘영롤ᄆᆞᆫ거시ᄃᆞᆫ솔오ᄃᆡ업스이다ᄒᆞ니
쟝太ᄡᅥ다시나소례니라이ᄂᆞᆫ닐온밧입

내훈 권① 43-2

과몸과ᄅᆞᆯ養양호미니 曾증子ᄌᆞㅣ콘ᄒᆞᆫ
어루ᄡᅳᄃᆞᆯ養양ᄒᆞᄂᆞ다닐올디니어버ᅀᅵ
셤교미 曾증子ᄌᆞ콛ᄒᆞ닌可캉ᄒᆞ니라
曾子ㅣ曰 孝子之養老也ᄂᆞᆫ 樂其心
不違其志ᄒᆞ며 樂其耳目ᄒᆞ며 安其寢處ᄒᆞ며 以其
飲食으로 忠養之ᄒᆞᄂᆞ니 是故로 父母之所
愛ᄅᆞᆯ 亦愛之ᄒᆞ며 父母之所敬ᄋᆞᆯ 亦敬之ᄒᆞᄂᆞ니 至於犬馬
도ᄒᆞ야 盡然ᄒᆞ니이어든 而況於人乎ㅣᄯᅡ

내훈 권① 44-1

曾증子ᄌᆞㅣ니ᄅᆞ샤ᄃᆡ 孝효ᇢ道띠ᅘᆞᆯ子ᄌᆞᆼ
息식의늘그시니 養양호문그ᄆᆞᅀᆞᄆᆞᆯ즐
기시게ᄒᆞ며그ᄠᅳᆮ들그릇디아니케ᄒᆞ며
그귀와눈과ᄅᆞᆯ즐거우시게ᄒᆞ며그자시
며겨샤ᄆᆞᆯ便뼌安한히ᄒᆞ시게ᄒᆞ며그飮ᅙᆞᇢ
食씩으로ᄡᅥ忠듀ᇰ厚ᅘᅮᇢ히養양ᄒᆞᆯ디니이
런젼太로父뿡母ᄆᆞᇢ의ᄉᆞ랑ᄒᆞ시ᄂᆞᆫ바ᄅᆞᆯ
ᄯᅩᄉᆞ랑ᄒᆞ며父뿡母ᄆᆞᇢㅣᄉᆞ랑ᄒᆞ시ᄂᆞᆫ바ᄅᆞᆯ
ᄯᅩ恭공敬겨ᇰᄒᆞ시

내훈 권[1] 44-2

눈바ᄅᆞᆯᄡᅩ 恭敬ᄒᆞᆯ디니 가히ᄆᆞ리게
니르러도 다 그리 홀디어니 ᄒᆞᄆᆞᆯᄉᆞᆯ
미소녀
孔子ㅣ 曰ᄒᆞ샤ᄃᆡ 父母ㅣ 生之니ᄒᆞ시ᄂᆞ니 續莫大焉이며
君親이 臨之니ᄒᆞ니 厚莫重焉이라ᄒᆞ니 是故로
不愛其親고ᄒᆞ고 而愛他人者를 謂之悖德이며ᄒᆞ며 不
敬其親고ᄒᆞ고 而敬他人者를 謂之悖禮라ᄒᆞ니
孔子ㅣ 니르샤ᄃᆡ 父母ㅣ 나ᄒᆞ

내훈 권[1] 45-1

시니 니ᄉᆞ샤미 이만 크니 업스며 君親
이 디르시니 두터오미 이에셔 重ᄒᆞ
니 업스니라 이런전ᄎᆞ로 太로 그 어버ᅀᅵᄅᆞᆯ ᄃᆞᆺ
디 아니코 다른 사ᄅᆞᆷ ᄃᆞᆺ수빌닐오ᄃᆡ 거슬
ᄧᅳᆫ 德이라ᄒᆞ며 그 어버ᅀᅵᄅᆞᆯ 恭敬
아니코 다른 사ᄅᆞᆷ 恭敬ᄒᆞᆯ닐오ᄃᆡ
거슬ᄧᅳᆫ 禮라ᄒᆞᄂᆞ니라
○孝子之事親은 居則致其敬ᄒᆞ며 養則致其

내훈 권[1] 45-2

樂ᄒᆞ며 病則致其憂ᄒᆞ며 喪則致其哀ᄒᆞ며 祭則致
其嚴이니ᄒᆞᄂᆞ니 五者ㅣ 備矣然後에ᅀᅡ 能事親이니ᄒᆞᄂᆞ니 事
親者ᄂᆞᆫ 居上不驕ᄒᆞ며 爲下不亂ᄒᆞ며
而爭則兵이니ᄒᆞᄂᆞ니 此三者를 不除ᄒᆞ면 雖日用三
니이 居上而驕則亡ᄒᆞ고 爲下而亂則刑ᄒᆞ고 在醜
牲之養도ᄒᆞ야도 猶爲不孝也ㅣ니라
孝道ᄅᆞᆯ ᄒᆞᆯ디 孝子ᄂᆞᆫ 息식이 어버ᅀᅵ 셤교ᄃᆡ
居ᄒᆞ얀 恭敬ᄒᆞᆯ디 그란 ᄆᆞᄎᆞᆷᄀᆞ장ᄒᆞ며

내훈 권[1] 46-1

養ᄒᆞ야ᇰᄒᆞ오ᄆᆞᆫ 즐거우샤ᄆᆞᆯ ᄆᆞᄎᆞᆷᄀᆞ장ᄒᆞ며
病ᄒᆞ야신저 그란 시름을 ᄆᆞᄎᆞᆷᄀᆞ장 거상
ᄒᆞ오ᄆᆞ란 슬호ᄆᆞᆯ ᄆᆞᄎᆞᆷᄀᆞ장ᄒᆞ며 祭ᄒᆞ오ᄆᆞ란 식
ᄒᆞ오ᄆᆞᆯ ᄆᆞᄎᆞᆷᄀᆞ장ᄒᆞᆯ디니 다ᄉᆞᆺ이리ᄀᆞ조後에ᅀᅡ
에ᅀᅡ 能히 어버ᅀᅵ 셤기ᄂᆞ니라 어버
시셤길 사ᄅᆞᆷ 우희사라도 驕慢티
말며 아래ᄃᆞ외야도 ᄌᆞ럽디 말며 모ᄃᆞᆫ
ᄃᆡ이셔도 토ᄃᆞ디 마ᄅᆞᆯ디니 우희사라셔

畏ᄒᆞ야 惟恐一毫나 稍違其意라ᄒᆞ니 舅姑之尊이

其高ᅵ 猶天이니 必敬必恭ᄒᆞ야 毋倚已賢ᄒᆞ며 毋倚

有答署ᄒᆞ라 悦豫而受ᄒᆞ니 此實我愛ᄂᆞᆯ 言敢出

口아 彼東鄰婦에 曾不施之오 必於我親에 卽出

乃爾教之니 出言自解ᄒᆞ면 卽同悖逆이라ᄒᆞᆯ디니 但當

曲從ᄒᆞ며 孝敬을 益力이니 或有指使ᅵ어든 聞

命即行ᄒᆞ니 雖甚勞勤나 豈敢自寧이리오 安則

致養ᄒᆞ고 唯恐其餞ᄒᆞ고 病則致憂ᄒᆞ야 衣不解帶

라ᄒᆞ야 後人이 則傚ᄒᆞ야 亦如汝爲ᄒᆞ리니 身教而從

驕慢ᄒᆞ면 敗亡ᄒᆞ고 아래ᄃᆡ 외

야셔 어즈러오면 刑罰ᄒᆞ고 도ᄅᆡ

이셔ᄃᆞᆯ토면 눌잠개로ᄒᆞᄂᆞ니 이세홀더

디아니ᄒᆞ면비록 날로 三삼

양 올ᄡᅥ도 ᄅ三삼牲셩 奉양과 돋괘라 오히려 不불

孝ᄒᆞ면ᅵ 舅姑ᅵ 娶婦ᄂᆞᆫ 在能孝之니 苟

女教애云ᄒᆞ디 舅姑ᅵ 娶婦何爲之婦者ᅵ 夙夜祗

不能孝ᄒᆞ면 聚汝何爲之婦者ᅵ 苟

로매 恭敬ᄒᆞ며 모로매 溫恭ᄒᆞ

야 제몸어 디른가 ᄆᆞᆮ다말오ᄒᆞ다가 티며

구지저도 짓거바ᄃᆞ라이眞實로날

ᄉᆞ랑ᄒᆞ요미니말ᄉᆞᆯ몯잡간이 나이베내야

리여더 東녁ᄆᆞᄋᆞᆯ며 親ᄒᆞ니게이러

아니ᄒᆞ고 모로매내 親ᄒᆞ니게이러ᄃᆞᆨ

시ᄀᆞᄅ치ᄂᆞ니마ᄅᆞᆯ내야프로려ᄒᆞ면곧

거슬쁨과곧혼디라 오직반ᄃᆞ기곡진히

ᄂᆡ에 慎之戒之라ᄒᆞᄂᆞ다

女教애 닐오ᄃᆡ 舅姑ᅵ 며ᄂᆞ리

어두믄 能히 孝道ᄒᆞ며 잇ᄂᆞ니 眞

實로 能히 孝道ᄒᆞ니 아니ᄒᆞ면 너

를어더므슴ᄒᆞ료며 저허 오직ᄒᆞᆫ터ᄅᆨ매나

리 恭敬ᄒᆞ며 저ᄒᆞᆫ터ᄅᆨ매나

져기그ᄈᆡ데어긜가저ᄒᆞ노포미ᄒᆞ놀곤ᄒᆞ니

公의尊호미그노포미ᄒᆞ놀곤ᄒᆞ니 舅姑

조차 孝道와 恭敬을 더옥 힘뿔
디니라 시혹 브료미 잇거든 命을 듣고
즉재 行ᄒᆞ디니 비록 ᄀ장 굿ᄇ나 엇뎨
잢간이나 졔 便안ᄒᆞ리오 便
安커시든 孝養 올닐위여 그 비골
ᄒᆞ실가 져코 病커시ᄃᆞᆫ 시름 믈닐위여
옷과 씨와 믈밧디 말라 後ㅅ ᄉᆞᄅᆞ미 골
법바다 쏘네 홈곤히 ᄒᆞ리니 몸ᄋᆞ로 고

쳐든 줏ᄂᆞ니 조심ᄒᆞ며 조심 홀디어다
內則에 曰디호 在父母舅姑之所야 有命之
ᄃᆞᆫ 應唯敬對ᄒᆞ며 進退周旋에 慎齊ᄒᆞ며
入에 揖遊ᄒᆞ며 不敢噦噫嚔咳欠伸跛倚睇視
며 不敢唾洟ᄒᆞ며 寒不敢襲ᄒᆞ며 癢不敢搔ᄒᆞ며
有敬事ᄃᆞᆫ 不敢袒裼ᄒᆞ며 不涉ᄃᆞᆫ 不撅ᄒᆞ며
褻衣衾을 不見裏ᄒᆞ며 父母唾洟를 不見ᄒᆞ며 冠
帶垢ᄃᆞᆫ 和灰ᄒᆞ야 請漱ᄒᆞ며 衣裳이 垢ᄃᆞᆫ 和
灰ᄒᆞ야 請澣ᄒᆞ며 衣裳이 綻裂ᄃᆞᆫ 紉箴야 請補

綴니ᄒᆞ리 少事長ᄒᆞ며 賤事貴ᄒᆞᄂᆞ니
內則에 닐오ᄃᆡ 父母舅姑
ㅅ 고대 이셔 命이 잇거시든 맛골 마우
룸내 슈와 恭敬ᄒᆞ야 對답ᄒᆞ수
오며 나슈며 므르며 두려디 돌며 모것거
도로 매 삼가 조심ᄒᆞ며 오ᄅᆞ며 ᄂᆞ리며 나
며 드로 매 구브며 펴며 조널이 ᄐᆞ림ᄒᆞ며
한숨디 ᄒᆞ며 ᄌᆞ쵤욤 ᄒᆞ며 기춤 ᄒᆞ며 하외

욤ᄒᆞ며 기지게ᄒᆞ며 ᄒᆞ녁발이 쳐ᄃᆞ듸며
지혀며 빗기 보몰 말며 조널이 춤바ᄐᆞ며
고프디 말며 치워도 조널이 더ᄂᆞᆸ디 말며
보라와도 조널이 긁디 말며 고마온 이리
잇디 아니커든 조널이 메왓디 말며 믈건
나디 아니커든 거두드듸 말며 더러온 옷
과 니블와롤 안홀븨디 말며 父母人
숨과 고ᄅᆞᆯ 보디 말며 곳갈와 ᄯᅴ와 ᄠᅳᆷ

내훈 권1 50-2

거든짒믈골아시소믈請청ᄒᆞ며옷과치
마왜ᄠᅵ믄거든짒믈골아ᄴᆡ로믈請쳥ᄒᆞ
며옷과치마왜ᄠᅵ믄거든바ᄂᆞᆯ애실ᄭᅵ
김누뷔ᄅᆞᆯ請쳥ᄒᆞᆯ디니져므니얼운셤기
며노ᄅᆞᆯ아오니ᄒᆞ며貴귕ᄒᆞ니셤교ᄆᆞᆯ다이ᄅᆞᆯ조
ᄎᆞᆯ디니라
○子婦ㅣ孝者敬者ᄂᆞᆫ父母舅姑之命을勿
逆勿急이니若飮食之든어ᄉᆞ雖不耆나必嘗而

내훈 권1 51-1

待ᄒᆞ며加之衣服이든雖不欲이나必服而待ᄒᆞ며
加之事ㅣ人代之已든서雖不欲이나姑與之
ᄒᆞ고而姑使之而後에復之ᄒᆞ라호리
아ᄃᆞᆯ와며느리왜孝ᄒᆞᆷ道ᄯᅮᆨᄒᆞ리ᄂᆞᆫ
敬경ᄒᆞ눈父뿡母ᄆᆞᇢ舅꿀姑공人命명
을거스디말며게으ᄅᆞ디마룰디니ᄒᆞ다
가飮흠食씩을머그라커시든비록즐기
디아니ᄒᆞ나모로매맛보아기ᄃᆞ리며오

내훈 권1 51-2

솔주거시든비록닙곳디아니ᄒᆞ나모로
매니버기ᄃᆞ리며이룰시기고사ᄅᆞᆷ으로
나ᄅᆞᆯ골어시든비록코져아니ᄒᆞ나아직
주고쏘브린後ᅘᅮᇦ에ᄡᅡ다시호리라
曲禮예曰ᄃᆞᆯ父뿡母ᄆᆞᇢㅣ
行不翔ᄒᆞ며言不惰ᄒᆞ며飮酒를不至變味ᄒᆞ며琴瑟을不御ᄒᆞ며食肉
을不至變貌ᄒᆞ며笑不至
矧ᄒᆞ며怒不至詈니疾止거시
復故ㅣ라

내훈 권1 52-1

曲콕禮롕예ᄂᆞᆯ오ᄃᆡ父뿡母ᄆᆞᇢㅣ病뼝이
잇거시든冠관ᄒᆞ니머리빗디아니ᄒᆞ며
녀ᄃᆡᄫᅩᆷ뇌디아니ᄒᆞ며말ᄉᆞᆷ게을이아
니ᄒᆞ며고비화롤노디아니ᄒᆞ며고기롤
머고ᄃᆡ맛가시요매니르디말며술머고
물양ᄌᆞ가시요매니르디말며우ᄉᆞ물닛
믜요매니르디말며怒농호ᄆᆞᆯ구지주매
니르디마룰디니病뼝이됴커시든녜예

52-2

또라쏠디니라

司馬溫공이 曰 父母舅姑ㅣ

婦ㅣ 無故ㅣ어든 不離側ㅎ야 親調甞藥餌而供

之고 子婦ㅣ 色不滿容ㅎ며 不戱笑ㅎ며 不宴遊

며 舍置餘事ㅎ고 專以迎醫檢方合藥으로 爲務

ㅣ니 疾已든 復初ㅣ라

司馬溫공이 닐오디 父母

와 舅姑 病ㅎ이잇거시든 아돌와

53-1

며느리와 緣故ㅣ 업거든 겨틔 나디

말며 親히 藥을 프러 맛보아 받좁고

아돌와 며느리왜 ᄂᆞᄎᆞ비ᄎᆞ 슬ㅎ디 말며 노룻

ㅎ야 웃디 말며 이바디ᄒᆞ야 노디 말며

늦이룰 ᄇᆞ리고 젼혀 醫員 請ㅎ야

方文 相考ㅎ며 藥ㅣ 지소ᄆᆞ로

힘쁠디니 病이 됴커든 처엄 ㄱ티 홀디

니라

53-2

伯兪ㅣ 有過ㅣ어 其母ㅣ 答之대 泣ㅣ니 其

母ㅣ 曰 他日에 答ㅎ야 子ㅣ 未嘗泣ㅣ니

今泣은 何也오 對曰 兪ㅣ 得罪어 答常痛

더니 今에 母之力이 不能使痛이실 是以로 泣

호라 故로 曰 父母ㅣ 怒之어시든 不作於意

며 不見於色이라 故로 父母ㅣ 怒之어시든

며 父母ㅣ 怒之어시든 不作於意

色於見이 下也ㅣ라

也ㅣ라 其次也ㅣ라

見於色이 下也ㅣ라

54-1

伯兪ㅣ 허믈 잇거늘 그 어미 틴대 우

더니 그 어미 닐오디 다른 나래 텨든 아

리 없간도 우디 아니터니 이제 우룸믄 엇

데오 對答호디 兪ㅣ 罪를 어더

든 티샤미 샹녜 알포더니 이제 어마님

미 能히 알포게 몯ㅎ실ㅅ 이런 드로

노이다 이런 젼ᄎᆞ로 닐오디 父母ㅣ

怒ㅎ거시든 ᄠᅳ데 짓디 아니ㅎ며 顔

色소 애나토디아니ᄒᆞ야 기피 그 罪쪙롤
愛ᆼᄒᆞ야 어루 어엿비게 호미 上쌍이라
父뿡母뭉ㅣ 怒ᆼᄒᆞ거시든 쁘데 짓디 아
니ᄒᆞ며 顔한色ᄉᆡᆨ 애나토디 아니호미 버
그니라 父뿡母뭉ㅣ 怒ᆼᄒᆞ거시든 쁘데
지스며 顔한色ᄉᆡᆨ 애나토디
內則에 曰ᄒᆞ샤ᄃᆡ 父뿡母뭉ㅣ 有婢子若庶子庶孫을
甚愛之ᄃᆞᆫ어시 雖父뿡母뭉ㅣ 沒ᄆᆞᆯ호ᄉᆞ야

不衰쇠ᄒᆞ리라
子ᄌᆞᄂᆞᆫ 愛一人焉이어든 父母ᄂᆞᆫ 愛一人焉
執事를 母敢視父母兩愛ᄒᆞ야 雖父母ㅣ 沒
ᄆᆞᆯ호ᄃᆞ라도
不衰쇠ᄒᆞ리라
內則에 닐오ᄃᆡ 父뿡
母뭉ㅣ 息ᄉᆞᆨ이어나 ᄆᆞᆯ子ᄌᆞ息ᄉᆞᆨ이어나 ᄆᆞᆯ孫子
나ᄒᆞ다가 ᄆᆞᆯ子ᄌᆞ息ᄉᆞᆨ이어나 ᄆᆞᆯ孫子
ᄅᆞᆯ 甚씸히 ᄉᆞ랑커시든 비록 父뿡母뭉야
ㅣ 업스샤도 모미 업ᄃᆞ록 恭공敬ᆼᄒᆞ야

○子ㅣ 甚宜其妻ᄒᆞ야든 父母ㅣ 不說시어든 出ᄒᆞ고
子ㅣ 不宜其妻ᄒᆞ야든 父母ㅣ 曰ᄒᆞ샤ᄃᆡ 是ᄉᆞ善事라 ᄒᆞ샤ᄃᆞᆫ
衰쇠티마로리라 아ᄃᆞ리 두고 마롤 父뿡
母뭉ᄂᆞᆫ 혼 사ᄅᆞᆷ ᄉᆞ랑ᄒᆞ시고 아ᄃᆞᆯᄂᆞᆫ 혼
사ᄅᆞᆷ ᄉᆞ랑커든 衣服빽飲食쎡과 브
터며 일ᄒᆞᆯ 잡주움브터 호ᄃᆡ 父뿡母뭉ㅣ ᄉᆞ
랑ᄒᆞ시논 바ᄅᆞᆯ 갓갇도곰 와 마라 비록 父
母뭉ㅣ 업스샤도

我시라커ᄂᆞᆯ 子ㅣ 行夫婦之禮焉ᄒᆞ야 沒身不衰
ᄒᆞ리라
아ᄃᆞ리 그 겨지블 甚씸히 맛당히 너겨도
父뿡母뭉ㅣ 깃디 아니커시든 내티고 아
ᄃᆞ리 그 겨지를 맛당히 아니 너겨도 父뿡
母뭉ㅣ 니ᄅᆞ샤ᄃᆡ 이아 나ᄅᆞᆯ이 대 셤기ᄂᆞ
다 ᄒᆞ거시든 아ᄃᆞ리 夫봉婦뿡禮롕롤 行ᄒᆡᆼ
ᄒᆞ야 모미 업ᄃᆞ록 衰쇠티 마로리라

○舅ㅣ沒則姑ㅣ老ㅣ누ㄴ 冢婦ㅣ 兩祭祀賓
客每事를 必請於姑고 介婦는 請於冢婦니
舅姑ㅣ 使家婦ㅣ어든 毋怠며 不友無禮於
介婦ㅣ라
婦ㅣ 凡婦ㅣ어든 不敢並命며 不敢
坐ㅣ라니 凡婦ㅣ 不命適私室이어든 不敢退
婦ㅣ 將有事든 大小를 必請於舅姑ㅣ라
싀아비업스면싀어미ㅎ느니 몬며느

祭 祀 와손待接 트렛일돌ㅎ오모
로매싀어밋긔請ㅎ고버근며느리눈
몬며느릐게請ㅎ홀디니라싀아비싀어
미몬며느리롤브리거시든게으르디말
며공갓도버근며느릐게無禮히마
롤디니라舅ㅣ다가버근며느ᄂ
리롤브리거시든몬며느릐게잡간도
 ㅈ뎨디마라잡간도골와녀디말며잡간

○父母ㅣ雖沒나 將爲善ᄒ야 思貽父母令
名야 必果ᄒ며 將爲不善ᄒ야 思貽父母羞辱야
 공긔請ᄒ홀디니라
돈굴근이리며 쟝太ㅣ이롤모로매舅姑
오디마롤디니라ᄒ며버근이롤모로매
ᄒ야가라ᄒ디아니커시든잡간도ᄆᆞᆯ러
마롤디니라믈읫며느리아룣지비命
도골와命ᄒ디말며잡간도골와잇디

伊川先生이日ᄒ샤ᄃ 人이 無父母든ᅵ어 生日
果ᄂᆞᆫ 斷히마롤디니라
필不果ㅣ니
父ㅣ母ㅣ비록업스시나쟝太善ᄒ을
홀저긔父ㅣ母ㅣ됴ᄒᆫ일ᄒᆞ혹ᄀᆞᆫ됴ᄆᆞᆯ
랑ᄒ야모로매果ᄒ며쟝太不
善ᄒ을홀저긔父ㅣ母ㅣ붓그러우
며辱ᄃᆞ왼일ᄀᆞ틸가ᄉᆞ랑ᄒ야모로매

養ᄋᆞᆯ호ᄃᆡ 無方ᄒᆞ며 服勤至死ᄒᆞ며 致喪三年이니 事
君ᄃᆞᆯ호ᄃᆡ 有犯而無隱ᄒᆞ며 左右就養ᄒᆞᄃᆡ 有方ᄒᆞ며 服
勤至死ᄒᆞ며 方喪三年이니 事師ᄃᆞᆯ호ᄃᆡ 無犯無隱
ᄒᆞ며 左右就養ᄒᆞᄃᆡ 無方ᄒᆞ며 服勤至死ᄒᆞ며 心喪三
年이니라

禮記에 예닐오ᄃᆡ 어버시ᄅᆞᆯ셤교ᄃᆡ 隱
혼 犯홈이업스며 左장미잇고 犯뻠호ᄃᆡ 미업스며 左右룡로나ᅀᅡ가 養

禮記예 日ᄀᆞᆯ오ᄃᆡ 事親친호ᄃᆡ 有隱而無犯ᄒᆞ며 左右就

에 當倍悲痛니이 更安忍置酒張樂야ᄒᆞ 以爲樂
오리 若具慶者ᄂᆞᆫ 可矣라
伊川先生이니ᄅ샤ᄃᆡ 사ᄅᆞ미
父母ㅣ 업거든 난나래반ᄃ기 倍
히슬허ᄒᆞᆯ디니 가시야엇디 술버리고
곰樂악ᄒᆞ즐교믈ᄒᆞ러오ᄒᆞ다가 吉
慶경ᄀᆞ즈닌 可캉ᄒᆞᆫ니라

司馬溫公이 日ᄒᆞᄉᆞ 父母之喪애 中門外예
擇樸陋之室ᄒᆞ야 爲丈夫次ᄒᆞ고 斬衰며 寢苦
며 枕塊ᄒᆞ며 不脫經帶ᄒᆞ며 不與人坐焉라 婦
人은 次於中門之內別室ᄒᆞ고 撤去帷帳衾褥

一定ᄒᆞ고 디업스며 일ᄒᆞ욜ᄆᆞᆺ맷거상
ᄂᆡᄒᆞ야주고 매니르리ᄒᆞ며 ᄆᆞᆺ맷거상
을 三삼年년을ᄒᆞᆯ디니라

도업스며 左장右룡로나ᅀᅡ가 養양호ᄃᆡ
一ᄒᆞᆦ定뎡ᄒᆞ고 디업스며 이룰브

양호ᄃᆡ 一ᄒᆞᆦ定뎡ᄒᆞ고 디업스며 이룰브
즈러니ᄒᆞ야주고 매니르리ᄒᆞ며 그장홀
거상을 三삼年년을ᄒᆞᆯ디니라 님금을 셤
교ᄃᆡ 犯뻠호ᄃᆡ 이잇고 隱흔이 이업스며 左장右
룡로나ᅀᅡ가 養양호ᄃᆡ 一ᄒᆞᆦ定뎡ᄒᆞ고 디
두며일ᄒᆞ욜ᄆᆞᆺ맷거상을 三삼
리ᄒᆞ며 그티ᄒᆞ욜거상을 三삼年년을ᄒᆞᆯ디
니라 스승을 셤교ᄃᆡ 犯뻠 도업스며ᄒᆞ며

華麗之物이니 男子ㅣ 無故ㅣ어든 不入中門
며 婦人이 不得輒至男子喪次ㅣ니 晉ㅅ陳
壽ㅣ 遭父喪야 有疾이어늘 使婢丸藥니더
이 往見之고 鄕黨이 以爲貶議니 坐是沈滯
坎坷終身니 嫌疑之際 不可不愼이니라
司馬溫公이니르샤디 父母
ㅅ거상애 中門 밧긔 儉박
더러운지블 필히야 男人 이거상

싸흘밍글오 斬衰며
시라 오 거적에자며 萬무적뼈며 經帶
로밧디아니며 經뼈리은삼리예혁
라 사름과다못앗디마를디니라 婦人
신은 中門 앗고別室에 잇고 帳
이며니블요히빗난거슬거더아 숄디니
라 男人의 드디아니며 婦人이 업거든아
門의 드디아니며 婦人신이男

子ㅣ 이거상논 따해곤니르디마롤디
니다 晉ㅅ陳壽ㅣ 아비거상을맛
나病이잇거늘겨집죵을야藥을
부븨이더니소니가보고鄕黨이뼈
외다혼議論을 나라이다스로沈
滯여걸여서모몰무太디嫌疑
로왼스시옌어루삼가디아니호미
리라

○古者애父母之喪앤 旣殯고食粥며齊衰
疏食水飮코不食菜果며父母之喪앤旣
疏食水飮고不食菜果고期而小
月而禫고禫而飮醴酒니 始飮酒者
祥而食菜果며又期而大祥고食醯醬며
虞卒哭고疏食水飮코不食菜果며期而小
飮醴酒고居喪애無敢公然食肉飮酒者라
居喪애奔昭帝之喪써居道上야不素食
邑王이奔昭帝之喪써居道上야不素食
니더 霍光이 數其罪而廢之라니 晉阮籍이頁

이호 曰旦이 甚寒니 長史는 事同一家ㅣ니 堂
不爲異라니 酒ㅣ 至湛이 起曰 旣不能
以禮로 自處고 又不能以禮로 處人가 每朝
煬帝爲太子애 居文獻皇后喪야
以禮야 閉口고 衣袂로 裏而納
置竹筒中야 蠟으로 取肥肉脯鮓야
今進二溢米고 而私令外로
之日애 湖南楚王馬希聲이 葬其父武穆王
背 阮籍이 居喪야 食蒸豚니러 何代
令食難腥니 其官屬潘起譏之曰

才放誕야 居喪無禮늘 何曾이 面質籍於文
帝坐야 曰 卿은 敗俗之人이 不可長也ㅣ라 治天下
帝因言於야 帝야 曰 公이 方以孝
坐而聽擅四裔의
盧陵王義眞이 居武帝憂야 無令汚染華夏ㅣ니 宋
肉珍羞야 飮酒食肉於公
劉湛이 入야 因命羶酒고 炙車螯니러 會長史
色曰 公이 當今에 不宜有此設이라니 湛이 正

以娛尸며 及殯葬則以樂으로 導輀車고 而
號泣隨之며 亦有乘喪야 卽嫁娶者ㅣ
習俗之難憂과 愚夫之難曉ㅣ 乃至此乎ㅣ여
凡居父母之喪者ㅣ 必若有疾야
酒食肉니 若有疾야 蔬食飮이
亦當復初라 必若素食야 不能下咽야 久
而羸憊야 恐成疾者는 可以肉汁及脯醢
或肉少許로 助其滋味언 不可恣食珍羞盛
饌며 及與人燕樂이니 是則雖被衰麻나 其實

無賢야니 然則五代之時에 居喪食肉者
룰 人이 猶以爲異事니 是流俗之弊라 其來甚
近也니라 今之士大夫ㅣ 居喪애 食肉飮
酒ㅣ 無異平日며 又相從宴集야 靦然無愧
人亦恬不爲怪야 禮俗之壞
飮야 亦自備酒饌야 相與飮啜야 醉飽連日며 主人
悲夫ㅣ 乃至鄙野之人이 或初喪애 未
及葬애 亦如之니라 甚者는 初喪애 作樂

母뭉ㅅ거상애ᄒᆞ마虞웅祭졩ᄒᆞ며卒
쥽哭콕祭졩ᄒᆞ고블근밥머그며믈마시
고菜칭疏송와果광實씷와ᄅᆞᆯ머그디아니
ᄒᆞ며돌새小숗祥썅ᄒᆞ고菜칭疏송와果
광實씷와ᄅᆞᆯ머그며ᄯᅩ돌새大땡祥썅ᄒᆞ
고醋총와醬ᅟᆞᆼ과ᄅᆞᆯ머그며禫땀
祭졩ᄒᆞ고禫땀祭졩코든수를머그며쳐
셤술머그리몬져믄수를먹고져셤고기

은不行喪也ㅣ니唯五十以上애血氣既衰
必資酒肉야야扶養者는則不必然爾ㅣ니其
居喪애必資酒肉及嫁娶者는國有正法
不復論ㅣ라ᄒᆞ노
녜父뿡ㅣ母뭉ㅅ거상애ᄒᆞ마殯빙ᄒᆞ고
머그며쥭머글ᄲᅵᄂᆞᆫ블근밥먹고믈마시고菜칭
疏송와果광實씷와ᄅᆞᆯ머그디아니ᄒᆞ며父뿡

阮원籍쪅이ᄅᆞᆯ面면當당ᄒᆞ야구지저니
오딕그듸ᄂᆞᆫ風봉俗쏙을ᄒᆞ야ᄇᆞ리ᄂᆞᆫ사
ᄅᆞᆷ이라어루길어두미몯ᄒᆞ리라ᄒᆞ고因
ᄒᆞ야帝뎽끠솔와닐오디公공이보야
ᄒᆞ로孝ᅙᅭᆼ道뚱로天텬下ᅘᅡᆼᄅᆞᆯ다ᄉᆞ리샤
디阮원籍쪅의큰거상ᄋᆞ로公공坐쫭애
셔술머그며고기머그니고믈許헝ᄒᆞ시ᄂᆞ니
四ᅌᅳᆼ裔볭예내조太ᄊᆞ샤方방ᅌᅳᆼ裔예ᄂᆞᆫ四나ᅌᅳᆼ

머그리몬져믄고기롤먹더니넷사ᄅᆞᆷ
미거상애잢간도公공然션히고기머그
며술머그리업더라漢한ㅅ昌챵邑흡王
이昭쭁帝뎽ᄉᆞ거상을가니블졔길혜
이셔소밥을아니먹더니霍확光광이
罪쬥롤혜여廢삉ᄒᆞ니라晉진ㅅ阮원籍쪅
이지조믄고기ᄒᆞᆷ새워거상호미禮롕업
거늘何ᅘᅡᆼ曾증이文문帝뎽ㅅ坐쫭애셔

ᄉᆞᆺ內ᄂᆡᆼ예 ᄡᅥ ᄒᆞᆯ니ᄅᆞᆫ 나라ᄒᆡ먼 ᄡᅥ 히여 華ᅘᅪᆼ夏ᅘᅡᆼ로더러요 미업게 ᄒᆞ샤 맛당ᄒᆞ니이다 華ᅘᅪᆼ夏ᅘᅡᆼᄂᆞᆫ 中듀ᇰ華ᅘᅪᆼ라 이武ᄆᆞᆼ帝뎅 宋소ᇰ 廬령陵르ᇰ王와ᇰ 義ᅌᅴᆼ眞진 엣 사ᄅᆞᆷ 몯ᄒᆞ여 아ᅀᆞᆫ 고기며 묻고기며 左장 右ᅌᅮᆲ眞진 엣 차바ᄂᆞᆯ 사아 쥼室실 안해 各각 別뼓 마초 廚뜡帳댜ᇰ 올 셰옛더니 劉류ᇰ湛땀 이들어 놀 아長댜ᇰ史ᄉᆞᆼ 劉류ᇰ湛땀 이들어 놀

야命ᄂᆞᆼ호ᄃᆡ술더이고 生蛤갑구어오 라호ᄃᆡ湛땀이 正져ᇰ色ᄉᆡᆨ호야 닐오ᄃᆡ 公공이 이제 롤當다ᇰ호야 이셔 이런法법律ᄅᆞᆲ 이 쇼미 맛당티몬호이다 義ᅌᅴᆼ眞진이 닐오ᄃᆡ 아ᄎᆞ미 甚씸히 치우니 長댜ᇰ史ᄉᆞᆼ 닐오ᄃᆡ 아 ᄒᆞᆫ집フᆺ니 달이너기디아니호 눈이리호 고 부라노라수리니르거늘湛땀 닐오ᄃᆡ ᄒᆞ마能느ᇰ히禮령로ᄡᅥ스스로處청

聲셰ᇰ이그아바님武ᄆᆞᆼ穆목王와ᇰ葬자ᇰ호 나래오히려ᄠᅩ湯타ᇰ 을먹더니그官관屬쑉籍쪅이거상호야셔ᄠᅥ도ᄃᆞᆯ먹더니어 니代ᄯᅢ예賢ᅘᅧᆫ人신이업거뇨호니그러 면五옹代ᄯᅢ시졀에 唐다ᇰ晉진梁라ᇰ周쥬 오히려 다ᄅᆞᆫ일만너기니ᄒᆞᆯ러온風보ᇰ俗

斷돤톤티몬호고 ᄯᅩ能느ᇰ히禮령로ᄡᅥᄂᆞᆫ 몯處쳐ᇰ티몬호야 矢다隋쒸煬야ᇰ帝뎅 太태ᄉᆞᆫ子ᄌᆞᆼ 드외야ᅀᆞᆯ제文문獻ᅘᅥᆫ皇ᅘᅪᇰ后ᅘᅮᆯ人신 거상ᄒᆞ여셔毎ᄆᆡᆼ日ᅀᅵᆶ 아太태民미두죠ᄡᅳᄅᆞᆯ 바티게ᄒᆞ고 아ᄅᆞᆷ도이빗글히여 솔진고 거와보육과졋과롤가져다가대롱싸온 ᄃᆡ녀코ᄆᆞᆯ로이음막고옷보ᄒᆞ로ᄢᅵ리여 드리더라湖ᅘᅩᆼ南남龔구ᇰ王와ᇰ馬망希힝

쎡의 弊ᄬᆡᆼ 그오미 甚씸히 갓갑도다 이젯
士ᄊᆞᆼ 大땡 夫붕ㅣ 거상ᄒᆞ야 오고 기머그
며 술머고미 샹녯 나래셔 달오미 업스며
ᄡᅥ 서르 조차 가 이 바디 會ᅘᆑᆼ 集ᄍᆜᆸᄒᆞ며 넙
ᄡᅥ 이 붓그림 업거든 ᄂᆞᆷ도 ᄯᅩ 아모라토
니ᄒᆞ야 달이 너기디 아니ᄒᆞ야 禮롕 옛 風
봉俗쑉의 허로믈 니겨 샹녜로ㅣ 너기ᄂᆞ
니 슬프다 더러운 미ᄒᆡᆼ ᄉᆞᄅᆞ미 시혹 첫거

상애 欲ᅌᅲᆨ 殯빙 티 몯ᄒᆞ야셔 도아 ᄉᆞ맷소
니 술와 차바ᄂᆞᆯ 가져다가 慰ᅙᅱᆼ 勞롤ᄒᆞ거
든 主즁 人ᅀᅵᆫ이 ᄯᅩ 제 술 차반 准쥰 備삥ᄒᆞ
야 서르 다못 혀 醉ᄍᆔᆼᄒᆞ야 비블오 몰날ᄂᆞᆼ
우ᄒᆞ며 葬장 호제 미쳐도 ᄯᅩ 이리 호매 니
르ᄂᆞ니라 甚씸ᄒᆞᆫ 사ᄅᆞ몬 첫거상애 音ᅙᅳᆷ
樂ᅘᅡᆨᄒᆞ야 ᄡᅥ 주거믈 즐기게 ᄒᆞ며 殯빙 葬
장 호제 미쳐ᄂᆞᆫ 音ᅙᅳᆷ 樂ᅘᅡᆨ으로 輀ᅀᅵᆼ 車겅

롤 輀ᅀᅵᆼ 車겅 장 술위라 ᄂᆞᆫ 引ᅙᅵᆫ 導ᄃᆜᇢᄒᆞ고 우러미 조
ᄎᆞ며 ᄯᅩ 거상 올ᄒᆞ야셔 곤 嫁강 娶츙ᄒᆞ리
잇ᄂᆞ니 슬프다 니 근 風봉 俗쑉의 고료미
어려움과 어린 사ᄅᆞ미 알외옴 어려우미
이러 호매 니를 셔믈읫 父뿡 母뭉 ᄉᆞ랑
ᄒᆞ린 大땡 祥썅 前쪈에 다ᄅᆞ라 어루 고기 머근
며 술머고미 몯ᄒᆞ리니 ᄒᆞ다가 病뼝이 잇
셔 섯간 모로매 고기 머그며 술 머골디라

도 病뼝이 됴커든 ᄯᅩ 모로매 쳐서메 도라
갈디니라 반ᄃᆞ기 ᄒᆞ다가 素ᄉᆢᆼ 차바ᄂᆞᆯ 能
히 모기 ᄂᆞ리오디 몯ᄒᆞ야 오라 아시ᄃᆞ
러 病뼝이 일가 저프ᄂᆞ니 어루 고깃 汁집과
脯봉 肉ᅀᅲᆨ과 젓과 시혹 고기 아니 하니로
ᄡᅥ 滋ᄌᆞᆼ 味밍를 도올디언뎡 貴귕ᄒᆞᆫ 飮
듐과 다못 이바디ᄒᆞ며 즐겨 호미 可캉 티
몯ᄒᆞᆷ 唻ᄯᆞᆷᄒᆞ니 사

70-2 (상단 우)

아니ᄒᆞ니이ᄂᆞᆫ비록거상ᄋᆞᆯ니브나그
實씷은거상ᄋᆞᆯᄒᆞ디아니ᄒᆞᆫ디니라오직
쉰以잉은上썅애血ᅙᅧᆯ氣킝
모로매술고기ᄅᆞᆯ養ᅌᅣᆼᄒᆞ야衰쉉ᄒᆞᆯ시
바養ᅌᅣᆼᄒᆞᆯ린모로매그리홀디아니니라
그거상ᄒᆞ야셔音흠樂락ᄋᆞᆯ賴랭ᄒᆞ야嫁강娶
모ᄅᆞ린婦ᄋᆞᆯᄒᆞᄂᆞ니라
라해正졍ᄒᆞ法법이이실ᄉᆡ이에다시議

71-1 (상단 좌)

論론애아니ᄒᆞ노라
顔ᇰ丁이善쎤居거喪상ᄒᆞ더 始死애皇皇焉如有求
而弗得야ᄒᆞ야 旣殯ᄒᆞ야ᄂᆞᆫ 望望焉如有從而弗及
顔안丁뎡이거상ᄋᆞᆯ이대ᄒᆞ더니 쳐엄주
고매皇ᄒᆡᆼ皇ᄒᆡᆼᄒᆞ야 ᄒᆞᆫ티몯ᄒᆞᆫ양ᄋᆞ로…安
어두디몯ᄒᆞᆫᄂᆞᆫᄃᆞᆺᄒᆞ며ᄒᆞ마殯빈ᄒᆞ야ᄂᆞᆫ
望망望망焉ᄒᆞ야ᄒᆞ야보디아니ᄒᆞᄂᆞᆫ가ᄃᆡ양졔도라죠

71-2 (하단 우)

ᄎ가디몯밋ᄂᆞᆫᄃᆞᆺᄒᆞ며ᄒᆞ마葬쟝ᄒᆞ야ᄂᆞᆫ
慨쾡然쎤ᄒᆞ야ᄂᆞᆫ慨쾡然쎤ᄒᆞ다라 ᄯᅩ그도라오믈
몯밋ᄂᆞᆫᄃᆞᆺᄒᆞ야기드리더라
海ᄒᆡᆼ虞ᅌᅮ令ᄂᆞᆫ何빠子ᄌᆞ平뼝이어ᄆᆞ거
每ᄆᆡᆼ哭踊ᅌᅭᆼ애頓絶方蘇ᄒᆞ라
土ᄂᆞᆫ饑荒ᄒᆞ고繼以師旅씣홀 去거官관
야晝夜애號哭ᄃᆞᆯ고常如祖括之日애
야夏不就清涼ᄒᆞ며 一日以米數合ᄋᆞ로
絮고夏不就清涼ᄒᆞ며 一日以米數合ᄋᆞ로爲粥

72-1 (하단 좌)

不進鹽菜ᄒᆞ더 兩居屋이敗ᄒᆞ야不蔽風日
늘어 兄子伯興이欲爲葺理ᄒᆞᆫ대 子平이不
肯曰 호ᄃᆡ我ᄂᆞᆫ情事를未申라야天地一罪人耳
니 屋何宜覆이리오 蔡興宗이爲會稽太守ㅣ라
甚加矜賞ᄒᆞ야爲營塚壙ᄒᆞ니
海ᄒᆡᆼ虞ᅌᅮ令ᄂᆞᆫ何빠子ᄌᆞ平뼝이어미거
상애그우시롤브리고슬허호믈禮롕예
너모ᄒᆞ야미샹봄ᄆᆡ야우로매다주겟다

내훈 권[1] 72-2

가시더라마초아大땡明명末맗애東동
土토ㅣ가난ㅎ고軍군旅령ㅣ서르실
시 여듧히롤시러믄갊디몯ㅎ야나
지며바미머리펴신져祖括괋
날ㄱ티ㅎ야소옴둔오솔닙디몯ㅎ고녀
겨스레소옴둔오솔닙디아니ㅎ며고
르메셔늘훈딕가디아니ㅎ며 몰호두
호부로써죽을멍글꼬소곰과 몰호먹

내훈 권[1] 73-1

디아니ㅎ더라사ㄴ지비ㅎ야디여부름
과히롤ㄱ리오디몯ㅎ거늘兒兒
伯백興흥이爲윙ㅎ야修슣理링ㅎ코져ㅎ
더니子ㅣ平뼝이즐기디아니ㅎ야닐오
디나ㄴ뜨뎃이롤펴디몯ㅎ얬ㄴ디라天텬
地띵예孝훃有훃罪쬥ㅎ사ㄹ미어니지
블엇뎨니요미맛당ㅎ리오蔡냉興흥宗종
이會뼁贊쟨太탱守슣ㅣ드외야甚씸

내훈 권[1] 73-2

昏義예 曰 더 昏禮者ㄴ 將合二姓之好야 上
以事宗廟고 而下以繼後世也니 故로 君子
重之니 是以로 昏禮예 納采와 問名과
納吉와 納徵과 請期를 皆主人이 筵几於廟
而拜迎於門外야 入야 揖讓而升야 聽命

昏禮章第三

히더옥어엿비너기며과ㅎ야爲윙ㅎ야
무더믈일우니라

내훈 권[1] 74-1

於廟니 所以敬愼重正昏禮也ㅣ라
昏義예 닐오디 昏姻혼인禮례눈쟝
太두姓셩의 됴호물모화 우흐론宗종廟묘
롤셤기고 아래론後世셰롤닛게ㅎ
ㄴ니그럴시君군子ㅣ重뜡히ㅎㄴ니
이런드로昏혼姻힌禮례예納납采ㅣ와
드려곰ㅎㄴ 禮례라 問문名명과
납采눈그려가 納납吉긿와
홈무빅를난 사라미일 納납吉긿 와

納(납)徵(딩)과 約(약) ···드릴 ··· ᄉᆞ라 ··· 請(쳥) 期(긩)홀 시 다 主(쥬)人(신)이 廟(묠)애 돗실며 几(긩)를 ··· 室(실)ᄯ·ᅡᆼ ··· 門(몬) 밧긔 ··· 러 指 ··· 辭(ᄉᆞ)讓(샹)호야 올아 廟(묠)애 命(명)을 듣ᄂᆞ니 昏(혼)姻(인) 禮(령)를 恭(공)敬(경)호며 삼가며 重(듕)히호며 正(정)히호미라

○敬愼重正而後(후)에 親(친)之호ᄂᆞ니 禮之大(땡)體(톙)니라 而所以成男女之別(별)야호 而立夫婦之義也ㅣ라 男女ㅣ有別而後에 夫婦ㅣ有義호고 夫婦ㅣ有義而后(후)에 父子ㅣ有親호고 父子ㅣ有親而后(후)애 君臣이 有正호ᄂᆞ니 故로 曰昏禮者ᄂᆞᆫ 禮之本也ㅣ라 恭(공)敬(경)호며 삼가며 重(듕)히호며 正(정)히호 後(후)에 親(친)호ᄂᆞ니 重(듕)히호며 正(정)히호며 禮(령)의 大(땡)體(톙)

···니 男女ㅣ 겨집 골히요물 일워 夫(부)婦(뿡)의 義(의)를 셰요미라 남진과 겨집 골히 요미이신 後(ᅙᆕᇂ)에사 夫(붕)婦(뿡)ㅣ 義(의)이신 後(ᅙᆕᇂ)에사 아비와 아ᄃᆞᆯ 왜 親(친)호요미잇고 아비와 아ᄃᆞᆯ 왜 親(친)호요미이신 後(ᅙᆕᇂ)에사 님금과 臣(씬) 왜 正(정)히호미잇ᄂᆞ니 그런ᄃᆞ 로 닐오ᄃᆡ 昏(혼)姻(힌) 禮(령)ᄂᆞᆫ 禮(령)의 根(ᄀᆞᆫ)

源(원)이라 禮記(례긔)에 曰(왈)호ᄃᆡ 夫昏禮ᄂᆞᆫ 萬世之始也ㅣ니 取於 異姓은 所以附遠厚別也ㅣ니라 幣必誠며 無不腆야호 告之以直信이니 信은 事人이며 辭 信은 婦德也ㅣ니라 一與之齊면 終身不改 니 故로 夫死도 不嫁ㅣ니라 男子ㅣ親迎호ᄃᆡ 君 男先於女ᄂᆞᆫ 剛柔之義也ㅣ니 天先乎地며 君 先乎臣이 其義一也ㅣ니라 執摯야호 以相見은 敬

76-2

章別也ㅣ라 男女ㅣ有別然後에父子ㅣ親
며 父子ㅣ親然後에 義生며 義生然後에 禮
作며 禮作然後에 萬物이 安니 義 無別無義
눈 禽獸之道也ㅣ라
禮記예 닐오디 昏姻에
눈 萬世의 비르소미니 다른 姓에
取호모 뼈 머리 호몰 믄게 며 골
요몰 두터이 논 배니라 幣를 모로매

77-1

精誠도 이며 말을 수몰 두터이 아니
며 德이니라 혼번 다 몯 리며 信은
뼈 니 信은 사르미 몸 심기며 信은
업시 야 告호디 直과 信과로
면 모미 몯 드록 가시디 아니 니 이런
드로 남지니 주거도 왼디 아니 니라
男子ㅣ 親히 마자 남지니 겨지비
게 몬져 홈은 剛과 柔ㅣ 왓 디니 하

77-2

히씨 야 롯 몬져 며 님금이 臣下 롯
몬져 홈이 그 쁘디 호가지라 摯로 자 바
려 개 잇 그 뼈 서르 보 논 둔 恭敬 야
有別 오미 이신後에 뼈 몬 기개니라 男女ㅣ
別 요미 이신後에 父子ㅣ
골 요미 이신後에 父子ㅣ 親
親 며 아비와 아 왜 親 後
며 나며 아비와 아 왜 禮
義 나며 義 난後에 萬物이
며 禮 왼後에 萬物 이 便

78-1

民多夭라 니
母之道而有子니 是以로 教化ㅣ 不明而
之萌也ㅣ라 世俗이 嫁娶太蚤야 未知為人父
王吉이 上疏曰 夫婦 人倫大綱이니 夭壽
禽獸의 道ㅣ라
安 니 골 욤 업스며 義 업소믄
王吉이 이글위로 進上 수와 닐
오디 夫婦 婦人 倫의 큰 綱領

내훈 권1 78-2

:령이니短:단命·명ᄒᆞ며長땽壽:쓩ᄒᆞᆯ萌밍
芽앙ㅣ라世·솅俗·쑉이嫁·강娶:츙ᄒᆞ오ᄆᆞᆯ:해
·일ᄒᆞ야·사ᄅᆞ·미父·뿡母:뭏ᄃᆞ외욤道:똫ᄅᆞᆯ
·아·디몯ᄒᆞ야셔子:종息·식·이잇ᄂᆞ·니·이런
ᄃᆞ로教·꿓化·황ㅣ·ᄇᆞᆰ·디:몯ᄒᆞ며百·빅姓·셩
·이·해·일죽ᄂᆞ·니이·다
文中子ㅣ曰ᄒᆞᄃᆡ婚娶而論財ᄂᆞᆫ夷虜之道也
ㅣ니君子ㅣ不入其鄉ᄒᆞᄂᆞ니라古者애男女之族

내훈 권1 79-1

이各擇德焉뎐이언不以財로爲禮ᄒᆞ더니라
文문中듕子:종ㅣ닐오ᄃᆡ婚혼娶:츙ᄒᆞᆯ제
쳔량議·읭論론ᄒᆞ문:되·다대의道:똫ㅣ니
君군子:종ㅣ그ᄀᆞ올·히드·디아·니ᄒᆞᄂᆞ·니
·라·녜남진겨지·븨아ᄉᆞ미各·각各·각德·득
을골·히ᄡᅮ·니언뎡:쳔량으로ᄡᅥ禮:롕ᄅᆞᆯ삼
디아니ᄒᆞ더니라
○早婚少聘은教人以偷ㅣ오妾媵無數ᄂᆞᆫ教

내훈 권1 79-2

人以亂이니且貴賤이有等ᄒᆞ니一夫一婦ᄂᆞᆫ庶
人之職也ㅣ라
·일婚혼姻힌ᄒᆞ며져머셔媒밍聘·평호ᄆᆞᆫ
媒밍ᄂᆞᆫ듕신·이·라:사ᄅᆞ·ᄆᆞᆯᄀᆞᄅᆞ쵸·ᄃᆡ輕켱薄·빡ᄒᆞᆫ
·이ᄅᆞᆯᄡᅥᄒᆞ논·디오·고마ᄅᆞᆯ數·숭:업시호ᄆᆞᆫ
:사ᄅᆞ·ᄆᆞᆯᄀᆞᄅᆞ쵸·ᄃᆡ어즈러오ᄆᆞᆯᄡᅥᄒᆞ논·디
·니·ᄯᅩ貴·귕ᄒᆞ니·와賤쪈ᄒᆞ니·왜差창等:등
·이잇ᄂᆞ·니ᄒᆞᆫ남진ᄒᆞᆫ겨지·븐庶·셩人신·의

내훈 권1 80-1

셔·시라
司馬溫公이曰ᄒᆞᄃᆡ凡議婚姻ᄒᆞᄃᆡ當先察其壻
與婦之性行과及家法이何如ᄒᆞ고勿苟慕其
富貴니라壻ㅣ苟賢矣면今雖貧賤ᄒᆞᆫᄃᆞᆯ安知異
時예不富貴乎ㅣ리오苟爲不肖ㅣ면今雖富盛
ᄒᆞᆫᄃᆞᆯ安知異時예不貧賤乎ㅣ리오婦者ᄂᆞᆫ家之
所由盛衰也ㅣ니苟慕一時之富貴而娶之ᄒᆞ면
彼挾其富貴ᄒᆞ야鮮有不輕其夫而傲其舅姑
ᄒᆞ니養成驕妬之性ᄒᆞ면異日爲患이庸有極乎

81-1

가난코ᄂᆞᆺ가온ᄃᆞᆯ다ᄅᆞᆫ시졀에富貴
티아니ᄒᆞᆯ돌엇뎨알리오眞實로不
肖ᄒᆞ면이제비록富貴ᄒᆞᆯ다
ᄅᆞᆫ시졀에貧賤ᄎᆞᆫ티아니ᄒᆞᆯ돌엇뎨알
리오며ᄂᆞ리라혼거슨지비盛ᄊᆞᆼ커나衰
ᄉᆔ커나호매브튼배니ᄒᆞ다가一힗時씽富
옛富뿡貴귕ᄅᆞᆯ뻐셔그남진을므던히너기며

80-2

오리 借使因婦財야ᄒᆞ야 以致富ᄒᆞ며 依婦勢ᄒᆞ야 以
取貴ᄒᆞᆯ돌ᅟᆞᆫ 苟有丈夫之志氣者ᄂᆞᆫ 能無愧乎아
司馬溫公이 닐오ᄃᆡ 믈읏 婚
姻을 議論ᄒᆞ요ᄃᆡ 모로매 몬져 그 사
회와 며ᄂᆞ리의 性셩식과 ᄒᆡᆼ뎍과 그
ᄋᆫ 이엇던고ᄒᆞ야 ᄉᆞᆯ피고 苟굴ᄒᆞᆯ
가ᄉᆞ멸며벽을노ᄑᆞᆫ이롤과ᄒᆞ고ᄃᆡ마롤디
니라 사회ᄒ심 眞實로어딜면이제비록

82-1

그러오미업스리여
安定胡先生이 닐오ᄃᆡ 嫁女ᄂᆞᆫ 必須勝吾家者
니 勝吾家則女之事人이 必欽必戒ᄒᆞ리오 娶
婦ᄂᆞᆫ 必須不若吾家者ᄂᆞᆫ 不若吾家則婦之
事舅姑ᅵ 必執婦道ᄒᆞ리라
安定호 胡ᄬᅩᆼ先션生ᄉᆡᆼ이닐오ᄃᆡ ᄯᆞᆯ
얼요ᄃᆡ모로매내지비셔는ᄒᆞᆫ디호리니
내지비ᄉᆈᆫᄅᆞᆯ사ᄅᆞᆷ셤교미반ᄃᆞ기

81-2

그ᄉᆞᆯ아비ᄉᆞᆽ어믜게傲ᅙᅩᆸ慢만티아니ᄒᆞ
리져그니 驕굡慢만ᄒᆞ며새음ᄒᆞᄂᆞᆫ性셩
식을養양ᄒᆞ야일우면다ᄅᆞᆫ나래分분別
ᄃᆞ외요미어딋던그지이시리오비록
며ᄂᆞ리쳔량을因ᅙᅵᆫ야勢솅롤브터貴귕
ᄂᆞᆯ위ᄒᆞ며 며ᄂᆞ리有ᅙᅮᆼ勢솅人ᅀᅵᆫ丈ᄠᅡᆼ夫붕의
호ᄆᆞᆯ取츙ᄒᆞᆫᄃᆞᆯ眞實ㅅᆞᆷ人ᅀᅵᆫ丈夫能능히븟
ᄯᅳᆷ과긔운과ᄅᆞᆯ뒷ᄂᆞᆫ사ᄅᆞᆷ인댄能능히븟

82-2

恭공敬경ᄒᆞ며 반ᄃᆞ기 조심ᄒᆞ리라 며ᄂ
리롤 어두ᄃᆡ 모로매 내 집만 곧디 몯ᄒᆞ
롤 호리니 내 집만 곧디 몯ᄒᆞ면 며ᄂ리ᄋᆡ
舅귕姑공 셤교미 반ᄃᆞ기 ᄒᆞ며ᄂ리 道똠理링
리롤 자바 브리라
士ᄽᆞᆼ昏혼禮롕예 曰ᄀᆞᆯ 父뿡ᅵ醮죨子ᄌᆞᆼ고 命명之징曰ᄀᆞᆯ
爾相야 承我宗事ᄒᆞᆯᄃᆡ 勗욱帥야 以敬先姒之嗣ᄌᆞᆼ야 往迎
若則有常 子ᅵ曰ᄀᆞᆯ 諾나이 惟恐弗堪
고 若則有常라ᄒᆞᆯ 子ᅵ曰ᄀᆞᆯ

83-1

士ᄽᆞᆼ昏혼禮롕예 닐오ᄃᆡ 아비 아ᄃᆞ롤 醮죨
ᄒᆞ고 命명ᄒᆞ야
之징曰ᄀᆞᆯ 視諸袵簟시ᄂᆞᆯ
敬恭聽宗爾父母之言야 夙夜無愆
及門內야 申之以父母之命고 命
戒之敬之야 夙夜無違命이ᄒᆞᆯ
戒之敬之야 夙夜無違宮事라고 庶母
니와 어 不敢忘命이ᄒᆞ다리 父ᅵ送女ᄹᆞᆯ命之曰ᄀᆞᆯ
施衿結帨야

84-1

ᄎᆞ 뭇과 롤 보라 ᄒᆞᄂᆞ
니라
일져 ᄆᆞ리ᄒᆞ야 허 ᄆᆞ리 업스라 ᄒᆞ고 四와
수물 恭공敬경ᄒᆞ야 든ᄌᆞ와 尊존히 ᄒᆞ야
처ᅟᅠᆫ드시 命명ᄒᆞ야 닐오ᄃᆡ 父뿡母뭉ᄉᆞᆺ 말
업시롤 그르디 말라 ᄆᆞ리 안해 미
디 말라 어미 ᄯᅴ 미오ᄃᆞᆯ 手슣巾근 미오ᄂᆞᆯ
ᄃᆡ 힘쓰며 恭공敬경ᄒᆞ야 일져 ᄆᆞ리ᄒᆞ야

83-2

닐오ᄃᆡ 가ᄂᆡ도 올사ᄅᆞᆷ 몰마 자 우리 宗종
廟뵹 敬경ᄒᆞ야 일져 ᄆᆞ리 ᄒᆞ며 命명을 고ᄆᆞᆺ
롤 보ᄇᆞᆯ제 命명ᄒᆞ야 닐오ᄃᆡ 조심ᄒᆞ며 恭공
간도 命명을 닛디 아니ᄒᆞ리ᄋᆞ다 아비 ᄯᅩ
리ᄒᆞ리이다 오직 몯 두ᄅᆞ리ᅟᅵ가 져카니와 敬경
고 네 던던 호몰두라아ᄃᆞ리ᄂᆞᆯ오ᄃᆡ 그
니 슬이 롤 先션姒ᄉᆞᆼᄉᆞᆺ두녀 편ᄂᆞᆫ 히 恭공敬경

내훈 권1 84-2

孔子ㅣ 曰ᄒᆞ샤ᄃᆡ 婦人은 伏於人也ㅣ니 是故로
無專制之義고 有三從之道ᄒᆞ니 在家ᄒᆞ야ᄂᆞᆫ 從
父ᄒᆞ고 適人ᄒᆞ야ᄂᆞᆫ 從夫ᄒᆞ고 夫死ᄒᆞ거든 從子ᄒᆞ야 無所
敢自遂也ㅣ라 敎令을 不出閨門ᄒᆞ며 事在饋
食之間而已矣라 是故로 女ᄂᆞᆫ 及日乎閨門
之內ᄒᆞ며 百里而犇喪ᄒᆞ며 事無擅爲ᄒᆞ며 行無
獨成ᄒᆞ며 夜行以火ㅣ니 所以正婦德也ㅣ니
畫不遊庭ᄒᆞ며 動ᄒᆞ며 可驗而後에 言ᄒᆞ며
女ㅣ 有五不取니 逆家子ᄅᆞᆯ 不取ᄒᆞ며 亂家

내훈 권1 85-1

子ㅣ 不取ᄒᆞ며 世有刑人이어든 不取ᄒᆞ며 世有惡
疾ᄒᆞ야든 不取ᄒᆞ며 喪父長子ᄅᆞᆯ 不取ㅣ니라 婦ㅣ
有七去니 不順父母ᄅᆞᆯ 去ᄒᆞ며 無子ᄒᆞ야든 去ᄒᆞ며
婬溢ᄒᆞ야든 去ᄒᆞ며 妬ᄒᆞ야든 去ᄒᆞ며 有惡疾ᄒᆞ야든 去ᄒᆞ며
多言ᄒᆞ야든 去ᄒᆞ며 竊盜ᄒᆞ야든 去ㅣ니라 有三不去ᄒᆞ니
有所取오 無所歸어든 不去ᄒᆞ며 與更三年喪ᄒᆞ야든
不去ᄒᆞ며 前貧賤ᄒᆞ고 後富貴어든 不去ㅣ니라 凡此ᄂᆞᆫ
聖人이 所以順男女之際ᄒᆞ며 重婚姻之始也ㅣ
니라 孔子ㅣ 닐르샤ᄃᆡ 婦人은 사ᄅᆞᆷ

내훈 권1 85-2

ᄆᆡ게 굿브ᄂᆞᆫ거시니 이런젼ᄎᆞ로 오ᄋᆞ로
制ᆼ斷돤ᄒᆞᄂᆞᆫ ᄠᅳ디 업고 세 조ᄎᆞᄂᆞᆫ 道ᄠᅩᇰ理
링 잇ᄂᆞ니 지븨 이셔ᄂᆞᆫ 아비ᄅᆞᆯ 좃고 사ᄅᆞ
ᄆᆡ게 가ᄂᆞᆫ 남진올 좃고 남진 죽거든 아
ᄃᆞᄅᆞᆯ 조차 간도 절로 일오ᄂᆞᆫ 배 업스니라
ᄀᆞᄅ치논 令령을 閨궹門몬에 내디 아니
ᄒᆞ며 이리홀 바ᄇᆞᆫ 논 ᄉᆞ싀예 이실 ᄯᆞ니
니라 이런젼ᄎᆞ로 겨지븐 閨궹門몬 안해

내훈 권1 86-1

셔 나롤져 믈오고 百뵉里링 ᄯᅡ해 거상
ᄇᆞ라 가몯아니ᄒᆞ며 이ᄅᆞᆯ 쥬변으로 호미
업스며 行ᄒᆡᆼ을 호오사 일우미 업스며 모
다 안後ᅘᅮᇢ에 ᅀᅡ 무며 어루 본증ᄒᆞᆫ後ᅘᅮᇢ에
ᅀᅡ 나ᄅᆞᆷ며 나지 ᄠᅳᆯ혜 노니디 아니ᄒᆞ며 바
민녀더 보믈 ᄢᅧ호ᄃᆡ니 ... 겨집의 德득을 올
正졍히ᄒᆞ논 배니 라겨짐이다 ᄯᅵ取츙티 아
니호미잇ᄂᆞ니 거슬ᄣᅳᆫ 짓 아ᄃᆞᆯ 取츙티

말며어즈러온짓아ᄃ록取티말며뉘
마다罪지ᄇ른사ᄅ머잇거든取티말
며뉘마다모딘病잇거든取티말며
아비일흔몬아ᄃ록取티마롤디니라
겨지비ᄂᆞᆲ굽내뉴머잇ᄂᆞ니父母씨
順티아니커든내티며아ᄃᆞᆯ업거든내
티며淫欲잇거든내티며
티며모딘病잇거든내티며말ᄉᆞᆷ하거

든내티며구모ᄒᆞᆫ盜賊ᄒᆞ거든내룰
디니라세몬내뉴미잇ᄂᆞ니取혼배잇
고갈배업거든내티디말며더브러三
年거상올디내여ᄃᆞ내티디말며몬져
貧賤ᄒ고後에富貴커든내
티디마롤디니라믈읫이ᄂᆞᆫ聖人이
뻐男女ᄉᆞ이룰順케ᄒ시며婚
혼姻인ᄉ始作올重히ᄒᆞᄂᆞᆫ배시

니라

內訓卷第一

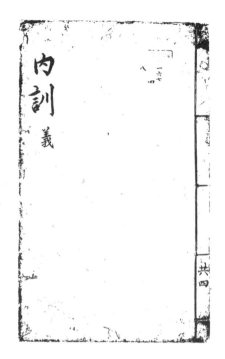

內訓
義

內訓卷第二上
夫婦章第四
女敎애云호디妻雖云齊나夫乃婦天이라禮當
敬事호디如其父焉이니甲朝下意야母安尊大
唯知順從오不敢違背니聽其敎戒디호如
敢曰縱肆야已尚不有니
開聖經야寶其身體디若珠與璣야何物을敢
守니
特夫苟有過디委曲諫之야
야和容婉辭니夫若盛怒디悅則復諫야

女녕敎굥애닐오디비록호가지
라니르나남진은겨지븨하놀이라禮롕
로반드기恭공敬경호야셤교디아비
티홀디니모물놋가이며쓰들느즈기
호아거줏尊존코큰양말며오직順쓘從쭁
호몰알오좃간도거슬뼈마롤디니
루치며警경戒갱호몰드로디聖셩人신
ㅅ글드롤ㄷ티호며모물보빈로이너교

雖被箠楚도安敢怨恨오리夫職은當尊
而妻는爲甲이라或毆或詈乃分之宜니我
焉敢答며我爲敢恐오리籍以偕老라匪一
日故리라纖毫之事를必當稟聞니豈敢自
專오리夫家有失을勿敢自
母니徒貽親憂라告亦何補오리
死生以之니若是紛紜면馬牛不如라
欲家之興댄嫁既曰歸니
乎敬라호니日和與順니何以致斯오又在

恐콩望망ᄒᆞ며애와티리오남지ᄂᆡ兩량
住씀은반ᄃᆞ기尊존ᄒᆞ고겨지ᄂᆞᆫ가ᄂᆞᆫ
디라시혹터며시혹구지조ᄆᆞ分분에맛
당ᄒᆞ미ᄂᆡ내어듸잣간이나 對됭答답
ᄒᆞ며내어듸잣간이나怒농ᄒᆞ리오브
터ᄒᆞᄠᅦᄂᆞᆯ골디라ᄒᆞᆺ롯젼혀아니라터
럭만이롤모로매알외욜디니엇뎨잣간
이나제쥬변ᄒᆞ리오쥬변ᄒᆞ면사ᄅᆞ미아

뒤구슬그티ᄒᆞ야저허守ᅀᅲᆸ홀디니잣간兩량
이나ᄆᆞ숨노ᄒᆞ펴아려몸도오히려잇디
아니커니ᄆᆞᄉᆞᆯ미드리오남지니眞진
實씷로허므리잇거든委ᅙᅱᆼ曲콕히
호ᄃᆡ利링害ᅘᅢᆼ로ᄡᅥ펴닐어ᄂᆞᆯ溫온和ᅘᅪᆼ
히ᄒᆞ며말ᄊᆞᆷ슬順쓘히ᄒᆞ야커든도ᇫᄭᅵᆺ거든다시諫간
다ᄀᆞ고샤ᇰ怒농ᄒᆞ야커든ᄃᆞ외ᄒᆞᇰ諫간이나
관ᄒᆞᆼ야비록橐튜믈니버도엇뎨잣간이나

료坴恭고ᇰ敬경호매잇ᄂᆞ니라
○夫婦之道ᄂᆞᆫ家配陰陽이며
天地之弘義며人倫之大節也ㅣ
니라詩著關雎之義ᄒᆞ니由斯言之
貴男女之際고夫不賢則無以御婦ㅣ오
댄뎌不可不重也ㅣ라夫不賢則婦
不賢則無以事夫ㅣ며夫不御婦
ㅣ댄뎌其用이一也ㅣ라察今之君子
ㅣ徒知妻
壞ᄒᆞ고婦不事夫며則義理墮闕
者댄뎌其用이一也ㅣ라察今之君子ㅣ徒知妻
婦之不可ㅣ오而威儀之不可不整故로

니니라남지ᄂᆡ집허므를父뿡母무ᇢ씌니
ᄅᆞ디마롤디니ᄒᆞᆫ갓어버ᅀᅵ시ᄅᆞ믈기티
ᄂᆞᆫ디라니ᄅᆞᆫ돌므스기保봉太태리오남지ᄂᆡ어
러ᄒᆞᄆᆞ도라간주그며사로ᄆᆞ로ᄡᅥ홀디
니남겨디어ᄅᆞᆷ글도라ᄒᆞᆯ제집사ᄅᆞᆯ서라ᄒᆞᄂᆞ
가어즈러이ᄒᆞ면ᄆᆞᄉᆞᆷ만도곤디몬ᄒᆞ니
라지블니르완고져홀ᄃᆞ댄닐오ᄃᆡ和ᅘᅪᆼ
홈과順쓘홈과니ᄆᆞᄉᆞᆯ그로ᄡᅥ이에닐위

ᄃᆞ라 이런ᄃᆞ로 禮롕예 男남女녕ᄉᆞᆺ시
룰 貴귕히 너기고 毛몽詩싱예 關관雎정
人ᅀᅵᆫ義ᅌᅴ롤 나토니 關관雎정ᄂᆞᆫ 毛몽詩싱
올 ᄉᆞᄆᆞᆺ 새로 和ᅘᅪᆼ히 ᄃᆞ외ᅀᆞ워 이제 曲콕閤한 貞뎡
聖셩 文문王ᅌᅪᆼ 后ᅘᅮᇢㅅ 德득이 샤ᅀᆞᄃᆡ 마디 女녕
ᄌᆞᆫ왜야 곧 노로 ᄃᆞ여 아니 ᄒᆞ며 聖셩德득이 이셔ᅀᆞ
셔ᅀᆞ며 ᄃᆞ 聖셩德득이 ᄆᆡ와 그윗 머 王ᅌᅪᆼ氏씽
올 오실 이제 詩싱 關관ᄅᆞᆯ 디ᅀᅵ며 오 더뎌 德득이
ᄉᆞ며 모 詩싱 關관ᄅᆞᆯ 디ᅀᅵ며 오 더뎌 德득이며

訓其男ᄒ야ᄒᆞᆫ 檢以書傳ᄒᆞ고 殊不知夫主之不可
不事와 禮義之不可不存也ㅣ어ᄂᆞᆯ 但敎男而不
敎女ᄒᆞᄂᆞ, ᄂ 亦敝於彼此之數乎ㅣ뎌ᄂᆡ 禮예 八歲예
始敎之書ᄒᆞ고 十五而志於學矣ᄂᆞ니 獨不可
依此ᄒ야ᄒ야 以爲則哉아
夫봉婦ᄬᅮ의 道똠ᄂᆞᆫ 陰흠과 陽양과이마
ᄌᆞ며 神씬明명에 ᄉᆞᄆᆞ太니 具꿍實씷로
하ᄂᆞᆯ콰ᄯᅡ왓 큰 義ᅙᅵ며 人신倫륜의 큰 무

기디 몯ᄒ면 義ᅌᅴ理링ㅣ 틀어디리니 이 두
이롤가 죨비건댄 그 뿌미 ᄒᆞ가 지라 이졋
君군子ᄌᆞ롤 본딘 ᄒ갓 거지블 거ᄂᆞ리
아니 호미 외움과 威횡儀ᅌᅴᆼ 整졍齊쩡아
니 호미 외주를 알 시아 ᄃᆞ롤ᄀᆞ ᄅᆞ쳐 글월
로 모ᄆᆞᆯ 가지게 ᄒ고 남지 ᄂᆞᆯ 셤기디 아니
호미 외움과 禮롕義ᅌᅴ롤 두디 아니 호미
왼주룰 ᄀᆞ장 아디 몯ᄒ야 ᄒ갓 아ᄃᆞᆯᄀᆞ

은 安한靜ᄒ시며 恭ᄀᆞᆼ敬경ᄒ며
락ᄒ시며 恭ᄀᆞᆼ敬경ᄒ샤 貞뎡靜쩡ᄒ며
ᄃᆞᆫ 安한한靜쩡ᄒ시ᄆᆞ 恭ᄀᆞᆼ敬경ᄒ시며 貞뎡靜쩡
ᄒ야 라 조ᅀᅵ ᄅᆞᆯ이롤

브터니ᄅᆞᆫ건댄 重ᄄᆜᆼ히 너기기ᄅᆞᆯ아니ᄒᆞᆫ호미
몬ᄒ리라 남지니어디디몯ᄒ며겨지블
거ᄂᆞ리라 남지니어디ᄃᆡ비어디디몯ᄒ며
남지 놀셤기디 몯ᄒ며 남지니 겨지블
ᄂᆞ리디 몯ᄒ면 威횡儀ᅌᅴᆼ 업 남지 놀셤
고儀ᅌᅴᆼ法법ᄂᆞᆫ거동이식식ᄒ시라 威횡儀ᅌᅴᆼ ᄒ야디고
법바닸자 리라 겨지비 남지ᄂᆞᆯ셤

○陰陽이 殊性ᄒᆞ고 男女ㅣ 異行ᄒᆞ니 陽은 以剛
爲德고 陰은 以柔爲用ᄒᆞ며 男은 以強爲貴ᄒᆞ고
女는 以弱爲美ᄒᆞᄂ니 故로 鄙諺에 有云ᄒᆞ되 生

와 이 왓혜아료매 ᄀᆞ료먼 데 禮예를 ᄉᆞ새 學
서레비르서 그를 ᄀᆞᄅᆞ치고 열다ᄉᆞ새
ᄃᆡ아니ᄒ호미 可ᄒᆞ리여

男如狼이라도 猶恐其尫이오 女如鼠ᄒᆞ야도 猶
恐其虎ᄒᆞ니라 然則修身은 莫若敬ᄒᆞ고 避強
莫若順ᄒᆞ니 故로 曰ᄒᆞ되 敬順之道ᄂ 婦人之大
禮也ㅣ라 夫敬은 非他ㅣ라 持久之謂也ㅣ오
身不離ᄒᆞ야 房室에 周旋ᄒᆞ야 遂生媟黷ᄒᆞᄂ니 媟
也ㅣ오 寬裕者ᄂ 尚恭下也ㅣ라 夫婦之好ㅣ
黷이 既生ᄒᆞ면 語言이 過矣며 語言이
縱恣ㅣ 必作ᄒᆞ며 縱恣ㅣ 既作ᄒᆞ면 則侮夫之心

ㅣ生矣ᄂ니 此由於不知止足者也ㅣ라 夫事有
曲直ᄒᆞ며 言有是非ᄒᆞ니 直者ᄂ 不能不爭이오 曲
者ㅣ 不能不訟이니 訟爭ㅣ 既施ᄒᆞ면 則有忿怒
之事矣ᄂ니 此ㅣ 由於不尚恭下者也ㅣ라
不節ᄒᆞ면 謾呵ㅣ 從之ᄒᆞ고 忿怒ㅣ 不止ᄒᆞ면 楚撻
從之ᄒᆞᄂ니 夫爲夫婦者ㅣ 義以和親ᄒᆞ고 恩以
好合이어ᄂ 楚撻이 既行ᄒᆞ면 何義之有ㅣ리오
ㅣ 既宣ᄒᆞ면 何恩之有ㅣ오 恩義俱廢ᄒᆞ면 夫婦
ㅣ 離矣라ᄂ니

陰흠 陽양이 性셩이 다ᄅᆞ고 男남 女녕ㅣ
힝뎌기 다ᄅᆞ니 陽양ᄋ 剛강ᄋᆞ로ᄡᅥ 德득
을삼고 陰흠ᄋ 부드러오ᄆᆞ로
ᄡᅥ 用용을사ᄆᆞ며 남지ᄂ세요ᄆᆞ로
다오믈삼ᄂ니 이럴ᄉᆡ 世솅俗쑉애 닐오
ᄃᆡ 아ᄃᆞᄅᆞᆯ 나하도 오히려
질약ᄒᆞᆯ가 저코 ᄯᆞᄅᆞᆯ 쥐곤ᄒᆞ니ᄅᆞᆯ 나하도

니ᄂᆞᆫ溫혼恭공ᄒᆞ야ᄂᆞᆨ죡호ᄆᆞᆯ崇쓩尚샹
ᄒᆞᄂᆞ니라夫붕婦뽕의道힝니교미도미
ᄆᆞᆺᄃᆞ록여디아니ᄒᆞ야방안해周쥴旋쎤
ᄉ혀ᄒᆞ야ᄒᆞ횟돌시라은 믄던히ᄒᆞ너교미ᄆᆞᆯ
니믄던히ᄒᆞ너교미ᄒᆞ마나ᄒᆞ면ᄆᆞᆯ수미나ᄂᆞ
며말수미ᄒᆞ마ᄒᆞ면말수미반ᄃᆞ기
니르와ᄃᆞ며방ᄉᆡ호미ᄒᆞ니르와ᄃᆞ면
남진므던히ᄒᆞ너ᄢᆞᆯ므수미나ᄂᆞ니이마롬

오히려범그홀가저타ᄒᆞ니그러면몸닷
고미恭공敬경만ᄒᆞ니업고세욤避삥
미順쓘홈만ᄒᆞ니업스니그럴시닐오
敬경과順쓘ᄊᆞᆯ괏道뚱ᄂᆞᆫ婦뽕人ᅀᅵᆫ의큰禮
령라敬경은녀느아니라오래가졋ᄂᆞ니마롬
니르고順쓘ᄋᆞᆫ녀느아니라어위크며ᄌᆞ
녹ᄌᆞ녹ᄒᆞᄆᆞᆯ니르니오래가졋ᄂᆞᄌᆞ녹
과足죡호ᄆᆞᆯ알오어위크며ᄌᆞ녹ᄌᆞ

○夫붕有再聚之義ᄒᆞ고婦無二適之文ᄒᆞ니故로
뽕ᅵ다여희ᄂᆞ니라
이이시리오恩ᄒᆞᆫ義읭다업스면夫붕婦
ᅌ이시며구지주미ᄒᆞ마펴면므合恩義
시어늘채마조미ᄒᆞ마行ᄒᆞ면므合義
쌔親친ᄒᆞ고恩ᄒᆞᆫ으로和ᄒᆞᆸ合ᄒᆞᄂᆞ거
채마조미졋ᄂᆞ니夫붕婦ᅵ義읭로
지주미ᄯᅩᆺ고忿뿐怒ᄂᆞᆼ를마디아니ᄒᆞ면

과足죡호ᄆᆞᆯ아디몯ᄒᆞ야혼다시라이리曲콕
ᄒᆞ며直띡호미이시며말수미올ᄒᆞ며외
요미잇ᄂᆞ니直띡ᄒᆞ닌ᄃᆞ토디아니호ᄆᆞᆯ
몯ᄒᆞ고曲콕ᄒᆞ닌發벓明명티아니호ᄆᆞᆯ
몯ᄒᆞᄂᆞ니發벓明명홈과ᄃᆞ토몰ᄒᆞ마펴
면忿뿐怒ᄂᆞᆼᄒᆞ논이리잇ᄂᆞ니이溫혼恭공
ᄒᆞ야ᄂᆞᆨ죡호ᄆᆞᆯ崇쓩尚샹아니ᄒᆞ면구
라남진므던히ᄒᆞ너교ᄆᆞᆯ짐쟉아니ᄒᆞᆫ다시

動静이 輕脱ᄒᆞ며 視聽이 陜輸ᄒᆞ며 入則亂髮壞
形ᄒᆞ고 出則窈窕作態ᄒᆞ며 説所不當道ᄒᆞ며 觀所
不當視ᄒᆞ면 此謂不能專心正色矣라
남진은 다시 聚ᄒᆞᆯ 義ㅣ 업스니 이럴ᄉᆡ 닐오ᄃᆡ
두번가ᄂᆞᆫ 글워리 업스니 하ᄂᆞᆯ혼 本본
남진은 하ᄂᆞᆯ히니 하ᄂᆞᆯ혼 本본
ᄂᆞᆫ 몯ᄒᆞ거시오 남진은 本본
디몯ᄒᆞᆯ 거시라 힝뎌기 神씬明명ᄭᅴ어긔

日딕호 夫者ᄂᆞᆫ 天也ㅣ니 天固不可逃ㅣ오 夫固不
可離也ㅣ라 行違神祇면 天則罰之고시니 禮義有
愆면 夫則薄之니라 故로 女憲에 曰딕호 得意
一人면 是謂求畢오 失意一人면 是謂求訖
正色야 禮義俱擧야 耳無塗聽며 目無邪視
求者ㅣ 亦非謂佞媚苟也ㅣ라 固莫若專며
며 出無冶容며 入無廢飾며 無聚會群輩며
無看視門戶ㅣ니 此則謂專心正色矣라 若夫

면 하ᄂᆞᆯ히 罰ᄒᆞ시고 禮義ᄅᆞᆯ 허므리
이시면 남지니 야ᄇᆡ히 ᄒᆞ리니 그럴ᄉᆡ 女
憲에 닐오ᄃᆡ
ᄉᆞᄅᆞᆷ게 ᄠᅳᆮ들 得ᄒᆞ면 이 닐온 求
ᄆᆞᄎᆞ미오 ᄒᆞᆫ ᄉᆞᄅᆞᆷ게 ᄠᅳᆮ들 일ᄒᆞ면 이 닐
온 求ᄒᆞ기ᄅᆞᆯ ᄆᆞᄎᆞ미라ᄒᆞ니 이룰 브터니
건댄 그 ᄆᆞᅀᆞᄆᆞᆯ 求ᄒᆞ논배 阿黨ᄒᆞ며
니 그러나 求ᄒᆞ논배 阿黨ᄒᆞ며아

ᄅᆞᆺ다 온양ᄒᆞ야 苟且히 親ᄒᆞ요ᄆᆞᆯ
닐온디 아니라 ᄆᆞᅀᆞᄆᆞᆯ오며 顔色ᄋᆞᆯ
ᄅᆞᆯ 正히 ᄒᆞ야 禮義ᄅᆞᆯ 예다ᄆᆞ이여귀
예더러온이룰듣디말며 누네보ᄃᆞᆯ 邪
히 말며나양조롤고 이말며 드러쑤묘ᄆᆞᆯ
廢티말며 무를뫼호디말며 이페엿오
니 마ᄅᆞᆷ곤 ᄒᆞ니업스니 닐온ᄆᆞᅀᆞᄆᆞᆯ오
며 顔ᄒᆞᆫ色ᄉᆡᆨ을正히 ᄒᆞ요미라ᄒᆞ다가

내훈 권②(상) 12-2

動동ᄒᆞ며 静졍ᄒᆞ며 호미가비야오며 보며 드
로미 一ᅙᅵᆯ定뎡 티 아니ᄒᆞ며 들면 머리 허
트며 양ᄌᆞ 골업시 ᄒᆞ고 나면 괴이ᄒᆞ 양ᄌᆞ롤
지ᄉᆞ며 ᄂᆞ리디 몯ᄒᆞ 홀 바롤 볼 시이 닐온 ᄆᆞᅀᆞᄆᆞᆯ 올오며 보디 몯
홀 바롤 볼 시이 닐온 ᄆᆞᅀᆞᄆᆞᆯ 올오며 보디 몯
色ᄉᆡᆨ을 正졍히 몯ᄒᆞ요미라
○夫부得득意ᅙᅴ一ᅙᅵᆯ人ᅀᅵᆫ이면 是씨謂윙求꿀
是씨謂윙託탁ᄒᆞ이니라 欲욕人ᅀᅵᆫ이 定뎡志징專
심心之징言언也야ᅵ라

내훈 권②(상) 13-1

舅구姑공之징心심을 豈킝當당可캉失싫哉ᄌᆡ오 物ᄆᆞᇙ이 有ᅌᅮᇢ以ᅙᅵᆼ恩ᅙᆫ로
自ᄍᆞᆼ離링者쟝ᅵ며 亦역有ᅌᅮᇢ以ᅙᅵᆼ義읭로 自ᄍᆞᆼ破팡者쟝也야ᅵ니 夫부雖쉬云ᄋᆞᆫ
愛ᅙᆡ나 舅구姑공ᅵ 云ᄋᆞᆫ非빙면ᄒᆞ니 此ᄎᆞᆼᅵ 所송謂윙義읭自ᄍᆞᆼ破팡者쟝也야ᅵ라
矣ᅌᅴ니 然연則즉舅구姑공之징心심을 奈냉何ᅘᅡ오 固공莫막尚썅於ᅙᅥᆼ曲콕
라니 姑공ᅵ 云ᄋᆞᆫ 不붏爾ᅀᅵᆼ而ᅀᅵ是씨어든 固공宜ᅌᅴ從쭁令령ᄒᆞ고
爾ᅀᅵᆼ而ᅀᅵ非빙라도 猶ᅌᅮ宜ᅌᅴ順쓘命명ᄒᆞ야 勿ᄆᆞᇙ得득違윙戾렝ᄒᆞᆯ 디니
爭ᄌᆡᆼ分분曲콕直띡ᄒᆞ니 此ᄎᆞᆼ則즉所송謂윙曲콕從쭁矣ᅌᅴ라 故공로女녕憲헌
曰ᅌᅱᇙᄒᆞ디 婦뿡ᅵ 如ᅀᅧ影ᅙᅧᇰ響향ᄒᆞ니 焉ᅙᅥᆫ不붏可캉賞샹ᄒᆞ리오
애사ᄅᆞ미 게ᄢᅳᆮ들 得득ᄒᆞ면이 닐온 求꿀히

내훈 권2(상) 13-2

히 ᄆᆞᅀᆞ미오 ᄒᆞᆫ 사ᄅᆞ미 게 ᄢᅳᆮ들일을 ᄒᆞ면이
닐온 求꿀히 ᄆᆞᅀᆞ미라 ᄒᆞ니 사ᄅᆞ미 ᄢᅳᆮ들
一ᅙᅵᆯ定뎡ᄒᆞ며 ᄆᆞᅀᆞᄆᆞᆯ 올오며 과뎌 ᄒᆞᄂᆞᆫ마
리라 ᄒᆞ니라 舅궁姑공ᅵ 의 ᄆᆞᅀᆞᄆᆞᆯ 엇뎨 일후미 맛
당ᄒᆞ리오 物ᄆᆞᇙ이 恩ᅙᆫ惠ᅘᆐᆼ로ᄡᅥ 제여희
리 이시며 義읭로ᄡᅥ 제여희
진이 비록 ᄉᆞ랑ᄒᆞ나 舅궁姑공ᅵ 외다ᄒᆞ
면이 닐온 義읭로 제허로미라 그러면 舅궁

내훈 권②(상) 14-1

姑공의 ᄆᆞᅀᆞᄆᆞᆯ 엇뎨 ᄒᆞ료 曲콕盡찐히
조초매 더으니 업스니 라 싀어미 닐오ᄃᆡ
너롤 외오 아니너겨 올타ᄒᆞ면 본ᄃᆡ 슈령
을 조초미 올코 싀어미 닐오ᄃᆡ너롤 외
라ᄒᆞ야도 오히려 命명을 順쓘호미 올ᄒᆞ
니 올ᄒᆞ며 외매 거스릐ᄢᅥ 어글워 ᄒᆞ다곳 ᄒᆞ
ᄢᅵ ᄒᆞ몰ᄃᆞᆮ토아 分분揀간 티마롤 디니 이
닐온 曲콕盡찐히 조초미라 그럴ᄉᆡ 女녕

내훈 권2(상) 14-2

憲에 닐오디 며느리 그리메와 뫼사리
곤호 면 엇뎨 아롬답디 아니호리오 호니
라
方氏女敎방씽녕뇨애 云호디 百事之生이 多自婦人호
니 旣悍而妬호고 復毒而嗔호면 大則破家호고 小
則亡己호리니 擧目而觀호면 此ㅣ 謂德懷니 家當
寬與慈와 及無偏頗ㅣ니 唯
自和호라 視其緩急호야 操縱을 合理호며 又母

내훈 권2(상) 15-1

太寬야호 以至懈弛호니 至於婢勝호야 當推以仁
이 汝女를 汝愛호느 彼獨非人가 以已取譬
니 衆事로 可見이니 有人心者ㅣ 能不興念가
輕其飢寒호며 均其勞逸호야 甚不得已아 始加
詞詰이라니 他事는 或易와커니 爲婦ㅣ 最難호
며 爲婦ㅣ 最難호며
方氏女敎방씽녕교를 애닐오디 온 가짓 일
나미 해겨지를 브느니 호마 모디러 새옴

내훈 권2(상) 15-2

호고 쏘 有毒독호야 嗔친심호면 크
면 지블 호야 브리고 져그면 모물 배리
니 누늘 드러 보건댄 溏溏호니 다 그러
라 오직 어위쿰과 慈빙와 偏편頗팡홈이
업수미 偏편颇팡 正정홈이 有德
득호니 모수미 지비 당당이 절로 和화호
리라 느즈며 썰로 몯보아 자부며 펴물 理

내훈 권2(상) 16-1

링예 마초호며 쏘 녀모 어위여게 을오매
니르디마롤디니라 좋이며 고마의게 니
룰러 모로매 仁싄으로미 롤디니네 쏘로샘
수랑호느니더 노호오샤사롬아니가모
로가졸비면 한이롤어루보리니사릿
만므숨뒷느니 念념을올니호
펴비곧호며 치우믈 어엿비너기며 又又
며 便뼌安한 호몰곧오호야 그장不블得

득已ᄒᆞ야 커ᅀᆞ비 르서 구지주믈 더으리니
라 녀ᄂᆡ이ᄅᆞᆫ 시혹 쉽거니와 겨지비 몯어
려우니 겨지비 몯어려우니 어루 힘ᄡᅵᆮ
아니ᄒᆞ야려

顔氏家訓에 曰ᄒᆞᄃᆡ 婦ᄂᆞᆫ 主中饋라 唯事酒食
衣服之禮耳니 如有聰明才智ᄒᆞ야 如有聰明才智ᄒᆞ야
可使幹盡니 國에 不可使預政이며 家애 不
正當輔佐君子ᄒᆞ야 勸其不足이언 必無牝

雞晨鳴ᄒᆞ야 以致禍也ㅣ니

顔氏家訓에 닐오ᄃᆡ 겨지ᄇᆞᆫ 에 닐여 지ᄫᅳᆫ
온디 이셔 飮食 옷밥 ᄆᆡᆼᄀᆞ논 디라 ᄋᆞ
직 수리며 바비며 衣服 브튼 禮롤
일 사ᄆᆞᆯ ᄲᅮ니언뎡 나라해 어루 힘ᄡᅥ 지ᄫᅥ 政
事애 參預호미 몯ᄒᆞ리며 지ᄫᅥ
루ᄒᆡ여 일ᄆᆞᆺ 됴미 몯ᄒᆞ리니 ᄒᆞ다가 聰
明ᄒᆞ며 지조와 智慧ᄅᆯ 왜이셔 녜ᇰ이

리며 이젯 이ᄅᆞᆯ ᄉᄆᆞᆺ 아리라도 正히 반
ᄃᆞ기 君子ᄅᆞᆯ 도와 不足ᄒᆞᆫ ᄃᆞ리
ᄅᆞᆯ 勸ᄒᆞᆯ ᄲᅮ니언뎡 모로매 암ᄃᆞᆯ기 아ᄎᆞ
미 우러 ᄡᅥ 災禍ᄅᆞᆯ 닐위요미 업서ᅀᅡ
ᄒᆞ리라

程太中夫人侯氏ㅣ 事舅姑ᄃᆡ 以孝謹로 稱
ᄒᆞ더며 與太中ᄋᆞ로 相待如賓容ᄒᆞ니 太中이 賴其
內助ᄒᆞ야 禮敬이 尤至ᄒᆞ더든 而夫人이 謙順自牧

雖小事ㅣ라 未嘗專ᄒᆞ야 必稟而後에 行ᄒᆞ더
라

夫人者ᄂᆞᆫ 二程先生之母也ㅣ라

程太中의 夫人侯氏ㅣ
舅姑ᄅᆞᆯ 셤교ᄃᆡ 孝道ᄅᆞᆯ ᄒᆞ며 삼가
오ᄆᆞ로 일ᄏᆞᆯ이며 太中
과로 서르 待
接호ᄆᆞᆯ 손ᄀᆡ티ᄒᆞ더니 太中이
안해셔 도오ᄆᆞᆯ 夫人ᄭᅥᄫᅥ 禮敬이 더옥 至
극極ᄒᆞᆯ 거든 夫人이 謙順ᄋᆞ로

翰ᄒᆞᆫ야 以爲不可及이러라 ᄒᆞ
니 榮ᄋᆡᆼ陽양公공이 處身이
如此ᄒᆞ야 而每歎范内

呂령榮ᄋᆡᆼ公공이 夫봉人신仙션源원이
아릭날오ᄃᆡ 侍쎵 講강으로 夫봉婦ᄈᆛᆼᅵ

두외야호ᄃᆡ 사로미여 순히예 잢간도ᄒᆞ

ᄅᆞᆫ 도ᄉᆞᆯ블근 저기 업스며 쳐믄 제브터늘
구메니르리 비록 잢긋곳 우히라도 잢간도

노릇ᄒᆞ야 우ᅀᅮᆷ 아니ᄒᆞ라 ᄒᆞ니 榮ᄋᆡᆼ陽양

모물가져 비록져근이리라도 잢간도 自
專젼티아니ᄒᆞ야 모로매 ᄉᆞᆯ온 後후에 先

ᄉᆞ行ᄒᆡᆼ호ᄃᆡᆯ라 夫봉人신은 二싱 程뎡先

션生ᄉᆡᆼ의 어마님이라 二싱은 明명道도 先션生ᄉᆡᆼ

呂령榮ᄋᆡᆼ公공夫봉人신仙션源원이 嘗言
ᄒᆞᄃᆡ 與侍講호ᄃᆡ 爲夫

婦야 相處六十年에 未嘗一日도 有面赤ᄒᆞ며

自少로 至老히 雖社席之上이도 未嘗戱笑

與賢者로 語ᄒᆞ니 不知飢倦也ᄒᆞ라ᄒᆞ야ᄂᆞᆯ 姬曰ᄒᆞᄃᆡ

王之所謂賢者ᄂᆞᆫ 何也오 잇고ᄒᆞᆫ대 王曰ᄒᆞᄉᆞ대 虞丘子ᅵ

也ᄂᆞᆫ 何也오 ᄒᆞ야ᄂᆞᆯ 姬掩口而笑ᄒᆞᆫ대 王曰ᄒᆞ샤 姬之所笑

妾이執巾櫛이다니ᄃᆡ 十一年이니 遣人之鄭衛ᄒᆞ야求

美人ᄒᆞ야 進於王호니 今에 賢於妾者ᅵ 二人이오

同列者ᅵ 七人이니ᅵ 妾은 豈不欲擅王之寵愛

哉리잇고 妾은 聞堂上兼女ᄂᆞᆫ所以觀人能

公공이 몸가죠미 이 ᄀᆞ티 ᄒᆞ야 민샹范뻠内
를 讚잔歎ᄒᆞ더라

樊姬ᄂᆞᆫ 楚莊王之夫人也ᅵ니 莊王이 即位

好狩獵ᄒᆞ야ᄂᆞᆯ 樊姬ᅵ諫ᄒᆞ야ᄂᆞᆯ 不止ᄒᆞᄂᆞᆯ

不食禽獸之肉ᄒᆞᆫ대 王이 改過ᄒᆞ야勤於政事

ᄒᆞ야 嘗聽朝罷晏이어늘 姬下殿迎曰ᄒᆞ샤

何罷晏也오ᄒᆞ야ᄂᆞᆯ 得無飢倦乎ᅵ아 잇가ᄒᆞᆫ대 王曰ᄒᆞ샤

治楚三年에 而莊王이 以霸니 楚史ㅣ書
曰딕호 莊王之霸는 樊姬之力也ㅣ니라
樊姬 간딕호 楚莊王이 即位샤 山
이시니라 莊장王왕이 即즉位윙샤 山
산行딕 아니거시늘 樊姬ㅣ諫간
히시니마디 아니커시늘 즘싱이 고기를
먹디 아니거신대 王이 改과過광시
政정事록 브즈런니시니 王왕이

也ㅣ니라 妻ㅣ不能以私로 蔽公야 欲王이 多
見야 知人能也ㅣ며 十餘年니 兩薦이
非子弟則族昆弟오 未
聞進賢退不肖ㅣ어늘 是는 敬君而塞賢路니 知
賢不進이면 是는 不忠이오 不知其賢이면 是는 不
知也ㅣ니 妻之兩笑ㅣ 不亦可乎ㅣ잇가 王이 悅
明日에 以姬言으로 告虞丘子대 丘子ㅣ
知也ㅣ니 不知兩對야늘 於是예 避舍고 使人
避席야 迎孫叔敖而進之야늘 王이 以爲令尹샤

우스신대 王왕이 니르샤딘 姬ㅣ 이 우우
믄엇데 잇고 솔오샤딘 虞웅丘쿨子ㅣ
어디로미 사어딜어니와 忠듕貞뎡國귁이
디몬호니이다 王왕이 니르샤딘 엇
리시느뇨 對됭答답호샤딘 내 슈건과 비
솔잡소오미 열혼히 사롬 몯鄭뎡國귁
衛윙國귁에 보내야 고오 사롬 몯求꿀
야 王왕씌 받조오니 아제 내게셔 어디니

朝둏會횅 마자늘 거사 罷빵야시늘 姬
殿면에 느러마자 솔오샤딘 엇디 늣
거사 罷빵야시니잇고 아니 비곰이 잇
브니잇가 王왕이니샤딘 賢者와
말 혼디라 비곰 며 곳 본주를 아디 몯호
이다 姬 솔오샤딘 王왕이 賢현者쟝ㅣ
라 니르시느닌 엇더니잇고 王왕이 샤딘 虞
虞웅丘쿨子ㅣ니이다 姬깅
丘쿨子ㅣ 블그리라

두사ᄅᆞ미오날와골오니ᄂᆞᆯ구비니妾쳡
은엇데王왕ᄭᅴ得득寵통ᄒᆞ요ᄆᆞᆯᄒᆞ오사
코져아니ᄒᆞ리잇고마ᄂᆞᆫ妾쳡은ᄃᆞ로니
지븨겨지블여러ᄒᆞᆯ두믄사ᄅᆞ미能ᄂᆼ올
보ᄂᆞ다호니妾쳡이아ᄅᆞᆷᄋᆞ로ᄡᅥ公공反
번ᄃᆞ외요ᄆᆞᆯ蔽볭티몯ᄒᆞ야王왕ᄋᆞ로해
보샤사ᄅᆞ미能ᄂᆼ을아ᄅᆞ시과뎌ᄒᆞ오이다
이제虞웅丘쿻子ᄌᆞᆼㅣ楚ᄎᆞᆼ를도오미여

라ᄆᆞᆫ히니擧겅薦젼ᄒᆞᆫ배子ᄌᆞᆼ弟뗑옷아
니면아ᅀᆞ맷兄훵弟뗑오어디닐나ᅀᅩ고
不블肖ᅌᅭᇢᄒᆞᆫ닐믈리다ᄃᆞᆮ디몯호니이ᄂᆞᆫ
님그믈ᄀᆞ리와어딘사ᄅᆞ미길ᄒᆞᆯ막ᄂᆞᆫ디
니어디닐알오나ᅀᅩ디아니ᄒᆞ면이ᄂᆞᆫ忠
듕이아니오그어디니ᄅᆞᆯ아디몯ᄒᆞ면이
ᄂᆞᆫ智딩아니니妾쳡의우ᅀᅮ미올티아니
ᄒᆞ니잇가王왕이깃그샤이ᄐᆞᆫ나래姬긩

의말로虞웅丘쿻子ᄌᆞᆼ더브러ᄂᆞ르신대
丘쿻子ᄌᆞᆼㅣ돗골避삥ᄒᆞ야對됭答답ᄒᆞᆯ
바ᄅᆞᆯ아디몯ᄒᆞ니라그제집을避삥ᄒᆞ고
사ᄅᆞᆷ브려孫손叔슉敖오ᇢ를마자나ᅀᅩ아
ᄂᆞᆯ王왕이令령尹윤올사ᄆᆞ샤令령尹윤은벼슬일훔
후각미楚ᄎᆞᆼ다ᄉᆞ린三삼年년에莊장王왕
이霸방主쥬ᄃᆞ외시니楚ᄎᆞᆼ人ᅀᅵᆫ史ᄉᆞ官관
이ᄡᅥ닐오ᄃᆡ莊장王왕의霸방主쥬ᄃᆞ외

요ᄆᆞᆫ樊뻔姬긩의ᄒᆡ미라ᄒᆞ니라
昭越姬者ᄂᆞᆫ越王句踐之女ㅣ오楚昭王之姬
也ㅣ니라昭王이燕遊ᄒᆞ실ᄉᆡ蔡姬ᄂᆞᆫ在左ᄒᆞ고越
姬ᄂᆞᆫ參右ㅣ어시ᄂᆞᆯ王이親乘駟ᄒᆞ샤以馳逐ᄒᆞ시고
遂登附社之臺ᄒᆞ샤以望雲夢之囿ᄒᆞ샤觀士大
夫ㅣ逐者ᄒᆞ시고旣驩ᄒᆞ샤乃顧二姬曰ᄒᆞ샤ᄃᆡ樂
乎아蔡姬對曰ᄒᆞ오ᄃᆡ樂ᄒᆞ다이王曰ᄒᆞ샤ᄃᆡ吾ㅣ願
與子로生若此ᄒᆞ고死又若此ᄒᆞ라노蔡姬曰ᄒᆞ오ᄃᆡ
昔에敝邑寡君이固以其黎民之役으로事君

24-2

王之馬足이라 故로 以婢子之身으로 爲苞苴玩
好ᄒᆞ시고 今乃比於妃嬪ᄒᆞ시니 固願生俱樂
死同時ᄒᆞ노다 王이 顧謂史ᄒᆞ샤 書之ᄒᆞ라
ᄒᆞ야시ᄂᆞᆯ 蔡姬許ᄒᆞ고 越姬對曰
吾ㅣ 願與子로 生若此ᄒᆞ고 死若此ᄒᆞ노니
니 其不可得乎아 越姬對曰
ᄒᆞᄃᆡ 吾ㅣ 然나 不可久也ㅣ니이다
曰 사 樂則樂矣어니와 不可久也ㅣ니이다 昔에 吾ㅣ 先
君莊王이 澔樂ᄒᆞ샤 三年을 不聽政事ᄒᆞ시다가
而能改ᄒᆞ샤 卒霸天下ᄒᆞ니이다 妾이 以君

25-1

能法吾先君ᄒᆞ샤 將改斯樂而勤於政也
ᄒᆞᄂᆞ다 今則不然ᄒᆞ고 而要婢子以死ᄒᆞ시ᄂᆞ니
可得乎아 且君王이 以束帛乘馬로 取婢
子於敝邑ᄒᆞ시니 寡君이 受之太廟也ㅣ언뎡 不
約死也ㅣ니 妾이 聞之호니 婦人以苟從其
彰君之善ᄒᆞ며 益君之寵ᄒᆞᄂᆞ니 不敢聞命ᄒᆞᄂᆞ다 於
聞死로 爲榮ᄒᆞ고 而猶親璧ᄒᆞ샤
是예 王이 寤ᄒᆞ샤 敬越姬之言ᄒᆞ시더니 王이 救陳ᄒᆞ실
蔡姬也ㅣ시다러 居二十五年에 王이

25-2

二姬從ᄒᆞ시더니 王이 病在軍中ᄒᆞ샤 有赤雲이
夾日ᄒᆞ야 如飛鳥ㅣ어ᄂᆞᆯ 王이 問周史ᄒᆞᆫ대 史ㅣ
曰 是ᄂᆞᆫ 害王身ᄒᆞ리니 然나 可以移於將相
ᄒᆞ리이다 將相이 聞之ᄒᆞ고 請以身으로 禱於神ᄒᆞᆫ대
王曰 將相은 庸爲去是身之有乎ㅣ오 ᄒᆞ시고 不聽ᄒᆞ시니
馬ㅣ 면 是ᄂᆞᆫ 移害於將相也ㅣ니 今移ᄒᆞ야
大哉라 君王之德이여 以是로 越姬曰
王矣다ᄒᆞ야 昔日之遊澔樂也ㅣ라이다 今願從ᄒᆞᄂᆞ니
敢許니라 妾이 昔日에 雖口不言ᄒᆞ나 心이 已許
王矣다로 及君王이 復於禮ᄒᆞᆫ대 國人이 皆將

26-1

爲君王死ᄒᆞ니 而況於妾乎아 請願先驅狐狸
於地下ᄒᆞ노이다 王曰 昔之遊ᄂᆞᆫ 吾ㅣ 戲
耳니라 若將必死ᄒᆞ면 是ᄂᆞᆫ 彰孤之不德也ㅣ라 越
姬曰 昔日에 妾이 雖口不言ᄒᆞ나 心旣許
之矣다로 妾은 聞信者ᄂᆞᆫ 不負其心ᄒᆞ며 義者
ᄂᆞᆫ 不虛設其事호ᄃᆞ니라 妾은 死王之義오 不死
王之好也ㅣ다 遂自殺ᄒᆞ니라 王이 病甚
讓位於三弟ᄒᆞᆫ대 三弟不聽다ᄒᆞ시니 王이 薨於軍
中ᄉᆞ애 蔡姬竟不能死라ᄒᆞ니 王의 弟子閭ㅣ

내훈 권2(상) 26–2

與子西와 子期로 謀曰 母信者ㅣ其子
必仁이라 호리라 乃伏師閉壁고 迎越姬之子熊章
立니호 是爲惠王니이 然後에 罷兵야 歸葬昭
王라호니
昭越姬ㅣ 넌越
씬리오 楚人昭 王ㅣ 勾踐人
昭王이노니더시니 蔡姬ㅣ
녀긔잇고 越姬ㅣ 넌올호녀긔잇거시

내훈 권2(상) 27–1

놀王이 親히 駟馬롤 타 돌여뾰
太시고 附社臺예 오르샤 雲夢
롱人圓롤 부라오롤 社雙몽은 뫼일후미
라 미士ᄯᆞᆼ大ᄯᅢᆼ夫붕의 ᄡ놋닐 보시고 즐기
샤 두姬긩롤 도라보와 나르샤되 즐거우
녀 蔡姬긩롤 對똉答답호수오되 즐거우
이다 王이 니르샤되 내 願원호ᄃᆞᆫ 그되
와 사라셔 이ᄀᆞ티 호고 주거도 ᄯᅩ 이ᄀᆞ티

내훈 권2(상) 28–1

구믈호圃호 고져호노이다 도王이 史
官관도라보샤 ᄡᆞ라 越姬긩ㅣ 날조차주
구려호 ᄉᆞᆞ다도 越姬긩롤 더브러니르
신대 越姬긩롤 對똉答답호샤ᄃᆞ 즐거우
미 삭즐겁거니와 그러나 오라디몬ᄒᆞ
이다 王이 니르샤되 내 願원호ᄃᆞᆫ 그되
와 사라셔 이ᄀᆞ티 호고 주거도 이ᄀᆞ티
고져호노니 그롤 어루 得득디 몯ᄒᆞ리여

내훈 권2(상) 27–2

호고져 호노라 蔡姬긩 솔오되 네
邑읍엣 넘그미 敢감히 사오나
시노리잇고 玩완好호롤 사마
의 모모로 苟苟정玩好롤 사마
君군王왕의 몸 바롤셤긴전 太로椑
니르라야 百백姓셩의 役역 夫붕로 ᄡᅥ
라호시니 이제 妃핑嬪삔에 가 죵비시니 眞진
實씷로 顧원호ᄃᆞᆫ 사라셔 ᄒᆞᆫ圃즐기고 주

내훈 권2(상) 28-2

越왥姬깅對됭答답ᄒᆞ샤ᄃᆡ네우리先션
君군莊장王왕이滋음樂락ᄒᆞ샤三삼年
년을政졍事ᄊᆞ를듣디아니ᄒᆞ더시니ᄆᆞ
매能능히고티샤天텬下ᅘᅡ애霸방主쥬
ㅣ드외시니妾쳡이君군王왕이우리先션
君군을能능히法법바ᄃᆞ샤쟝太태ᄌᆞ이즐
거우믈고티샤政졍事ᄊᆞ룰브즈러니ᄒᆞ
시리라ᄒᆞ다니이제그러티아니ᄒᆞ시고

내훈 권2(상) 29-1

婢뼝子ᄌᆞ와주구ᄆᆞ로期끵約ᅙᅣᆨᄒᆞ시ᄂ
니어루그리ᄒᆞ리잇가ᄯᅩ君군王왕이ᄣ
帛ᄇᆡᆨ과네몰로婢뼝子ᄌᆞ君군王왕邑ᅙᅳᆸ
에取ᄎᆔᆼᄒᆞ거시뇰指징ᄒᆞ야니越왥國귁이라
님그미大땡廟ᄝᅭᆯ애가受쓩命명ᄒᆞ샤
듸주구믈期끵約ᅙᅣᆨ디아니ᄒᆞ시니妾쳡
은모ᄃᆞ나ᄌᆞ민손ᄃᆡ드로니婦ᄫᅮᇢ人ᅀᅵᆫ이
주구ᄆᆞ로ᄢᅥ님금의어디르샤ᄆᆞᆯ나토며

내훈 권2(상) 29-2

님금의得득寵통을더으고苟ᄀᆞᇢ且챵히
그스기주구믈조ᄎᆞᄆᆞ로榮ᅌᅯᆼ華ᅘᅪ를삼ᄂᆞ
다드ᇰ디아니ᄒᆞ료ᄒᆞ니妾쳡은命몡을듣ᄌᆞᆸ디
몯ᄒᆞ리로소이다그제王왕이ᄭᆡᄃᆞ라越왥
姬깅마ᄅᆞᆯ恭고ᇰ敬경ᄒᆞ샤ᄃᆡ蔡챙姬깅를
롤ᄉᆞᄌᆞ親친히ᄉᆞ랑ᄒᆞ더시다스ᄆᆞᆯ다ᄉ
ᄒᆞᆺ자히王왕이陳띤을救구ᇢᄒᆞ실제陳띤나
두姬깅조차가더니라　마랏일후

내훈 권2(상) 30-1

ᄒᆞ야軍군中듀ᇰ에겨시거늘블근구루미
히롤ᄢᅥᄂᆞᆫ눈새ᄀᆞᆮ거늘王왕이周즁史ᄉᆞᆼᄉ
의게무르신대ㅅ周즁大땡史ᄉᆞᆼㅣ周즁史ᄉᆞᆼㅣ라
닐오ᄃᆡ이ᄂᆞᆫ王왕ㅅ모매有ᅌᅮᇢ害ᅘᅢᆼᄒᆞ니
그러나어루將쟝軍군과宰ᄌᆡᆼ相샹의게
올므리이다將쟝軍군宰ᄌᆡᆼ相샹이듣고
쟝太태ᄌᆞ제모ᄆᆞ로鬼궝神씬의게비러지이
다請쳐ᇰᄒᆞ거늘王왕이니ᄅᆞ샤ᄃᆡ將쟝軍군

랏사ᄅᆞ미다쟝太탱君군王왕을爲윙ᄒᆞ야
주구려ᄒᆞ리니ᄒᆞᆷ몔며妻쳥이ᄉᆞ녀請쳥
ᄒᆞᆫ딘여ᅀᆞ와솔곡ᄯᅡ아래가ᄆᆞᆫ져모로려
願원ᄒᆞ노이다王왕이니ᄅᆞ샤ᄃᆡ녜놀며
즐겨ᄒᆞᄀᆞ면이ᄂᆞᆫ내弄롱談땀ᄒᆞ다니ᄒᆞ다가반
ᄃᆞ기주구려ᄒᆞ면이라越越姬깅솔오ᄃᆡ녜妻쳥
나또간ᄃᆞ니라越越姬깅솔오ᄃᆡ녜德득을
이비록이베ᄂᆞᆯ니ᄅᆞᄃᆞ아니ᄒᆞ나ᄆᆞᅀᆞ매ᄒᆞ

君군率률相샹과는내거긔허튀와불콰
곤ᄒᆞ니이제ᄍᆡ災禍횡올기면엇뎨이
모매업스리오ᄒᆞ시고든디아니ᄒᆞ야시
ᄂᆞᆯ越越ᄒᆞᆼ姬깅니ᄅᆞ샤ᄃᆡ크실셔君군王왕
ㅅ德득이여ᄋᆞᆯ로ᄡᅥ妻쳥이王왕올조ᄍ
오려願원ᄒᆞ노이다녯날노리ᄂᆞᆫ潘음ᄒᆞ
樂락이라이럴ᄉᆡ許헝티아니ᄒᆞ다가
君군王왕이禮롕예도라가샤매미쳐ᄂᆞᆫ나

셔죽거시ᄂᆞᆯ祭졩姬깅무太탱매能능히죽
디몯ᄒᆞ니라王왕의아ᄉᆞ子ᄌᆞ閭령一子
ᄌᆞᆼ西솅와子ᄌᆞ期낑와로議읭論론ᄒᆞ야
ᄂᆞᆯ오ᄃᆡ어미信신호ᄒᆞ사ᄅᆞ미그ᄋᆞᄃᆞ기반
ᄃᆞ기仁신ᄒᆞ리라ᄒᆞ고軍군士ᄉᆞ다돌고ᄒᆞᆱ熊
고陣띤ㅅ門몬을딴고越越姬깅아돌과
ᄒᆞᆼ章쟝올마자셰니이惠惠王왕이니그
리ᄒᆞᆫ後ᄒᆙ에ᅀᅡ軍군士ᄉᆞ를罷빵ᄒᆞ야도

마許헝호이다ᄒᆞ妻쳥은ᄃᆞ로니信신ᄒᆞ사
ᄅᆞ믄그ᄆᆞᅀᆞ믈지여ᄇᆞ리디아니ᄒᆞ며義읭
ᄒᆞᆫ사ᄅᆞᄆᆞᆫ그이룰虛헝히ᄒᆞ디아니ᄒᆞ
ᄂᆞ다ᄒᆞ니妻쳥은王왕ㅅ義읭예죽고王
왕ㅅ즐교매죽디아니ᄒᆞ노이다ᄒᆞ고ᄯ
개주ᄂᆞ시니라王왕이病뼝이甚씸ᄒᆞ샤
位윙롤세앙의게辭ᄊᆡᆼ讓샹ᄒᆞ신대셰앙
이든디아니ᄒᆞ니라王왕이軍군中듕에

내훈 권2(상) 32-2

라와 昭쇼王왕올 무드니라

後漢明德馬皇后ᄂᆞᆫ 伏波將軍援之少女也ㅣ시니라 少喪父ᄒᆞ시고 母兄客卿이 敏慧러니 早夭커늘 母藺夫人이 悲傷ᄒᆞ야 發疾慌惚이어늘 后ㅣ 時年이 十歲러시니 幹理家事ᄒᆞ사 勑制僮御ᄒᆞ시니 內外ㅣ 諮稟을 事同成人ᄒᆞ더시니 初애 諸家ㅣ 莫知者ㅣ러니 後에 聞之ᄒᆞ고 咸歎異焉ᄒᆞ더라 后ㅣ 嘗以疾이어시ᄂᆞᆯ 大夫人이 令筮之ᄒᆞᆫ대 筮者ㅣ 曰호ᄃᆡ 此女ㅣ 雖有患狀이나 而當大貴ᄒᆞ리니

내훈 권2(상) 33-1

兆不可言也ㅣ로다 後에 又呼相者ᄒᆞ야 使占諸女ᄒᆞᆫ대 見后大驚曰호ᄃᆡ 我必爲此女ᄒᆞ야 稱臣ᄒᆞ리로다 然이나 貴而少子ᄒᆞ리니 若養它子者ㅣ면 得力이 乃當踰於所生이라더니 ᄒᆞ 選入太子宮ᄒᆞ시니 時年이 十三이러시니 奉承陰后ᄒᆞ시며 傍接同列ᄒᆞ샤ᄃᆡ 禮則이 修備ᄒᆞ신대 上下ㅣ 安之러니 遂見寵異ᄒᆞ샤 常居後堂ᄒᆞ더시니 明帝卽位ᄒᆞ샤 以后로 爲貴人ᄒᆞ시니라 時예 后ㅅ 前母姊女賈氏亦以選入ᄒᆞ야 生肅宗ᄒᆞᆫ대 帝以后ㅣ 無子로 命令養

내훈 권2(상) 33-2

之ᄒᆞ시고 謂曰ᄒᆞ샤ᄃᆡ 人이 未必當自生子ㅣ니 但患愛養이 不至耳니라 后ㅣ 於是예 盡心撫育ᄒᆞ샤 勞悴ㅣ 過於所生ᄒᆞ더시니 肅宗도 亦孝性이 淳篤ᄒᆞ시며 恩性이 天至ᄒᆞ샤 母子ㅣ 慈愛ᄒᆞ샤 始終無纖介之閒ᄒᆞ시니라 后ㅣ 常以皇嗣ㅣ 未廣ᄋᆞ로 每懷憂歎ᄒᆞ샤 薦達左右ᄒᆞ샤ᄃᆡ 若恐不及ᄒᆞ샤 後宮이 有進見者ㅣ어든 每加慰納ᄒᆞ시며 若數寵引이어든 輒增隆遇ᄒᆞ더시다 永平三年春에 有司ㅣ 奏立長秋宮이어늘 帝未有所言이러시니 皇

내훈 권2(상) 34-1

太后ㅣ 曰ᄒᆞ샤ᄃᆡ 馬貴人이 德冠後宮ᄒᆞ니 卽其人也ㅣ라ᄒᆞ야시ᄂᆞᆯ 遂立爲皇后ᄒᆞ시니라 先是ᄒᆞ야 夢有小飛虫이 無數赴着身ᄒᆞ고 又入皮膚中ᄒᆞ야 而復飛出ᄒᆞ니라 旣正位宮闈ᄒᆞ샤 愈自謙肅ᄒᆞ더시다 身長이 七尺二寸이시고 方口美髮ᄒᆞ시고 能誦易ᄒᆞ시며 好讀春秋楚辭ᄒᆞ시며 尤善周官과 董仲舒書ᄒᆞ더시다 常衣大練ᄒᆞ시고 裙不加緣이러시니 朔望애 諸姬主ㅣ 朝請ᄒᆞᆯ시 望見后布의 疏麤ᄒᆞ고 反以爲綺縠이라ᄒᆞ다가 就視ᄒᆞ고 乃笑ᄒᆞᆫ대 后ㅣ

34-2

辭曰ᄒᆞ샤ᄃᆡ 此繒이 特宜染色故로 用之耳라 六宮이 莫不歎息ᄒᆞ더라 帝ㅣ 嘗幸苑囿離宮ᄒᆞ샤 辭意歉ᄒᆞ시며 備시어 多見詳審ᄒᆞ시며 帝幸濯龍中ᄒᆞ샤 並召諸才人ᄒᆞ시니ᄒᆞ야 雖來ᄒᆞ나 無歡是家ㅣ 志不好樂애니ᄒᆞ더라 皇后ㅣ 見而言曰ᄒᆞ샤ᄃᆡ 是以로 遊娛之事애 將封皇子ᄃᆞᆯᄒᆞ야시ᄂᆞᆯ 常從ᄒᆞ샤 譽從馬시니다 悉半諸國시ᄒᆞ니더 皇后ㅣ下邳王已下ㅣ 皆在側니ᄒᆞ야 請呼才人ㅣ 多見詳審ᄒᆞ시며 十五年에帝按地圖ᄒᆞ샤 希ㅣ 後ᄒᆞ시니더

35-1

諸子ㅣ 裁食數縣이 於制예 不已儉乎ㅣ 잇고 帝曰ᄒᆞ샤ᄃᆡ 我子ᄂᆞᆫ 豈宜與先帝子로 等乎ㅣ리오 歲給二千萬ᄒᆞ라 時예 楚獄이 連年에 不斷ᄒᆞ야 相證引ᄒᆞ야 坐繫者ㅣ 甚衆ᄒᆞ더 后ㅣ慮其多濫ᄒᆞ야 乘間ᄒᆞ야 言及愴然대 帝感悟之ᄒᆞ시니라 夜起彷徨ᄒᆞ야 爲思所納ᄒᆞ야 諸將奏事와 及公卿較議難平者ᄅᆞᆯ 帝數以試后ᄒᆞ시더 每於侍執之際예 輒言及ᄒᆞ며 降宥ㅣ라ᄒᆞ시더 時예卒多有所 各得其情ᄒᆞ샤 輒分解趣理ᄒᆞ시며

35-2

政事ㅣ 多所毗補고ᄒᆞ시 而未嘗以家私로 干諸貴人이 當從居南宮ᄒᆞᆯᄉᆡ 欲ᄒᆞᆯᄉᆡ 寵敬日隆ᄒᆞ샤 始終無衰ᄒᆞ시니라 及帝崩ᄒᆞ야 越三千端과 雜帛二千匹와 黃金十斤다ᄒᆞ더 之懷ᄒᆞ야 各賜王赤綬고 加安車駟馬와 白自撰顯宗起居注ᄒᆞ더 削去兄子ᄒᆞ야 蕭宗이 卽位ᄒᆞ샤 尊后曰皇太后ᄒᆞ시니라 太后ㅣ感析別黃門舅ㅣ 朝夕供養ᄒᆞ며 且一年니이 旣無裦異고ᄒᆞ시 又不錄勤勞事시ᄒᆞᆯᄉᆡᄒᆞ니 事ㅣ 防의 參醫藥미ᄒᆞ야

36-1

無乃過乎ㅣ 잇너 太后ㅣ曰ᄒᆞ샤ᄃᆡ吾ㅣ不欲令後世로聞先帝의 數親後宮之家故로 不著也ㅣ라ᄒᆞ노니 建初元年에 欲封爵諸舅ᄃᆞᆯ 太后ㅣ不聽ᄒᆞ시다 明年夏애 太旱이어ᄂᆞᆯ 言事者ㅣ 以爲不封外戚之故ㅣ라ᄒᆞ야 有司ㅣ因此ᄒᆞ야 上奏宜依舊典이어ᄂᆞᆯ 太后ㅣ詔曰ᄒᆞ샤ᄃᆡ昔에 凡言事者ㅣ皆欲媚朕야ᄒᆞ야 以要福耳니 王氏五侯ㅣ一同日俱封ᄒᆞ며其時예黃霧이 四塞ᄒᆞ고 不聞澍雨之應며ᄒᆞ며 又田蚡과竇嬰이

寵貴橫恣야 傾覆之禍ㅣ 爲世所傳이니 故로 先帝防愼舅氏샤 不令在樞機之位고시며 諸子之封을 裁令半楚淮陽諸國샤 常謂我子ㅣ 不當與先帝子로 等이니라 今에 有司ㅣ 奈何欲以馬氏로 比陰氏乎오 吾ㅣ 爲天下母而身服大練며 食不求甘며 左右ㅣ 着帛布고 而無香薰之飾者는 欲身率下也ㅣ라 但以爲外親이 見之면 當傷心自勑이어늘 但笑言太后ㅣ 素好儉이라 하나다 前過濯龍門上언마란

見外家의 問起居者ㅣ호 車如流水며 馬如游龍며 倉頭ㅣ 衣綠구며 領袖ㅣ 正白이어늘 視御者던 不及遠矣러라 故로 不加譴怒고 但絶歲用而已라니 冀以默愧其心이어늘 而猶懈怠야 無憂國忘家之慮니 知臣莫若君이온 況親屬乎여 吾ㅣ 豈可上負先帝之旨며 下虧先人之德야 重襲西京의 敗亡之禍哉아 固不許고시니 帝省詔샤 悲歎야 復重請曰오뎌 漢興에 舅氏之封侯는 猶皇子

之爲王也ㅣ니 太后ㅣ 誠存謙虛나 奈何令臣으로 獨不加恩三舅乎고잇 且衛尉는 年尊며 兩校尉ㅣ 有大病니 如令不諱면 使臣으로 長抱刻骨之恨니 宜及吉時야 不可稽留ㅣ니라 后ㅣ 報曰샤 吾ㅣ 反覆念之야 思令兩善니 豈徒欲獲謙讓之名이오 而使帝로 不外施之嫌哉아 昔에 竇太后ㅣ 欲封王皇后之兄에 丞相條侯ㅣ 言호 受高帝約고 無軍功과 非劉氏어든 不侯ㅣ라 하니 今에 馬氏無

功於國니 豈得與陰郭中興之后로 等耶ㅣ리오 嘗觀富貴之家니 祿位重疊호 猶再實之木이 其根이 必傷이라 호라 且人이 所以願封侯者는 欲上奉祭祀고 下求溫飽耳니 今에 祭祀則蒙御府餘資고 衣食則受上奉니 斯ㅣ 不足耶아 而必當得一縣乎아 熟矣니로다 夫至孝之行은 安親이 爲上이어늘 今에 數遭變異야 穀價ㅣ 數倍며 惶晝夜야 不安坐臥ㅣ어늘 而欲先營外封야

違慈母之拳拳乎아 吾ㅣ素剛急야 有胷中
氣라 不可不順也ㅣ니 若陰陽이 調和며 邊
境이 淸靜然後에 行子之志라 吾ㅣ但當含
飴弄孫고 不能復關政矣로리라 時예 新平主
家御者ㅣ失火야 延及北閤後殿늘 太后ㅣ
一以爲己過야 起居홀 不歡야 時예當謁
原陵시니라 自引守備不愼야 憂見陵園호
고 遂不行니라 初애 大夫人葬起墳이
高ㅣ어늘 太后ㅣ以爲言대 신兄廖等
即

減削라니 其外親이 有謙素義行者ㅣ어 輒
假借溫言샤 賞以財位고 如有纖介런 則
先見嚴恪之色然後에 加譴며 其美車服
야 不軌法度者란 便絶屬籍야 遣歸田里더
다 廣平과 鉅鹿과 樂成王車騎朴素야 無
金銀之飾늘 帝以白太后대 신太后ㅣ即
賜錢各五百萬니 於是예 內外從化야 被
服이如一니 諸家ㅣ惶恐야 倍於永平時더
라 乃置織室샤 蠶於濯龍中고 數往觀視

야 以爲娛樂더며 嘗與帝로 旦夕에 言道政
事며 及教授諸小王論語經書며 述敍
平生야 雍和終日이러라 四年에 天下ㅣ豐稔
고 方無事늘 帝遂封三舅廖와 防과
光야 爲列侯대 신並辭讓야 願就關內侯
대 太后ㅣ聞之日샤 聖人設教各有其
方은 知人情性이 莫能齊也ㅣ니 吾ㅣ少壯時
옌 但慕竹帛고 志不顧命니 今雖已老나
而復戒之在得이라 故로 日夜애 惕厲야 思自

降損야 居不求安며 食不念飽야 異乘此道
야 不貽先帝憂며 所以化導兄弟야 共同斯志
야 欲令瞑目之日애 無所復恨니다 何意老
志를 復不從오리오 萬年之日앤 長恨矣로다
等이 不得已야 受封爵而退位歸第焉니라
太后ㅣ其年에 寢疾사 不信巫祝小醫샤
數勅絶禱祀니더 至六月야 崩시니 在位二
十三年오니라 年四十餘ㅣ시다
後漢明德馬皇后ㅣ

비 아디 몯ᄒᆞ더니 後ᄒᆕᇂ에 든고다 嘆ᄐᆞᆫᄒᆞ야 奇끵異잉ᄒᆞ히너겨ᄒᆞ더라 後ᄒᆕᇂ
아래 오래 病뼝ᄒᆞ얫거시늘 大땡夫붕人신
이 占졈卜복히신대 占졈卜복홀 사ᄅᆞᆷ
미 닐오ᄃᆡ 이 ᄯᅡ리 비록 病뼝ᄒᆞ나 이이시나 반
ᄃᆞ기고 장貴귕ᄒᆞ리니 兆둏룔니ᄅᆞ디 몯
ᄒᆞ리로다 大땡夫붕人신이 니ᄅᆞ샤ᄃᆡ 後ᄒᆕᇂ에 坐相샹
보리롤 블러 모ᄃᆞᆫ ᄯᆞ롤 占졈卜복ᄒᆞᆫ대 后ᄒᆕᇂ

伏ᄲᅵᆨ波방將쟝軍군援완이아기ᄡᅳ리시
니라 ⟨代땡伯ᄇᆡᆨ은 波방將쟝軍군이니라⟩
호시고 몬오라비 客ᄏᆡᆨ
니 일ᄌᆔᆨ거늘 어마님 簡간夫붕人신이
허 病뼝ᄒᆞ야 어더 惶勦ᄒᆞ거늘 그
샤쭝돌호ᄃᆡ 그럴ᄒᆞ시니 안팟기 든 조와호
몰:이리 얼운과 곤더시니 처서믜 모ᄃᆞᆫ지

법 이 닷ᄀᆞ시며 ᄀᆞ자신대 上썅下ᄒᆞᆼ便뼌
便뼌安한히 너기더니 得득寵툐ᇰᄒᆞ야 샹녜
後ᄒᆕᇂ堂땅애 겨시더니 明몡帝뎅 即즉位윙
ᄒᆞ샤 后ᄒᆕᇂ롤 貴귕人신을 사ᄆᆞ시니라
그 ᄢᅦ 后ᄒᆕᇂ人신前쪈 母모ᇢ人신 兄ᅙᅧ의 ᄯᆞᆯ 賈강
氏씽 ᄯᆞ로ᇙ히야 드러 肅슉宗종은 明몡帝뎅라
大땡肅슉宗종 孝효ᇢ章쟝皇ᅘᅪᆼ帝뎅라
ᄒᆞᆼᅵ 子ᄌᆞ息식 업다 ᄒᆞ샤 ᄆᆞ로命명ᄒᆞ야

기르라ᄒᆞ시고 니ᄅᆞ샤ᄃᆡ 사ᄅᆞ미 반ᄃᆞ기
제 아ᄃᆞᆯ롤 나하 ᄊᆞ홀디 아니니 오직 어엿
비녀겨 길우미 至징極극ᄒᆞ야ᄃᆡ 몯호ᄆᆞᆯ 分
別뼐호ᄯᆞᆫ 후미라 后ᅘᅮᇢㅣ 그제 ᄆᆞᅀᆞᆷ장
어르 몯아 기ᄅᆞ샤 受쓔ᇢ苦콩ᄅᆞᆯ 이ᄒᆞ야미
나호니 예더ᄒᆞ더시니 蕭숗宗종道도孝ᅘᅭᇢ
ᄒᆞᆯ 性셩이 두터우시며 恩ᄒᆞᆫ 性셩이 天텬
然션히 至징極극ᄒᆞ샤 母ᄆᆞᇢ子ᄌᆞᇰ의 慈짱

愛ᄒᆡᇰᄒᆞ샤 쳐섬과 내죵과 져고맛 ᄉᆞ미도
업스시니라 后ᅘᅮᇢㅣ 샹녜 皇ᅘᅪᇰ帝뎽人ᅀᅵᆫ子ᄌᆞᆼ
息식이 넙디 몯다ᄒᆞ샤 무로 샹녜 시르
믈머그샤 左장右ᅀᅮᇢᄅᆞᆯ 薦젼ᄒᆞ샤ᄃᆡ
몬 미슬드시ᄒᆞ샤 後ᅘᅮᇢ宮ᄀᆞᆼ이 나사ᄫᅵᅀᆞ
오니 잇거든 상녜 慰ᅙᆔᆼ勞ᄅᆞᆯ 더ᄒᆞ시며
萬먼一ᅙᅵᇙ에 ᄌᆞ조 보시니어든 더 노피 對
接졉ᄒᆞ더시다 求쭈ᇢ平뼈ᇰ 三삼年년春츈

츈에 有ᄋᆔᇢ司ᄉᆞᆼㅣ 長댜ᇰ秋츄ᇢ宮ᄀᆞᆼ 셰요ᄆᆞᆯ
연ᄌᆞ와ᄂᆞᆯ 皇ᅘᅪᇰ后ᅘᅮᇢㅣ
ᄅᆞ샤ᄃᆡ 馬마ᇰ貴귕人ᅀᅵᆫ이 德득이 後ᅘᅮᇢ宮ᄀᆞᆼ
에 爲윙頭뚜ᇢᄒᆞ니 곧 긔 사ᄅᆞ미라ᄒᆞ야
시놀 셔샤 皇ᅘᅪᇰ后ᅘᅮᇢㅣ ᄃᆞ외시니라 일ᄫᅳᆺ
몬져 수메 혀근ᄂᆞᆫ 벌에 數승 업시 모매
븥고 ᄯᅩ 갓과 솨쾃ᄉᆞ미예 ᄃᆞ러도ᄂᆞ라

나니라ᄒᆞ마 宮ᄀᆞᆼ中듀ᇰ에 位윙롤 正져ᇰᄒᆞ
샤 더욱 ᄌᆞ개 謙켬讓샤ᇰᄒᆞ시며 조심ᄒᆞ더
시다 ᄆᆞᆼ 기리 닐굽자 두치ᄒᆞ시고 이비 方바ᇰ
正져ᇰᄒᆞ시고 마리 됴ᄒᆞ시고 能ᄂᆞᇰ히 易역
을 외오시며 春츈秋츄ᇢ와 楚초ᇰ辭ᄊᆞᆼ와ᄅᆞᆯ
즐겨 닐그시며 더욱 周쥬ᇢ官관 過과董동
舒셔ᇰ人ᅀᅵᆫ書셔ᇰ롤 잘ᄒᆞ더시다
楚초ᇰ辭ᄊᆞᆼ와 周쥬ᇢ官관은 굴읫 일후미오 董동
仲뜨ᇰ舒셔ᇰ人ᅀᅵᆫ書셔ᇰᄂᆞᆫ 董동仲뜨ᇰ舒셔ᇰㅣ 외

44-2

밍그라론 상녜굴근기블니브시고치마애
변즈를도르디아니ᄒᆞ더시니朔삭望망
애모ᄃᆞᆫ公공主主를뵈ᄉᆞ올제后후ㅣ오
시열의오굴구믈보라고도르혀綺킝縠
이라너기다가穀혁은기비오나ᄉᆡ라보
ᅀᆞᆸ고우ᄉᆞᆫ대后후ㅣ니르샤ᄃᆡ이기비를
드로매特특別ᄈᆞᆯ히마졸셔ᄲᅡ라ᄒᆞ산대
六륙宮궁이아니嘆탄嘆탄ᄒᆞ리업더니

45-1

라고다ᄉᆞᆫ夫봉人신이롯아래잇ᄂᆞ니라
帝뎡일즉苑원囿ᅌᅮ離링宮궁에行ᄒᆡᆼ
ᄒᆞ거시든宮궁각別ᄈᆞᆯ離링宮궁에行ᄒᆡᆼ
后후ㅣ곤브름과邪쌰氣킝
와이슬와안개로뻐警경誡갱ᄒᆞ샤말
ᄉᆞᆷᄒᆞ디精졍誠썽ᄃᆞ외시며ᄀᆞ자해골
ᄒᆡ샤믈보더시다帝뎡ㅣ濯딱龍룡은미라
에行ᄒᆡᆼ幸ᄒᆡᆼᄒᆞ샤濯딱龍룡人일후ᄂᆞᆫ母모ᄃᆞᆫ

45-2

ᄌᆡ人신을다브르시니才ᄌᆡᆼ人신은後후
下항邳빙王왕已잉下항ㅣ다겨튁잇
더니帝뎡ㅅ아비니明명皇ᄒᆞᆼ后후롤
라리
브르쇼셔請쳥ᄒᆞᆫ대帝뎡우셔니르샤ᄃᆡ
이家강ㅣ家강ᄋᆞᆫ스믈이오ᄲᆞ디樂학을즐
기디아니ᄒᆞ시니이런ᄃᆞ로노니시ᄂᆞᆫ이
니ᄒᆞ리라ᄒᆞ시니비록오시나즐겨아
레조ᄎᆞ샤미드므더시다十씹五ᅌᅩ年년

46-1

에帝뎡ㅣ地띵圖똥롤보샤張쟝太太皇子ᄌᆞ
룰封봉호려ᄒᆞ샤다諸졍國귁에半
반만호려ᄒᆞ더시니后후ㅣ보시고ᄉᆞᆯ오
샤ᄃᆡ모ᄃᆞᆫ아ᄃᆞᆯ이부롣두셔縣뤈만머구
미法법에아니너무져그니잇가帝뎡니
르샤ᄃᆡ내아ᄃᆞᆯᄒᆡ어예二ᅀᅵᆼ千쳔萬먼을
와로골오리오호ᄒᆞ니라그ᅢ楚ᄎᆞ人신獄옥이여
주미足죡ᄒᆞ니라그ᅢ楚ᄎᆞ人신獄옥이여

러ᄒᆡ롤 ᄆᆞ디몯ᄒᆞ야 楚(촣)ㅅ 獄(옥)ᄋᆞᆫ 楚(촣)王(왕) 英(영)이 謀(뭏)叛(빤)커놀 저주더니라 罪(죙)囚(쓩)ㅣ 서르 마초ᄢᅧ 가티 사ᄅᆞ미 甚(씸)히 하더니 后(ᅘᆖᇢ)ㅣ 그르호미 ᄒᆞᆫ가 分(분)別(ᄠᅧᇙ)ᄒᆞ샤 ᄉᆞᄉᆡ어드샤 말ᄉᆞ매 ᄉᆞᆯ허ᄒᆞ신대 帝(뎽)ㅣ 感(감)動(ᄯᅩᇰ)ᄒᆞ샤 바ᄆᆡ 니러 彷(빵)徨(ᅘᅪᇰ)ᄒᆞ샤 [彷빵徨황ᄋᆞᆫ 머믈츨시라] 엳ᄌᆞ온 마ᄅᆞᆯ ᄉᆞ랑ᄒᆞ샤 ᄆᆞᄎᆞ매 노ᄒᆞ샤 ᄆᆞᆯ만히 ᄒᆞ시니라 그ᄢᅴ 諸(졍)將(쟝)의 엳ᄌᆞᄫᆞᆫ 일와

公(공)卿(경)의 議(읭)論(론)이 一(잃)定(뗭) 어려운 이ᄅᆞᆯ 帝(뎽) ᄌᆞ조 后(ᅘᆖᇢ)ᄢᅴ 묻ᄌᆞᆸ거시든 后(ᅘᆖᇢ)ㅣ ᄀᆞᆯ히지버 理(링)예 맛게 ᄒᆞ샤 各(각)各(각) 그 情(쪙)實(씷)을 得(득)더시다 샹녜 뫼ᄉᆞ와 ᄉᆞᆯ저그ᄭᅴ 곤 말ᄉᆞ미 政(졍)事(ᄊᆞᆼ)애 미ᄎᆞ샤 돕ᄉᆞ오미 하시고 ᄌᆞᆺ간도 지븻 아ᄅᆞᆷ으로 求(끃)請(쳥) 아니ᄒᆞ실ᄊᆡ 得(득)寵(퉁)ᄒᆞ시며 恭(공)敬(경)ᄒᆞ샤미 날로 더오샤 처어므로

내종내 衰(ᄉᆈᆼ)호미 업스시니라 帝(뎽) 업거시놀 肅(슉)宗(종)이 卽(즉)位(윙)ᄒᆞ샤 后(ᅘᆖᇢ)ᄅᆞᆯ 尊(존)ᄒᆞ샤 皇(ᅘᅪᇰ)太(탱)后(ᅘᆖᇢ)ㅣ라 ᄒᆞ시다 諸(졍)貴(귕)人(신)이 南(남)宮(궁)에 올마가거놀 [諸졍貴귕人신은 明명帝뎽ㅅ 後ᅘᆖᇢ宮궁이라] 太(탱)后(ᅘᆖᇢ) 여희ᄂᆞᆫ ᄠᅳ들 感(감)ᄒᆞ샤 各(각)各(각) 王(왕)赤(쳑)綬(ᄊᆖᇢ)ᄅᆞᆯ 주시고 [赤쳑綬ᄊᆖᇢᄂᆞᆫ 블근 시오 印힌ㅅ 긴 ᄒᆞ라] 安(ᅙᅡᆫ)車(경) 駟(ᄉᆞᆼ)馬(망)와 [安ᅙᅡᆫ車경ᄂᆞᆫ 안자 ᄐᆞᄂᆞᆫ 술위오 駟ᄉᆞᆼ馬망ᄂᆞᆫ 네 ᄆᆞ리라]

白(ᄈᆡᆨ)越(윓) 三(삼)千(쳔)匹(핋)와 [白ᄈᆡᆨ越윓은 플로 나혼 ᄒᆡᆫ 뵈라] 雜(짭)帛(ᄈᆡᆨ) 二(ᅀᅵᆼ)千(쳔)匹(핋)와 黃(ᅘᅪᇰ)金(금) 열 斤(근)을 더주시다 ᄌᆞ개 顯(헌)宗(종)ㅅ 起(킝)居(겅)注(즁)ᄅᆞᆯ 撰(짠)集(찝)ᄒᆞ샤ᄃᆡ [起킝居겅注즁ᄂᆞᆫ 實씷錄록이라] ᄆᆞᆫ오라비 防(빵)의 醫(ᅙᅴᆼ)藥(약)애 參(참)預(영)ᄒᆞᆫ 이ᄅᆞᆯ 앗거시놀 帝(뎽)ㅣ 請(쳥)ᄒᆞ여 ᄉᆞᆲ오샤ᄃᆡ 黃(ᅘᅪᇰ)門(문) 아자비 [黃ᅘᅪᇰ門문은 ᄇᆡ슬 일후미라] 朝(됴)夕(썩)에 供(공)養(양)ᄒᆞᅀᆞ오미 ᄒᆞᆫ

내훈 권2(상) 48-2

히니ᄒᆞ마 褒ᄫᅮᇢ賞샹아니ᄒᆞ시고 坐功공

勞로ᇢ記긩錄록디아니ᄒᆞ샤미아니너

므니잇가 太탱后ᅘᅮᇢㅣ니ᄅᆞ샤ᄃᆡ내 後ᅘᅮᇢ

世ᄉᆡᆼ로 先선帝뎽의 後ᅘᅮᇢ宮궁의 지블 즈

조親친히ᄒᆞ샤 몰ᄃᆞᆯ디아니ᄒᆞ노라 建건

변에 모ᄃᆞᆫ아자비ᄅᆞᆯ封ᄫᅩᆼ爵쟉初총元ᅌᅯᆫ年

ᄎᆞ로스디아니ᄒᆞ노라 封ᄫᅩᆼ爵쟉호려커늘

太탱后ᅘᅮᇢㅣ듣디아니ᄒᆞ시다이듬ᄒᆡ녀

내훈 권2(상) 49-1

르미ᄀᆞ장ᄀᆞ몰어늬이ᄅᆞᆯ니ᄅᆞᆯ사ᄅᆞ미 닐

오ᄃᆡ外ᅙᅬᆼ戚쳑을封봉티아니ᄒᆞ견뎌츠라

ᄒᆞ더니 有ᅌᅮᇢ司ᄉᆞᆼㅣ이롤

因ᅙᅵᆫᄒᆞ야 녯죠녯法법을 조ᄎᆞ샤미

맛당ᄒᆞ시도소이다 太ᄐᆡᆼ后ᅘᅮᇢㅣ詔죨書

내게괴여福복을求끃코져ᄒᆞ샤ᄃᆡ

라녜王왕氏씽五ᅌᅩᆼ侯ᅘᅮᇢㅣ

내훈 권2(상) 49-2

ᄉᆡᆼ帝뎽ㅅ時씽예 太ᄐᆡᆼ后ᅘᅮᇢㅅ오라비

ㅅ 舅뀸氏씽ᄅᆞᆯ마가삼가샤 죠슬

몬ᄒᆞ며 坐田뗜蚡뿐과 寶보ᇢ嬰ᅙᅳᆼ

四ᄉᆡᆼ方방애ᄀᆞ독ᄒᆞ고비온 應ᅙᅳᆼ누런안개

傾켱覆ᅘᅮᆨ炎ᅌᅧᆷ禍ᅘᅪᇰㅣ오라비ᄃᆞᆯ

라릴시世ᄉᆡᆼ예傳뗜호미ᄃᆞ외ᄂᆞ니이럴시先

내훈 권2(상) 50-1

ᄉᆡᆫ帝뎽ㅅ舅뀸氏씽ᄅᆞᆯ마가삼가샤죠슬

ᄅᆞ왼벼슬레잇게아니ᄒᆞ시고모ᄃᆞᆫ아들

封봉호몰 楚총와 淮ᅘᅬᆼ陽양괏나라해부

론半반만케ᄒᆞ샤 光광武뭉ㅅ아들 封봉

뎽ㅅ아ᄃᆞᆯ와로골오미 몬ᄒᆞ리라ᄒᆞ시니 先션

이제 有ᅌᅮᇢ司ᄉᆞᆼㅣ엇뎨馬망氏씽로陰ᅙᅳᆷ

氏씽새가죨뵤려ᄒᆞ노내 天텬下ᅘᅡᆼ옛

즐기ᄂᆞ니라ᄒᆞᄂᆞ다 알ᄑᆡ 躍(꽉)龍(룡)門(문)
을 디나갈 제 外(횡)家(강)의 安(ᄒᆞᆫ)否(뿋)를
사ᄅᆞᆷ몰보니 술위 ᄂᆞᆫ ᄒᆞᆯ르ᄂᆞᆫ 믈 ᄀᆞᆮᄒᆞ며 ᄆᆞᆯ
ᄅᆞᆫ혜ᄂᆞᆫ 龍(룡)이 ᄀᆞᆮᄒᆞ며 倉(창)頭(뜽)ㅣ
라이 ᄭᅮ뮨 構(궁)를 닙고 옷오소매
正(졍)히 허여 놀애라 그럴ᄉᆡ 외다ᄒᆞ야 恕(씅)
몯미 추미 머더라그럴ᄉᆡ외다ᄒᆞ야 칠
몰아니ᄒᆞ고 오직 歲(솅)예ᄣᅥ거슬그칠

어미 두외여셔 모매 굴근 깁니브며 飮(홈)
食(씩)에 됴ᄒᆞᆫ거슬 求(꿈)티 아니ᄒᆞ며 左(장)
右(훙) 엣 사ᄅᆞ미 오직 깁과 뵈ᄅᆞᆯ닙고 香(향)
薰(훈) 엣 수ᄅᆞᆯ 뮤미 업수믄 香(향)
무로 아래 롤 이보면 반ᄃᆞ기 무슈매 슬허 제
外(횡)親(친) 이 보리라ᄒᆞ다니오직 우서닐오
警(경)誡(갱)ᄒᆞ리라ᄒᆞ더니 儉(껌) 朴(박)호몰
太(탱)后(흫)ㅣ本(본)來(링)...

티여 許(형)티 아니ᄒᆞ신대 帝(뎽)ㅣ 詔(죵)書(셩)
ᄅᆞᆯ 보시고 슬허 嘆(탄)ᄒᆞ샤ᄃᆡ 漢(한)이니ᄅᆞ와다나
請(쳥)ᄒᆞ야 솔오샤ᄃᆡ
매 舅(꿀)氏(씽)의 封(봉)侯(홓)호ᄆᆞᆫ 皇(꽝)子(ᄌᆞᆼ)
王(왕) 두외욤과 ᄀᆞᆮᄒᆞ니 太(탱)后(흫)ㅣ 眞(진)
實(씷)로 謙(켬)讓(샹) 올두시나 엇데 날로ᄒᆞ
오ᄉᆞ 세 아자비 거긔 恩(ᄒᆞᆫ)惠(휑)ᄅᆞᆯ 더으디
아니케ᄒᆞ시ᄂᆞ니잇고 衛(윙)尉(윙) ᄂᆞᆫ나

롬 호믄 그 모ᄉᆞᆷ매 줌줌ᄒᆞ야 붓그리과뎌
ᄇᆞ라거늘 손ᅎᆡ 게을어 나라 分(뿐)別(병)ᄒᆞ
고 집니 줄 혜미 업스니 臣(씬)下(ᄒᆞᆼ) 아로미
님금곤ᄒᆞ니 업스니 ᄒᆞᆷ몰며 아ᄉᆞ미 쓰녀
내 엇뎨 우호로 先(션)帝(뎽)人(ᅀᅵᆫ)ᄠᅳᆮ들지여ᄇᆞ
리고 아래로 先(션)人(ᅀᅵᆫ)의 德(득)을 ᄒᆞ야ᄇᆞ
려다시 西(솅)京(경)의 西(솅)京(경)은 前(쪈)漢(한)이라 敗(뺑)
亡(망)흔(횡) 禍(황)ᄅᆞᆯ 조 太(탱)리오ᄒᆞ시고

후믈원고져ᄒ야帝ᇰ로ᄡᅥ施싀
니ᄒᆫ嫌혐疑읭로가지게ᄒ리오
왕皇ᅗᅡᆼ后ᅘᅮᇢ人ᅀᅵᆫ오라비ᄅᆞᆯ封보ᇰᄒ려커
늘實씷오太탱王왕皇ᅗᅡᆼ后ᅘᅮᇢ文문帝뎽人ᅀᅵᆫ皇ᅗᅡᆼ
ᄒᆞᆫ라ᄆᆞᆯ丞씨ᇰ相샹倭ᅘᅪ상ᄒ
금祖조ᇰ期끵約ᅙᅣᆨ올맛도니
젼漢ᄒᆞᆫ人ᅀᅵᆫ周쥬ᇢ勃버ᇙ리라軍군功고ᇰ업스니와

히놈고
校고ᇢ尉윙ᄂᆞᆫ큰病뼈ᇰ이잇ᄂᆞ니
싸ᇰ로미처홀디라더듸머로미몬ᄒ리
이다太탱后ᅘᅮᇢ丨對됭答답ᄒ야ᄃᆞᆯ히됴케ᄒ몰
싸ᇰ로미ᄌᆞ쳐홀거이니ᇰ吉긿ᄒᆞᆯ일
혼애와丑묠기리머거시리니
디내ᄃᆞ위힐훠ᄉᆞ라ᇰᄒ謙켬讓샤ᇰᄒ
ᄉᆞ라ᇰᄒ노니엇뎨혼갓謙켬讓샤ᇰᄒ

론더우며비블우믈求끃ᄒ요산르미니이
제祭졩祀ᄉᆞᆼᄂᆞᆫ四ᄉᆞᆼ御어ᇰ府부ᇢ앳나믄거슬
반고衣힝食씩不부ᇙ足죡ᄒ야구틔여ᄒ
닙ᄂᆞ니이엇뎨
고올흘가죠미맛당ᄒ리오내혜유믈
기ᄒ니疑읭心심말라至징極끅ᄒ孝효ᄒ
道도ᇢ앳行ᅘᅢᆼ은親친올便뼌安한을맛나
닝頭뜨ᇢᄒ니이제不부ᇙ조ᇰ炎여ᇰ燮뼈ᇙ을맛나

劉리ᇢ氏씨아니어든諸졍倭ᅘᅯᆼᄅᆞᆯ封보ᇰ티
말라ᄒ니이제馬마ᇰ氏씨와郭곽氏씨中듀ᇰ
업스니엇뎨陰흠氏씨郭곽氏씨中듀ᇰ貴귕興ᅘᅵᆼ
ᄒ지블보니榮로ᇰ과벼슬왜重뜨ᇢ貴귕ᄒ
요미다시여름연남기그불휘반ᄃᆞ기傷샤ᇰ
상ᄒᆞᆷ곤ᄒ며딴사ᄅᆞ미封보ᇰ倭ᅘᅯᆼᄅᆞᆯ願원ᄒ고아래
ᄒᆞ부ᇙ우ᄒ론祭졩祀ᄉᆞᆼᄅᆞᆯ爲윙ᄒ고아래

穀곡食씩ᄀᆞᆯ시두ᅀᅥ倍뼝ᆯ시밤나ᄌᆞ分

別ᄫᅧᆯᄒᆞ야안ᄌᆞ며누우믈便뼌安ᅙᅡᆫ히

몯거늘外ᅌᅬᆼ戚쳑을封봉ᄒᆞ몰져ᄒᆞ려ᄒᆞ

야慈ᄍᆞ母뭏의拳꿘拳꿘ᄒᆞᆫ올거스로려ᄒᆞ

ᄂᆞᆫ몯拳꿘拳꿘分분別ᄫᅧᆯᄒᆞ야내本본來링剛강ᄒᆞ

고뫼라가ᄉᆞ매긔운이잇ᄂᆞᆫ디라順쓔ᇙ티

아니호미몯ᄒᆞ리라ᄒᆞ다가陰ᅙᅳᆷ陽양이

調뚤和ᅘᅪ오ᄒᆞ며邊변境ᄀᆡᆼ이ᄌᆞ녹ᄌᆞ녹ᄒᆞ

後ᅘᅮᇢ에ᄊᆞ그뒷ᄠᅳᆯ行ᅘᆡᇰᄒᆞ라나ᄂᆞᆫ오직

別ᄫᅧᆯ여ᄉᆞᆯ머구머孫손子ᄌᆞᄅᆞᆯ노ᄅᆞᆯ노이고다시政

事ᄊᆞ론參참預영티아니ᄒᆞ리라그ᄫᅬ

新신平삐ᇰ公공主즁ㅅ집사ᄅᆞ미브릌내

야北븍閣각後ᅘᅮᇢ殿뗜에미처놀太탱后

ᅵ내罪쬥라ᄒᆞ샤後ᅘᅮᇢ起킝居경를즐기디

아니ᄒᆞ샤그ᄫᅬ原원陵릉을뵈수오려ᄒᆞ

더시니ᄌᆞ개간슈호몰조심몯ᄒᆞ라ᄒᆞ야

陵릉室씨ᇙ에뵈ᅀᆞ오몰붓그례라ᄒᆞ시고

송葬장애墳뻔墓몽ㅁ고로미져기놀거

놀太탱后ᅵ니르신대몬오라비廖료ᇢ

돌히即즉時씽예더러갓고니라그外ᅌᅬᆼ

親친이謙켬讓샹ᄒᆞ며儉껌朴박ᄒᆞ야어

딘힝뎍이샤쳔량과벼ᄉᆞᆯ로賞샹給급ᄒᆞ

몰로빌이샤쳔량과벼ᄉᆞᆯ로送

ᅌᅡ니가시니라처어믜大땡夫봉人신

王광廣ᄀᆞᆼ平삥과鉅껑鹿록과樂악成쎙

과鄉ᄒᆡᇰ애보내더시다

시고ᄒᆞ다가져고맛허므리잇거든몯져

식식ᄒᆞᆼ야ᄌᆞ롤뵈신後ᅘᅮᇢ에ᅀᅡᄆᆞ시

며그술위와옷과ᄅᆞᆯ됴히ᄒᆞ야法법을ᄯᅩ시

디아니ᄒᆞᄂᆞ니란곧屬쑉籍쪅에그쳐本

라와리廣ᄀᆞᆼ平삥과鉅껑鹿록과樂악成쎙

王왕과鉅껑鹿록王왕과明명帝

리라와솔위와몰왜俊쯘朴박ᄒᆞ야金금

銀은 ᄋᆞ로수유미업거늘帝뎅ㅣ太탱后
띄솔오신대太탱后ᅘᅮᆼㅣ各각
과各각五옹百ᄇᆡᆨ萬먼을주시ᄂᆞ니에內
外ᅌᅱᆼ化황ᄅᆞᆯ조차옷니부미호양곧ᄒᆞ
니모ᄃᆞᆫ지비두리유미求ᄬᅮᆼ시졀에
셔더으더라織직室실을두샤平ᄬᅵᆼᅀᅵᆫ織직室실
자ᄣᅡ바라는濯뙉龍룡中듀에누에치이시고
조조가보샤즐겨ᄒᆞ더시다샹녜帝뎅

로朝ᄠᅭᆼ夕쎡에政졍事ᄊᆞᆯᄅᆞᆯ니ᄅᆞ시며모
ᄃᆞᆫ져믄王왕을그ᄅᆞ치시며經경書셔ᄅᆞᆯ
議ᅌᅴᆼ論론ᄒᆞ시며平ᄬᅵᆼ治띵生ᄉᆡᆼᄒᆞ니ᄅᆞ샤
죵日ᅀᅵᇙ드록雍ᅙᅮᆼ和ᅘᅪ봉ᄒᆞ더시다雍ᅙᅮᆼ和ᅘᅪ봉은
라시四ᄉᆞ年년에天텬下ᅘᅡᆼㅣ가ᄉᆞ멸오四ᄉᆞ
方방ᄉᆞᆯ無뭉事ᄊᆞᆼ커늘帝뎅세아
자비廖ᄅᆢᆼ와防ᄬᅡᆼ과光광올封봉ᄒᆞ야諸경
졍侯ᅘᅮᇢᄅᆞᆯ두외오신대다辭ᄊᆞ讓ᅀᅣᆼᄒᆞ야

關관內ᄂᆡᆼ侯ᅘᅮᇢᄅᆞᆯᄒᆞ야지이다ᄒᆞ야놀
샤ᄃᆡ聖셩人ᅀᅵᆫ이그ᄅᆞᆯ孝ᄒᆢ悌ᄠᅨᆼ라코샤미
各각各각法법이이쇼문사ᄅᆞᆯ미情졍性셩
성이能ᄂᆞᆼ히ᄒᆞ고즉디몯호ᄆᆞᆯ아ᄅᆞ시니내
져머壯ᄌᆞᆨ호시졀엔오직竹듁帛ᄈᆡᆨ올수
랑ᄒᆞ고命몡을도라보디아니타니이졔비
ᄡᅵ데

록늘그나쁘警ᄀᆈᆼ誡갱호미어두매잇ᄂᆞᆫ
디라이런젼ᄎᆞ로日ᅀᅵᇙ夜양애조심ᄒᆞ야
내ᄂᆞᆺ기ᄒᆞ며더로몸ᄉᆞ랑ᄒᆞ야이쇼매
便뼌安한호ᄆᆞᆯ求ᄀᆈᆼ티아니ᄒᆞ며머구메
비블우믈ᄉᆞ랑티아니ᄒᆞ야이道뚱ᄅᆞᆯ가
져先션帝뎅ᄅᆞᆯ그ᄅᆞ쳐이쁘들곤게ᄒᆞᄂᆞᆫ니
ᅘᅧᆼ弟뗑ᄅᆞᆯ그ᄅᆞ쳐이쁘들곤게코져ᄒᆞᄂᆞ
몯나래누의야뉘으추미업게코져ᄒᆞ다

내훈 권2(상) 58-2

니엇뎨 늘그니ᄠᅳ들 다시 좃디 아니ᄒᆞ몰
너기리오 萬먼年년後ᅘᅮᇢ엔 기리 ᄂᆔ으츠
리로다 廖료 돌히 不불得득已잉ᄒᆞ야 封
봉爵쟉올 受쓯ᄒᆞ고 벼슬 말오지 ᄇᆡ도라
가니라 太탱后ᅘᅮᇢ ㅣ 그ᄒᆡ 예 오래 病뼝ᄒᆞ
샤 무당과 醫힝 貪원을 信신티 아니ᄒᆞ샤
祈끵禱동 말라 ᄌᆞ조 勑틱ᄒᆞ더시니 六륙
月월에 니르러 주그시니 位윙예 겨샤미

내훈 권2(상) 59-1

스믈세 ᄒᆡ시고 나히 마ᅀᆞᆫ나ᄆᆞ니러시다

內訓卷第二上

내훈 권2(상) 59-2

內訓卷第二下

後漢和熹鄧皇后는 太傅禹之孫也ㅣ시니라 父
訓은 護羌校尉오 母는 陰氏니 光烈皇后ㅅ
從弟女也ㅣ라 后ㅣ 年이 五歲에 太傅夫人이
愛之하야 自爲剪髮하더니 夫人이 年高目冥하야
誤傷后額대 忍痛不言이어늘 左右ㅣ 怪而問
之대 后ㅣ 曰호ㅣ 非不痛也마ㄴ 大夫人이
哀憐야 爲斷髮실ㅣ 難傷老人意故로 忍之
耳로 六歲에 能史書고 十二에 通詩論語

錄不食鹽菜샤 憔悴毀容이어늘 親人이 不識
曰諸生이라 卒커늘 后ㅣ 晝夜애 號泣고 終三年
晝修婦業니 暮誦經典대 家人이
更務學니 寧當擧博士耶아 后ㅣ 重違母言乃
非之曰 汝ㅣ 不習女工야 以供衣服고 乃
志在典籍고 不問居家之事시ㅣ 母ㅣ 常
會訓이 詳議라 求元四年에 當以選入시어 終三年
ㅣ 諸兄이 每讀經傳든 輒下意問

之라더 后ㅣ 嘗夢捫天니시 蕩蕩正靑고 若
有鐘乳狀늘 이어 乃仰漱飮之고시 以訊諸占
夢대 신 言대호 堯ㅣ 夢애 攀天而上고 湯애
夢애 及天而咶之니시 斯皆聖王之前占이라
吉不可言다이로 又相者ㅣ 見后고 驚曰대
此는 成湯之法야로 家人이 竊喜而不敢
宣이라 后ㅅ 叔父陔言호대 嘗聞活千人者는
子孫이 有封이라니 兄訓이 爲謁者라 使修石
曰河야 歲活數千人니 天道ㅣ 可信댄 家必

深嘉愛焉ᄒᆞ시더니 及后ㅣ 有疾ᄒᆞ야 特令后의 母
와 兄弟로 入侍醫藥ᄒᆞ야 宮禁에 不限日數ᄒᆞ시어늘 后ㅣ
言於帝曰 宮禁이 至重이어늘 而使外舍
久在內省ᄒᆞ야 上令陛下로 有幸私之譏ᄒᆞ고
下使賤妾으로 獲不知足之謗ᄒᆞ면 上下ㅣ 交損ᄒᆞ리니
誠不願也ㅣ로ᅌᅵ다 帝曰 人이 皆以數入으로 爲
榮이어늘 貴人은 反以爲憂ᄒᆞ야 深自抑損ᄒᆞ니 誠
難及也ㅣ라 每有讌會예 諸姬貴人이 競自
修整ᄒᆞ야 簪珥ㅣ 光采ᄒᆞ며 桂裳을 鮮明이어늘 而后

蒙福ᄒᆞ리라 初애 太傅ㅣ 嘆曰 吾ㅣ 將百萬
之衆ᄒᆞ야 未嘗安殺一人호니 其後世예 必有興
者ㅣ라 ᄒᆞ더니 后ㅣ 復與諸家子로 俱選入
宮ᄒᆞ니라 后ㅣ 長이 七尺二寸이오 姿顏이 姝麗
絶異於衆ᄒᆞ니 左右ㅣ 皆驚ᄒᆞ더라 時年이 十六이러니 八年冬애
入掖庭ᄒᆞ야 承事陰后ᄒᆞᅀᆞ와 常克己以下之
夜戰兢ᄒᆞ며 接撫同列호ᄃᆡ 皆假恩借
恭肅小心ᄒᆞ야 動有法度ᄒᆞ며
雖宮人隸役이라도 ᄒᆞ신대 和帝

爲甚ᄒᆞ야 遂造祝詛야 欲以爲害ᄒᆞ라 帝嘗寢病
危甚이어늘 陰后ㅣ 密言호ᄃᆡ 我ㅣ 得意ᄒᆞ면 不令
鄧氏로 復有遺類라ᄒᆞ야시ᄂᆞᆯ 后ㅣ 聞ᄒᆞ고 乃對左
右ᄒᆞ야 流涕言曰 我ㅣ 竭誠盡心以事
皇后ㅣ어ᄂᆞᆯ 竟不爲祐ᄒᆞ고 而當獲罪於天이라
婦人이 雖無從死之義나 然이나 周公이 身請
武王之命ᄒᆞ며 越姬心誓必死之分ᄒᆞ니 上以報
帝之恩ᄒᆞ며 中以解宗族之禍ᄒᆞ고 下不令陰氏

ㅣ 獨著素ᄒᆞ야 裝服이 無飾ᄒᆞ며 其衣ㅣ 有與陰
后로 同色者ㅣ어든 即時解易ᄒᆞ며 若並時進
見ᄒᆞ야시든 則不敢正坐離立ᄒᆞ며 行則僂身自
敢ᄒᆞ야 帝每有問ᄒᆞ시어든 常逡巡後對ᄒᆞ야 不
甲ᄒᆞ야 帝知后의 勞心曲體ᄒᆞ야
歎曰 脩德之勞ㅣ 乃如是乎아 後에 陰
后ㅣ 漸踈ᄒᆞ며 帝每見后ㅣ 輒喜ᄒᆞ야 雖憂繼嗣ᄒᆞ야
時예 恒垂涕歎息ᄒᆞ야 數選進才人ᄒᆞ야 以博帝意

로 有人豕之議호리라 即欲飮藥이어시놀 宮人
趙玉者ㅣ固禁之야 因詐言되屬有使來야
上疾이已愈다호소야 乃
止시니 帝便明日에 會有司야
后ㅣ以巫蠱事로廢어시놀 后ㅣ念稱疾篤
自閉絶시니이다 帝果廢后시니라 后ㅣ十四年夏애陰
后ㅣ念稱疾篤야承宗廟며
與朕同體야 母
天下ㅣ니 엇디易哉오리 唯鄧貴人이 德冠後庭

니 乃可當之라니 至冬야 立爲皇后대신 辭讓
者ㅣ三然後에 即位야 手書表謝야 深陳德
薄야 不足以充小君之選시다라 是時에 方
國貢獻을競求珍麗之物이어늘 自后ㅣ 即位
로 悉令禁絶고 歲時에 但供紙墨而已
帝每欲官爵鄧氏어시든 后ㅣ 輒哀請謙讓故
로 兄隲이 終帝世토록 不過虎賁中郎將이라니
帝崩커시늘 長子平原王이 有疾
고 而諸皇子ㅣ 夭殁이 前後十數니 後生者

릴 輒隱秘야 養於人間니 殤帝生이 始百
日이어시늘 帝ㅣ 迎立之야 爲皇太
后ㅣ니라 太后ㅣ 臨朝니라 后ㅣ 乃迎立之다시니 尊后야 爲皇太
后ㅣ며 太后ㅣ 賜周馮貴人策曰
朕與貴人으로 託配後庭야 共歡等列이 十
有餘年이러니 不獲福祐야 先帝早棄天下시니
愴然孤心榮榮야 靡所瞻仰이라 夙夜永懷感
慘結增歎니 燕燕之詩는 曷能喩焉이리오 其

成以巫蠱事놀 遂下掖庭야 考訊니 辭
服이라 乃又和帝幸人吉成의御者ㅣ 共枉吉
一篋와 黄金三十斤과 雜帛三千匹와 白越四千
端야 又賜馮貴人王赤綬고 以未有
步搖環珮라 加賜各一具야 是時에 新
遭大憂야 法禁이未設니이러 宮中이 亡大珠
一篋야 太后ㅣ 念欲考問이댄 必有不辜라
乃親閱宮人야 觀察顔色야 即時에首
服야 又和帝幸人吉成의 御者ㅣ 共枉吉

尉윙오 護ᄒᆞᆯ 씨라 尉윙ᄂᆞᆫ 벼슬 일후미라 어마님은 陰흠
氏씽니 光광烈렳皇ᅘᅪᆼ后ᅘᅮᇢㅅ 四ᄉᆞᆼ寸촌
아ᄋᆞᆺ ᄯᆞ리라 다ᄉᆞᆺ서레 太탱
傅붕人ᅀᅵᆫ夫붕人ᅀᅵᆫ이 손소 마리
룰 갓더니 夫붕人ᅀᅵᆫ이 나히 하다 눈어ᄃᆞ
위그르ᄃᆞ니 ᄆᆞ호ᄒᆞᆯ오ᄃᆡ 알ᄑᆞᆯ ᄆᆞᆯ
ᄆᆞ샤ᄂᆞ니ᄃᆡ 아니ᄒᆞ거시ᄂᆞᆯ 左장右ᅘᅮᇢ
사ᄅᆞ미 性셩異잉ᄒᆞ녀겨 ᄆᆞᆫᄌᆞ온대 后ᅘᅮᇢ엣

證이 明白ᄒᆞ니 더욱 太后ㅣ 以先帝左右로 待之
有恩이라 平日에 尙無惡言ᄒᆞ니 더
不合人情이라 ᄒᆞ시고 更自呼見ᄒᆞ샤 實蠹ᄒᆞ시니 今反若此
果御者의 所爲놀 莫不歎服ᄒᆞ야 以爲聖明이라
라

後ᅘᅮᇢ漢한ㅅ 和ᅘᅪᆼ熹힁鄧뜽皇ᅘᅪᆼ后ᅘᅮᇢᄂᆞᆫ
太탱傅붕禹ᅌᅮᆼ의 孫손子ᄌᆞᆼㅣ시니라 太탱
(傅ᄂᆞᆫ 벼슬 일후미라)
아바님 訓훈은 護ᅘᅩᆼ卷 校
(斯라라)

ᄅᆞ미 일후믈 션비라 ᄒᆞ더니 아바님 訓훈
ᄀᆡ 시고 밤미어든 글와 롤 외오신대 집사
重뜡히 너기샤 나 지어든 글와 롤 외오시니 유몰
(斯라라 션비라 벼슬)
ᄡᅥᄒᆞ니 반ᄃᆞᆨ기 博박士씽ㅣᄂᆞᆯ다 博士ᄡᅵᆼ
服뿍을 ᄒᆞᆫ디 아니코 다시 곰 學ᄒᆞᆨ을힘
오ᄂᆞ녀겨 니ᄅᆞ샤ᄃᆡ 네 겨지비 롤 니겨 衣衤
이롤 문ᄃᆡ 아니 커시 놀어마니미 샹녜 외

ㅣ 니ᄅᆞ샤ᄃᆡ 아ᄯᆞ디 아니 혼 주리 아니언
마 눈 大땡夫붕人ᅀᅵᆫ이 어엿비 너겨마리
룰 갓구 실ᄉᆡ 늘그시닛 ᄡᅳ들 구틔미어려
운젼太로 숨노라여 숫서레 史ᄉᆞᆼ書셩롤
잘ᄒᆞ시고 (史ᄂᆞᆫ 글 승 書셩 성 ᄉᆞᆼ書셩롤)
語ᅌᅥᆼ를 通통ᄒᆞ더시니 모ᄃᆞᆫ오라비 샹녜
글 닐글저 기어든 곧 ᄡᅳ들 ᄂᆞᆨ거 ᄒᆞ샤무
르샤 ᄡᅳ들 글와래두시고 生ᄉᆡᆼ計곙사릿

이奇異히너겨이롤크니져그니업
시곤더브러議論ᄒᆞ더시다求元
元四年에반ᄃᆞ기골ᄒᆞ여들리러시
니마ᄎᆞ아訓이ᄌᆞᆨ거시ᄂᆞᆯ后ㅣ晝
夜애우르시고三年이ᄆᆞᆺᄃᆞ록
곰과菜蔬와ᄅᆞᆯ좌시디아니ᄒᆞ샤여
위여녯양ᄌᆞᆯ업거시ᄂᆞᆯ親ᄒᆞ사ᄅᆞᆷ이ᅀᅡ
디몬ᄒᆞ더라后ㅣ아리ᄉᆞ메하ᄂᆞᆯᄒᆞᆯ문

지시니蕩蕩ᄒᆞ야正히퍼러ᄒᆞ고
蕩ᄋᆞᆫ넙을뎌라鐘乳ᄂᆞᆫ골ᄋᆞᆫ거시
잇거놀藥일후미라올위러샌라좌시
고곰ᄋᆞᆯ져ᄒᆞᄂᆞᆫ사ᄅᆞᆷ두려무르신대솔오
ᄃᆡ堯ㅣᄉᆞ메하ᄂᆞᆯ호자바오ᄅᆞ시고湯
탕이ᄉᆞ메하ᄂᆞᆯ해미처할ᄒᆞ시니이다聖
聖王人알픳占이라ᄒᆞᆷ깁ᄒᆞ도ᄫᆞᆯ니ᅌᅥ러
디몬ᄒᆞ리로소이다ᄯᅩ相볼ᄉᆞ러미后

人을사ᄅᆞ니天道ㅣ어루민불딘
댄地비반ᄃᆞ기福을니브리라처서믜
太傅禹ㅣ嘆ᄒᆞ야닐오ᄃᆡ
내百萬衆을거ᄂᆞ려좠간도ᄒᆞ샤
룸도간대로주기디아니ᄒᆞ니後人子
라ᄒᆞ니라七年에后ㅣᄯᅩ모ᄃᆞᆫ집
子息과ᄒᆞ예ᄢᅩᆯᄒᆞ야宮의드르시

ᄅᆞᆯ보ᄉᆞᆸ고놀라솔오ᄃᆡ이ᄂᆞᆫ成湯
人法이로다ᄒᆞ야놀지빗사ᄅᆞᆷ이그스
后ㅣᆫ人아자비陛갱닐오ᄃᆡ아래도로니라
기깃거ᄒᆞ오디좠간도ᄒᆞᄂᆞ리디아니ᄒᆞ니라
千人人신을사ᄅᆞ닌子ᆼ孫이封侯
ㅣ외여셔訓이調者쟝
ᄒᆞ리잇다ᄒᆞ니兄訓이調者쟝
孫이石日河
룰닷가ᄂᆞᆫ石曰河ᅌᅥᆼ千
롤닷가ᄂᆞᆫ數쳔

심ᄒᆞ시며同똥列렳을對됭接졉ᄒᆞ샤ᄃᆡ
샹녜모ᄆᆞᆯ이긔여ᄂᆞᆫ기ᄒᆞ시며비록宮
궁人신隷롕役역이라도隸롕人신役역이룬賤쪈
다恩ᄒᆞᆫ惠뼁롤더으신대和ᅘᅪ帝뎅기피
아룸다이너겨委ᄝᅱ曲콕히ᄒᆞ더시니后
ᄂᆞᆯ病삥ᄒᆞ샤ᄆᆞᆯ미처和ᅘᅪ特뜩別뿨ᇙ히ᄒᆞ야
의어마님과兄ᄒᆡᇰ弟똉로드러醫힁藥약
올뫼수와ᄡᅮᆼ數숭를限한티아니케ᄒᆞ야

니后ᅘᅮᇢㅣ크닐굽자두치시고양지고와
모든中듕에그장다ᄅᆞᆫ더시니左좡右ᅌᅮᇢ
ㅣ다놀라더라八밣年년ㅅ겨스레被펙
庭뎡에드르샤大땡闊쾷뎡은기픈니루
貴귕人신이드외시니그삐나히열여스
시러시니溫혼恭공ᄒᆞ시며식식ᄒᆞ시며
조심ᄒᆞ샤일마다法법度뚱ㅣ겨샤陰흠
后ᅘᅮᇢ룰셤기샤ᄃᆡ일져므리저ᄒᆞ시며조

기거ᄂᆞᆯ貴귕人신 오도ᄅᆞ혀시르ᄆᆞᆯ사마
ㄱ쟝ᄂᆞᆫ기ᄒᆞ니眞진實ᄉᆞᆯ로미ᄎᆞ미어
렵도다샹녜이바디예모ᄃᆞᆫ姬긩와貴귕
人신이난것빗어簪좀珥ᅀᅵᆼ룰빗내ᄒᆞ며
舊쭘ᄂᆞᆫ은빗혜오珥ᅀᅵᆼ노ᄂᆞᆫ오玉옥으
로ᄆᆡᇰ구론귀여ᄃᆞ라ᄂᆞᆫ거시라衣ᅙᅴᆼ服뽁
을빗내ᄒᆞ거늘后ᅘᅮᇢㅣ호오샤빗나디아
니ᄒᆞ거슬니브샤오시ᄉᆞ무묘미업스시며
그오시陰흠后ᅘᅮᇢ와비치곤ᄒᆞ니잇거든

시ᄂᆞᆫ后ᅘᅮᇢㅣ帝뎅씌ᄉᆞᆯ오샤ᄃᆡ宮궁禁금
이至징極끅重뜡커ᄂᆞᆯ밧긧지브로오래
안해이셔우ᄒᆞ론陛뼁下ᅘᅡᇰ로아롬더어
엿비너기시ᄂᆞᆫ긔룡잇고아래론賤쪈
날로足죡ᅙᅩᆯ아디몯ᄒᆞᆯ니룰ᄒᆞ며
더上쌰ᇰ티아니ᄒᆞ야서르損숀
로願원티아니ᄒᆞᄂᆞᆫ노이다帝뎅니ᄅᆞ샤ᄃᆡ
사ᄅᆞ미다ᄌᆞ조드로무로榮ᅌᅯᆼ寵툐ᇰᄒᆞ너

즉재바사 ㄱ르시며 ㅎ쁴 뵈ㅅ ㄱ을 저기어
시든 바ᄅ 안ㅈㅎ며 곧 와셔 디 아니ㅎ시며
行ㅎ저긘 모ᄅ 구펴 놋가이ㅎ시며
民샹 무르샤ㅁ미 겨시거든 샹녜 머ᄆ러
後에 對답ㅎ샤 陰后ㅣ 몬져
니ᄅ디 아니ㅎ시니 帝 后의 勞
룸心 ㅎ시고 ㅎ야 니ᄅ샤ㄷ 德을 닷ᄂ곳
嗟歎ㅎ더

부미 이러ㅎ녀 後에 陰后ㅣ
漸疎 커ᄂ늘 샹녜 뫼ㅅ올 제 當ㅎ샤
곧 病탈ㅎ샤 마ᄃ시다 그삐 帝 ㅈㅈ
皇子ᄋ룰 일허시놀 后ㅣ 子息
이 넘디 몯ㅎ가 分別ㅎ샤 미샹 것ㄷ을
디며 한숨 디ㅎ샤 ㅈㅈ才ㅣㅅ 人ᄂ을 ㄱᄅㅎ
야 進上ㅎ야 帝ㅅ 쁘들 너피더시
니 陰后ㅣ 后ㅣ 의 有德ㅎ소리

날로 盛ㅎ물 보고 ㅎ욜이ᄅ 아디 몯ㅎ
야 祝詛ㅎ야 害ㅎ려 ㅎ더라 帝
아리 病ㅎ샤 히히 바ᄃ랍더시니 陰
后ㅣ ㄱ마니 닐오ㄷ 내 쁘들 得
면 鄧氏로 ㅇ외여 기든 類ㅣ 得
니케ㅎ야놀 后ㅣ 드ᄅ시고 左右
룰 對ㅎ야 눖믈을 흘려 니ᄅ샤ㄷ 내 精
誠을 ㄱ장ㅎ며 므슴 몰다 ㅎ야 皇后

룸 셥교ㄷ 마매 도오미 도외디 몯ㅎ
니 반ᄃ기 ㅎ놌긔 罪룰 得ㅎ리로다
婦人이 비록 죽논 義 업스나
그러나 周公이 모ᄅ로 武王人
命을 請ㅎ시며 越姬 무슴 매반
ᄃ기 주글 分을 盟誓ㅎ니 우ㅎ로
帝人 恩을 갑ㅅ오며 가온ᄃ로 아ㅅ
미 炎禍룰 벗기며 아래로 陰氏

마ㄹ시니이뜯나래帝뎅ㅣ果광然연됴
호시니라十씹四숭年년녀르메陰흠后흫
ㅣㅣ표盛뼁호야시ㄴ롤
盛뼁ㅣ로廢폥호야시ㄴ
바다사ㅿ러臣씬ㅣ得득디몯호시니ㅿ
請청호야敎ㅣ다가得득디몯호시ㄴ
帝뎅ㅣ곧ㅂ듣지향호신대后흫ㅣ더욱
病뼝되요라호샤기피ㅈ개ㄱ초와그치
더시니마ㅊ아ㅣ有흉司ㅿㅣ長땽秋츙宮

이다호야놀后흫ㅣ미드샤올히ㄴㅣㅅ
니皇황帝뎅人신病뼝ㅣ호마마ㅊ아ㄹㅁㅣㅇ
말이ㅿ와ㅿ겨ㅿ오ㄷ마ㅊ아사ㄹㅁㅣㅇ
호거시ㄴ宮궁人신趙뚈玉옥이구틔여
니皇황帝뎅人신病뼝ㅣ호마됴호시도ㅅ
이다호야놀后흫ㅣ미드샤올히ㄴㅣㅅㅑ

로人신豕샹人讒깜弄롱이잇디아니케
호리라호시고皇人신豕샹呂령蕭숗氏셍ㅿ
척夫봉人신발머기고밤새와손발머기
고귀호ㅣ지고맏올며할며노터라호
ㅅ리몯터라호일후를卽즉재藥약을머구려
라ㅿ나라신趙뚈玉옥이구려

恩ㅎ호샤기피德득이져거ㅣ小숗
獻헌호샤매매우미足죡디몯호이다호시다
호리라호시고歲솅時씽예오직죠히와먹
더니后흫ㅣ卽즉位윙코됴호거ㄹ求끃
ㅎ야매호난것ㅣ貴귕코됴호거ㄹ求끃止즇
징케호시고帝뎅ㅣㅿ양鄧뜽氏셍
룰버슬히요려커시ㄴ든后흫ㅣ곧셜이비

궁世요믈연ㅈ온大帝뎅ㅣ르샤디皇
后흫尊존호미날와體톙곤호야宗종廟ㅛ
룰셤기며天텬下행앳어미ㄷ외느니
엇뎨쉬우리오오직頭뜡貴귕人신이德득
득이後흫宮궁에爲윙頭뜡호니어루當
ㅎ리라려스ㄴ리르러셰여皇后흫
사ㅁ신대辭씅讓샹올세번호신後흫에
ㅿ即즉位윙호샤表뵹롤손소ㅿ샤謝썅

帝뎽 나샤미 곳 百ᄇᆡᆨ日ᅀᅵᆯ이러시니 后ᅘᅮᇢ
ㅣ 마자 다가 셰시다 后ᅘᅮᇢᄅᆞᆯ 尊존ᄒᆞ수와
皇ᅘᅪᆼ太ᄐᆡᆼ后ᅘᅮᇢᄅᆞᆯ 삼숩고 太ᄐᆡᆼ后ᅘᅮᇢㅣ 朝ᄠᅭᇢ
會ᅘᅬᆼ예 마조 시니라 和ᅘᅪ帝뎽 葬쟝ᄒᆞ수
온後ᅘᅮᇢ에 宮궁人ᅀᅵᆫ이다 圓ᅌᅯᆫ의 가더니
太ᄐᆡᆼ后ᅘᅮᇢㅣ 周즁 馮삥貴귕人ᅀᅵᆫ을 第똉
올 주샤 니르샤ᄃᆡ 周즁 馮삥貴귕人ᅀᅵᆫ의 두
貴귕人ᅀᅵᆫ 과 로 後ᅘᅮᇢ宮궁에 브터 셔르 委

수와 辭쏭讓샹ᄒᆞ신 전 太ᄐᆡᆼ로 몬 오라비 隮
젠 後ᅘᅮᇢ에 열호로 혜리러니 後ᅘᅮᇢ에 나니
업거시ᄂᆞᆯ 長땅子ᄌᆞᆼ 平ᅙᅧᆼ原ᅌᅯᆫ王왕이 病
郞랑將쟝애셔 ᄂᆞᆷ디 몯ᄒᆞ니라 元ᅌᅯᆫ興흥元ᅌᅯᆫ年년에 帝뎽
이 帝뎽ㅅ 시졀이 무 ᄎᆞ디 몯ᄒᆞ니 虎훙貴귕 中
ᄋᆡᆼ고 여러 皇ᅘᅪᆼ子ᄌᆞᆼㅣ 즐어 주구미 前쪈
로 곧 곰 ᄎᆞ아 民민間간애 기르더니 殤샹

각各 네 필와 이勝승 참은 무 리술 리라 黃ᅘᅪᆼ金금 三
눈 술위 ᄒᆞ야라 ᄃᆞᆨ 빗내 수몬 숢위와 驂챰馬망 참
王왕이 王왕 靑쳥蓋갱車겅와 王왕 靑쳥蓋갱封봉
허에이莊쟝 詩싱내 강姜 자이 스보 나내 라며 貴귕人ᅀᅵᆫ 올
믈 더 주시니 겨스 링디 스ᄫᆞ니 제쳡 들 貴귕人ᅀᅵᆫ 王왕
이ᄃᆞ록 스ᄍᆞ리내 戴딩時씽 이 엣듁리 位윙를 갈그샤ᄃᆡ
息식業업公공 夫붕人ᅀᅵᆫ 莊쟝姜강왕의우 아졍
가졸 비 리오 燕ᅙᅧᆫ미ᅌᅵ燕ᅙᅧᆫ은 毛몽詩싱篇편衞윙예

황曲콕히 ᄒᆞᆫ딕이 쇼미여 라 문 허러니 福복
올 得득디 몯ᄒᆞ야 온 샷 ᄆᆞᄎᆞ미 榮ᅌᅱᆼ
로빗ᄒᆞ리시니 ᄒᆞ야 온 샷 ᄆᆞᄎᆞ미 先션帝뎽 일 天텬下
ㅣᄒᆞ야셔 브룰ᄴᅵᆼ은 손 양 쟈라 올 위 롤 고디 榮ᅌᅱᆼ
업 순디라 나 지여 바미여 기리 스 랑ᄒᆞ야
셜우미 무수 매 나 夫붕 다이 제 반 ᄃᆞᆨ 기 녯 法법
법法으로 여 희여 後ᅘᅮᇢ 圓ᅌᅯᆫ에 가 릴ᄉᆡ 셜위
ᄒᆞᆫ숨ᄒᆞ오니 燕ᅙᅧᆫᄋᆞ로 여 燕ᅙᅧᆫ 詩싱 눈 엇 데 能늫히

18-2

삼十씹斤근과 雜짭帛빅 三삼千쳔匹핑
와 自삥越윓貴귕人신 千쳔匹핑 올주라ㅎ시
고 坐馮빙貴귕人신 올王왕 赤쳑綬씊
시고 머리옛 步뽕搖욜 와 環환珮굉 업다
ㅎ샤 各각 飾식이오 ㅣ새로 호블 올더주시다
을 맛나 法법이 셔디 몬ㅎ엇더니 宮궁中듕
둥이 굴근 구슬 호箱샹子중 롤 일흔 대 太

19-1

태后흫ㅣ 져주고져 ㅎ샤디 반드기 罪쮕
업스니 이실가 너기샤 親친히 宮궁人신
올보샤 顔안色식 올보와 술피시니 即즉
時씽예 自쭝服뽁ㅎ니라 坐和황帝뎽ㅣ
幸휑히 너기시던 사름 吉긿코 坐ㅊ成쎵
샤르미 모다 吉긿코 成쎵을 盡ㅉ人인의 조초
로 ㅎ라 놀 庭뼝에 ㄴ리와 뎌 주시니
말솜과 본중이 明명白삑ㅎ더니 太땡后흫

19-2

흫ㅣ 先션帝뎽人신 左장右ㅇ룰 對됭接졉
을 有ㅇ룸 恩ㆆ로 히ㅎ실 저ㅣ 도 平뼝日싏
에 오히려 모딘 마리 업더니 이제 도ㄹ혀
시고 다시 ㅈ개 블러 보샤 覰쳥에 맛디 아니ㅎ시
니 果광然쎤호야 降ᄒᆞᆼ伏뽁 아니ㅎ리어놀
嗟챵嘆탄ㅎ니 聖셩明명이 샷다 ㅎ오ᄃᆞ리라

20-1

大明太祖孝慈昭憲至仁文德承天順聖高
皇后馬氏 其先이 自宋太保黙로 家于宿
州閔子鄕新豐里야 世豪里中니더 父馬公
이 性이 剛直고 愛人喜施야 母鄭氏早卒后
ㅣ 將不及라더 ㅣ切시니라
ㅣ 素與定遠人郭子興로 爲刎頸之交
遂以后로 託其家 父고 父卒커시니 育后
同己女ㅣ더시니 后ㅣ 自少로 貞静端一며시
孝敬慈惠며 聰明出人意表尤好詩

書ㅣ 旣빈 嬪于太祖高皇帝ㅣ샤 誠敬이
感孚ㅣ더니 內外咸譽之ㅣ러라 値歲大歉야 后ㅣ
從帝在軍ㅎ샤 嘗自忍飢야 懷糗餌脯修야
供帝ㅎ야 帝即於囊中에 恪遵婦
道ㅣ시니라 帝每視朝호 未嘗乏絶더시다
進之ㅣ더니 帝ㅣ 未嘗脫誤ㅣ시더 帝焚香祝天호
天命이 早有所付ㅣ시며 母苦天下生民호 藏之야 出而
后ㅣ謂帝曰 方今에 豪傑이 並爭라

雖未知天命所歸나 以妻觀之댄 惟以不殺
人로爲本야 顧者를扶之며 危者를殺之야
收集人心면 人所歸即天命所在니 縱其身
殺掠야 以失人心면 天之所惡ㅣ라 雖其身
亦難保也ㅣ니 帝曰 昨言이 語后曰 深合我意라
明日에 帝曰 昨言이 語后曰 深合我意
爾言은不能忘다 有一卒
亦違令야 忽與婦人로 俱야 我ㅣ告之曰
隱야吐實云호 掠得之라

今日用兵은 所以禁亂니 若寡人之妻를 孤
人之子ㅣ면 適以生亂니 不即舍之면 吾必戮
爾라 后ㅣ曰 感悟야 遂即舍之니 由爾
之言也ㅣ라 后ㅣ曰 用心이 如此니
愛人心之不歸乎ㅣ리오 初애 未有子ㅣ어시
撫育帝之兄子文正과 姊子李文忠과 及沐
英等數人호 恩無替焉시며 帝師師渡江
王이生야 恩 后ㅣ亦率諸將士
師ㅣ后 至太平

及居建康時예 吳漢이 接境야 戰無虛
日이러니 親率妾勝야 完緝衣鞋야 助給將士
合爲機시더 夜分不寐며 時時예 左右帝規畫야 動
冊爲皇后고 洪武元年春正月에 因謂侍臣曰 昔에 漢光
武ㅣ勞馮飯厚意호 倉卒애 蕪蔞亭豆粥과
溱沲河麥飯厚意호 又不報호니 君臣之間애
始終保全니 朕이念皇后ㅣ起布衣야 同
甘苦며 嘗從朕在軍야 倉卒애自忍飢餓고

懷糗餌ᄒᆞ야 食朕ᄒᆞ시니 比之豆粥麥飯ᄒᆞ면 其困
尤甚ᄒᆞ니 昔에 唐太宗ㅅ 長孫皇后ㅣ 當隱
太子ㅣ 構隙之際ᄒᆞ야 內能盡孝ᄒᆞ며 謹承諸
消釋嫌猜ᄒᆞ더시다 朕이 數爲郭氏의 所疑ᄒᆞᆯᄉᆡ
徑情不恤ᄒᆞ더니 后ㅣ 輒爲彌縫ᄒᆞ야 卒免於患ᄒᆞ니
后ㅣ 先歔郭氏ᄒᆞ야 慰悅其意ᄒᆞ며 殆又難於
長孫皇后者ㅣ라ᄒᆞᆫ대 主ㅣ 忘昔日之貧賤耶
過ᄒᆞᆫ든 輒謂朕曰 陛下主ㅣ

無時豫怠ᄒᆞ며 勸帝親賢務學ᄒᆞ며 隨事幾
自勤勵ᄒᆞ샤 督宮妻ᄒᆞ샤 治女工ᄒᆞ며 夙興夜寐
堯舜로 爲法耳ᄒᆞ노라 后ㅣ 既正位中宮ᄒᆞ샤 益
安敢比長孫皇后ㅣ시리오 后ㅣ 曰 妾은 聞夫婦相保ᄂᆞᆫ易
臣相保ᄂᆞᆫ難호ᅵ니라 陛下ㅣ 既不忘妾於貧賤ᄒᆞ시니
相ᄒᆞ니오 ᄒᆞ고 罷朝ᄒᆞᆫ因以語后ᄒᆞᆫ대 君은
豈忍忘之ᄒᆞ시리오고 但願陛下ㅣ 以
后ㅣ 曰 朕이 復傷然ᄒᆞ야 家之良妻ㅣ 猶國之良

諫ᄒᆞ며 講求古訓ᄒᆞ샤 諭告六宮ᄒᆞ더시니 孜孜不
倦ᄒᆞ더시다 一日에 集女史淸江范孺人等ᄒᆞ샤 問
曰 何代最正ᄒᆞ고 對曰 自漢唐以來로 何后ㅣ 最賢ᄒᆞ며 家法
自漢唐以來로 惟趙宋諸后ㅣ 多賢ᄒᆞ니 家法
錄其家法ᄒᆞ야 行ᄒᆞ야 每令誦而聽之ᄒᆞ고 曰
不徒爲吾ᄒᆞᆯ 今日法이라 可以爲萬世法也ᅵ니라
當省覽ᄒᆞ니 此ㅣ 子孫帝王后妃嬪이
過於仁厚ᄒᆞ니 后ㅣ 曰 或曰
宋朝

仁厚ㅣ 不猶愈於刻薄乎아 吾子孫이 苟能
以仁厚로 爲本ᄒᆞ면 至於三代不難矣리니 仁厚
ᅵ 雖過나 何害於人之國哉오 帝嘗謂后曰
妾은 聞君之責也ᅵ시라 后ㅣ 即起拜曰 仁厚
之辜ᅵ 寒ᄒᆞ며 一民이 飢ᄒᆞᆯ 我ᅵ 寒之며 今陛下之言
民이 寒ᄒᆞ며 一民이 飢ᄒᆞᆯ 云호ᅵ 一夫ㅣ 失所ㅣ ᄒᆞ야 不得其所ᅵ 時予
即古人之心이니라 致謹於聖心ᄒᆞ샤 加惠於

此寶호 何以不能守而失之오ㅣ잇고 盖貨財ㅣ非
可寶ㅣ라 抑帝王이 自有寶也ㅣ니 帝曰호샤ᄃᆡ
皇后之意ᄅᆞᆯ 朕이 知之矣로라 但謂以得賢
爲寶耳라호ᄃᆡ 后ㅣ即拜謝曰호샤ᄃᆡ 誠如聖言
ᄒᆞ시다호ᄒᆞ니 妾이 每見人家ㅣ 産業이 厚則驕至
호ᄂᆞ니 時命이 逸則逸生ᄒᆞᄂᆞ니 家國이 不同ᄒᆞ나 妾
은 無二ㅣ니 人之常情이 兩當深戒다ᄒᆞ니 其理
與陛下로 同處ᅵ라 今에 富貴至此ᄒᆞ니 恒
恐驕縱이 生於奢侈ᄒᆞ며 危亡이 起於忽微

窮民면호 시ᄂᆞᆫ 天下ㅣ受其福ᄒᆞ며 妻亦與有榮焉
ᄒᆞ리라 又嘗從容告帝曰호ᄃᆡ 人主ㅣ雖有明
聖之資ㅣ나 然이나 不能獨理天下ㅣ라 必擇賢以圖治
ᄒᆞᄂᆞ니 帝喜ᄒᆞ샤 然
於人材예 固能各隨其短長而用之ᄒᆞᄂᆞ니시니 陛下ㅣ然
善호다ᄒᆞ시나 一日에 聞得元府庫輸其貨寶
至京師고ᄒᆞ샤 問帝曰호ᄃᆡ 得元府庫物이이셔아
至帝曰호ᄃᆡ샤 寶貨耳라ᄒᆞ더시니 后ㅣ日호ᄃᆡ샤 元氏有

念救民之心이 格于皇天ᄒᆞ샤 天命이 眷之시ᄂᆞᆫ
며祖宗이 祐之니ᄒᆞ시니 妾은 何力之有ㅣ리오 但
願陛下ㅣ不忘於窮約之時ᄒᆞ며 警戒於治
安之日ᄒᆞ샤 妾亦不忘相從於患難ᄒᆞ야 謹
餚於朝夕호라ᄒᆞ다리 則天地祖宗之福耳니
今日라ᄒᆞᆯ 必躬自省視ᄒᆞ시고 宮人이 請曰호ᄃᆡ샤 吾
膳을 后ㅣ將爲子孫無窮之福호ᄃᆡ 非惟帝凡御
宮中人衆ᄒᆞ니 無煩聖體ᄒᆞᄉᆞ쇼셔 后ㅣ日호ᄃᆡ샤 吾
ㅣ固知宮中에 有人이니와여 但婦之事夫ᄂᆞᆫ 不

爾의 內助之功也ㅣ라 后ㅣ日호ᄃᆡ샤 陛下ㅣ
라上感天地之德과 祖宗之恩ᄋᆞᆫ 無心所得
備嘗辛苦시니라 帝曰호ᄃᆡ샤 今日에 化家爲國로 跋涉艱難ᄒᆞ야
時事ㅣ 今日엔 即大寶也ㅣ니 而
賢名顯萬世ᄒᆞ며 嘗侍坐乾淸宮ᄒᆞ샤 語及窮約
王이爲蕩心鴆毒ᄒᆞ며 即大寶也ㅣ라 誠哉라 是言이어 但得
故로 世傳ᄒᆞ되技巧ㅣ爲喪國斧斤이오 珠
才ᄒᆞ야 朝夕啓沃ᄒᆞ야 共保天下호ᄃᆡ 豈在於窮約

之샤織爲衾裯호以惠孤老며시每製衣裳
聞元世祖后의煮故弓絃事호시亦命取練
駙馬와大學生으로咸講讀之矣라호시 吾ㅣ嘗
行라於人道애無所不備니帝曰然다호시 后ㅣ嘗王
旣而오奏曰小學書는言易曉고事易
爲治之本이어 乃曰絕之棄之니라 仁義 非理也
也니詭有絕仁義而爲孝慈哉오리 注意聽之니라
과소이니로盍表章之고리잇帝曰吾已今親

可不謹며膳羞上進호不可不滌潔니脫有
不至야야汝革受責면吾心이
以爲此者는一以敬上而不敢忽耶오이이一以保
爲本니 若絕仁棄義
論西漢竇太后ㅣ好黃老고더
人이聞之고莫不感悅라 顧而問曰
汝革야 免於責也니니宮
디黃老는何如오女史ㅣ容曰淸淨無爲
로爲本니 即仁義
이다니 后ㅣ曰더孝慈

恐解야命左右야執付宮正司야議罪시니더帝
恐야問后曰더 爾不自責罰고付之宮
心耳라로宮人이有過야其恐之어
ㅣ響至니宮人이有過야 后ㅣ亦
之位貴難處라不可忘者ㅣ
一移면則禍福之應
見稱於載籍니 蓋奢侈之心은易萌고
聞古之后妃皆以富而能儉며貴而能勤로
貴至富니 何庸惜此고 있니 后ㅣ曰 吾
之富貴難處라니 勤儉之心오不可忘者
自不敢有忽易之心야 每念及此야

弊나不忍易시니더 有言於后曰
服澣濯之衣니호고 不喜侈麗며더시
織以示汝니라 雖荒纇棄遺나
曰더샤 織工이 治絲시 暴殄天物
也ㅣ라 生長富貴야 當知蠶桑之不易
俾織而織之샤 以賜諸王妃와公主고
雖荒纇棄遺者ㅣ나 亦
當爲天地惜物니 古人의深戒
고시 餘帛을 絹爲巾褵曰 身處富貴얀

正司ᄂᆞᆫ 何也오 后ㅣ 曰ᄃᆞᄉᆞ샤 妾ᄋᆞᆫ 聞賞罰이
惟公ᅀᅡ라 足以服人ᄒᆞᄂᆞ니라 故로 不以喜而加
賞ᄒᆞ며 不以怒而加刑ᄒᆞᄂᆞ니 喜怒之際예 付之宮正
罰ᄒᆞ면 必有偏重ᄒᆞ야 人議其私ᄒᆞ리니와 而行賞
司ㅣ면 則當斟酌其輕重ᄒᆞ며 罰ᄒᆞᆯ 自賞罰之면 得其正
亦豈能人人을 當陛下怒時예 遠自罰之ᄂᆞᆫ 何也오 后ㅣ 論
之耳리잇가 陛下ㅣ 亦損中和之氣
宮人애 得重責ᄒᆞ라

故로 妾之怒者ᄂᆞᆫ 兩以解陛下之怒也ㅣ니
帝喜ᄒᆞ더시니라
다시 니ᄅᆞ샤ᄃᆡ 帝의 追慕悲傷ᄒᆞ고 亦爲之流涕ᄒᆞ시며
見帝의 樺嶂로 從帝ᄒᆞ샤 拜謁奉先殿ᄒᆞ시며 每當晨
夕애 躬治膳羞ᄒᆞ샤 務盡誠敬ᄒᆞ시며 接妃嬪以
祭ᄒᆞ야 被寵顧有子者를 待之加厚ᄒᆞ더시니라
下有恩ᄒᆞ며
다이 語諸王妃와 公主曰호ᄃᆡ 無功受祿이
物의 所惡ㅣ니 吾與若屬으로 被金纏ᄒᆞ며 羹飲食
고ᄒᆞ야 終日無所爲ᄒᆞ니 當勤女工ᄒᆞ야 以報造物者ᄂᆞᆫ

今務學ᄒᆞ야 太子와 諸王을 雖愛之甚篤ᄒᆞ나 시라勉
尊臨萬國ᄒᆞ야 當思繼繼繩繩ᄒᆞ야 以不辱兩生
爾小子ᄂᆞᆫ 當思繼繼繩繩ᄒᆞ야 以不辱兩生
又曰호ᄃᆡ 家世忠厚ᄒᆞ며 吾聞女史ㅣ 言ᄒᆞ니 以不厚兩生
不妄殺人故로 其女ㅣ 雖無再之功이나 吾
生애 急於義ᄒᆞᄂᆞ니 今日爲后ㅣ라도 非偶然也라
汝革ᄂᆞᆫ 異日에 有人民社稷之寄ᄒᆞ니 尤必積

累忠厚ㅣ라 乃可長世니 切不可自恃而不
務德ᄒᆞ고 謂事有偶然也ㅣ니 汝ㅣ 切識之ᄒᆞ라 諸
王이 或以衣服器皿으로 相尚者ㅣ든 后ㅣ 曰
惡衣早服ᄒᆞ니 汝父ㅣ 儉朴ᄒᆞ샤 尤惡奢麗
唐堯虞舜이 茅茨土階ᄒᆞ시며 夏禹文王이
고ᄒᆞ시니 錦衣玉食ᄒᆞ고 猶欲以服御로 相加ᄒᆞᄂᆞ니 何
志氣不同이니 如是乎오 惟當親師取友ᄒᆞ야 講
論聖賢之學ᄒᆞ야 開明心志ᄒᆞ라 自無此氣習也ㅣ라

내훈 권2(하) 30-2

라 后ㅣ 慈以接下샤 親戚勳舊之家를 無不得其懽心며시 命婦ㅣ 入朝커든 不以尊貴로 臨之시고 延接을 如家人禮시며 遇水旱告以無備ㅣ어든 后ㅣ曰샤 妻은 聞水早면 卒不幸야 有九年之水와 七年之旱이 不如畜積之先시니 將何法以賑恤之리잇고 신대 帝深以爲然다 시니 歲凶進食에 必聞設麥飯野蔬시며 帝因告以賑恤之事ㅣ어시 后ㅣ曰 有方이라 嘗爲帝言디 施恩은 欲溥徧이나

내훈 권2(하) 31-1

亦有等差니 衆庶ᄂ 日給이 固有艱難나 百官家在京者ᄂ 亦異야 貧富ㅣ 亦異야 必甚야 遇暑雨祁寒面艱難며 鞠形於嗟야 嘆며 近臣及諸奏官이 朝罷고 會嘗之中이어 지嘆야 命中官샤 取其飲食야 親嘗之며시 滋味凉薄不肯 奏帝曰 故로 自奉은 欲其稼야 以養天下之賢니 故로 朝廷은 用天

내훈 권2(하) 31-2

薄오 養賢은 欲其豐니 今之典大烹者ㅣ 不能輯其下人야 惟奉上者며 食이 皆不得其味니 豈陛下의 養賢之意乎아 甘旨之事ㅣ 自分이 厚薄오리 群臣想群臣이 得甘旨之事며 皇后又難於啟齒니 將謂上曰 皆得甘旨니 欲言又難니 事雖甚微나 切責之니 興祖等샤 召光祿卿야 言며 豈知其如此시고 興祖等야 皆慚服

내훈 권2(하) 32-1

帝嘗臨大學샤 祀先師孔子고 還시거 后ㅣ問曰 大學生이 幾何오고 帝曰 數千이라 又問 后ㅣ曰 今에 人才衆多야 而妻子는 足以爲喜로다 亦多有之랴 爲本니 今에 人才衆多야 而妻子는 深以無兩仰給나 但生貧廩食於大學야 無所累於心乎아 帝即命月賜糧야 給其家야 以爲常며 嘗謂帝曰 事幾得失은 本君心之邪正고

身後之屬乎아 后ᅵ曰ᄒᆞ샤ᄃᆡ 陛下ᅵ 與妾으로
起布衣ᄒᆞ샤 今日에 陛下ᅵ 爲億兆主ᄒᆞ시니
爲億兆母ᄒᆞ니 尊榮이 至矣니 尙何言잇ᄉᆞ리오
惟感天地祖宗ᄒᆞ야 無忘布衣而已니ᅵ다 帝復
問之ᄒᆞᆫ대 后ᅵ曰ᄒᆞ샤ᄃᆡ 陛下ᅵ 當求賢納諫ᄒᆞ샤
使進德修業ᄒᆞ시며 帝曰ᄒᆞ샤ᄃᆡ 敎育諸子
老身이 何以爲懷오 后ᅵ復曰ᄒᆞ샤ᄃᆡ 吾已知之라와 但
命也니 願陛下ᅵ 愼終如始ᄒᆞ샤 使子孫이
死生은

天下安危ᄂᆫ 係民情之苦樂이ᄒᆞ니 又曰ᄒᆞ샤ᄃᆡ
法을 屢更ᄒᆞ면 必弊ᄒᆞᄂᆞ, 法弊則姦生ᄒᆞ고
擾ᄒᆞ면 必困ᄒᆞᄂᆞ니 民困則亂生이ᄒᆞᄂᆞ니
女史ᄂᆞᆫ 書之ᄒᆞ다ᄒᆞ시다 后ᅵ 得疾이어ᄂᆞᆯ
安ᄒᆞᄡᅵ 以語群臣ᄒᆞ시니 后ᅵ
ᄒᆞᆫ대 群臣이 請禱祀山川ᄒᆞ며
平生애 無疾ᄒᆞ니 今一旦애 有命ᄒᆞ니
不能起ᄒᆞ다나 死生如此ᄒᆞ니 自
何益之有잇ᄉᆞ리 及疾亟ᄒᆞ야ᄂᆞᆯ
帝問曰ᄒᆞ샤ᄃᆡ 爾有

至仁文德承天順聖
高皇后馬氏ᄂᆞᆫ 그 祖ᅵ 上
宋人太保默이러니 太祖
新豐里ᅵ예 사라 世로 모ᄉᆞᆯ해
人宿州人間子鄕에
豪傑이러니 아바님 馬公이 性
이 剛直ᄒᆞ고 사ᄅᆞᆯ 믈어 엿비너겨
주믈즐겨 사ᄅᆞᆷ 時예 急ᄒᆞᆫ저글도오

賢臣이 雖死나 如生也ᅵ니라 洪武
壬戌八月丙戌也ᅵ라 帝慟哭ᄒᆞ시고 終身不復
立后ᄒᆞ니라 帝嘗罷朝ᄒᆞ샤 內臣과 女史ᅵᄅᆞᆯ 更
進奏事不已ᄒᆞ대 帝懍然不懌曰ᄒᆞᄃᆡ 后ᅵ在時
ᅵ 在內政을 一不以煩朕ᄒᆞ시니 后從容甚適故로
不勝哀悼焉ᄒᆞ노라
大明太祖ᅵ 八孝慈昭憲

[34-2]

되 몬미처 홀ᄃᆞ시ᄒᆞ더라 어마님 鄭氏 일 죽거시ᄂᆞᆯ 后ㅣ 졈더시니 아바님 이 아리 定遠 사ᄅᆞᆷ 郭子興의 그 ᄌᆞ비 付屬ᄒᆞᆫ 버디러니 子興이 后ㅣ 져머셔 브터 ᄀᆞ티ᄒᆞ더라 后ㅣ 져머셔 브터 貞靜

[35-1]

端正ᄒᆞ시며 專一ᄒᆞ시며 孝道ᄒᆞ시며 恭敬ᄒᆞ샤 慈惠ᄒᆞ시며 聰明이샤 밧ᄀᆞ나샤 詩와 書와ᄅᆞᆯ 더옥 즐기더시니 마ᄌᆞᆷ이 두외샤 誠敬ᄒᆞ야 敬이 感ᄒᆞ야 帝ᄭᅴ 嬪ᄒᆞ샤 안팟ᄀᆡ 다ᄉᆞ리ᅌᅵᆸ더라 后ㅣ 帝ᄭᅴ 죤ᄌᆞ와 動ᄒᆞ샤 가난ᄒᆞᆫ 저글 맛나 后ㅣ 帝ᄭᅴ 죤ᄌᆞ와

[35-2]

軍中에 이겨 샤 일즉 ᄌᆞ개 비븨골 ᄣᆞ몰ᄎᆞ ᄆᆞ시고 乾飯과 脯肉을 푸ᄆᆞ샤 帝ᄭᅴ 받ᄌᆞ오샤 굿디 아니 ᄒᆡᄒᆞ시며 急遠ᄒᆞ며 어려운 시절에 婦道ᄅᆞᆯ 조심ᄒᆞ야 조차ᄒᆞ더시니 帝 샹녜 記錄ᄒᆞᆫ 글워리어든 곧 后ㅣ 命ᄒᆞ야 ᄀᆞ초라ᄒᆞ시고 밧ᄇᆞᆫ제 가져 오라ᄒᆞ야 보시거든 后ㅣ 즉재 ᄂᆞᄆᆞ채 내야 받ᄌᆞ오

[36-1]

샤 ᄭᅡᆷ간도 그르 아니터시다 帝ㅣ 香 퓌우시고 하ᄂᆞᆯᄭᅴ 비로샤ᄃᆡ 願ᄒᆞ노ᄂᆞᆯ 天下 뎐命이 ᄲᆞ리 맛디샤미 겨샤ᄃᆡ 天下 엣 生民을 受苦 케 마ᄅᆞ쇼셔ᄒᆞ야시ᄂᆞᆯ 后ㅣ 帝ᄭᅴ ᄉᆞᆯ오샤ᄃᆡ 이제 豪傑이 모다 ᄃᆞ토와 비록 天命에 갈고 돌아 디 몯ᄒᆞ나 妾ᄋᆞ로 뵈ᄀᆞᆫ댄 사ᄅᆞᆷ 주기다 아니ᄒᆞ모ᄅᆞᆯ로 根本 올 사ᄆᆞ

내훈 권2(하) 36-2

업더디ᄂᆞ닐니ᄅᆞ와ᄃᆞ며바ᄃᆞ라오닐救
궁ᄒᆞ야사ᄅᆞ미ᄆᆞᅀᆞ몰뫼호면사ᄅᆞ미ᄆᆞ
ᅀᆞᆷ가ᄂᆞᆫ고디곧天텬命명잇ᄂᆞᆫ고디니뎨
주기며虜롱掠략호몰ᄀᆞ장ᄒᆞ야虜롱ᄂᆞᆫ사ᄅᆞ자
ᄇᆞᆯ시오掠략은티고아ᅀᆞᆯ지라사ᄅᆞ미ᄆᆞᅀᆞ몰일우믄하
ᄂᆞᆯ혀아쳐ᄅᆞ시ᄂᆞᆫ고디라비록그모미나
또安한保봉호미어려우니이다帝뎽니
ᄅᆞ샤ᄃᆡ그듸마리내ᄠᅳ데ᄀᆞ장맛다ᄒᆞ시

내훈 권2(하) 37-1

고이ᄅᆞᆺ나래비마자도라가샤后ᅘᅮᇢㅣ씌솔
오샤ᄃᆡ어제그듸마롤드로니ᄆᆞᅀᆞ매來
링往왕ᄒᆞ야닛디몯ᄒᆞ리로쇵다ᄒᆞᆫ軍군
士ᄊᆞᆼㅣ軍군令령ᄋᆞᆯ그르처忽흟然션히
겨지블ᄃᆞ렛거늘져주니굿이디몯ᄒᆞ야
情쪙實씷을내여닐오ᄃᆡ虜롱掠략ᄒᆞ야
어두라호ᅀᆡ내告공ᄒᆞ야닐오ᄃᆡ오ᄂᆞᆳ날
兵병馬망ᄇᆡ므亂란올禁금호미니萬먼

내훈 권2(하) 37-2

一힗에사ᄅᆞ미겨지블寡광케ᄒᆞ며寡광ᄂᆞᆫ남
진업슬시라사ᄅᆞ미子ᄌᆞᆼ息식올孤공케ᄒᆞ면
孤공ᄂᆞᆫ졈고아비업슬시라마치亂란올내ᄂᆞᆫ디니即
즉時씽예ᄇᆞ리디아니ᄒᆞ면내반ᄃᆞ기너
롤주교리라호니이軍군士ᄊᆞᆼㅣ感감動
똥ᄒᆞ야아라즉재ᄇᆞ리니그듸마리다시
라后ᅘᅮᇢㅣ숄오샤ᄃᆡᄆᆞᅀᆞᆷᄡᅥ호미이곤ᄒᆞ
시니엇뎨사ᄅᆞ미ᄆᆞᅀᆞᆷ모다가디아니호

내훈 권2(하) 38-1

몰分분別볋ᄒᆞ리잇고后ᅘᅮᇢㅣ처ᅀᅥᆷ믜子
ᄌᆞᆼ息식이업스샤帝뎽ㅅ兄훵님아ᄃᆞᆯ文
문正졍과몯누의님아ᄃᆞᆯ李링文문忠듕
과沐목英형과두ᅀᅥ사ᄅᆞ몰기르샤ᄃᆡᄉᆞ
랑호몰내나호니ᄀᆞ티ᄒᆞ더시니後ᅘᅮᇢ에
太탱子ᄌᆞᆼ와諸졍王왕이나샤도恩ᅙᅳᆫ을
그치디아니ᄒᆞ더시다帝뎽ㅣ軍군士ᄊᆞᆼ
롤거느리샤江강을건나실제后ᅘᅮᇢㅣ또

한將장士ㅿ이 妻쳉妾쳡을 거느리샤 大땡
땡平뼝에 버거 오시니라 大땡建
건康캉애 사ᄅᆞᆷ샤매 미ᄎ샤 그 ㅄ兵빙과
漢한과 ᄯ괘 나랏 일後후ㅣ라 地띵境졍이니ᅀᅥ
사흠 아니ᄒᆞ니 혼날 업더니 親친히 侍ᄊ女녕
로 거느리샤 옷과 신과로 고텨 기우샤 將
ㅿ士ᄅᆞᆯ 도와 주샤 ㅄ兵빙이 ᄃᆞ록자디아
니ᄒᆞ시며 時ᄊ時ᄊ예 帝뎅ㅅ ᄢᅴᄅᆞᆯ더

오샤 일마다 조가개 맛게 ᄒᆞ더시다 洪뽕
武뭉元원年년 春츈正졍月ᅀᅯᆯ에 帝뎅 卽
즉位윙ᄒᆞ샤 皇ᅘᅪᆼ后뿔ᄅᆞᆯ 冊ᄎᆡᆨ封봉ᄒᆞ시
고因힌ᄒᆞ야 니ᄅᆞ샤ᄃᆡ 녜러니ᄅᆞ샤ᄃᆡ네
漢한ㅅ光광武뭉ㅣ 侍ᄊ臣씬ᄯᅴ 드러니ᄅᆞ샤ᄃᆡ녜
元因ᄒᆞ야 니ᄅᆞ샤ᄃᆡ 時ᄊ急급異잉룰慰윙勞롷
고힌ᄒᆞ야 니ᄅᆞ샤ᄃᆡ 馮삥異잉룰慰윙勞롷
漢한人ᅀᅵᆫ光광武뭉ㅣ
롱ᄒᆞ야니ᄅᆞ샤ᄃᆡ時ᄊ急급異잉룰慰윙勞롷
饔ᄝᅩᆼ亭뼝人ᅀᅵᆫ豆뚱粥쥭과滹홍沱땅河ᅘᅡᆼ人ᅀᅵᆫ
보리밥올 일後후미 오乃냉亭뼝 온亭뼝子ᄌᆞ종人ᅀᅵᆫ
보리밥올 無뭉蔞룽亭뼝人ᅀᅵᆫ豆뚱粥쥭과滹홍沱땅河ᅘᅡᆼ
ㄴ故곤ㅿ

니豆뚱粥쥭과보리밥애가 즐비건댄그
困콘호미 더옥甚씸ᄒᆞ니라 唐땅太탱
宗종人ᅀᅵᆫ長땽孫손皇ᅘᅪᆼ后뿔ㅣ隱흔太탱
子ᄌᆞㅣ嫌ᅘᅧᆷ恨ᅘᆫ지 ᄉᆞ신저글當당ᄒᆞ야
안ᄒᆞ로能눙히孝ᄒᆞᆳ道ᄃᆞᆯ로다ᄒᆞ며 모ᄃᆞᆫ
妃핑로조심ᄒᆞ야 섭거 猜ᄎᆡᆼ嫌ᅘᅧᆷ올업게ᄒᆞ며
ㅎ니 ᄂᆡ조 郭곽氏씽이 疑읭心심호미
ᄃᆞ외야 ᄂᆡᄯᅳᆯ 바ᄅᆞ ᄒᆞ고 分분別뼗아니

皇ᅘᅪᆼ后뿔ㅣ布봉衣ᅙᆡᆼ
몰한ᄃᆡ ᄒᆞ시며 일즉 나롤조차 軍군中듕
에 겨샤 時ᄊ急급ᄒᆞ야 ᄯᆞ개비골 ᄑᆞ물 太탱
무시고乾간飯뻔올 푸머 나롤이바ᄃᆞ시

호라ᄒᆞ샤 님금과臣씬ᄯᅴ下ᅘᅡᆼ
섬과 ᄆᆞ 太탱몰保봉全쪤ᄒᆞ니 내念념ᄒᆞ니
에겨샤 皇ᅘᅪᆼ后뿔曲콕ᄒᆞ뜯을 오래 감디몬
ㅎ일後후미니光광武뭉ㅣ王왕郞랑과사흠
ㅎ실저긔 馮삥異잉豆뚱粥쥭과 보라
委윙曲콕ᄒᆞᄯᅳᆯ오래감디몯

든곤나ᄅᆞᆯ爲윙ᄒᆞ샤니ᄅᆞ샤ᄃᆡ主즁上썅
이넷가난ᄒᆞ고微밍賤쪈ᄒᆞᆯ저글니ᄌᆞ신
가ᄒᆞ야시ᄃᆞ니ᄂᆡᄯᅩ놀라ᄒᆞ노라지븻어딘
겨지비오ᄒᆞ려나라ᄒᆞ얫어딘宰징相샹과
곤ᄒᆞᆫ니엇데太탱모ᄆᆞ니ᄌᆞ리오ᄒᆞ시고朝ᄃᆛᇢ
會ᅘᅬᆼ쿨罷ᇤᄒᆞ샤因ᅙᅵᆫᄒᆞ야后ᅘᅮᇢᄢᅴᄉᆞᆯ오
신대后ᅘᅮᇢㅣᄉᆞᆯ오샤ᄃᆡ妾쳡온드로니君군夫
婦ᄤᅮᇢㅣ서르保ᄇᅶᇢ全쪈ᄒᆞᄆᆞᆫ쉽고君군

ᄒᆞ다니將쟝士ᄊᆞㅣ衣ᅙᆔᆼ服뽁과ᄡᆞᆯ거슬
주어ᄃᆞᆫ后ᅘᅮᇢㅣ몬져郭곽氏씽ᄢᅴ반ᄌᆞ와
그ᄡᅳᆯ들慰ᅙᆔᆼ勞ᄅᅶᇢᄒᆞ야ᄀᆞᆺ기시며나ᄅᆞᆯ害
ᄒᆡᆼᄏᆞ져ᄒᆞ야ᄃᆞ란后ᅘᅮᇢㅣ믄득纊밍縫
뽕ᄒᆞ샤綿면縷ᄅᆞᆫ보탈시라ᄋᆞᆫ
免면ᄒᆞ니거늬ᄯᅩ長땽孫손皇ᅘᅪᇰ后ᅘᅮᇢᄢᅴ
어려우니라ᄂᆡ시혹衣ᅙᆔᆼ服뽁과ᄡᅳᆯ거
因ᅙᅵᆫᄒᆞ야죠고맛혀ᄆᆞᆯ를怒농ᄒᆞ거

ᄒᆞ샤더옥ᄌᆞ개브즈러니힘ᄡᅥᄉᆞᆯ샤宮궁
ᄒᆞ시며學ᅘᅡᆨ을힘ᄡᅥ샤믈勸퀀ᄒᆞ시며
ᄃᆡ아니ᄒᆞ시며帝뎽ᄢᅴ賢ᅘᅥᆫᄒᆞ닐親친히
리샤일ᄂᆡ르시고밤들어ᄃᆞᆫ자샤게으르
妾쳡올考콯察ᄎᆞᇙᄒᆞ샤겨지비이롤다ᄉᆞ
論론ᄒᆞ샤六륙宮궁에알외샤더브즈러
조ᄎᆞ고마니諫간ᄒᆞ시며녯글와롤講ᄀᆞᇰ러
니ᄒᆞ샤ᄀᆡ으디아니ᄒᆞ더시다一ᅙᅵᇙ日ᅀᅵᇙ

臣씬이서르保ᄇᅶᇢ全쪈ᄒᆞᄆᆞᆫ어렵다ᄒᆞ니
陛뼝下ᅘᅡᇹㅣᄒᆞ마妾쳡을貧삔賤쪈에ᄉᆞᆯᄒᆞ신ᄃᆡ
ᄃᆡ아니ᄒᆞ시니願원ᄒᆞ둔群꾼臣씬百ᄇᆡᆨ
姓셩을가난애ᄂᆡᆺ디마ᄅᆞ쇼셔ᄯᅩ妾쳡과
어ᄂᆡ長땽孫손皇ᅘᅪᇰ后ᅘᅮᇢᄢᅴ의어디르샴과
곤ᄒᆞ리잇고오직願원ᄒᆞᄃᆞᆫ陛뼝下ᅘᅡᇹᄅᆞᆯ미
堯ᅀᅭᇢ舜ᄉᆑᆫ올法법바ᄃᆞ시과뎌ᄒᆞ쇼셔니
로이다后ᅘᅮᇢㅣᄒᆞ마宮궁中듀ᇰ에正졍位

에 女녕史숭ㅣ 淸쳥江강范뻠孺융人신
室실호미 호샤 女녕史숭后뿔人신ㅅ 글렛겨 지度똥ㅣ 외비
宋숭人신諸졍后뿔ㅣ 趙뚈姓셩이宋송이라 淸
正졍호뇨對됭答답호수오ㄷ직趙
ㅣ 뭇어딜며 漢한唐땅브터오ㅁ로어느代똉 뭇
무르샤ㄷ 漢한唐땅브터오ㅁ로어느代똉后뿔
法법이 뭇正졍호니잇가 家강法법은어느 代똉后뿔
正졍호니잇다 家강法법

ㅣ 이에 女녕史숭롤命명호샤 家강法법
과 어딘힝뎍글 記긩錄록히야 샹녜외오
여드르셔고니르샤ㄷ호갓내의오쵓法법
법이ㄷ욀쑌아니라 子종孫손帝뎅王왕
后뿔妃핑ㄷ 다반ㄷ기 술펴보리니이여루
萬먼世솅옛法법이ㄷ외리로다或혹
쁠오ㄷ 宋숭朝뚈ㅣ 仁신厚뿔에너니
라흔대 后뿔ㅣ 니르샤ㄷ 仁신厚뿔에너

무미아니刻킥薄빡호매더으녀내子종
孫손이眞진實씷로能눙히仁신厚뿔로
根근本본올사모면三삼代똉예가미어
렵디아니호니나라仁신厚뿔ㅣ비록녀
나엇데사른미나라 有윻害행호료帝
뎅아래后뿔씩솔오샤ㄷ님금은온가짓
兩송룡得득디몯호야도님금의責칙
이라

호야시놀后뿔ㅣ 즉재니러졀호샤솔오
샤ㄷ妾쳡은ㄷ로니넷사른미닐오ㄷ一
힗夫붕ㅣ失싷所송호미내罪쬉라호
며百빅姓셩이주으리거든닐오ㄷ내
주으리게호라호고百빅姓셩이치워
커든닐오ㄷ내칩게호니이젯陛뼹
下행ㅅ말쑤미곧넷사른미ㅁ수미로쇠
이다 聖셩心심에삼가몬닐우샤썰온百

몰곰히야다ᄉᆞ료믈議의論론ᄒᆞᄂᆞ니그
러나世솅代똉더욱ᄂᆞ리여ᄉᆞᆯ미ᄀᆞ존
지죄업스니陛뼝下ᅘᅡ人신才ᄍᆡᆼ예本
본來ᆼ能느ᇰ히ᄒ各각各각그더르며기로
몰조차ᄡᅵ시ᄂᆞ니그러나더욱져ᇰ허므
를赦샤ᇰᄒᆞ샤그ᄉᆞᄅᆞᆯ믈保보全쪈홀디니
이다帝뎅ㅣ깃ᄀᆞ샤됴ᇢ타ᄒᆞ시다一ᅙᅵᇙ
실에元원人府뽕庫콩롤得득ᄒᆞ야寶봉

백姓의게恩惠를더으시면天
下ㅣ그福을닙ᅀᆞ오며妾도天
참預ᄒᆞ야榮華를외요ᇰ미이시리
이다또아래從容히
便뼌安한신ᄉᆞ씨보ᇙ
아ᄉᆞᆯ오샤물니르라ᄉᆡ
人신主ㅣ비록明
명聖셔ᇰᄒ신資ᄌᆞ質짏
이겨시나能느ᇰ히ᄒ오ᄉᆞ天
다ᄉᆞ리디몯ᄒᆞᄂᆞᆫ디라반ᄃᆞ기어딘ᄉᆞᄅᆞᆯ

이다오직어딘사ᄅᆞᆷ이어두므로寶봉사ᄆᆞ
라니ᄅᆞ시니ᄯᅩ다后뚜ㅣ즉재拜ᄇᆡᇰ謝쌰ᄒ
샤이다妾쳡이샹녜보니사ᄅᆞ미지비生ᄉᆡᇰ
시이다妾쳡이샹녜보니사ᄅᆞ미지비生ᄉᆡᇰ
계겨ᇰ이됴ᄒᆞ면便뼌安한호미나ᄂᆞ니집과
나라쾌곤디아니ᄒᆞ나그理링ᄂᆞᆫ다ᄅᆞ디
아니ᄒᆞ니사ᄅᆞ미셔ᇰ녯ᄠᅳ디반ᄃᆞ기고쟈

貨황롤옮겨셔올오믈드르시고帝뎅씨
믄즈오샤ᄃᆡ元원人府뽕庫콩애므스글
어드시니잇고帝뎅니ᄅᆞ샤ᄃᆡ寶봉貨황
人ᄉᆞᄅᆞᆷ미라호ᇰ后뚜ㅣ솔오샤ᄃᆡ元원氏셰ᇰ
이寶봉롤두듸엇데가지디몯ᄒᆞ야일ᄒᆞ
니잇고貨황財찌ᇰ寶봉ㅣ아니라ᄯᅩ帝뎅
王와ᇰ이各각別뼈ᇙ고寶봉ㅣ잇ᄂᆞ니이다
帝뎅니ᄅᆞ샤ᄃᆡ皇ᅘᅪᇰ后뚜人ᄡᅳᆮ들내와와

ㅎㅣ니 食씩밤ᄆᆞᆯ 毒똑ᄒᆞ며 그
라 올타 이 마리여 오직 賢현才ᄍᆡ롤어더
朝ᄋᆛ夕씩에 啓켕沃옥ᄒᆞ야
짐시니 高ᄀᆛ宗ᄌᆞᆼ이 傳뚄說ᅌᆑᆯ두
ㅎ야 天텬下ㅎㅏ롤모다安한保봉ᄒᆞ
라시니
大땡寶ᄫᆞᆯ一ᅵᇙ며萬먼世솅예일홈나ᄀᆞ
요미곤大땡寶ᄫᆞᆯ니엇데物ᄆᆞᇙ에이시
리잇고帝뎅니르샤디善쎤타아래乾껀

警경戒갱ᄒᆞᆯ디니이다妾쳡이陛뼁下ㅎㅏ
와가난애호디사ᅵ다가이제富붕貴귕호미
예니르니驕ᄀᆛ慢만ᄒᆞ며放방縱죵ᄒᆞ미
奢샹侈칭호ᅵ며며放이忽홇微밍ᄒᆞᄂᆞᆫ
예니러날가샹녜ᅵ전노이다忽홇微밍ᄒᆞᄂᆞᆫ
이런전ᄎᆞ로世솅예傳뚄호디ᄃᆞ
혼노ᄅᆞ시나라ᄒᆞᆯ배ᄂᆞᆫ도玉옥珠즁玉옥
이므ᅥᇫ므ᇰ므ᇰ므ᇰ放방蕩ᇢ히ᄂᆞᆫ醜ᄎᆛᆷ이라

솔오샤디陛뼁下ㅎㅏ人ᅀᅵᆫ호번念념ᄒᆞ샨百ᄇᆡᆨ
姓셩敎귷호려ᄒᆞ신ᄆᆞᅀᆞᆷ이皇ᅘᅪᆼ天텬
에니르샤天텬命명이도라보시며祖종
宗종이도ᅌᆞ시니妾쳡은므合히미이
시리잇고오직願원ᄒᆞᅌᆞ온ᄃᆞᆫ陛뼁下ㅎㅏ
ᅵ어려운시절을닛디마르샤便뼌安한ᄒᆞᆫ
ᄒᆞ나래警경戒갱ᄒᆞ쇼셔妾쳡이ᄯᅩ患ᄒᆞ
難난애셔르즌ᄌᆞᆺ오ᄆᆞᆯ닛디아니ᄒᆞ야朝ᄋᆛ

清쳥宮궁의ᄆᆡᄉᆞ와안자겨샤마리가난
ᄒᆞ시졇이레미쳇더시니帝뎅니르샤디
내그듸와로가난ᄒᆞᆯᄃᆡ녀受쓩苦콩롤
ᄀᆞ초디내요니오놀ᄂᆞ래ᄌᆡ不붕化황ᄒᆞ야
나라ᄃᆞ외요ᄆᆞᆯ得득ᄒᆞᆯ므ᅀᆞ미업순디라
우호ᄂᆞᆫ天텬地띵人ᅀᅵᆫ德득과祖종宗종人ᅀᅵᆫ
恩ᄒᆞᆫ惠ᅘᅨ롤感감動똥ᄒᆞ노니그러나ᄯᅩ
그듸의안ᄒᆞ로도온功공이라ᄒᆞ라后ᅘᅮ

夕쎡에 조심ᄒᆞ리이다 天텬地띵祖종
宗종이 今금日싎에 도올쑤니아니라쟝
太子ᄌᆞ孫손 無뭉窮꿍ᄒᆞᆫ 福복이ᄃᆞ외리
이다 帝뎅人ᅀᅵᆫ을 위ᄒᆞᆫ 膳쎤을 后ᅘᅮ一반
ᄃᆞ기親친히 솔펴보더시니 宮궁人ᅀᅵᆫ이
請쳥ᄒᆞ야 솔오ᄃᆡ 宮궁中듕에 사ᄅᆞ미하
니 聖셩體톙 잇비마ᄅᆞ쇼셔 后ᅘᅮᆷㅣᄒᆞ
샤ᄃᆡ내 眞진實씷로 宮궁中듕에 사ᄅᆞᆷ이잇

노쥬롤ᄠᆞ아ᄂᆡ와 오직 婦뿡人ᅀᅵᆫ의 남편
을교ᄆᆞᆫ삼가ᄃᆡ아니ᄒᆞᆷ미론ᄒᆞ리며차반
셰수오모 조티아니ᄒᆞ며론ᄒᆞ리니ᄒᆞ다
가ᄆᆞ極끅ᄒᆞᆫ 디론ᄒᆞ매 이셔ᄂᆞ희 罪쬥롤
니브면ᄂᆡᄆᆞ슴미잇데 便뼌安ᄒᆞ리오
ᄂᆡ이리ᄒᆞ몬ᄒᆞ녜고론우흐로ᅘ敬경ᄒᆞ
야ᄆᆞ더ᄂᆡ너기디아니ᄒᆞ며ᄃᆡ호ᅙ론
너희롤安한保ᄇᆞᆯᄒᆞ야罪쬥룰寃ᅙ캐ᄒᆞ

미니엇데사ᄅᆞᆷ업소믈爲윙ᄒᆞ리오ᄒᆞ시
니 宮궁人ᅀᅵᆫ이듣ᄌᆞᆸ고다感감動똥ᄒᆞ야
깃ᄉᆞ와ᄒᆞ더라 后ᅘᅮㅣ女녕史ᄉᆞ의西셍
漢한入實씷를 太탱后ᅘᅮ의黃ᅘᅪᆼ老ᄅᆞᆼ즐교
몰議읭論론커ᄂᆞᆯ드르시고 黃ᅘᅪᆼ老ᄅᆞᆼᄂᆞᆫ
老ᄅᆞᆼ子ᄌᆞ라호되도라무러니ᄅᆞ샤ᄃᆡ黃ᅘᅪᆼ老ᄅᆞᆼᄂᆞᆫ
엇더ᄒᆞ뇨女녕史ᄉᆞㅣ對됭答답ᄒᆞᄉᆞ오ᄃᆡ
ᄃᆡ淸쳥淨쩡ᄒᆞ야ᄆᆞᆷ업수므로읏듬

샤ᄆᆞ니仁ᅀᅵᆫ을그치치며義읭롤브려百빅
姓셩이孝흉道똥ᄒᆞ며仁ᅀᅵᆫ慈쭝호매도
라가게호미니이다后ᅘᅮㅣ니ᄅᆞ샤ᄃᆡ그
러티아니ᄒᆞ다孝흉道똥ᄒᆞ며仁ᅀᅵᆫ慈쭝
호미곧仁ᅀᅵᆫ義읭옛이리니엇데仁ᅀᅵᆫ義읭
ᄅᆞᆯ그쳐孝흉道똥ᄒᆞ며仁ᅀᅵᆫ慈쭝ᄒᆞ리
오仁ᅀᅵᆫ義읭ᄂᆞᆫ다ᄉᆞ료맷웃드미어놀니
오ᄃᆡ그치며父ᄇᆞ리라ᄒᆞ니理링아니로다

后ᅵ 小쇼學ᄒᆞᆨ書셩ᄅᆞᆯ 외오이시고 모
수믈 고초아 듣더시니 이윽고 연ᄌᆞ오샤
ᄃᆡ 小쇼學ᄒᆞᆨ書셩이
리 쉬이 行ᅘᆡᆼ홇디라 人신道똫애 ᄀᆞᆺ다아
니호미 업스니 眞진實씰 人신聖셩人신의
ᄀᆞ로 治띠산法법이로소니 엇뎨 나土통아내
디 아니ᄒᆞ리잇고 뎌 니ᄅᆞ샤ᄃᆡ 올ᄒᆞ다
내 ᄒᆞ마 親친王왕과 駙뿡馬망와 大땡學ᄒᆞᆨ

生ᅀᅵᆼ과 로다 講강論론ᄒᆞ며 널게 ᄒᆡᆼ하다
后ᅙᅳᆼᅵ 아래 元ᅌᅯᆫ世솅祖종人후ᅙᅳᆼ의 놀
근敎시올ᄂᆡ기시던이 롤드르서고 命몋
ᄒᆞ야 가져다가 니기이샤 ᄢᅥ니 블링ᄀᆞ
ᄅᆞ샤 외ᄅᆞ외며 늘주시며 샹녜옷
과처마ᄆᆞ시고 나ᄆᆞᆫ 裁쩡剪젼올니서
手ᅀᅲᆷ中듕근과쇼흫링ᄀᆞ라니ᄅᆞ샤ᄃᆡ모미
富뿡貴귕예이션반ᄃᆞ기 天텬地띵롤爲윙

ᄒᆞ야 物뭃을 앗골디니 ᄒᆞ노니 物뭃을 므
던히 녀겨 ᄒᆞ야 브료몬 녯사ᄅᆞ미 기픈警경
戒갱라 뷔뿔사ᄅᆞ미 시룰다 쉬릴제부
리ᄂᆞᆫ 무기잇거든 ᄯᅩ넛녀 ᅄᅵ라 사ᄒᆞ샤 諸졍王
왕妃핑와公공主즁 와롤 주시고 니ᄅᆞ샤
디 富뿡貴귕예 나 기런 모로매 簪짬桑상
이쉽디 아니호몰 아롤디니 이 비록 무기
ᄇᆞ릴거시나 民민間간 애 이션 오히려 어

두미 어려우니 그럴ᄉᆡ ᅄᅧ 너롤 뵈노니
아디몬호미 몬ᄒᆞ리라 ᄒᆞ더시다 샹녜션
론오솔니 브시고 奢샹侈칭ᄒᆞ며 됴ᄒᆞᆫ거
슬 즐기디 아니ᄒᆞ시며 니 ᄇᆞ리비록 허나
ᄀᆞ로 몰 쵬디 몬더시니 后ᅙᅳᆼ씌 솔오리이
쇼디 天텬下행애 至징極끅 富뿡와 롤 누리시ᄂᆞ니 엇뎨
極끅 天텬下행애 至징極끅 貴귕와 至
롤 앗 기시ᄂᆞ니 잇고 后ᅙᅳᆼᅵ 니ᄅᆞ샤ᄃᆡ 내

내훈 권2(하) 52-2

드로니녯后ᅘᅮᇢ妃핑다富부ᇢᄒᆞ고能ᄂᆼ히
儉껌朴팍ᄒᆞ며貴귕ᄒᆞ고能ᄂᆼ히브즈런
호ᄆᆞ로글와래일ᄏᆞᆮ이다호니奢샹侈칭
ᄒᆞᆫᄆᆞᅀᆞ믄수이나고노ᄑᆞᆫ位윙이쇼미어
려운ᄃᆡ라닛디몯ᄒᆞᆯ거시勤끈儉껌이오
믿디몯ᄒᆞᆯ거시富부ᇢ貴귕니勤끈儉껌ᄒᆞᆫ
ᄆᆞᅀᆞ미ᄒᆞᆫ번올ᄆᆞ면禍ᅘᅪᆼ福복의應ᅙᅳᆼ이
뫼ᅀᅡ리니르ᄃᆞᆺᄒᆞᄂᆞ니每ᄆᆡᆼ每ᄆᆡᆼ예念념

내훈 권2(하) 53-1

호미이에밋고自ᄍᆼ然ᅀᅧᆫ히므던히너길
ᄆᆞᅀᆞ몰두디몯ᄒᆞᆯᄯᆞᄅᆞ미로라宮궁人신
이허므리이셔帝뎽ㅣ怒ᄂᆞᆼ커시ᄂᆞᆯ后ᅘᅮᇢ
ㅣᄯᅩ怒ᄂᆞᆼᄒᆞ샤左장右ᅌᅮᇢ를命명ᄒᆞ샤宮
궁正졍司ᄉᆞᆼ애자바맛뎌 宮궁正졍司ᄉᆞᆼᄂᆞᆫ宮궁中듀ᇰᄋᆡ
ᄉᆞᆲ안마ᅀᆞ리라 罪쬥를議읭論론ᄒᆞ라ᄒᆞ더시니
帝뎽ㅣ怒ᄂᆞᆼ를프르샤后ᅘᅮᇢ씌무러니ᄅᆞ
샤ᄃᆡ그ᄃᆡ親친히외다ᄒᆞ야罪쬥주디아

내훈 권2(하) 53-2

니코宮궁正졍司ᄉᆞᆼ애맛됴ᄆᆞᆫ엇뎨잇고
后ᅘᅮᇢㅣᄉᆞᆲ오샤ᄃᆡ妾쳡ᄋᆞᆫ드로니賞샹罰
뻟이公공反번ᄒᆞ야ᅀᅡ足죡히사ᄅᆞᄆᆞᆯ降
ᅘᅡᇰ伏뽁히ᄂᆞ다호니그럴ᄊᆡ깃부ᄆᆞ로賞
샹ᄋᆞᆯ더으디아니ᄒᆞ며怒ᄂᆞᆼ로刑ᅘᅧᇰᄋᆞᆯ더
으디아니ᄒᆞᄂᆞ니깃브며怒ᄂᆞᆼᄒᆞᆫᄉᆞ시예
賞샹罰뻟올行ᅘᅢᇰᄒᆞ면반ᄃᆞ기기우로重
뜡호미이셔사ᄅᆞ미그私ᄉᆞᆼ情쪙올議읭

내훈 권2(하) 54-1

論론ᄒᆞ려니와宮궁正졍司ᄉᆞᆼ애맛디면
반ᄃᆞ기輕켱重뜡을斟짐酌쟉ᄒᆞ리이다
天텬下ᅘᅡᆼ다ᄉᆞ리리ᄯᅩ엇뎨能ᄂᆼ히사ᄅᆞᆷ
마다親친히賞샹罰뻟ᄒᆞ리잇고有ᅌᅮᇢ司
ᄉᆞᆼㅣ議읭論론ᄒᆞᆯᄯᆞᄅᆞ미니이다帝뎽니
ᄅᆞ샤ᄃᆡ그ᄃᆡᄯᅩ怒ᄂᆞᆼ호ᄆᆞᆫ엇뎨잇고后ᅘᅮᇢ
ㅣᄉᆞᆲ오샤ᄃᆡ陛뼹下ᅘᅡᆼ怒ᄂᆞᆼᄒᆞ신시절올
當당ᄒᆞ야ᄆᆞᆫ득親친히罪쬥주시면ᄒᆞᆫ갓

ᄠᆞ
ㅇ로帝뎽롤조太태샤后ᅘᆕᇢㅣ皇ㅇ
子ᄌᆞ息식 잇ᄂᆞᆫ사ᄅᆞ미란對됭
샤디恩ㆆᆫ惠ᅘᅨᆼ롤두시며得득寵
시며妃빙嬪삔ᄭᅴ下ᅘᅡᆼ롤對됭接
히차바ᄂᆞᆯ뫼ᇰ기ᄅᆞ샤敬겨ᇰᄒᆞ
謁엃ᄒᆞ시며미샹祭졩롤當다ᇰᄒᆞ야親친
브시ᄋᆡᆼ호ㅅ라기니奉뽀ᇰ先션殿떤에拜뻉

子ᄌᆞ息식 잇ᄂᆞᆫ사ᄅᆞ미란對됭接졉을더
厚ᅘᅮᇢ히ᄒᆞ더시다諸졍王와ᇰ妃빙와公고ᇰ

宮고ᇰ人신이重뜡ᄒᆞ외다ᄒᆞ몰어들ᄲᅡ아
니라陛삥下ᅘᅡᆼㅣ쏘中듕和ᅘᅪᆼᄒᆞ신크운
올損손ᄒᆞ시리니그럴ᄊᆡ妾쳡이怒농ᄒᆞ
ㅁ帝뎽깃그시다后ᅘᅮᇢㅣ舅꿀姑공롤미
다帝뎽깃그시다后ᅘᆕᇢㅣ舅꿀姑공롤미
처셤기ᅀᆞ오ᄃᆡ몬호ᄆᆞ로ᅀᆞ슬ᄒᆞ
리ᄉᆞ와ᄉᆞᆯ허ᄒᆞ샤ᄆᆞᆯ보ᄉᆞ오시고쏘ᄒᆞᆫ
ᄒᆞ야ᄒᆞ들홀리시며아ᄌᆞ나조히樟ᅘᅪᆼ翟

將자ᇰ軍군ㄷ외야ᄉᆞ간대로사ᄅᆞᆷ주겨ᄃᆡ
내女녕史ᄉᆞ의마롤드로ᇰ니란鄧드ᇰ禹우ㅣ
바롤厲륳히다ᄆᆞᆯ디니라ᄲᅩ니ᄅᆞ샤디
히디러겨샤모매太태平뼈ᇰ올닐위샤모
쏘ᄌᆞ學ᄒᆞᆨ文문ᄒᆞ야뫼호ᄆᆞᆯ브테시니녀小
니ᄅᆞ샤디네아바니미萬먼國귁에尊존
니ᄅᆞ시며精져ᇰ誠쎠ᇰ오로ᄒᆞ더시니아래

主즁ㄷ외려니ᄅᆞ샤디功고ᇰ업시福복올受
쓔ᇢ호미ᄒᆞ놀히아쳗ᄂᆞᆫ고디니내너희돌
히ᄒᆞ고나리져ᄆᆞ도록ᄒᆞ논일업스니반
드기겨지븨이롤브즈러니ᄒᆞ야ᄒᆞ놀
콰로金금繡슈ᇢ롤니브며飮흠食씩을됴
감ᄉᆞ올디라ᄒᆞ시며太태子ᄌᆞ와諸정王
올비록ᄉᆞ라ᇰᄒᆞ샤ᄆᆞᆯ甚씸히두터이ᄒᆞ
시나ᄒᆞᆷ뻐學ᄒᆞᆨ올ᄒᆞᆷ쁴오샤子ᄌᆞ細셍히

내훈 권2(하) 56-2

아니혼전 太ᄐᆞ로그ᄡᅵ리 皇ᅘᅪᆼ后ᅘᅮᇢ ㅣ 드외
다ᄒᆞᄂᆞ니 우리 家강門몬이 世솅世솅로
忠듕厚ᅘᅮᇢᄒᆞ며 우리 아바님씌니 르러비
록 鄧ᄃᆡᆼ厚ᅘᅮᇢ 禹ᅌᅮᇰ의 功공이 업스시나 그러나
平뼝生ᄉᆡᇰ애 義ᅌᅴᆼ롤 時씽急급히 ᄒᆞ더시
니오 ᄂᆞᆺ날 皇ᅘᅪᆼ后ᅘᅮᇢ 드외요미 偶ᅌᅮᇢ然쎤
티 아니ᄒᆞ니라 너ᄒᆡ 돌ᄒᆞᆫ 다ᄅᆞᆫ 나래 百ᄇᆡᆨ
姓셩과 社쌍稷즉애 올맛도미 잇ᄂᆞ니 더욱

내훈 권2(하) 57-1

모로매 忠듕厚ᅘᅮᇢ롤 만히 ᄒᆞ야ᄂᆞ 子ᄌᆞ孫손
이 길리니 갏간도 제 면고 德득을 힘ᄡᅥ
디 아니ᄒᆞ고 이리 偶ᅌᅮᇢ然쎤ᄒᆞ니라 너기
디 마룰디니 네 갏간도 닛디 말라 諸졍王왕
이 시혹 衣ᅙᅴᆼ服뽁과 器킝具꿍와로서
르 崇쑝尙쌰ᇰᄒᆞ거든 后ᅘᅮᇢ ㅣ 니르샤ᄃᆡ
땅 堯ᅌᅭᇢ와 虞ᅌᅮ舜ᄊᆑᆫ과 새로니시고 ᄒᆞᆷ섬
ᄒᆞ시며 夏ᅘᅡᆼ禹ᅌᅮᇰ와 文문王왕과 사오나

내훈 권2(하) 57-2

온옷과 놋가온 오ᄉᆞᆯ 니브시ᄂᆞ니 네 어바님
미 儉검朴박ᄒᆞ샤 더욱 奢샹侈칭ᄒᆞ며
ᄒᆞ거슬 아쳐르시고 日ᅀᅵᇙ夜양애 分분別
시니 너희 功공業ᅌᅥᆸ을 수디 錦금衣ᅙᅴᆼ服뽁과 器킝具꿍로서 食씩
르더 우려 ᄒᆞᄂᆞ니 엇데 ᄲᅮ기 ᄉᆞ 운 곤디 아니ᄒᆞ
호미 이 곤ᄒᆞ뇨 반ᄃᆞ기 ᄉᆞᄋᆞᆯ 親친ᄒᆞ

내훈 권2(하) 58-1

머버들 사괴야 聖셩賢ᅘᅧᆫ人ᅀᅵᆫ學ᄒᆞᆨ을 講강
論론ᄒᆞ야 ᄆᆞ수믈 開캥明명케 ᄒᆞ야ᄉᆞ自
ㅣ 慈쫑로 아래롤 對됭接ᄒᆞ샤아 ᄉᆞ믈 百
功공臣씬ㅅ지블 다갓븐 므수믈 對됭 命명婦ᄫᅮᆼ ㅣ 드러비
아니ᄒᆞ면 功공이 업스시며 命명婦ᄫᅮᆼ ㅣ 드러비
숩거든 尊존貴귕로 對됭接접 아니ᄒᆞ샤
對됭接접을 샹녯 家강人ᅀᅵᆫ 禮롕ㄱ티ᄒᆞ

더시다【家강人ᅀᅵᆫ의 ᄉ롓 집이니라】
가난ᄒᆞᆫ히로 맛나샤 食씩을 進진上샹ᄒ
실제 반ᄃᆞ기 보리밥과 묏ᄂᆞᄆᆞᆯ 조쳐ᄒ
ᄉᆞ이롤 니ᄅᆞ거시ᄂᆞᆯ 帝뎽ㅣ 因힌ᄒᆞ야 賑진恤휼ᄒᆞᄃᆡ
첩오ᄃᆞ로니 水슁旱한이 업슨 시졀 업다
ᄒᆞ니 賑진恤휼法법이 슈미 儲뎌蓄튝
올모뎌 預영備삥 홈곤디 몬ᄒᆞ니 ᄆᆞ太매

不붕幸ᄒᆡᆼᄒᆞ야 아 흉ᄒᆡᆼ들을 와 닐굽 힛ᄀᆞ무
리이시면 쟝太어ᄂᆞ 法법으로 賑진恤휼
ᄒᆞᄉᆞ리잇고 ᄒᆞ신대 帝뎽 爲윙ᄒᆞ야 올오샤ᄃᆡ 恩
시다 아래 帝뎽 롤 爲윙ᄒᆞ야 올오샤ᄃᆡ 恩
惠ᄒᆐᄅᆞᆯ 펴 문너비 다코져 ᄒᆞ나 그러나 等
差창ㅣ 잇ᄂᆞ니 ᄒᆞᆫ 사ᄅᆞᆷ 날로 주미 眞
實씷로 어렵거니와 百ᄇᆡᆨ官관의 지비
셔 올히잇ᄂᆞ니 그 本본鄕향이 遠원近근이

ᄒᆞ가지 아니며 집 가난ᄒᆞ며 가ᅀᆞ며로미
ᄯᅩ다ᄅᆞ오ᄃᆡ 祿록俸뽕은 限한이 잇ᄂᆞ니ᄒ
다 가 주디 아니ᄒᆞ면 가난이 반ᄃᆞ기 甚씸
ᄒᆞ야 더 윗 비와 고장 치오 몯 맛난 嗟창
이나 타날 가 너기 노이다 帝뎽 그 ᄠᅳ들
感감動똥ᄒᆞ샤 民민ᅀᅵᆼ사ᄅᆞᆷ 브려 무ᄅᆞ샤
더시다 近근臣씬과 모ᄃᆞᆫ公공事ᄉᆞᆼ연즘
ᄂᆞᆫ官관貟원이 朝둏會ᄒᆡᆼ롤 罷빠ᄒᆞ고 殿

庭뎡에 모다 밥 먹거ᄂᆞᆯ 后ᅘᅳᆯ ㅣ 內뇡官
관을 命명ᄒᆞ샤 飮흠食씩을 가져다가 親
히 맛보시니 마시 사오나와 됴티 아니
커ᄂᆞᆯ 帝뎽ᄭᅴ 엳ᄌᆞᆸ오샤ᄃᆡ 朝둏廷뗭이하
奉뽕養양을ᄡᅥ 天텬下행엣 어딘 사ᄅᆞᆷ 몰來
기르ᄂᆞ니 그럴ᄊᆡ ㅈ갯 供養양을 薄빡
히 코져 ᄒᆞ시고 賢현을 養양호ᄆᆞᆯ 豊풍히
코져 ᄒᆞ시니 이제 飮흠食씩이 ᄀᆞᅀᆞᆷ 안 사ᄅᆞᆷ

내훈 권2(하) 60-2

미그아랫사ᄅᆞ믈ᄀᆞᄅᆞ치디몯ᄒᆞ야오직
進진上쌍ᄒᆞᄂᆞᆫ거시돌며맛나고群꾼臣
씬의飮:음食씩이다그마ᅀᆞᆯ得득디몯ᄒᆞ
니엇뎨陛:뼹下:ᅘᅡᆼ의養:양賢현ᄒᆞ시ᄂᆞᆫᄠᅳ
디리잇고上쌍이니ᄅᆞ샤ᄃᆡ飮:음食씩엣
이ᄅᆞᆫ내ᄆᆞᅀᆞ매디내디아니ᄒᆞ야쟝ᄎᆞ群
꾼臣씬이다돌며맛난거슬먹ᄂᆞ니라너
기다니엇뎨ᄀᆞᅀᆞᆷ안사ᄅᆞ미제厚:ᅘᅮᇢ薄빡

내훈 권2(하) 61-1

올ᄃᆞᆯ이ᄒᆞᆯ돌너기리오群꾼臣씬이니ᄅᆞ
고져ᄒᆞ고ᄯᅩ이베내요ᄆᆞᆯ어려이너기던
돌알리로다이리비록甚:씸히져그나關
관係:곙호미ᄯᅩ크니皇ᅘᅪᇰ后:ᅘᅮᇢㅣ오ᄂᆞᆯ날
니ᄅᆞ디아니ᄒᆞ시면내엇뎨이러호ᄆᆞᆯ알
리오ᄒᆞ시고ᄲᆞᆯ리光광祿록卿경徐쎵與
홍祖:종돌ᄒᆞᆯ브르샤ᄀᆞ장외다ᄒᆞ시니光광
祿록卿경은벼슬일후미라 興홍祖:종돌히다ᄇᆞᆺ그려

내훈 권2(하) 61-2

降ᅘᅡᆼ伏뽁ᄒᆞ니라帝뎽아래大땡學ᅘᅡᆨ애
行ᅘᅢᆼ幸ᅘᅢᆼᄒᆞ샤先션師ᄉᆞᆼ孔콩子:ᄌᆞᆼ를祭
졩ᄒᆞ시고도라오나시ᄂᆞᆯ后:ᅘᅮᇢㅣ묻ᄌᆞ와
니ᄅᆞ샤ᄃᆡ大땡學ᅘᅡᆨ生ᄉᆡᆼ이언매나ᄒᆞ니
잇고帝뎽니ᄅᆞ샤ᄃᆡ數ᄉᆞᆼ千쳔잉다ᄯᅩ무
르샤ᄃᆡ다지비잇ᄂᆞ니잇가니ᄅᆞ샤ᄃᆡᄯᅩ
해잇ᄂᆞ니이다后:ᅘᅮᇢㅣᅀᆞᆲ오샤ᄃᆡ天텬下
ᅘᅡᆼ롤善:션히다ᄉᆞ릴사ᄅᆞ미賢현才찡로

내훈 권2(하) 62-1

옷듬삼ᄂᆞ니이제人신才찡하니ᄀᆞ장깃
브도소이다오직生ᄉᆡᆼ貟원이大땡學ᅘᅡᆨ
애셔飮:음食씩ᄒᆞ고妻쳉子:ᄌᆞᆼᄂᆞᆫ올워러
사ᄅᆞᆯᄃᆡ업ᄉᆞ니뎌엇뎨ᄆᆞᅀᆞ매미요미업
스리잇가帝뎽즉재命명ᄒᆞ샤돌마다粮
량食씩주어그지블유여케호ᄆᆞᆯ뎐뎐ᄒᆞᆫ
法법을사ᄆᆞ시다아래帝뎽ᄭᅴᅀᆞᆲ오샤ᄃᆡ
이리올ᄒᆞ며외요ᄆᆞᆫ님금ᄆᆞᅀᆞ미邪썅ᄒᆞ

命명호샤 스라 호시다 后ᅘᅮᆼㅣ 病뼝호얏
거시늘 帝뎽 좀자샴과 飮ᅙᅳᆷ食씩을 便뼌
安한히 몯호샤 群꾼臣씬의 山산川쳔에 비로려 호리니ᄒᆞᆫᄃᆡ
群꾼臣씬을 두루 求꿀호야 지이다 請쳐ᇰᄒᆞᆫ
貧원后ᅘᅮᆼㅣ 드르시고 帝뎽ᄭᅴ 슬오샤
ᄃᆡ 숩거늘 后ᅘᅮᆼㅣ 平뼈ᇰ生ᄉᆡᆼ애 病뼝이 업다 ᄒᆞ니
제 ᄒᆞᆼ낫 太탱病뼝어 두미 이 곤호시내
事ᄊᆞᆼ를 보기

머 正졍호매 根근源원호고 天텬下하ㅣ
便뼌安한호며 바ᄃ라오면 百ᄇᆡᆨ姓셩의
무슴 민셜워호며 즐겨호매 잇ᄂᆞ니아
ᄯᅩ솔오샤ᄃᆡ 法법을 ᄌᆞᆽ고 티면 반ᄃᆞ기
弊뼹잇ᄂᆞ니 法법이 곳 弊뼹이시면 姦간邪쌰
쌍나고 百ᄇᆡᆨ姓셩을 ᄌᆞ조 어르리면 반ᄃᆞ기
亂롼이나ᄂᆞ니ᄂᆞ니이다 帝뎽다 女녕史ᄉᆞᆼᄅᆞᆯ

妾쳡이 億ᅙᅳᆨ兆ᄠᅭᆼ母ᄆᆞᆯㅣ 드외요니 尊존
호며 榮ᅌᅯᆼ華ᅘᅪᆼㅣ 至징極끅호니 더으
샬 호리잇고 오직 天텬地띵와 祖종宗종
ᄅᆞ 感감動뚜ᇰ호야 布뽕衣ᄒᆡᆼ롤닛디마ᄅ
실ᄯᆞ르미니이다 帝뎽다시 무르신ᄃᆡ 后ᅘᅮᆼ
ㅣ 슬오샤ᄃᆡ 陛뼝下하ㅣ 반ᄃᆞ기 賢현
호늘 求꿀호시며 諫간올 드르시며 政져ᇰ
事ᄊᆞᆼ를 보기 호샤 大땡平뼈ᇰ을 닐위시며

니 디몯호가너기노이다 주그며 사로미
命명이잇ᄂᆞ니 빌며 醫ᅙᅵᆼ 貧원어든몯
ᄒᆞ리잇고 病뼝이 되샤매 미
處쳐帝뎽무러니ᄅ 샤ᄃᆡ 身신後ᅘᅮᆼㅅ옛
付뽕屬쑉홀 어리잇ᄂᆞ니잇가 后ᅘᅮᆼㅣ술
오샤ᄃᆡ 陛뼝下하ㅣ 妾쳡과로 布뽕衣ᅙᅵᆼ
로 니러나샤 오ᄂᆞ래 陛뼝下하ㅣ 億ᅙᅳᆨ
兆ᄠᅭᆼ主쥬ㅣ드외시고 百ᄇᆡᆨ姓셩을
니르니라

모ᄃᆞᆫ아ᄃᆞᆯ로ᇙ그ᄅᆞ치샤德득에나ᅀᅡ가며
業ᅌᅥᆸ을닷게ᄒᆞ샬디니이다帝뎽니르샤
ᄃᆡ내ᄒᆞ마알와이다오직늘근모미엇뎨
무슴다ᄒᆞ리ᄋᆞᆺ고后ᅘᅮᇢ|ᄉᆞ솔오샤ᄃᆡ
주그머사로ᄆᆞᆫ命몡이니民민이得득
下ᅘᅡᆼ시면委ᅙᅱ쳡이비록주그나사라슈
ᅀᅩᆼ孫손이다어딜며

미곤ᄒᆞ니이다ᄒᆞ시고업스시니나히쉰
ᄒᆞ나히러시니洪ᅘᅩᆼ武뭉ᅌᅮᆷ壬임成쎵年년
八밣月ᅌᅯᇙ丙병成쓩이라帝뎽셜이우
시고終즁身신ᄐᆞ록다시니라皇ᅘᅪᆼ后ᅘᅮᇢ롤셰
ᄃ아니ᄒᆞ시니라아래朝뜝會ᅘᅬᆼ왜서
罷ᄈᆞᆼᄒᆞ샤ᄂᆞᆯ內ᅌᅱᆼ官관과女녕史ᄉᆞᆼ왜
르나ᄉᆡ이롤연즌오ᄆᆞᆯ마디아니ᄒᆞ시ᄃᆡ皇ᅘᅪᆼ
뎽슬ᄒᆞ샤깃디아니ᄒᆞ샤니르샤ᄃᆡ皇ᅘᅪᆼ帝

后ᅘᅮᇢ|겨시면내엇뎨이런어즈러우믈
드르리오ᄒᆞ시다后ᅘᅮᇢ|겨신저긔內ᅌᅱᆼ
政졍을ᄒᆞ나토帝뎽씌깃기시디아니ᄒᆞ
샤帝뎽ᄌᆞ늑ᄌᆞ늑ᄒᆞ샤甚씸히便뼌安ᅘᅡᆫ한
ᄒᆞ시던전ᄎᆞ로셜워ᄒᆞᄆᆞᆯ이그디몯ᄒᆞ시
니라

宿瘤留音女者ᄂᆞᆫ齊ᄉᆞ東郭採桑之女ᅵ니라閔
王之后也ᅵ니시라項有大瘤故로號曰宿
瘤ᅵ니라

初애閔王이出遊샤至東郭ᄒᆞ시
ᄂᆞ라ᄒᆞ더盡觀宿瘤ᅵ採桑ᄋᆞᆯ如故ᄒᆞᄂᆞᆯ
之샤召問曰ᄒᆞ샤ᄃᆡ百姓이無少長ᄒᆞ야皆棄事來觀ᄒᆞ거늘
이寵人이出遊에車騎甚衆ᄒᆞ야
採桑道傍ᄒᆞᆯᄉᆡ受父母敎ᄒᆞ야曾不一視ᄒᆞᅌᅵ何也오對曰汝ᅵ
王曰此ᅵ奇女也ᅵ라採桑事來觀ᄒᆞ야ᅀᅩ何不受敎觀大王ᄒᆞ야女ᅵ曰
호ᄃᆡ妾之職은屬之不二며予之不惜哉宿瘤ᅵᄒᆞ고리王이大悅之
心謂何오ᄒᆞ야言宿瘤ᅵ何傷잇고
王이大悅

死不往리라 於是예 如故야 隨使者ᅵ라 니 閔
王이 歸샤 見諸夫人샤 告曰호ᄃ 今日에 出
遊ᄒ야 得一聖女ᄒ니ᅌ 今至니 斤汝屬矣라ᄒ야
諸夫人이 皆怪之ᄒ야 盛服而衞ᄒ야 遲其至也ᄒ더니
니ᅌ 諸夫人이 宮中諸夫人이 皆掩口而
笑야 左右ᅵ 失貌야 不能自止어늘 王이 大慙
曰호ᄃ 夫節은 不飾ᄒ며 相去ᅵ
固相去ᅵ 十百也라 女ᅵ曰호ᄃ 夫節與不飾
ᄒ 千萬도ᅵ라 尚不足言이니 何獨十百也잇고

曰ᄒ샤ᄃ 此ᅵ 賢女也ᅵ라 命後乘載之ᄒᄃ 女
曰호ᄃ 賴大王之力ᄒ야 父母ᅵ 在內ᄒ니 使妾
로ᄋ 不受父母之敎而隨大王之ᄒ리잇고 父
母ᅵ 使使者로 加金百鎰ᄒ야 往聘迎之ᄒ신대 女ᅵ
母ᅵ 驚惶ᄒ야 則變容更服ᄒ야 不見識也ᅵ라ᄒ시
如是見王則變容更服이라 不見識也ᅵ니 請
寡人이 失之라호ᄒ샤 又曰호ᄃ 貞女ᅵ 一禮不備
니 雖死ᅵ나 不從이라ᄒ니 於是예 王이 遺女

千餘歲에 天下ᅵ 歸惡焉ᄒ니ᅌ 由是로 觀之
化行鄰國야 諸侯ᅵ 朝之늘 侵三晉ᄒ며 懼秦
楚ᄒ야 一立帝號ᄒ니 閔王이 至於此也ᄂ 宿瘤
女ᅵ 有力焉이라ᄒ니라 及女死之後에 燕이 遂屠
減樂ᄒ며 今샤 甲宮室며 不得重臻ᄒ야 期月之間애
憼ᄒ며 대권 飾與不飾이 相去ᅵ 千萬이라 尚不足言
니이 何獨十百也잇고리 於是예 諸夫人이 皆大
니ᅌ 閔王이 大感瘤女샤 以爲后고시ᄒ야

王曰 何以言之오 對曰호ᄃ 性相近也ᅵ니 習相
遠也ᅵ니 昔者애 堯舜桀紂ᄂ 俱天子也라호니 堯
舜은 自飾以仁義ᄒ야 雖善爲天子ᅵ도라 安於節
儉ᄒ야 茅茨를 不剪ᄒ며 采椽을 不斵ᄒ며
今數千歲에 天下ᅵ 歸善焉며 食不重味며
不自飾以仁義ᄒ고 習爲苛文ᄒ며 造爲高臺深
池며 後宮이 蹈綺縠ᄒ며 弄珠玉야 意非有
饜時也ᅵ라 身死國亡ᄒ야 爲天下笑ᄒ니 至今

齊(졩)ㅅ閔(민)王(왕)이逃亡(도망)ᄒᆞ샤而栽死於外ᄒᆞ니라시君子
ㅣ謂宿瘤女ㅣ通而有禮니ᄒᆞ니詩云菁菁(졍졍)
者義(의)여在彼中阿ㅣ로既見君子니호樂且有
儀(의)라ᄒᆞᆫ此之謂也ㅣ니ᄒᆞ다
宿(슉)瘤(류)女(녕)ᄂᆞᆫ齊(졩)ㅅ東(동)郭(곽)앳
ᄠᅩᆫ이거지비니옛일後(ᅘᅮᇢ)미라閔(민)王(왕)이宿(슉)瘤(류)
后(ᅘᅮᇢ)ㅣ시니라모기큰혹잇ᄂᆞᆫ젼ᄎᆞ로일

齊(졩)ㄴᄂᆞ로닐온閔(민)王(왕)이내노라ᄒᆞ샤
사래이실ᄊᆡ첫셔의閔(민)王(왕)이내노라ᄒᆞ샤
東(동)郭(곽)애가시니百(ᄇᆡᆨ)姓(셩)이다보ᄃᆡ
宿(슉)瘤(류)女(녕)ᄂᆞᆫᄠᅩ몰녜ᄀᆞ티ᄒᆞᆫ거늘王(왕)
이恠(괴)異(잉)히너기샤블러무러니ᄅᆞ샤
ᄃᆡ내내노리호매車(쟁)騎(끵)ㅣ甚(씸)히할
ᄉᆡ百(ᄇᆡᆨ)姓(셩)이아히얼운업시다이룰보
ᄃᆡ고와보거늘녜값기시ᄉᆡᆼ을보ᄃᆡ
번도보ᄃᆡ아니ᄒᆞ오ᄆᆞᆫ엇뎨오對(됭)答(답)ᄒᆞ

수오ᄃᆡ妾(쳡)이父(뿡)母(뭏)의教(ᄀᆢᇢ)授(쓔ᇢ)를
드러受(쓔ᇢ)호리ᄅᆞᆯ받고大(땡)王(왕)을보수오라ᄒᆞᆫ
教(ᄀᆢᇢ)授(쓔ᇢ)를듣디아니호니ᄒᆞ고大(땡)王(왕)이니
ᄅᆞ샤ᄃᆡ이奇(끵)異(잉)ᄒᆞᆫ女(녕)ㅣ로다王(왕)이니
을셔宿(슉)瘤(류)女(녕)ㅣᄉᆞᆯ오ᄃᆡ婢(삥)로다왓가
妾(쳡)의两(랴ᇰ)任(심)은付(뽕)屬(쑉)ᄒᆞ면두모숨
아니ᄒᆞ며주면닛디아니호미니안무수
미엇던고호ᄆᆞᆳ니업ᄂᆞᆫ宿(슉)瘤(류)女(녕)ㅣᄆᆞᆯ스

기害(ᅘᅢᇰ)호리잇고王(왕)이ᄀᆞ장깃거니ᄅᆞ샤
샤ᄃᆡ이賢(현)女(녕)ㅣ로다뒷엿슬위를命(명)
호샤시르라ᄒᆞ신대女(녕)ㅣᄉᆞᆯ오ᄃᆡ大(땡)
王(왕)ㅅ히믈ᄆᆞᆯ니父(뿡)母(뭏)ㅣ안해잇
ᄂᆞ니妾(쳡)으로父(뿡)母(뭏)의教(ᄀᆢᇢ)授(쓔ᇢ)를
듣디아니코大(땡)王(왕)을존조오면이
ᄂᆞᆫ奔(분)女(녕)ㅣ니棄(츈)分(분)女(녕)ᄂᆞᆫ中(듕)媒(ᄆᆡ)
王(왕)ᄋᆞᆫ엇ᄯᅵᄆᆞ스게ᄡᅵ시리잇고王(왕)이

내훈 권2(하) 70-2

ᄀᆞ장붓그려니ᄅᆞ샤ᄃᆡ내그르호라ᄯᅩᄉᆞᆯ
오ᄃᆡ貞뎡女:녕ㅣᄒᆞᆫ禮:례度뚱ㅣ나ᄀᆞᆺ디
아니커든비록주그나좃디아니ᄒᆞᄂᆞ니
이다그제王왕이보내시고사ᄅᆞᆷ브려金
금一ᅙᅵᇙ百ᄇᆡᆨ鎰ᅙᅵᇙ을더ᄒᆞ야(鎰ᅙᅵᇙ은스므넉兩:량이라)
가보내여마치신대父뿡母:뭏ㅣ놀라두
려ᄉᆡᆺ붓겨오ᄉᆞᆯ더니표려ᄒᆞ더니女:녕ㅣ
닐오ᄃᆡ이러트시ᄒᆞ야王왕을뵈ᅀᆞ오면

내훈 권2(하) 71-1

양ᄌᆞ다ᄅᆞ며오시ᄀᆞ론디라아라보디몯
ᄒᆞ시리니請:청ᄒᆞ논주거도가디아니호
리라그저녜ᄀᆞ티ᄒᆞ야使:ᄉᆞ者:쟈조차가
니라閔:민王왕이도라가모ᄃᆞᆫ夫붕人ᅀᅵᆫ
을보아告:곻ᄒᆞ야니ᄅᆞ샤ᄃᆡ오ᄂᆞᆯ내노리
ᄒᆞ야ᄒᆞᆫ聖:셩女:녕ᄅᆞᆯ어두니이제오ᄂᆞ니
너희ᄅᆞᆯ내ᄠᅩ조리라모ᄃᆞᆫ夫붕人ᅀᅵᆫ이다
怪:괭異ᅌᅵᆼ히너겨오ᅀᆞ빗어뫼ᅀᆞ와셔오

내훈 권2(하) 71-2

믈기들오더니宿슉瘤륳ㅣ놀란대宮궁
中듕엣모ᄃᆞᆫ夫붕人ᅀᅵᆫ이다이블ᄀᆞ리오
고우서左:장右:웋ㅣ양ᄌᆞᄅᆞᆯ일허能능히
제그치디몯거늘王왕이ᄀᆞ장붓그려니
ᄅᆞ샤ᄃᆡ웃디말라ᄭᅮ미디아니홀ᄯᆞᄅᆞ미
라ᄭᅮ미며아니ᄭᅮ뮤매眞진實씷로서르
머로미열콰一ᅙᅵᇙ百ᄇᆡᆨ괘라女:녕ㅣᄉᆞᆯ오
ᄃᆡᄭᅮ뮤믄서르버로미千쳔과萬먼괘라

내훈 권2(하) 72-1

ᄯᅩ오히려足죡히니ᄅᆞ디몯ᄒᆞ리니엇뎨
다ᄆᆞᆫ열콰一ᅙᅵᇙ百ᄇᆡᆨ괘ᄯᆞᄅᆞ며리잇고王
왕이니ᄅᆞ샤ᄃᆡ엇뎨니ᄅᆞᄂᆞ뇨對:됭答답
ᄒᆞᅀᆞ오ᄃᆡ性:셩이서르갓가오나뵈호ᄆᆡ
로서르머ᄂᆞ니녜堯ᅌᅭᇢ舜:슌과桀껧紂:뜧ᄅᆞ
는다天텬子:ᄌᆞᆼㅣ라堯ᅌᅭᇢ와舜:슌과ᄂᆞᆫ자
내仁ᅀᅵᆫ義:ᅌᅴᆼ로ᄭᅮ미샤비록天텬子:ᄌᆞᆼㅣ
ᄃᆞ외야겨샤도儉:껌朴팍호ᄆᆞᆯ便뼌安한

히너기샤지블ᄲᅳ로니시고ᄀᆞ리디아니
ᄒᆞ시며采칭椽뎐을갓디아니ᄒᆞ사며采칭
ᄂᆞᆫ가랍남기오椽뎐ᄋᆞᆫ셔리라 後:흫宮궁이오ᄉᆞᆯ두비ᄎᆞᆯ
아니ᄒᆞ시며飮:흠食·씩을두마ᄉᆞᆯ아니ᄒᆞ
시니至·징今금數·숭千쳔歲·솅예天텬下
:햫ㅣ다어디다ᄒᆞᄂᆞ니이다桀껋와紂:뜡
와ᄂᆞᆫ자내仁신義·읭로ᄡᅮ미디아니ᄒᆞ고
호ᄀᆞᆫᄡᅮ뮤믈비화ᄒᆞ며노ᄑᆞᆫ臺ᄄᆡᆼ와기픈

모ᄉᆞᆯ밍ᄀᆞᄅᆞ며後:흫宮궁이綺:킝縠·콱을ᄇᆞᆯ
오며珠즁玉·옥을ᄂᆞᆯ여ᄡᅳ데足·죡히너길
시절이업순디라모미ᄌᆞ그며나라히亡
망ᄒᆞ야天텬下:햫애ᄋᆞᆽ유미ᄃᆞ외니至·징
今금千쳔餘영歲·솅예天텬下:햫ㅣ모디
다ᄒᆞᄂᆞ니일로보건댄ᄡᅮ미며아니ᄡᅮ묘
미서르머로미千쳔과萬·먼괘라도오히
려足·죡히니르디몯ᄒᆞ리니엇뎨다ᄆᆞᆫ열

콰一·릻百·빅곳ᄲᅮ니리잇고그제모ᄃᆞᆫ夫
붕人신이다ᄀᆞ장붓그리니라閔:민王왕
이宿·슉瘤륳女:녕ᄅᆞᆯᄀᆞ장感:감動:똥ᄒᆞ샤
后:흫ᄅᆞᆯ사ᄆᆞ시고出·츓令·령ᄒᆞ샤지블ᄂᆞ
ᄌᆞ기ᄒᆞ시며모ᄉᆞᆯ메오시며차반을더르
시며音흠樂·악을더르시며後:흫宮궁이
두비ᄎᆞᆯ몯게ᄒᆞ시니ᄒᆞᆫᄒᆡᆺᄉᆞ시예敎·ᄀᆓ化
황ㅣ이웃나라해퍼디여諸졍侯흫ㅣ와

朝됴會·횅ᄒᆞ거늘三삼晉진을侵침勞롷
ᄒᆞ시며三삼晉진은晉진國·귁을세헤논화魏·윙와趙:똫와韓한과나·라홀
밍ᄀᆞᆯ시三삼晉진이라니ᄅᆞᄂᆞ니라秦찐楚:총ᄅᆞᆯ저히시며
ᄒᆞᆫ번에皇황帝·뎅ㅅ일후믈세시니閔:민
王왕이이에니르샤ᄆᆞᆫ宿·슉瘤륳女:녕ㅣ
有:울功공ᄒᆞ서니라女:녕ㅣ주근後:흫에
燕현이라燕현은나라히라齊쪵ᄅᆞᆯ텨늘閔:민王왕
이逃똫亡망ᄒᆞ샤밧긔가弑·싱ᄒᆞ야주그

시니라 싫ᄉᆡᆼ 님금 주ᄭᅦᆼ 길씬 시라 君군子ᄌᆞᆼㅣ 닐
오ᄃᆡ 宿슉 癯룡女녕 詩싱ㅣ 通통 達땋
禮롕義읭ᅌᅡ여 著졍著졍ᄒᆞᆫᄂᆞᆫ 威ᅙᅱᆼ 후에 시라 菁정두
던자오ᄃᆡ 잇ᄃᆞ다 ᄒᆞ마 君군子ᄌᆞᆼ를 보니
樂락ᄒᆞ고 坐威ᅙᅱᆼ儀ᅌᅴᆼ 잇다 ᄒᆞ니 이돌ᄂᆞᆫ
ᄅᆞ도다

漢한 鮑뿅宣션의 妻칑 桓ᅘᅪᆫ氏씽字ᄍᆞᆼᄂᆞᆫ 少숑君군이러 宣션이 ᄉᆞᆼ 就쯓

少숑君군 父뽕ㅣ 學ᄒᆞ니 더 父뽕ㅣ 奇其其 淸苦苦ᄒᆞ야 故로 以
女녕로 妻칭 聲之라ᄒᆞ니 裝送資賄甚盛ᄒᆞ니 더 宣션이
不悦야 謂妻曰 少숑君군은 쓰 富驕ᄒᆞ야 習美飾
大人이ᅌᅴ而吾ᄂᆞᆫ 實貧賤야 不敢當禮라 使賤妻
侍巾櫛ᄒᆞ니 旣奉君子ᄒᆞ니 唯命을 是
從이코ᄃᆞ리 宣션에 咲曰 能如是면 是吾志也ㅣ라
與宣션로 共挽鹿車ᄒᆞ야 歸鄕里ᄒᆞ야 拜姑禮畢고

提뗑甖갱出揚ᄒᆞ야 偸行婦道ᄒᆞᆫ 鄕邦이 稱之라ᄒᆞ더
漢한 鮑뿅宣션의 妻칑 桓ᅘᅪᆫ氏씽人字ᄍᆞᆼᄂᆞᆫ
少숑君군이러라 宣션이 德득을 表하라 宣션
이 아리 小숑君군의 아비게나 사가비
호더니 아비淸쳥廉렴ᄒᆞ고 苦콩ᄒᆞᆯ시 外외요
몰 奇긩異ᅌᅵᆼ히너겨 그럴시 ᄠᅩ로 얼이니 宣션
라 연장과 천량이 구장 盛쎵ᄒᆞ더니
이갓디아니ᄒᆞ야 妻칑 ᄃᆞ려 닐오ᄃᆡ 小숑

君군은 가수멸며 驕ᄧ�ᇦ慢만ᄒᆞᄃᆞᆫ 나ᄃᆞ 眞진實씷로 貧삔
賤쪈ᄒᆞ야 大땡禮롕롤 當당 티몯ᄒᆞ노라 妻치
닐오ᄃᆡ 大땡人ᅀᅵᆫ의 先션쓰이 大땡人ᅀᆡ
生ᄉᆡᆼ은 君군의 아비ᄅᆞᆯ 니ᄅᆞ고 니ᄒ니선라 德득을 닷
고 벼ᄭᅦ 녿ᄭᅡ내ᄆᆞᆯ 듣고 노라 妻칑
로 手슈巾건ᄀᆞ과 비슬모ᄉᆢᆷ게 ᄒᆞ시니 ᄆᆞ
君군子ᄌᆞᆼ를 뫼ᄉᆞ오란 ᄃᆞ오직 命ᄆᆷ을 조

初리이다 宣션이 우서늘 오디 能능히 이
곤ᄒ면이 내ᄠᅵ라 ᄒ야 놀 妻쳉 조ᄎᆞ사
룸과 服服飾식을 다 보내오 다시 더른 뵈
치마 민여 宣션과 술위 ᄀᆞ어 모술히 가식
어믜게 졀믓고 도 ᄭᆞᆯ자바나 가믈 기러 겨
지ᄇᆡ 道ᄯᅩᆼ를 닷ᄀᆞ니ᄀᆞ 올 콰나라 쾌일 콘
더라

內訓卷第二下

內訓卷第三

母儀章第五

內則에曰母凡生子야擇於諸母와與可者
必求其寬裕慈惠溫良恭敬愼而寡言者
하야使爲子師ㅣ니라子ㅣ能食食든敎以右
手ᄒ며能言든男唯女兪ᄒ며男鞶은革이오女
鞶은絲ㅣ니라六年이어든敎之數與方名이라ᄒ니八
七年이어든男女ㅣ不同席ᄒ며不共食이라
年든出入門戶와及即席飮食에必後長

内訓 智

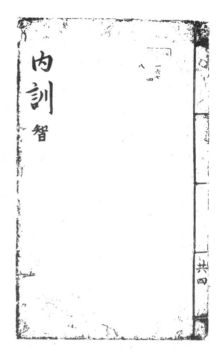

共四

者야始教之讓이니十年이어든不出ᄒ며姆教
ᄒ야婉娩聽從ᄒ며執麻枲ᄒ며治絲繭ᄒ며織紝組
紃아ᄒ야學女事야以共衣服라며觀於祭祀
ᄒ야納酒漿籩豆菹醢ᄒ며禮相助奠이라ᄒ니라十有五
年而笄ᄒ며二十而嫁니有故ㅣ어든二十三年
而嫁ㅣ니라聘則爲妻오奔則爲妾이니라

內則은即에닐오디大뗑凡뻠凡生子ㅣ
息식나하여러어미와맛당ᄒ야사로믈굴

히요디모로매어워크고조ᄂᆞᆨ조ᄂᆞᆨᄒ며
慈쪼悲빙롭고恩ᅙᆫ惠ᅘᆒ로외며溫혼
ᄒᆞᆼ고어딜며溫혼恭공ᄒ고조심ᄒ며
삼가며말슴드므니ᄅᆞᆯ求끃ᄒ야子ᄌᆞ
息식의스승을사모리라子ᄌᆞ能ᄂᆢᆼ
히바볼머거든ᄅᆞ쵸디올ᄒ소ᄂᆞ로뻐
ᄒ며能ᄂᆢᆼ히말슴거든남진오소니
고唯윙는맛골모겨지ᄇᆞᆫ俞융ᄒ며

내훈 권[3] 2-2

골모미 조녹 ᄒᆞᆯ 시라

남진의 씨ᄂᆞᆫ가 치오ᄀᆞ 겨지비

씨ᄂᆞᆫ 시리니 나라ᄒᆞᆯ 스시어든 혬과 方(방)

ᄉᆞᆯ일후믈 ᄀᆞᄅ 홀디니 나닐구비어든 바볼

남진겨집비 혼ᄃᆞᆺ긔 앉디 아니ᄒᆞ며 바볼

어우러 먹디 아니ᄒᆞᆯ디니라 여들비어든

門(문) 애 이페 나며 드로매 우늬ᄃᆞᆺ기 나사 가

食(씩) 호ᄃᆡ 모로매 열우늬 後(?)에 ᄒᆞ야

비르서 辭(ᄊᆞ) 讓(샹)ᄋᆞᆯ ᄀᆞᄅ 홀디니라 열다

내훈 권[3] 3-1

어든 밧긔 나디 아니ᄒᆞ며 스승의 ᄀᆞᄅ

몰보ᄃᆞ라이 드러 조ᄎᆞ며 삼과 모시롤자

브며 실와 고티롤 다ᄉᆞ리며 뵈ᄧᆞ며 多(당)

繪(혷)ᄃᆞ 하겨 지비 로롤비 화衣(ᄒᆡᆼ)服(뽁)을

ᄆᆡᆼᄀᆞ롤디니라 祭(졩)祀(ᄉᆞᆼ)롤 보아 술와 漿(ᄍᆞᆼ)

水(슁)와 대그릇과 나모그릇과 沉(띰)菜(ᄎᆡᆼ)

와젓과 드려 노ᄒᆞ며 禮(롕)로 祭(졩)ᄒᆞ고

을도올디니라 열다ᄉᆞᆺ시어든 빈혀고ᄌᆞ

내훈 권[3] 3-2

며 스믈히어든 婚(혼)姻(ᅙᅵᆫ) 홀디니 緣(ᅌᆑᆫ) 故(공)

ㅣ 잇거든 스믈세히 婚(혼)姻(ᅙᅵᆫ) 홀디니

라 聘(펴ᇰ) ᄒᆞ면 妻(쳉) ᄃᆞ외오 奔(분) ᄒᆞ면 妾(쳡)

이ᄃᆞ외ᄂᆞ니라 女(녕)子(ᄌᆞ)ㅣ 六(륙)歲(솅)예 始(싱)習(씹)女(녕)工(공)

司(ᄉᆞ)馬(망)溫(혼)公(공)이 曰(ᅌᅪᇙ) 七(칧)歲(솅)예 誦(쑈ᇰ)孝(횰)經(경)論(론)語(엉)

之(징)小(숄)者(쟝)고 九(궇)歲(솅)예 講(강)

解(갱)論(론)語(엉)孝(횰)經(경)及(끕)女(녕)戒(갱)之(징)類(륑)ᄒᆞ야

略(략)曉(횰)大(땡)意(ᅙᅴ)ᄒᆞᄂᆞ니

人(ᅀᅵᆫ)이 或(ᅘᅩᆨ)敎(굘)女(녕)子(ᄌᆞ)以(ᅌᅵᆼ)作(작)歌(강)詩(싱)ᄒᆞ며 執(집)俗(쑉)樂(락)ᄒᆞᄂᆞ니 殊(쓩)非(빙)

내훈 권[3] 4-1

非(빙)兩(량)宜(ᅌᅴ)也(양)ㅣ니

司(ᄉᆞ)馬(망)溫(혼)公(공)이 닐오ᄃᆡ 겨지비여

스세비르서 겨지비 이리져근 거슬 비ᄒᆞ야

고닐구비어든 孝(횰)經(경)과 論(론)語(엉)와

고아호ᄇᆡ 論(론)語(엉)과 孝(횰)經(경)과 女(녕)

戒(갱) ᄐᆞ렛글와 로ᄉᆞ겨 講(강)論(론)ᄒᆞ야

간큰ᄠᅳ들알외욜디니 이젯사ᄅᆞ미 시혹

겨집을놀애와 詩(싱)를지ᄉᆞ며 世(솅)俗(쏙)

내훈 권3 4-2

앳音흠 樂·락 자 보몰·그 ᄅᆞ치ᄂᆞ니 ᄌᆞ모ᄆᆞᆺ
당티아니ᄒᆞ니라

○凡子ㅣ婦ㅣ未敬未孝ㅣ어든不可遽有憎疾
오이 姑敎之·ᄃᆡ 若不可敎然後·에怒之·오若不
可怒然後·에答之·니屢答而終不改ᅌᅥ든子放
婦出·이니然·나亦不明言其犯禮也ㅣ라

몷읫아ᄃᆞᆯ와며ᄂᆞ·리과골이며여말오아
孝·향道·뜡ᄅᆞᆯ아니·커든

내훈 권3 5-1

직·구ᄅᆞ亚ᄃᆡ·구ᄅᆞ치디몯·ᄒᆞ린後·에ᅀᅡ
怒·ᅅ고怒·ᅅᄅᆞᆯ몯·ᄒᆞ린後·에ᅀᅡᄇᆞᆯ디
니ᄌᆞ조ᄒᆞ야ᄃᆡ내ᄌᆞᆼ내고티디아니커든아
ᄃᆞᄅᆞᆯ내티며며ᄂᆞ·릴내튫디니그러나ᄯᅩ
그허므를明명白·ᄇᆡᆨ히니ᄅᆞ디마롤디니
라

方氏女敎·애云딘호育子辛勤·ᄒᆞ야欲望其成·은
嗣先續門·ᄒᆞ며送死養生·야其任·이至重·ᄒᆞ고頁

내훈 권3 5-2

荷ㅣ不易·니라若非敎之·면寧免隕墜·오리我見
富人·이積金如山·ᄒᆞ다一旦敗之若反掌聞·며
之·야又見名流ㅣ功德·이晃耀·ᄒᆞ다一旦壞·며
아ᅙ凡爲子故·로謀深慮長·ᄒᆞ더豈知今日
遠ㅣ至於此ㅣ오리黃泉·에有知·댄雙淚傾永·니
此ㅣ蓋無他ㅣ라愛爲之根·이니有愛無敎·ᄒᆞ면
長遂不仁·니ᄒᆞ니母徇其意·야稍縱·이어든輒撲·라
母護其惡·ᄒᆞ니一起·에輒撲·라니嬰孩有過·ᄒᆞᆫ

내훈 권3 6-1

一皆母養之·니養之至成·면雖悔나已遲라
子之不肖ㅣ實係於母ᄒᆞ니母哉母哉敢辭厭·가
谷·안

方氏女敎·애애ᄂᆞᆯ오디子·ᄌᆞ息·식
을길오디ᄉᆞ랑ᄒᆞ며브즈러니ᄒᆞ야
일와더브라문몬졋祖·종上·썅을니ᄉᆞ며
家·강門·몬을니ᄉᆞ며주그니보내며사ᄂᆞᆯ
이바다그ᅙᅵᆷ소任·임이至·징極·끅이重·뜡

흐고맛돈이리수뻐아니호니호다가고
른치디아니호면엇뎨뻐러두믈免(면)호
리오가수면사르미金(금)을뫼구티사햇
다가호롯아太民요딕손빠당두위혈
수싀구됴물내보며쓰일훔난사르미功
德(덕)이빗나다가호롯아太民허사
르미비우수믈두거놀보노니그처섬일
올제나져밤여겨믈업시호야子
息(식)

올爲(윙)흐전太로씌기프며分別(분별)이
기더니엇뎨오놌나래믄득이에니를돌
알리오黃泉(황쳔)에아로미이쑬딘댄黃
泉(황쳔)은주거갯는기두눖므리므리뒷외
리라이녀느다시아니라수랑호요모로
根(근)源(원)혼드니라수랑호미잇고
根미업스면돗라곧어디디몯호느니제
효미조씨마라져기펴디거든믄득조심

周太任者(쟈)는文王之母(모)ㅣ시摯任氏中女也
辭(씅)讓(샹)호다
ㄴ니어미여어미여젓간이나그허므를
不肖(쵸)호미眞(진)實(씷)로어믜게미옛
록뉘으ㅊ나호미마느즈니라子
息(식)의
다어믜길오미니길어즈라매니를면비
와도매믄득舊(됴)드니라아허믈이쇼미
케호며제惡(악)과을둠뎐디마라호번니르

시다러王季娶(취)爲妃(비)호시니太任之性(셩)이端一誠
莊(쟝)惟德之行(힝)이러시니及其有娠(신)호샤目不視惡
色(쇡)며耳不聽淫聲(셩)며口不出敖言(언)호더시니
生文王而明聖(셩)샤太任이敎之以一而識百호시니古
者(쟈)애婦人이妊子(즛)호야寢不側(측)며坐不邊며立
不蹕(필)며不坐邪(샤)며割不正(졍)든不食(식)며席不
正(졍)든不坐며目不視邪色(쇡)며耳不聽淫聲(셩)며
夜則令瞽(고)誦詩(시)며道正事(ᄉ)니더如此(ᄎ)면則生

子ㅣ形容이端正ᄒᆞ야才德이必過人矣리라故
로妊之時예必愼所感이니感於善則은善ᄒᆞ고
感於惡則은惡ᄒᆞᄂᆞ니人生而肖萬物者ㅣ皆
其母ㅣ感於物故로形音이肖之니文王母
ᄂᆞᆫ可謂知肖化矣로다
周쥴人太탱任심은文문王왕ㅅ어마님
이시니摯징國귁人任심氏씽ㅅ가온ᄃᆡㅅ
ᄯᆞ리러시다王왕季귱ㅣ娶츙ᄒᆞ샤妃핑子

ᄌᆞᆼᄅᆞᆯ사ᄆᆞ시니太탱任심ㅅ性셩이端돤
正졍ᄒᆞ시며專쥔一ᅙᅵᇙᄒᆞ시며誠쎵實씷
ᄒᆞ시며싁싁ᄒᆞ샤오직德득을行ᅘᆡᇰᄒᆞ더
시니그ᄇᆡ샤매미ᄎᆞ샨누네구즌비ᄎᆞᆯ보
디아니ᄒᆞ시며귀예淫음亂롼ᄒᆞᆫ소리ᄅᆞᆯ
듣디아니ᄒᆞ시며이베敖올慢만ᄒᆞᆫ말ᄉᆞ
ᄆᆞᆯ내디아니ᄒᆞ더시니文문王왕을나ᄒᆞ
시니聰총明명ᄒᆞ시며通통達ᄄᆞᇙᄒᆞ샤太

탱任심이ᄀᆞᄅᆞ치샤ᄃᆡᄒᆞᆫ이ᄅᆞᆯᄡᅥᄒᆞ야시
든온이ᄅᆞᆯ아ᄅᆞ시니君군子ᄌᆞᆼㅣ닐오ᄃᆡ
太탱任심이能능히ᄇᆡ예셔ᄀᆞᄅᆞ치시다
ᄒᆞ니라녜겨지비子ᄌᆞᆼ息식ᄇᆡ야셔자ᄃᆡ
기우로아니ᄒᆞ며안조ᄃᆡᄀᆞᅀᅢ아니ᄒᆞ며
셔ᄃᆡᄒᆞᆫ바ᄅᆞᆯ이쳐아니ᄒᆞ며邪썅曲콕ᄒᆞᆫ
마ᄉᆞᆯ먹디아니ᄒᆞ며버효미正졍티아니
커든먹디아니ᄒᆞ며돗기正졍티아니커

든앉디아니ᄒᆞ며누네邪썅曲콕ᄒᆞᆫ비ᄎᆞᆯ
보디아니ᄒᆞ며귀예淫음亂롼ᄒᆞᆫ소리ᄅᆞᆯ
듣디아니ᄒᆞ며바미어든쇼경으로毛몽
詩싱ᄅᆞᆯ외오며正졍ᄒᆞᆫ이ᄅᆞᆯ니ᄅᆞ게ᄒᆞ더
니이곤ᄒᆞ면나혼子ᄌᆞᆼ息식이形ᅘᆡᇰ容용
이端돤正졍ᄒᆞ야지조와德득이반ᄃᆞ기
ᄂᆞ미게셔더으리라이럴ᄉᆡ子ᄌᆞᆼ息식ᄇᆡ
여실제반ᄃᆞ기感감ᄒᆞᆯ바ᄅᆞᆯ조심ᄒᆞᆯ디니

迎于渭ᄒᆞ샤 造舟為梁ᄒᆞ시니라 及入ᄒᆞ샤 太姒
思媚太姜太任ᄒᆞ샤 婦道ᄂᆞᆯ 太姒ㅣ 號曰文母ㅣ시니라
外고 文母ᄂᆞᆫ 治內ᄒᆞ시니라 太姒ㅣ 生十男ᄒᆞ니
니 長ᄋᆞᆫ 伯邑考ㅣ오 次ᄂᆞᆫ 武王發이오 次ᄂᆞᆫ 周公
旦이오 次ᄂᆞᆫ 管叔鮮이오 次ᄂᆞᆫ 蔡叔度ㅣ오 次ᄂᆞᆫ 曹
叔振鐸이오 次ᄂᆞᆫ 霍叔武ㅣ오 次ᄂᆞᆫ 成叔處ㅣ오 次ᄂᆞᆫ
子ㅣ오 康叔封이오 自少及長ᄒᆞ야 未嘗見邪僻之事ㅣ시더라

周太姒者ᄂᆞᆫ 武王之母ㅣ시니 禹後有莘姒氏
之女ㅣ시라 仁而明道ㅣ러시니 文王ㅣ 嘉之샤 親
얼디로다
님은ㄱ티ᄃᆞᆫ외요믈어루아ᄅᆞ시ᄂᆞ다닐
로얼굴와소리왜ᄀᆞᆮᄂᆞ니 文王ㅣ어마
믈ㄱ토ᄆᆞ다그어미物에感감ᄒᆞ전太
학애感감ᄒᆞ면믓ᄌᆞ니사ᄅᆞᆷ나매萬먼物
感감은ᄆᆞᅀᆞ메善쎤에感감ᄒᆞ면善쎤ᄒᆞ고惡

道ᄠᅟᅭᇢ애나ᅀᆞ시니라 太태姒ᄉᆞᆼㅣ일후미
文문母ᄆᆞᇢㅣ시니 文문王왕ᄋᆞᆫ밧고ᄃᆞᆯ
리시고 文문母ᄆᆞᇢㅣ안ᄒᆞᆯ다ᄉᆞ리시니라
太태姒ᄉᆞᆼㅣ열아ᄃᆞ를나ᄒᆞ시니ᄆᆞᆮ伯
벽邑ᅙᅳᆷ考콜ㅣ오버건周ᄌᆛᇢ公공旦단이오버건武ᄆᆞᆼ王왕發벓이오
오버건管관叔슉
ᅀᅠ解갱션이오버건蔡ᅟᅵᆋ叔슉度똥ㅣ오버
건曹ᄍᆛᇢ叔슉振진鐸딱이오버건霍확叔

周ᄌᆛᇢ人太태姒ᄉᆞᆼᄂᆞᆫ武ᄆᆞᆼ王왕人어마니
미시니禹ᅌᆛᇢ後ᅘᅮᇢ有ᅌᆛᇢ莘씬姒ᄉᆞᆼ氏씨의
ᄯᆞ리시니라仁ᅀᅵᆫ慈ᄍᆞᆼᄒᆞ시고道ᄠᅟᅭᇢㅣ붉
더시니文문王왕ㅣ아ᄅᆞᆷ다이너기샤親친
ᄃᆞ리롤밍ᄀᆞᆯᄉᆞ시니라드르제비밍ᄀᆞ고
친히渭윙水쉬太태姒ᄉᆞᆼㅣ太태姜강과太태任십婦ᄈᆞᇢ
太태姒ᄉᆞᆼㅣ勞ᄅᆞᇰᄒᆞ샤婦
이샤아ᄌᆞᆷ나조히勤낀勞ᄅᆞᇰᄒᆞ샤婦

(13-1)	(12-2)

내훈 권3 12-2

武ㅣ오버건成叔處ㅣ오버
건康叔封이오버건聯탐季載
니太奴ㅣ열아ᄃ롤고ᄅ치샤ᄃ
저믄제브터즈라매미처줖간도耶辟
퍼ᅌᅮ이줄뵈디아니ᄒ더시다
孟軻之母ㅣ其舍ㅣ近墓니ᅌᅦ孟子之少也
애嬉戲ᄅ爲墓間之事야踊躍築埋대신
母ㅣ曰ᄒ샤ᄃ此ㅣ非兩以居子也ㅣ라ᄒ고乃

내훈 권3 13-1

去야舍市ᄒ야놀其嬉戲ᄅ爲賈術대신孟母
ㅣ曰ᄒ야샤ᄃ此ㅣ非兩以居子也ㅣ라ᄒ고乃徙
야舍學宮之旁애신대놀其嬉戲ᄅ샤신設俎豆고
揖讓進退ᄒ대신孟母ㅣ曰ᄒ야샤ᄃ此ㅣ眞可以
居子矣라ᄒ시고遂居之니라孟子ㅣ幼時예問
既而悔曰ᄒ야샤ᄃ何爲吾聞古有胎教ᄒ늘乃
東家殺豬ᄂ何爲오母ㅣ欲啖汝ㅣ러니수
適有知而欺之면是ᄂ教之不信이니라
買猪肉ᄒ야以食之ᄒ니시ᄂ既長就學ᄒ야遂成大

(14-1)	(13-2)

내훈 권3 13-2

儒ᄂㅣ라시
孟軻샤ᄉ어마님이그지비무더메갓
갑더니孟子ㅣ져머겨실제노릇노
리ᄅ무덤서리옛이ᄅ야봄ᄂᆡ야달고
샤ᄃ이뻐아ᄃᆞᆯ사ᄅ미아니라ᄒ시고가
져제가지블ᄒ야시놀그노ᄅᆺ노리ᄅᆞᆯᄒ
쳥ᄒ야ᄑ로ᄆ롤ᄒ신대孟母ㅣ니ᄅ

내훈 권3 14-1

샤ᄃ이뻐아ᄃᆞᆯ살욜배아니라ᄒ시고ᄀᆞ올
마學宮祭器야겨틔가지블ᄒ야시놀그
릇노리ᄅᆞᆯ祭器며버리고揖讓ᄒ야
ᄂᆞᆯ讓ᄒ며나ᅀᆞ며므르신대孟母ㅣ眞實
ㅣ니ᄅ샤ᄃ이眞實로어루뻐아ᄃᆞᆯ
살욜ᄃᆡ라ᄒ시고因ᄒ야사ᄅ시니라
孟子ㅣ아ᄒᆡᄢᅴ무르샤ᄃ東녁지
비셔돋주교모ᄆᆞ合호려ᄒᄂᆞ뇨어마님

正獻公之長子ㅣ러라 正獻公이居家호디 簡重
寡默호야 不以事物로 經心호며 而申國夫人이
性이嚴호야有法호야雖甚愛公나然이나敎公호디
事事를 循蹈規矩ᄒᆞ니 甫十歲라 祁寒暑雨
에 侍立終日호디 不命之坐ㅣ어든 不敢坐也호며
日必冠帶호야 以見長者호며 平居에 雖甚熱
호야 在父母長者之側호야 不得去巾襪袴
호며 衣服을 唯謹호며 行步出入에 無得入茶肆
酒肆ᄒᆞ며 市井里巷之語와 鄭衛之音을 未嘗

이니ᄅᆞ샤디 너를머교려ᄒᆞᄂᆞ니라그리
코뉘으쳐니롯샤디나ᄂᆞ드로니녜ᄂᆞ비
여셔도그로효미잇거놀이제뵈야ᄒᆞ로
아로미잇거므로그를치논디라ᄒᆞᅟᅵᆷ有용信신
아니호ᅵ사아ᄡᅥ머기시니ᄒᆞ마주라글비
고기를사아가ᄆᆞᆺ매큰션비ᄃᆞ외시니
호매나삭가ᄆᆞᆺ매큰션비ᄃᆞ외시니라
呂榮公의 名은 希哲이오 字는 原明이니러 中國

嚴호고 外則焦先生化導ㅣ如此之篤故로
公이 德器成就ᄒᆞ야 大異衆人ᄒᆞ니 公이 嘗言
公人生애 內無賢父兄고 外無嚴師友면 而
能有成者ㅣ少矣라 ᄒᆞ더라
呂榮公은 名은 希哲이오 字는 原
明이러러니 申國正獻公正
獻公이 지비 사로디 간ᄃᆞ라오며 므거우며

一經於耳ᄒᆞ며 不正之書와 非禮之色을 未嘗
一接於目ᄒᆞ라더 正獻公이 通判頴州를어 歐
陽公이 適知州事니러 焦先生千之伯強이
客文忠公所니러 嚴毅方正호야 正獻公이 招
延之ᄒᆞ야 使敎諸子ᄒᆞ더니 諸生이 小有過差
先生이 端坐ᄒᆞ야 召與相對ᄒᆞ야 終日호디
不與之語ᄒᆞ더니 諸生이 恐懼畏伏이라 先生
이方略降辭色ᄒᆞ더 時예公이 方十餘歲러
러니 嚴立外則焦先生化導ㅣ如此之篤
內則正獻公과 與申國夫人敎訓이如此之

ᄒᆞ더라 날마다 반ᄃᆞ기 冠관帶댕ᄒᆞ야 ᄡᅥ
얼우늘 뵈며 샹녜 사ᄅᆞ매 비록 甚씸히더
우나父뿡母뭏와 얼운의 겨틔 이셔 頭뚱
巾근과 보션과 行ᅘᆼ步뽕ㅣ 나며 드로
니부믈 조심ᄒᆞ며 애나며 드로
매 차포 ᄂᆞᆫ듸와 술픈듸 ᄃᆞ니아니ᄒᆞ며
져재와 무술햇말ᄉᆞᆷ과 鄭뎡國귁衛윙國귁
ᅌᅥᆨ人ᅀᅵᆫ 音흠樂악ᄋᆞᆯ 졋간도 귀예 드

寒광默묵ᄒᆞ야 일로ᄡᅥ 무슴 매디내더아
니ᄒᆞ며 申신國귁 夫붕人ᅀᅵᆫ 이 性셩이 싁
싁ᄒᆞ야 法법度똥ㅣ 이셔 비록 甚씸히
公공ᄋᆞᆯ ᄉᆞ랑ᄒᆞ나 公공ᄋᆞᆯ
일일마다 法법度똥ᄅᆞᆯ 조차 行ᅘᆼ ᄒᆞ더
니ᄀᆞᆺ열열ᄒᆞ며 거셔 甚씸 ᄒᆞ야 와 더위 와
비예외슈와셔 슈믈 나ᄅᆞᆯ 뭇ᄃᆞᆫ호ᄃᆡ 안
ᄌᆞ라니ᄅᆞ디 아니커든 敢감히 안ᄃᆞᆯ아니

내디 아니ᄒᆞ며 正졍 티아니ᄒᆞᆫ글월와 禮
롕아니ᄂᆞᆫ비出츓졋간도 ᄒᆞᆫ젹도 누네 브티디
아니ᄒᆞ더라 正졍獻헌公공 이頙ᅌᅱᆼ州쥬ㅣ마
ㅅ通통判판이어늘 歐ᅙᅮᆼ陽양公공이마
초아 知딩州즁事ᄊᆞᆼㅣ러니 先션生ᄉᆡᆼ
이 싱千쳔之징伯ᄇᆡᆨ 强깡이 文문忠튱公공
과 大땡손ᄃᆞᆯ 외얏더니 싀식ᄒᆞ며 질긔구
드며 方방正졍ᄒᆞᆫ正졍獻헌公공이ᄂᆞᆯ

러마자 諸졍子ᄌᆞᄃᆞᆯᄀᆞᄅᆞ치게ᄒᆞ더니諸졍
졍生ᄉᆡᆼ이 져그나허 므리잇거든 先션生ᄉᆡᆼ
ᄋᆞᆫ端단正졍히 안자ᄇᆞᆯ러 드려서ᄅᆞ對됭
ᄒᆞ야 나리 무太ᄐᆡᆼ며 나조히 ᄆᆞᆺᄃᆞ록 드려
말아니ᄒᆞ더니 諸졍生ᄉᆡᆼ이 져허降ᅘᅡᆼ伏뽁
ᄒᆞ야ᅀᅡ先션生ᄉᆡᆼ이 져기 말ᄉᆞᆷ과 大빗
츒ᄂᆞᆫ즈기 ᄒᆞ더라 그제 이ᄉᆞ열나문
셔리러니 안 호론正졍獻헌公공과 神신
ᄉᆞ리러니 안 ᄒᆞ론正졍獻헌公공과 이블

齊제義의繼繼母모者쟝ᄂᆞᆫ齊제二ᅀᅵ子ᄌ之지母모也야ㅣ니當당宣션王

時시에有유人신이鬪鬪死ᄉᆞ於어道도者쟝ㅣ어ᄂᆞᆯ吏리問문之지ᄒᆞᄂᆞᆯ二ᅀᅵ子ᄌㅣ立립其긔

傍방ᄒᆞ다吏리問문之지ᄒᆞ늘兄형曰왈我아ㅣ殺살之지라ᄒᆞ고弟뎨

非비兄형也야ㅣ라乃내我아ㅣ殺살之지라ᄒᆞ야期긔年년을不블能능決결

야ㅣ言언之지於어王왕대ᄒᆞ야王왕曰왈試시問문其긔母모ᄒᆞ라ᄒᆞ면能능知디

子ᄌ의善션惡악ᄒᆞᄂᆞᆫ聽텽其긔所소欲殺살活활者쟝ᄒᆞ라又우問문

泣읍而이對ᄃᆡ曰왈殺살少쇼者쟝ᄒᆞ이ᄒᆞ니夫부少쇼子ᄌ者쟝ᄂᆞᆫ何하也야오其긔

母모ㅣ對ᄃᆡ曰왈少쇼者쟝ᄂᆞᆫ妻체之지子ᄌ也야ㅣ오長댱者쟝ᄂᆞᆫ前젼

國국夫부人신이敎교訓훈이이러트시

식식ᄒᆞ고밧ᄀᆞ론先션生ᄉᆡᆼ化황導도

ᄯᆞᆷ이이러트시도타올시이런ᄃᆞ로公공

이德득그르시이아래ᄂᆞᆯ오ᄃᆡ衆즁人신의게다

ᄅᆞ니라公공

안해어딘아비와兄형이업고밧ᄀᆞᆫ식식

ᄒᆞᄉᆞᆼ과버디업스면能능히일ᄉᆞᄅᆞ미

져그니라ᄒᆞ더라

齊제人ᅀᅵᆫ義의繼繼母모ᄂᆞᆫ齊제國국ㅅ二ᅀᅵ

子ᄌ의어미러니宣션王왕시졀을當당

ᄒᆞ야사ᄅᆞ미길헤셔주그니잇거늘

二ᅀᅵ子ᄌㅣᄀᆞ섯다가吏리ᄅᆞᆯ무러늘

오ᄃᆡ兄형이아니라내주교라ᄒᆞ니弟뎨

ᄂᆞᆫ그윗兄형이아니라내주교라ᄒᆞᆫ딕決결

ᄒᆞ디몯ᄒᆞ야王왕ᄭᅴ슬온대王왕이니ᄅᆞ

샤ᄃᆡ제어미ᄃᆞ려무르라能능히子ᄌ息식

妻체之지子ᄌ也야ㅣ니其긔父부ㅣ疾질且챠死ᄉᆞ之지時시예屬쵹之지於어

妾쳡曰왈善션養양視시之지ᄒᆞ라호니라今금

에死ᄉᆞ者쟝ㅣ니夫부ㅣ言언不블約약束쇽호ᄃᆡ豈긔可가忘망人신之지託탁

이死ᄉᆞ者쟝也야ㅣ니夫부ㅣ言언不블信신면是시ㅣ欺긔

以이私ᄉᆞ愛ᄋᆡ廢폐公공義의也야ㅣ며且챠殺살兄형活활弟뎨면是시ᄂᆞᆫ欺긔

以이居거於어世셰哉ᄌᆡ리오子ᄌㅣ雖슈痛통乎호나獨독謂위行ᄒᆡᆼ

何하오泣읍下하沾뎜襟금대王왕이美미其긔義의ᄒᆞ며高고其긔行ᄒᆡᆼ

야皆개赦샤ᄒᆞ고而이尊존其긔母모야號호曰왈義의母모ㅣ라ᄒᆞ니라

어보라ᄒᆞ야 놀내 닐오ᄃᆡ 그리ᄒᆞ리라 ᄒᆞ
니 이제 사ᄅᆞ미 付붕屬쑉을 맛다 사ᄅᆞ미
게 그리ᄒᆞ려 許헝ᄒᆞ고 엇뎨 사ᄅᆞ미 付붕
屬쑉을 니저 그리ᄒᆞ려 호물 ᄲᆞᆫ비 아니ᄒᆞ
ᅀᅢᆨ을 니저 그리고 앗을 사ᄅᆞᆷ이ᄂᆞᆫ
리잇고 ᄯᅩ兄형 주기고 앗올 사ᄅᆞ면 이ᄂᆞᆫ
아름뎌 ᅀᅳ랑ᄒᆞ요므로 公공反뼌ᄒᆞ며 信신義싕
롤 부료미오 말ᄉᆞ 몰 背븽叛뺜ᄒᆞ며
올니 즈면 이ᄂᆞᆫ 주그닐 소기ᄂᆞ니니 마롤

식의 善쎤惡ᅙᅡᆨ을 아ᄂᆞ니 제 주기고져 ᄒᆞ
며 사ᄅᆞ고져 ᄒᆞ몰 드르라 그 어미 올오 對됭
對댱답ᄒᆞ뎌며 주기고져 ᄒᆞᄂᆞᆫ 배어
늘 이제 주기고져 ᄒᆞ면 엇뎨오 그어미
져믄 子ᄌᆞᆼ息식은 사ᄅᆞᆷ ᄉᆞ랑ᄒᆞᄂᆞᆫ 배어
이 제 주뎌며 내 아ᄃᆞ리오 모ᄃᆞᆫ 前쪈
妻촁ᄻᆡᆼ의 아ᄃᆞ리니 제 아비 病뼝ᄒᆞ야 주
글 제 내게 付붕屬쑉ᄒᆞ야 닐오ᄃᆡ 이 대 길

魏윙芒망慈ᄍᆞ母ᄆᆞᆼ者쟝ᄂᆞᆫ 魏윙孟ᄆᆡᆼ陽양氏씽之징女녕니 芒망卯ᄆᆞᆸ之징後흫
妻촁也양니러 有ᄋᆔᆼ三삼子ᄌᆞᄒᆞ고 前쪈妻촁之징子ᄌᆞ有ᄋᆔᆼ五ᅌᅩ人ᅀᅵᆫ
慈ᄍᆞ母ᄆᆞᆼᅵ乃냉今금三삼子ᄌᆞ로 遇ᅌᅮᆼ之징甚씸異잉ᄒᆞ야 猶ᅀᅲᆼ不불愛ᅙᅢᆼ늘
前쪈妻촁中듕子ᄌᆞᅵ犯뻠
魏윙王왕令ᄒᆞ야ᄒᆞ當당死ᄉᆞᆼ늘 慈ᄍᆞ母ᄆᆞᆼᅵ憂ᄋᆔᆼ戚칙悲빙哀ᅙᅢᆼᄒᆞ야 帶댕
圍減감尺쳑야ᄒᆞ 朝ᄕᆛ夕쎡에 勤끈勞ᄅᆛᄒᆞ야 以잉救굴其끵罪쬥어늘
謂ᅌᅱᆼ慈ᄍᆞ母ᄆᆞᆼ曰ᅀᅯᇙᄃᆡ호ᄃᆡ 人ᅀᅵᆫ이 不불愛ᅙᅢᆼ母ᄆᆞᆼᅵ至징甚씸也양ᅵ어늘
服뽁飲음食씩디호 皆갱不불愛ᅙᅢᆼ늘어늘 何ᅘᅡᆼ爲윙
勤끈勞ᄅᆛ憂ᄋᆔᆼ懼꿍ᅵ如ᅀᅧ此충오 慈ᄍᆞ母ᄆᆞᆼᅵ曰ᅀᅯᇙᄃᆡ호ᄃᆡ 如ᅀᅧ妾쳡親친子ᄌᆞ

期끵約햑다 이 몯ᄒᆞ며 ᄆᆞ마 그리ᄒᆞ마 혼
이리 分분明명히 아니ᄒᆞ면 엇뎨 世솅間간
애 이시리잇고 아ᄃᆞ리 비록 셜우나ᄒᆞ
오 사횡덕에 엇더ᄒᆞ니잇고 ᄒᆞ고 우러 옷
기지 저즌대 王왕이 그 義싕를 로 아ᄅᆞᆷᄒᆞ
너기며 그 횡뎌글 노피 너기샤 다 赦샹ᄒᆞ
시고 그 어미롤 ᄌᆞ義싕ᄒᆞ야 일후믈 義싕母ᄆᆞᆼ
ᄅᆞ라 ᄒᆞ시니라

내훈 권[3] 22-2

雖不愛妾도이라 猶懼其禍而除其害온 獨
於假子而不爲면 何以異於凡母오리 其父
ㅣ爲其孤也야 而使妾으로 爲其繼母ㅣ어늘 繼母
者ᄂᆞᆫ如母也니 爲人母而不能愛其子면 可
謂慈乎아 親其親而偏其假면 可謂義乎아 雖不愛
妾은 安可以忘義乎ㅣ리오
不慈且無義면 何以立於世오리잇고 彼雖不愛나
高其義曰 딕늘 遂訟之대늘 魏
釐王이 聞之고 高其義 可不赦其子乎아 乃赦其子고 復其
此니 可不赦其子乎아

내훈 권[3] 23-1

家시ᄒᆞ야 自此로 五子ㅣ 親附慈母ᄒᆞ야 雍雍若
一늘 慈母ㅣ以禮義之漸으로 率導八子ᄒᆞ니
爲魏大夫卿士ᄒᆞ야 各成於禮義ᄒᆞ니라
魏芒卯人慈ᄒᆞᆫ 母ㅣ니 魏 芒卯의
陽氏ㅅ 사ᄅᆞ미니ᄯᅩᆫ 前後
妻ㅣ러니 세아ᄃᆞᆯ더니
의아ᄃᆞ뤼다ᄉᆞ시이쇼ᄃᆡ다ᄉᆞ랑티아니
커늘慈 母ㅣ對接을甚히各

내훈 권[3] 23-2

각別히ᄒᆞ야ᄃᆞᆯ소지ᄉᆞ랑티아니커늘慈
母ㅣ세아ᄃᆞᆯ로前妻의아ᄃᆞᆯ와
別ᄒᆞ야
衣服飮食을각
야주구메當ᄒᆞ야슬허씌호자히주러ᄒᆞ야거늘慈
지ᄉᆞ랑티아니터니그제前妻가
온뒷아ᄃᆞᆯ魏王人法을犯ᄒᆞ
分別
에ᄀᆞᆺ비돈녀그罪를救ᄒᆞ거늘사

내훈 권[3] 24-1

ᄅᆞ미慈母ㅣ둘어닐오ᄃᆡ사ᄅᆞ미어미
ᄉᆞ랑티아니호미至極ᄒᆞ니
데브즈러니그머分別ᄒᆞ야두려
호미이러ᄒᆞ뇨慈母ㅣ닐오ᄃᆡᄒᆞ다
가내親ᄒᆞᆫ子息이비록나를ᄉᆞ랑
티아니ᄒᆞ야도오히려다ᄉᆞᆷ子息
害롭업게홀디온獨혀다ᄉᆞᆷ子息
의게아니ᄒᆞ면엇뎨ᄉᆡᆼ녯어미게셔다

니ᄒᆞ나ᄂᆞᆫ엇뎨어루義ᆼ를니즈리오
ᄒᆞ고곧발콸호대魏ᆼ人安한ᄅᆞᆯ王ᅌᅪᆼ
이드르시고그義ᆼ를노피너겨니ᄅᆞ사
되慈ᄍᆞᆼ母ᄆᆞᆼㅣ이곤ᄒᆞ리어ᄂᆞᆫ그아ᄃᆞᆯ을敎ᅟᅭᆼ
티아니ᄒᆞ미可캉ᄒᆞ리여ᄒᆞ시고그아ᄃᆞᆯ
를救구ᇢ호시고慈ᄍᆞᆼ母ᄆᆞᆼ를親친
놀일로브터다ᄉᆞᆺ아ᄃᆞ리慈ᄍᆞᆼ母ᄆᆞᆼᄅᆞᆯ親친
히ᄒᆞ야和ᅘᅪᆼ同뚱ᄒᆞ미ᄒᆞ나곤거늘慈ᄍᆞᆼ

로繼곙母ᄆᆞᆼᄅᆞᆯ사ᄆᆞ니繼곙母ᄆᆞᆼᄂᆞᆫ親친
ᄒᆞᆫ어미ㄱᄐᆞ니ᄂᆞᆫ민어미ᄃᆞᆫ외야셔能능
히그子ᄍᆞᆼ息식을ᄉᆞ랑ᄐᆡ아니ᄒᆞᆫ면어루
慈ᄍᆞᆼㅣ라니ᄅᆞ리여ᄒᆞ면義ᆼ쎵면엇데
고다ᄉᆞᆷᄋᆞ란기우로ᄒᆞ면義ᆼ쎵면엇데
ᄒᆞᆯ어여慈ᄍᆞᆼᄐᆡ아니ᄒᆞ면어루
니오제아비어미업소몰爲ᅌᅱᆼᄒᆞ야ᄂᆞᆯ
ᄢᅥ世솅ᄅᆞᆯ聞귾간애셔리오데비록ᄉᆞ랑ᄐᆡ아

ᄍᆞᆼ母ᄆᆞᆼㅣ禮롕義ᆼ를ᄡᅥ여ᄃᆞᆯ아ᄃᆞᆯ를ᄀᆞ
ᄅᆞ쳐다魏윙예大ᄄᆡᆼ夫붕卿켱士ᄊᆞᆼㅣᅠ
외야各각各각禮롕義ᆼ예이니라
靑相田稷子ㅣ受下吏之貨金百鎰ᄒᆞ야以遺
其母ᄒᆞᆫ대母ㅣ曰호ᄃᆡ子ㅣ爲相三年矣로ᄃᆡ禄이
未嘗多若此也ㅣ니ᄒᆞᆫ대豈偹士大夫之費哉ㅣ오리
安所得此오對曰ᄒᆞ오ᄃᆡ誠受之于下ㅣ로ᄒᆞᆫ대其母
ㅣ曰호ᄃᆡ吾聞ᄒᆞ니士ㅣ偹身潔行ᄒᆞ야不爲苟得

며ᄒᆞ며竭情盡實ᄒᆞ야不爲詐僞ᄒᆞ야非義之事ᄅᆞᆯ不
計於心ᄒᆞ며非理之利ᄅᆞᆯ不入於家ㅣ니今君이
設官ᄒᆞ야以待子ᄒᆞ시ᄂᆞᆯ厚祿으로以奉子ㅣ어시ᄂᆞᆯ
以盡力竭能ᄒᆞ야忠信不欺ᄒᆞ며廉潔公正ᄋᆞ로報
其君也ㅣ어ᄂᆞᆯ今子ㅣ反是ᄒᆞ니夫爲人臣不
忠이是爲人子不孝也ㅣ라夫爲人臣ᄒᆞ야不義之財非吾有
也ㅣ며不孝之子ㅣ非吾子也ㅣ라起ᄒᆞ야
놀田稷子ㅣ慙而出ᄒᆞ야反其金ᄒᆞ고自歸罪於
宣王ᄒᆞ야請就誅焉ᄒᆞᅡᄂᆞᆯ王이大賞其母之義

샤ᄒᆞ 遂舍稷子之罪ᄅᆞᆯ 復其相位고ᄒᆞ시 而以公
金로 賜母ᄒᆞ시니라
齊ᄉ 人인 相田稷子ᅵ 아랫
사ᄅᆞᆷ 金 一百鎰을 올타바다어미
ᄅᆞᆯ 준대어미닐오ᄃᆡ아ᄃᆞᆯ이相ᄃᆞ
외얻디三年이로ᄃᆡ祿이이아ᄀᆞ티
하디몯더니엇뎨士大夫의준거
시리오어ᄃᆡ가이롤어든다對ᄒᆞ답ᄒᆞ

ᄃᆡ眞實로아랫사ᄅᆞᆷ의게바도이다
어미닐오ᄃᆡ나ᄂᆞᆫ드로니士ᅵ모ᄆᆞᆯ닷
ᄀᆞ며行뎌글조히ᄒᆞ야苟且히어두
몰아니ᄒᆞ며情셩을다ᄒᆞ며實을다ᄒᆞ
야거즛일아니ᄒᆞ야義ᅵ아닌이롤ᄆᆞᅀᆞ
매혜디아니ᄒᆞ며理ᅵ아닌利롤지비
드리디아니ᄒᆞᄂᆞ니이제님금이官ᄋᆞᆯ
ᄆᆞᆯ구ᄅᆞ샤너ᄅᆞᆯ對接ᄒᆞ시며厚ᄒᆞ

祿으로너ᄅᆞᆯ주시ᄂᆞ니반ᄃᆞ기ᄆᆞᆯ다
ᄒᆞ며能을ᄀᆞ장ᄒᆞ야忠貞有
信ᄒᆞ며조소기옴디아니ᄒᆞ며淸廉
ᄒᆞ며조ᄒᆞ야公正ᄒᆞ요ᄆᆞ로님금
을갑ᄉᆞᆷ디어늘이제네이롤드위혀ᄂᆞ
니ᄂᆞᆫ臣下ᅵ도외야忠貞아
니ᄒᆞ미이사ᄅᆞᆷ子息도외야孝
道아니ᄒᆞ미라義아닌財寶ᅵ

내둘것아니며孝道ᅵ아니ᄒᆞᄂᆞ아ᄃᆞ
리내아ᄃᆞᆯ아니니아ᄃᆞ리니러가라ᄒᆞ야
놀田稷子ᅵ붓그려나가金
도로보내오宣王ᄭᅴ제罪ᄅᆞᆯ와
죽거지이다請ᄒᆞ야놀王이그어미
義롤긔장과ᄒᆞ샤稷子ᅵ罪ᄅᆞᆯ
赦ᄒᆞ샤宰相ᄋᆞᆯ도로사ᄆᆞ시고그
윗金으로어미ᄅᆞᆯ주시니라

28-2

唐崔玄暐의母盧氏ㅣ嘗戒玄暐曰호디吾ㅣ見

姨兄屯田郎中辛玄馭호니曰호디兒子ㅣ從官者ㅣ

是好消息이어云此ㅣ若聞貧乏不能存이면吾ㅣ

輕肥라호면此는惡消息이라但知喜悦고竟

確論노라物이야上其父母ㅣ仕官者ㅣ將錢

不問此物이從何來오ㅣ니必是祿俸餘資댄

誠亦善事니와如其非理所得댄此ㅣ與盜

29-1

賊으로何別이리오縱無大咎ㅣ나獨不內愧於心

가玄暐遵奉教戒야以清謹로見稱니라

唐ㅅ사 人崔玄暐ㅣ

아래玄暐의四寸兄屯田郎中辛玄

신玄馭ㅣ닐오디

내 오딘ᄌ식이그위실ᄒ닐사ᄅ미

와닐오디가난ᄒ야몬사라ᄒ더라ᄒ면

29-2

이됴ᄒ유무어니와ᄒ다가쳔량이만ᄒ

며 오과몰왜됴ᄐ라들이면이ᄂᆞ구즌유

무라ᄒ더니내샹녜구든議論이라

ᄒ노라요ᄉ식예보니親表中에

을가져다가가父母ㅣ오직깃거

母ㅣ오직깃거ᄒ고내죵내이거슨어

드러셔오뇨ᄒ야몬더아니ᄒ ᄂᆞ니

30-1

기이祿록애셔나몬거신댄眞實로

이됴ᄒ이리어니와ᄒ다가왼일로어든

거신댄盜賊쪽과로엇데다ᄅ리오비

록큰허므리업슨들ᄒ오사안ᄒ로ᄆᆞᅀᆞᆷ

매븟그럽디아니ᄒ녀ᄒ니玄暐

ㅣ警戒ᄅᆞᆯ바다淸白ᄒ며조심

ᄒ모로일ᄏᆞᆯ이니라

伊川先生의母侯夫人은仁恕寬厚야撫愛

[내훈 권③ 30-2]

諸庶ᄅᆞᆯ 不異己出ᄒᆞ며 從聲去叔幼姑ᄅᆞᆯ 夫人이
存視ᄒᆞᄃᆡ 常均己子ᄒᆞ며 治家ᄒᆞᄃᆡ 有法ᄒᆞ야 不嚴
而整ᄒᆞ며 不喜箠朴奴婢ᄒᆞ야 視小臧獲호ᄃᆡ 如兒
女ᅵ니 雖殊ᄒᆞ나 人則一也ᄒᆞ니 汝ᅵ 如是大時예 必
賤호ᄃᆡ 雖殊ᄒᆞ나 諸子ᅵ 或加呵責ᄒᆞ야ᄃᆞᆫ 必戒之曰
能爲此事아 否아 先公이 凡有所怒ᅵ어든
爲之寬解ᄒᆞᄃᆡ 唯諸兒ᅵ 有過則不掩也ᄒᆞ야 常
父不知也ᅵ러시니라ᄒᆞ니라 夫人男子六人에 所存
惟二니 其愛慈ᅵ 可謂至矣언마ᄅᆞᆫ 然於教之
之道애 不少假也ᅵ라 纔數歲예 行而或踣
人이 未嘗不呵責曰 汝ᅵ 若安徐ᄒᆞ더면 寧至
人이 走前扶抱ᄒᆞ야 恐其驚啼ᄒᆞ나ᄂᆞᆯ 夫
踣乎아 飲食을 常置之坐側ᄒᆞ더니 嘗食
絮反勅慮羹호ᄃᆡ 即叱止之曰 幼求稱欲
면ᄒᆞ야 長當何如오 雖使令輩라도 不得以惡言
罵之故로 頤反之兄弟平生이 於飲食衣服
애 無所擇ᄒᆞ며 不能惡言罵人은 非性이 然也ᅵ라

[내훈 권③ 31-2]

라 教之使然也ᅵ라 與人爭忿ᄒᆞ야든 雖直
不右曰 患其不能屈이언뎡 不患其不能伸
이라 及稍長ᄒᆞ야 使從善師友游ᄒᆞ며 雖居貧
ᄒᆞ나 或欲延客이어든 則喜而爲之具ᄒᆞ더라
伊川先生이 曰 人이 苟有仁慈ᄒᆞ고 而
不右曰 ... 人신ᄋᆞᆫ仁慈ᄒᆞ며 어위크며 어딜시오
子ᅵ 롤어엿비너기고 ᄃᆞ내나호니와달이
아니ᄒᆞᆫ더니아자비와져믄아ᄌᆞ미와롤

[내훈 권③ 32-1]

夫봉人신이 간ᄉᆞ호ᄃᆡ 내子ᄌᆡ息식과ᄒᆞᆫ
가지로ᄒᆞ며 지블다ᄉᆞ료미法법이이셔
싁싁이아니ᄒᆞ야도整졍齊쪵ᄒᆞ며 奴농婢뼁ᄅᆞᆯ
婢뼁를휴믈즐겨아니ᄒᆞ야져믄奴농婢뼁
ᄅᆞᆯ보ᄃᆡ子ᄌᆞ息식ᄀᆞ티ᄒᆞ며 子ᄌᆞ息식ᄃᆞᆯ
히시혹구짓거든반ᄃᆞ기警경戒갱ᄒᆞ야
닐오ᄃᆡ 貴귕賤쪈이아비록다ᄅᆞ나사ᄅᆞᄆᆞᆫ
ᄒᆞᆫ가지니네이만큰시졀에能능히이

내훈 권3 32-2

ᄅᆞᆯᄒᆞ던다몯ᄒᆞ던다先션公공이怒:노ᄒᆞ
샤미잇거든 先션公공은伊잉川쳔ㅅ아바님을ᄉᆞᆯ오니라 반ᄃᆞ
기爲윙ᄒᆞ야누겨프로ᄃᆡ오직子:ᄌᆞᆼ息식
ᄃᆞᆯ히허물잇거든ᄀᆞᆺ이디아니ᄒᆞ야샹녜
닐오ᄃᆡ子:ᄌᆞᆼ息식의不블肖쇼ᄒᆞᆫ바ᄂᆞᆫ어
미그허므를ᄀᆞ리와아비아디몯ᄒᆞ논다
시라ᄒᆞ더니라夫붕人신의아ᄃᆞᆯ여스세
사랫ᄂᆞ니ᄃᆞᆯ히니그ᄉᆞ랑ᄒᆞ며어엿비너

내훈 권3 33-1

교미어루至징極끅다니ᄅᆞ리언마ᄂᆞᆫ그
러나ᄀᆞᄅᆞ차ᄂᆞᆫ道:똫애저고마도ᄂᆞ추디
아니ᄒᆞ더라곳두서서레ᄃᆞᆫ니다가시혹
업더디거ᄃᆞᆫ지빗사ᄅᆞ미ᄃᆞ라가아나놀
라울가두려ᄒᆞ거놀夫붕人신이구지저
닐오ᄃᆡ네날호야ᄃᆞᆫ니면엇뎨업더디리
오ᄒᆞ더라飮:흠食씩올샹녜안ᄌᆞ겨티두
더니밥머글제羹깅을고ᄅᆞ거놀구지저

내훈 권3 33-2

말여닐오ᄃᆡ저머셔코져호몰마초호려
ᄒᆞ면ᄌᆞ라ᄂᆞᆫ엇뎨ᄒᆞᆯ다비록브리ᄂᆞᆫ사ᄅᆞ
미라도모딘말로구짓디몯게ᄒᆞᆯ시頤잉
兄형弟:뗑ㅣ平뼝生싱애 頤잉ᄂᆞᆫ伊잉川쳔先션生싱의
일후미라 飮:흠食씩衣힁服뽁애골히디아니
ᄒᆞ며모딘말ᄉᆞᄆᆞ로사ᄅᆞᆷ구짓디몯ᄒᆞ믄
性:셩이그러ᄒᆞᆫ주리아니라ᄀᆞᄅᆞ쵸미그
러케ᄒᆞᆯᄉᆡ니라사ᄅᆞᆷ과ᄃᆞ토아怒:노ᄒᆞ야

내훈 권3 34-1

커든비록올ᄒᆞ야도올타아니ᄒᆞ야닐오
ᄃᆡᄂᆞᆺ족디몯호몰分분別뼗ᄒᆞᆯ디언뎡이
긔ᄃᆡ몯호몰分분別뼗말라ᄒᆞ더라져기
ᄌᆞ라매미처어딘스숭버ᄃᆞᆯ조차노니게
ᄒᆞ며비록가난ᄒᆞ나소놀請:쳥코져ᄒᆞ거
든깃거머굴거슬ᄆᆡᆼᄀᆞ더라
二義者ᄂᆞᆫ珠崖令之後妻와及前妻之女也
ㅣ니러女名은初ㅣ오年이十三이러니珠崖多珠

狀이 如何오 對曰 君이 不幸이어늘 夫人이
解繫臂棄之시니 夫人이 心惜之야 取而置夫
人鏡奩中니호 夫人은 不知也이어시니 繼母ㅣ
聞之고 遽疾行問初대호 初ㅣ曰 夫人이 兩棄
珠 初ㅣ復取之야 亦以初로 爲實然야 憐之야
之다니 母意에 ... 願且待야 牽無劾兒
乃因謂吏曰 ... 此珠는 妾之繫臂也니라
ㅣ誠不知也니라 願解去之而置奩中 趍奉君

을 繼母ㅣ連大珠야 以爲繫臂니라 及今
死늘 當送喪이어 棄其繫臂珠
니라 法에 內珠入於關者ㅣ死
九歲니라 好 ... 遂奉喪歸 ... 置之야 至海關 珠
皆莫之知리라 ... 繼母鏡奩中 대호 關候士
吏搜索之야 得珠十枚於繼母鏡奩中 대호 吏曰
女初ㅣ在左右 ... 忘置之 ... 誰當坐
奩中에 嘻라 此 乃曰 其 忘置鏡

子ㅣ有義如此니호 吾寧坐之언뎡 不忍加戈로이
다 且又相讓니호ㄴ 安知孰是리오 遂棄珠而
遣之니호 旣去後애 乃知男이 獨取之也ㅣ라
二義 ... 珠崖人貞 ... 後學妻
初ㅣ ... 와 前妻 ... 옛뜰왜러니 珠崖예
구스리 흔커늘 繼 ... 큰구스를 빼
여폴히 민엿더니 그貞 이주거 送葬

喪야 道遠고 與弱小俱야노 忽然忘之니
妾當坐之다니 初曰兒 ... 實妾이取之야노
繼母ㅣ又曰 初固曰 但讓耳 ... 女ㅣ亦曰
頤送葬者ㅣ盡哭哀慟 ... 傍人이 莫不爲
酸鼻揮淚며 關吏執筆書勒 야호 不能決야 乃曰
며 實不知也라 ... 又因哭泣 ... 泣下交
關候ㅣ垂泣終日야호 不能就一字
며 夫人이哀初之孤 欲强活孤耳 妾夫人

장을當당ᄒᆞ얫더니法법에구스를關관
애ᄃᆞ린사ᄅᆞ미죽더니 關관은行ᅘᆡᇰ人신 考콩察찰ᄒᆞᄂᆞᆫ ᄃᆡ
라 繼곙母뭉ㅣᄯᆞᆯ히미옛던구스를ᄇᆞ린
대아ᄃᆞ리나히아호비러니됴히너겨아
ᄉᆞ어미거우룻지븨녀허놀다몰랫더니
送송葬장ᄒᆞ야가關관애니른대關관候
ᅘᅮᇢ와衛왕前쪈괘ᄃᆞ위여 關관候ᅘᅮᇢᄂᆞᆫ 關관負원이라 구
슬열나奩繼곙母뭉ᄉᆞ거우룻지븨어더

吏링ᄂᆞᆯ오ᄃᆡ슬프다이法법을犯뻠ᄒᆞ니
無뭉可캉柰냉何ᅘᅡᆼㅣ로소니뉘반ᄃᆞ기
니브료ᄯᅩ리겨틔잇다가어미닛고거우
룻지븨녀흔가ᄒᆞ야두리여ᄂᆞᆯ오ᄃᆡ내반
ᄃᆞ기니부리이다吏링ᄂᆞᆯ오ᄃᆡ그리호미
엇뎨오對됭答답호ᄃᆡ아비不붏幸ᅘᆡᆼ커
시ᄂᆞᆯ夫붕人신이ᄯᆞᆯ히미옛다가글어ᄇᆞ
려시ᄂᆞᆯ내ᄆᆞᅀᆞ매앗가이너겨아사夫붕

人신ᄉᆞ거우룻지븨녀호니夫붕人신은
아디몯ᄒᆞ시니이다繼곙母뭉ㅣ듣고ᄲᅥᆯ
리가初총ᄃᆞ려무른대初총ㅣᄂᆞᆯ오ᄃᆡ夫
붕人신이ᄇᆞ리샨구스를내도로아ᅀᅥ夫
붕人신ᄉᆞ거우룻지븨녀호니내반ᄃᆞ기
니부리이다어미ᄠᅳ데ᄯᅩ初총ㅣ實씷로
그리ᄒᆞ니라ᄒᆞ야어엿비너겨吏링ᄃᆞ려
ᄂᆞᆯ오ᄃᆡ願원ᄒᆞᆫᄃᆞᆫ져기기들워아힛거슬

져주디마ᄅᆞ쇼셔아히眞진實씷로모ᄅᆞ
니이구스른내ᄯᆞᆯ히미옛던거시러니남
지니죽거시ᄂᆞᆯ내글어거우룻지븨녀코
送송葬장이밧바길멀오져믄아ᄒᆡᄃᆞ려
오노라ᄒᆞ야忽홇然션히니조니내반ᄃᆞ
기니부리이다初총ㅣ구틔여ᄂᆞᆯ오ᄃᆡ實
씷로내녀호이다繼곙母뭉ㅣᄯᅩᄂᆞᆯ오ᄃᆡ
ᄯᅩ리오직辭쑹讓샹ᄒᆞᆯᄲᅮ니언뎡實씷로

내녀호이다ᄒᆞ고우러能히제그치디
몯거늘ᄲᆞᆯ리ᄊᆞ닐오ᄃᆡ夫人신이내의
어버ᅀᅵ업수믈어엿비너기샤구ᄒᆞ여나
롤사ᄅᆞ고져ᄒᆞᄊᆞ니언뎡夫人신이
實씰로모ᄅᆞ시니이다ᄒᆞ고쏘우러ᄒᆞᄆᆞ
리독애ᄒᆞᄅᆞᆺ거늘送송葬장ᄒᆞ고ᄒᆞ심ᄋᆧ官관
우러셜위ᄒᆞᄆᆞ를숫다아니ᄒᆞ리업스며

吏랑부들자바다딤수디호字ᄊᆞ도일우
디몯ᄒᆞ며關관候ᄒᆞᆼ져므ᄃᆞ록우러決ᄒᆞᆶ
티몯ᄒᆞ야닐오ᄃᆡ어미와ᄠᆞᆯ義ᇰ이
소미이곤ᄒᆞ니내출ᄒᆞ리다쏘ᄅᆞ辭ᄊᆞ讓ᅀᅣᇰ
太마ᄀᆞᆯ스디몯ᄒᆞ리로다쏘셔르言뎡
ᄒᆞᄂᆞ니뉘올돌엇뎨알료ᄒᆞ고구스
를부리고보내니간後ᅙᅮᆼ에ᅀᅡ아ᄃᆞ리ᄒᆞ
오ᅀᅡ곰촌줄아니라

敦睦章第六
女教애云호ᄃᆡ唯奴與嫂如弟共昆이니情義之
剛이難偕他人이라或逢叔賢얀ᄒᆞ或遇党頑얀ᄒᆞ安
意相加ᄒᆞ야도但知自責이니遑恬守他ㅣ오両
共闘면必有一折ᄒᆞᄂ니ᄒᆞ任其應之以柔ᄒᆞ야両
庶全其缺이니我唯執恭이오彼唯
先施오不責其報ᄒᆞ야以乖至
難得이니利何足云이리或天或

壽를不可逆計니力奪而有ᄒᆞᆯ뒨後知誰繼오리
共聚百年이며頃刻애即過니ᄂᆞᆫ爭長競短야ᄒᆞ
欲如之何오
女녕教애닐오ᄃᆡ奴와嫂ᄂᆞᆫ兄과弟ᄀᆞᆮ니ᄢᆞᆷ도
타오미다ᄅᆞᆫ사ᄅᆞᆷ근ᄒᆞ미어려우니라시
혹어드닐ᄆᆞ싀난感감動ᄒᆞ야ᄉᆞ랑ᄒᆞ야
니믄와다ᄒᆞ미쎠善ᄊᆞᆫ올ᄒᆞ야더브러ᄂᆞᆯ구

믈期^긩約^약ᄒ고 시혹 兄^훵頑^완을 맛나
兄은 모ᄃᆞᆯ 마리오 妄^망量^량앳ᄠᅳ
로 서르더으거든 오직 제외 요ᄆᆞᆯ 아ᄆᆞᆯ디
니어느ᄉᆞ시예ᄂᆞ 몯거ᄂᆞ리리오 두구든
거시오 쉐^꿰사ᄒ면 모ᄅᆞ로 매ᄒ나하것ᄂᆞ니
맛ᄭᅩᆯ모디 부드러우ᄆᆞ로ᄡᅥ ᄒ야 ᄭᅥᄉᆡ
졔이 져ㅣ듀믈 올오리니 내 오직 ᄆᆞ던헤니
호ᄆᆞᆯ 잡고 怒^농ᄒ야 엄시 우ᄆᆞᆯ ᄆᆞ던헤너

기며 내 오직 ᄆᆞᆫ져 ᄒ고 그가 ᄑᆞᆯ 믈求^꿈티
마롤디니 죠고맛 利^링를 다토아 至^징親^친
ᄋᆞᆯ어긔에 마롤디어다 至^징親^친이어
두미어려우니 利^링룰엇데ᄒ니ᄅ
리오 短^돤命^명ᄒ며 長^땽壽^쓩 호ᄆᆞᆯ거스
리혜디몯ᄒ리니 히ㄹ後^{ᅘᅮᆼ}
에뉘ᄉ올돌ㅎ알리오 두루 뫼화百^{ᄇᆡᆨ}年^년
이 아니 한ᄉᆞ시예 디나ᄂᆞ니 기ㅜ믈ᄃᆞ로

며 뎔오 몯ᄃᆞ토아 ᄆᆞ스글 호려 ᄒ료
曾^증子^{ᄌᆞ}ㅣ 曰
親戚이 不說이어든 不敢外交ᄒ고
欲近者ᄂᆞᆫ 不說이어든 不敢求遠ᄒ며 小者ᄂᆞᆫ 不
審ᄒ면 不敢言大ᄒᄂᆞ니 故로 人之生也ㅣ 百歲
之中에 有疾病焉ᄒ며 有老幼焉ᄒ니 故로 君子
思其不可復者而先施焉ᄒᄂᆞ니 親戚이 旣
沒이면 雖欲孝ㅣᆫᄃᆞᆯ 誰爲孝ㅣ며 年旣著艾면
欲悌ᄒᆞᆫᄃᆞᆯ 誰爲悌리오 故로 孝有不及ᄒ며 悌有不
時라 ᄒᆞ니 其此之謂歟뎌

曾^증子^{ᄌᆞ}ㅣ 니ᄅᆞ샤ᄃᆡ 아ᄉᆞ미 깃디아니
커든 ᄌᆞᆺ간도 밧긔 사괴디 말며 갓가온ᄂᆞᆯ
親^친티 몯ᄒ얏거든 ᄌᆞᆺ간도 먼ᄃᆡ ᄇᆞᆯ求^꿈티
말며 혀 그ᄂᆞᆯ 솔피디 몯ᄒ얏거든 ᄌᆞᆺ간도
크닐 니ᄅᆞᄃᆞ 마롤디니라 이런ᄃᆞ로 사ᄅᆞ
미 사로미 온 힛 가온ᄃᆡ 病^뼝이 시며 늘근
아 ᄒᆡ 잇ᄂᆞ니 이런ᄃᆞ로 君^군子^{ᄌᆞ}ㅣ ᄂᆞᆯ어루
다시 몯 홀ㅅ 랑ᄒ야 ᄆᆞᆫ져 行^{ᅘᆡᆼ}ᄒ ᄂᆞ니

親친戚쳑이ᄒᆞ마업스면비록孝흫道똫
코져ᄒᆞᆫᄃᆞᆯ누를爲윙ᄒᆞ야孝흫道똫ᄒᆞ며
나히ᄒᆞ마늘그면비록아ᄉᆞᄅᆞᆫ외오져ᄒᆞᆫ
ᄃᆞᆯ누를爲윙ᄒᆞ야아ᄉᆞᄅᆞ외리오이런ᄃᆞ
로孝흫道똫ㅣ몯미ᄎᆞ미이시며아ᄉᆞᄅᆞ
외요미시졀아니로미잇다ᄒᆞ미이ᄅᆞᆯ닐
오닌더
柳開仲塗ㅣ曰ᄒᆞᄃᆡ皇考ㅣ治家ᄒᆞ샤ᄃᆡ孝且嚴

ᄒᆞ더시니旦望애弟婦等이拜堂下畢ᄒᆞ고即上手
低面ᄒᆞ야聽我皇考訓誡ᄒᆞ더니曰ᄒᆞ샤ᄃᆡ人家兄
弟無不義者언마ᄅᆞᆫ盡因娶婦入門ᄒᆞ야異姓이
相聚ᄒᆞ야爭長競短ᄒᆞ야漸漬日聞ᄒᆞ야偏愛私藏
ᄒᆞ야以致背戾ᄒᆞ야分門割戶ᄒᆞ야患若賊讎ᄒᆞᄂᆞ니
皆汝婦人의所作이니라男子剛腸者幾人이
能不爲婦人言의所惑고吾見이多矣로니若
等은寧有是耶ㅣ리오ᄒᆞ야시ᄃᆞᆫ退則惴惴ᄒᆞ야不敢
出一語도爲不孝事ᄒᆞ니開華는抵此賴之ᄒᆞ야

得全其家云ᄒᆞ소라
柳륳開캥仲뜡塗똥ㅣ닐오ᄃᆡ아바님이
지블다ᄉᆞ리샤ᄃᆡ孝흫道똫ᄒᆞ며ᄯᅩ싁싀
기ᄒᆞ더시니초ᄒᆞᄅᆞ보로매앗이며며느
리ᄃᆞᆯ히堂땅아래절ᄆᆞᆺ고곤손ᄃᆞᆯ오ᄂᆞᆺ수
겨우리아바닚訓훈誡갱ᄅᆞᆯ듣ᄌᆞᆸ더니니
ᄅᆞ샤ᄃᆡ사ᄅᆞ미지븨兄형弟뗑ㅣ義읭롭
디아니ᄒᆞ니업건마ᄅᆞᆫ다며느리어더門

몬에드로ᄆᆞᆯ因힌ᄒᆞ야다ᄅᆞᆫ姓셩이서로
모다기로ᄆᆞᆯᄃᆞ토며뎌르오ᄆᆞᆯᄃᆞ토아ᄀᆞ만
ᄒᆞᆫ하리날로ᄃᆞᆯ여아ᄅᆞᆷ生싱計곙ᄅᆞᆯ기우
로ᄉᆞ랑ᄒᆞ야뻐背빙叛빤ᄒᆞ야겨숣주메
니르러門몬올ᄂᆞᆫ호며이플배혀ᄆᆡ요ᄆᆞᆯ
盜똫賊쯕寃훤讎쓯ᄀᆞ티ᄒᆞᄂᆞ니다너희
婦뿧人신의저즈논배니라男남子즈ㅣ
애구드니몃사ᄅᆞ미能능히婦뿧人신의

마리 感감호야 홀배 아니 드외누뇨 내 보미 하
니 너희 돌호녀 뒷던 이런 주리 이시리오
호야시든 믈러와 두리여 섫간도 호 말도
不불孝효 앳이롤 내 다 아니호니 우리 무
른이다 수로 힘니 버시러 지블 올오소라
司소馬마溫온公공이 與其兄伯康호로 友愛尤篤
伯康이 年將八十늘이어 公이 奉之호듀 如嚴父
保보之도호 如嬰兒야호 每食少頃든이어 則問曰

得득無饑乎며아호 天텬이 少冷든이어 則拊其背
曰도衣得無薄乎아더라호
司소馬마 溫온公공이 그 兄형 伯백康강
과로 소랑호믈 더욱 도타이호더니 伯백
康강이 나히 쟝太여 드니어 公공이 安한 保봉호듸
와도 디 아바님 티호고 安한 保봉호듸
져믄 아히 티호야 민 샹밥 먹고 져고 맛
스시 어든 곧 무러 닐오듸 아니 비골푸니

得득乎아
여 호며 하놀히 져기 추거든 곧 그 등을믄
져 닐오듸오 시아 니 열우니 여 호더라
唐당英영公공李리勣젹이 貴귕爲복僕僕射양
이어 其姊ㅣ 病병든이어 必반親친爲위火화 煮쟈粥쥭
야호 火화焚분其鬚슈호야 姊ㅣ
勣젹이曰도 僕복妾쳡이 豈개爲無人耶耶오리
何爲自苦ㅣ如此오
老로고 勣젹이 亦老이나 雖欲數爲姊煮粥인돌復可

唐당英영公공李리勣젹이 이 貴귕爲복僕僕
射양ㅣ 드외야 쇼듸 僕복射양는 벼 그
누위 病병커든 반드시 기親친히 블일어 爲위粥쥭 수더니 브리그 입거우 제믄
거놀 누위 오듸 죵이 하니 엇데 스싀로
覺각苦콩호미러호 顧고念념今금에 姊ㅣ 이 如此
엇데 사룸 업다 호리오 보건댄 이제 누위
나히 놉고 勣젹이 이 쏘늘고 니 비록 즈조누

晉咸寧中에 大疫이러니 庾袞이 二兄이 俱亡고 次兄 毗復危殆야 癘氣方熾ㅣ어늘 父母諸弟 皆出次于外어늘 袞이 獨留不去니 諸父兄이 強之대 曰 袞은 性不畏病다니 이 親自扶持야 晝夜不眠며 其閒애 復撫柩야 哀臨不輟더니 如此十有餘旬에 疫勢ㅣ 旣歇커늘 家人이 乃反니 毗病이 得差며 袞亦無

위롤 爲윙야 粥쥭을 수고져 호들 쏘어

恙라니 父老ㅣ 咸曰 異哉라 此子여 守人所不能守며 行人所不能行니 歲寒然後애 知松栢之後凋니 始知疫癘之不能相染也ㅣ로다

晉진咸寧녕中듕에 큰 疫역疾쯿ㅣ러니 庾융袞곤의 두兄형이다 죽고 버근兄형毗삥 쏘바드라와 疫역癘롕ㅅ긔운이 보야흐로盛쎵호신父뿡母뭏와 모든앗

이다 밧긔 나갯거늘 袞곤이 호오사이셔 나가디아니호더니 모든父뿡兄형돌히 구틴대닐오디 袞곤은 性셩이 病뼝을 저티아니호노이다 호고 親친히스싀로 잡드러닛과 바민즈오디아니호며 그스싀예 쏘欅ㅣ을믄져슬피우루믈그치디 아니호더니 이리호미여라믄열흐레病뼝勢솅호마 歇헗커늘집사르미 도라오

니 毗삥의 病뼝이 시러곰됴며 袞곤은 도쏘 病뼝이 업스니라 父뿡老롕ㅣ다 닐오디 다롤셔이아드라 사르믜能눙히守슘 티몯홀바를 守슘호며 사르믜能눙히 티몯홀바를 行행호니 치운後뿡에 에사솔와삿과後뿡에 디노돌아노니 疫역癘롕의能눙히서르듣디아니홈돌 비르서알리로다

醉_쯍야 弘_{ᅘᅭᆼ}의 술위 메ᄂᆞᆫ 쇼ᄅᆞᆯ 소아 주
기다 弘_{ᅘᅮᆼ}이 지븨 도라오나ᄂᆞᆯ 그 겨지비
마조 弘_{ᅘᅮᆼ}더브러 닐오ᄃᆡ 아자비 쇼ᄅᆞᆯ 소
아 주기이다 弘_{ᅘᅮᆼ}이 듣고 황당히 너겨 묻
디 아니ᄒᆞ야 바ᄅᆞ 對_됭答ᄒᆞ야 닐오ᄃᆡ 脯_봉肉_육지
ᅀᅳ라 ᄒᆞ고 안조ᄃᆡ一定_{ᄍᅠᆼ}커늘 그 겨지비 ᄯᅩ
닐오ᄃᆡ 아자비 쇼롤 소아 주기니 키 怪_{ᆽᅫᆼ}
異_잉혼 이리라ᄒᆞ야ᄂᆞᆯ 弘_{ᅘᅮᆼ}이 닐오ᄃᆡ ᄒᆞ

隋_쒱吏_링部_뽕尙_썅書_셩牛_{ᅌᅮᇢ}弘_{ᅘᅮᆼ}의 아
ᅀᆞ 弼_삥이 수를 즐기며 쥬졍ᄒᆞ더니 아래

隋_쒱吏部尙書牛弘의 弟弼이 好酒而酗
ᄒᆞ더
니
嘗醉야 射殺弘의 駕車牛다 弘이 還宅커늘 其
妻迎謂弘曰 叔이 射殺牛니아 弘이
又曰 已知ᄒᆞ과라 顏色애 自若야 讀書不輟
無所恠問 弘이 直答曰 射殺牛니라
作脯라ᄒᆞ고 坐定커늘 其妻

於吾애 固有親踈ᄆᆞ런 然吾祖宗이 視之則
均是子孫이라이 固無親踈也니 ᄒᆞ롬ᄆᆞᆫ 祖宗之意예
無親踈則 飢寒者ᄅᆞᆯ 吾ᅵ安得不恤也ᅵ오리
范_뻠文_문正_정公_공이 參_참知_딩政_정事_{ᄊᆞᆼ}ᄒᆞ
야 닐오ᄃᆡ 내 가난ᄒᆞᆫ 제 네 어미 親_친
과 로내어버ᅀᅵᄅᆞᆯ 養_{ᅌᅣᆼ}호ᄃᆡ 네어미親_친
히 차반 밍ᄀᆞ로ᄃᆡ 내어버ᅀᅵᆺ 둔 차바ᄂᆞᆯ아

마알와라ᄒᆞ고 ᄂᆞᆺ비치 自_쫑然_{ᅀᅧᆫ}ᄒᆞ야 글
닐구믈 그치디 아니ᄒᆞ더라
范文正公이 爲參知政事時예 告諸子曰ᄒᆞ
吾ᅵ貧時예 與汝母로 養吾親ᄒᆞ야 汝母ᅵ躬
執爨ᄒᆞ야 而吾親甘旨ᄅᆞᆯ 未嘗充也니러니 今而
得厚祿ᄒᆞ야 欲以養親나 親不在矣며 汝母ᅵ
亦已早世니 吾所最恨者ᄂᆞᆫ 忍令若曹로
享富貴之樂也아 吾吳中에 宗族이 甚衆
니

리充충足죡게 몯ᄒᆞ더니 이제 厚ᅘᅮᆯ享향ᄒᆞ
록 을어더 뻐 어버ᅀᅵ를 養양코져ᄒᆞ나 어
버ᅀᅵ 잇디 아니ᄒᆞ시며 네어미 도ᄉᆞᆯ셔
업스니 내 뭇 애와텨ᄒᆞ논 배니라 太맨보
희물로 富붕貴귕예 樂락ᄋᆞᆯ 누리게 ᄒᆞ려 내
이 吳ᅌᅩ 中듀에 아ᄉᆞ미 甚씸히 ᄒᆞ니 내게
ᄉᆞᆺ本본來링親친ᄒᆞ니 踈송ᄒᆞ니 업건마
ᄅᆞᆫ 그러나 내 祖종宗종ᄋᆞᆯ 이 보ᄉᆞᆯ디면 골오

이子ᄌᆞ孫손이라 本본來링親친ᄒᆞ니 踈송
송ᄒᆞ니 업스니 眞진實씷로 祖종宗종ᄠᅳ
데 親친ᄒᆞ니 踈송ᄒᆞ니 업솔딘댄 주리며
치워ᄒᆞᄂᆞᆯ 내어드리시러 엇비너기
디아니ᄒᆞ리오
魯로義ᄋᆡ姑공姊ᄌᆞᆫ 魯로野야之징婦뿡人ᅀᅵᆫ이라 齊쳉攻공魯로
至징郊야ᄒᆞ야 見견一ᅵᆯ婦뿡人ᅀᅵ 抱ᄒᆞ一ᅵᆯ兒ᅀᅵ고 攜ᅘᅱ一ᅵᆯ兒ᅀᅵ行ᄒᆡᆼᄒᆞ더
ᄀᆞ軍군且챵及끕之징늘어 棄킝其끵所송抱ᄒᆞ고 抱ᄒᆞ其끵所송攜ᅘᅱ而ᅀᅵ走쥬

於ᅙᅥᆼ山산ᄂᆞᆫ언兒ᅀᅵ 隨쒕而ᅀᅵ啼뗑커늘婦뿡人ᅀᅵᆫ이 遂쒕行ᄒᆡᆼ不블顧공ᄒᆞᆫ
齊쳉將쟝이 執집而ᅀᅵ問문之징ᄒᆞᆫ대對됭曰ᅵᆯ所송抱ᄒᆞ者쟝ᄂᆞᆫ妾쳡
兄휭之징子ᄌᆞ也야ᅵ오所송棄킝者쟝ᄂᆞᆫ妾쳡之징子ᄌᆞ也야ᅵ니 見견軍군之징
而ᅀᅵ力륵不블能ᄂᆞᆼ兩량護ᅘᅩ故공로 棄킝吾ᅌᅩ之징子ᄌᆞ다ᄒᆞᆫ대 齊쳉將쟝
이 曰ᅵᆯ子ᄌᆞ之징於ᅙᅥᆼ母ᄆᆞ애 其끵親친愛ᅙᆡᆼ也야ᅵ痛통甚씸於ᅙᅥᆼ心심
이어ᄂᆞᆯ 今금애 釋셕之징ᄒᆞ고 而ᅀᅵ反번抱ᄒᆞ兄휭之징子ᄌᆞᄂᆞᆫ何ᅘᅡ也야ᅵ오
婦뿡人ᅀᅵ이 曰ᅵᆯ夫붕公공義ᅙᅴ라 背븽公공義ᅙᅴ而ᅀᅵ嚮향私ᄉᆞ愛ᅙᆡᆼᄒᆞ며 亡망兄휭子ᄌᆞ而ᅀᅵ
存쫀妾쳡子ᄌᆞᄒᆞ며 幸ᅘᆡᆼ而ᅀᅵ得득免면이라ᄒᆞᆫ들 獨똑謂ᅙᅱ義ᅙᅴ예何ᅘᅡ故공로

忍ᅀᅵᆫ棄킝子ᄌᆞ而ᅀᅵ行ᄒᆡᆼᄒᆞ고 不블能ᄂᆞᆼ無뭉義ᅙᅴ而ᅀᅵ立립於ᅙᅥᆼ世솅리오ᄒᆞ야ᄂᆞᆯ이
於ᅙᅥᆼ是씽예 齊쳉將쟝이 按ᅙᅡᆫ兵븽而ᅀᅵ止징ᄒᆞ야 使ᄉᆞ人ᅀᅵᆫ言언於ᅙᅥᆼ齊쳉君군
而ᅀᅵ還ᅘᅪᆫᄒᆞᆫ대 魯로君군이 聞문之징ᄒᆞ시고 賜ᄉᆞ東ᄃᆞᆼ帛ᄈᆡᆨ百ᄇᆡᆨ端돤ᄒᆞ고
號ᅘᅩᆯ曰ᅵᆯ義ᅙᅴ姑공姊ᄌᆞᄒᆞ시니라 公공正졍誠씽信신ᄒᆞ야 果광於ᅙᅥᆼ行ᄒᆡᆼ義ᅙᅴ
ᄒᆞ니 夫붕義ᅙᅴᄂᆞᆫ 其끵大땡矣ᅙᅴ哉ᄌᆡᆼᆫ대 雖쉉在ᄍᆡᆼ匹피ᇙ婦뿡도 國귁猶ᅀᅲᆼ
賴ᄅᆡᆼ之징ᄒᆞ니 況ᅘᅪᆼ以ᅵ禮롕義ᅙᅴ로 治띵國귁乎ᅘᅩᆼ여
魯로ᄂᆞᆫ 人ᅀᅵᆫ義ᅙᅴ姑공姊ᄌᆞᄂᆞᆫ 魯로ㅅ드르헷
婦뿡人ᅀᅵᆫ이러니 齊쳉ᅵ魯로ᄅᆞᆯ텨城쎵

밧긔니르러혼婦뿡人신이혼아희란안
고혼아희란자바가다가軍군이미쳐오
거늘그아노니란반리고자뱃더니롤아
나뫼호로돈거놀아희조차가며올어놀
婦뿡人신이도라보디아니코가거놀齊
쎙人將쟝軍군이자바다가무른대對됭
荅답호딕아노닌내兄형의子息식이
오부료닌내子息식이니軍군의오몰

보고히미能눙히둘흘간스티몬호모로
내子息식을부료이다齊쎙人將쟝軍
군이닐오디子息식이어믜게親친커코
스랑호요미모수매至징極끅호거시어
늘이제브리고도혀兄형의子息식
올아노문엇뎨오婦뿡人신이닐오디내
子息식은아뎚스랑이오며兄형의子息

義읭란背빙叛빤호고아둛스랑을鄕향
호며兄형의子息식으란일코내子
息식을두어힝혀免면호돌得득호돌호
오사義읭예엇더호뇨이런젼ᄎ로ᄎ마
子息식을부려義읭롤行힝ᄒ고義읭
엄시世솅聞문애셔몬몬호노이다ᄀ제
齊쎙人將쟝軍군이兵병馬망롤그치눌
러이셔사ᄅᆞᆯ롤齊쎙人님금씌ᄇ려솔와

도라간대魯롱ㅅ님금이드르시고깁一
百ᄇᆡᆨ匹픿을주시고힐후믈義읭姑공
姊지라호시니公공正졍호며誠쎵信
신호야義읭ㅣ行힝호몰決괋斷돤히호
니義읭ᄂᆞᆫ그큰더비록호여지비라도나
라히오히려德득을닙곤호몰며禮롕義
라호나라ᄒ올다ᄉ료미ᄯᅥ녀

康컁儉검章第七

孔子ㅣ 曰ᄒᆞ샤ᄃᆡ 賢ᄒᆞᆫ 哉라 回也ㅣ여 一簞食와 一瓢飮ᄋᆞ로 在陋巷ᄋᆞᆯ 人不堪其憂ㅣ어ᄂᆞᆯ 回也ㅣ 不改其樂ᄒᆞᄂᆞ니 賢哉라 回也ㅣ여

孔子ㅣ 니ᄅᆞ샤ᄃᆡ 賢ᄒᆞᆫ뎌 回ᅘᅬᆼ여 ᄒᆞᆫ 바고리 밥과 ᄒᆞᆫ 박 冷ᄅᆡᆼ 水ᄉᆔᆼ로 더러운 ᄆᆞᅀᆞᆯ히 사로ᄆᆞᆯ 사ᄅᆞ미 그 시름을 가ᄉᆡ디 아니ᄒᆞ거ᄂᆞᆯ 回ᅘᅬᆼ 호셔 그 樂락을 가ᄉᆡ디 아니ᄒᆞᄂᆞ니 賢현ᄒᆞᆫ뎌 回ᅘᅬᆼ여

胡文定公이 曰ᄒᆞ호ᄃᆡ 人은 須是一切世味를 淡薄ᅀᅡ야 方好ᄒᆞ니 不要有富貴相이니 孟子ㅣ 謂ᄒᆞ되 堂高數仞과 食前方丈과 侍妾數百人을 我ㅣ 得志라도 不爲ᄒᆞ리라 ᄒᆞ니 學者ᄂᆞᆫ 須先除去此等이오 常自激昂ᄒᆞᅀᅡ 便不到得墜墮ㅣ리라 當漢末ᄒᆞᅡ야 諸葛孔明이 躬耕南陽ᄒᆞ야 雖應劉先主之聘ᄒᆞᅡ나 手握重兵ᄒᆞ야 宰割山河ᄒᆞᅡ야 三分天下ᄒᆞ야 身都將相ᄒᆞᅡ야 不求聞達ᄒᆞ더니 後來예 亦何求不得이며 何欲不遂마ᄂᆞᆫ리오

乃與後主로 言ᄒᆞ되 成都애 有桑八百株와 薄田十五頃ᄒᆞ니 子孫衣食이 自有餘饒ᄒᆞ다니 臣이 身在外ᄒᆞ야 別無調度ᄒᆞ야 不別治生ᄒᆞ야 以長尺寸ᄒᆞ노니 若死之日에 不使廩有餘粟ᄒᆞ며 庫有餘財ᄒᆞ야 以負陛下ㅣ러니라 ᄒᆞ고 及卒애 果如其言ᄒᆞ니 如此輩人은 眞可謂大丈夫矣라

胡文定公이 닐오ᄃᆡ 사ᄅᆞ믄 모ᄅᆞ매 一切世間앳 마ᄉᆞᆯ 淡薄ᄒᆞᅀᅡ 비르서 됴ᄒᆞ니 모로매 富貴ᄒᆞᆫ 양ᄌᆞ 두미 몯ᄒᆞ리라 孟子ㅣ 닐오ᄃᆡ 집 노ᄑᆞ미 두어 길과 밥알ᄑᆡ 잣너비며 뫼과 더브러 엿ᄂᆞ고매 數百 사ᄅᆞ미 ᄀᆞ초ᄆᆞᆯ 위호ᄃᆡ 아니호ᄃᆡ 내 ᄠᅳ들 어더도 아니호리라 ᄒᆞ시니 ᄇᆡ호리ᄂᆞᆫ 모로매 몬져 이 트렛 이ᄅᆞᆯ 더러ᄇᆞ리고 샹녜 제 힘ᄡᅥ 머니ᄅᆞ디 아니ᄒᆞ야 곧 ᄠᅥ러듀매 니르디 아니ᄒᆞ리니ᄅᆞ와 다ᄉᆞ

兵馬ᄆᆞᆯ 자뱃거니 ᄯᅩᄆᆞ스글ᄒᆞ고져 ᄒᆞ야 몯일
야 몬 得득ᄒᆞ며 므스글ᄒᆞ고져 ᄒᆞ야 몯일
우희 오마ᄅᆞᆫ 後ᄒᆞᆫ主쥬ㅣ 뫼셔늘 오딕 成쎵
都동 에뻥낟보 八밣 百ᄇᆡᆨ 株듕와 사오나
온 받 열 다ᄉᆞᆺ 이러마 잇ᄂᆞ니 子ᄌᆞ 孫손이
옷바비 제 有융 餘영ᄒᆞ니이다 내 모미 밧
긔이셔 別별히 쟝망혼 것 업서 各각 別별히
生ᄉᆡᆼ 計곙 分분 別별 ᄒᆞ야 尺쳑 寸촌 맛것

리라 샹녜 ᄉ랑ᄒᆞ디 諸졍葛갏孔콩明명
이 漢ᄒᆞᆫ 人내 죵을 當당ᄒᆞ야 南남陽양애
손소 받가라 소리나ᄉ므스믈 求ᄭ유ᄒᆞ야
니ᄒᆞᆼ더니 後ᄒᆞᆼ에 비록 劉률先션主즁人ᅀᅵᆫ
聘핑禮롕로 맛굴모 나 帛뷕聘핑禮롕
ᄅᆞᆯ로 天텬下ᅘᅡᆼ를 세혜ᄂᆞᆫ ᄆᆞ모 미 將쟝軍군
宰ᄌᆡᆼ相샹 所송任ᅀᅵᆷ에 ᅀᅡ셔 소내 重듕ᄒᆞ

故고人ᅀᅵᆫ은 知딩君군이 不不知딩故고人ᅀᅵᆫ은 何也오
어 日딣호 莫막夜야 ᄅᆞ 無知者쟝ᄒᆞ니 震진아 日딣호 天知딩
神씬知딩我ᅌᅡ知딩子ᄌᆞ知딩니거何謂ᅙᆡ無무知딩ᄒ리니오 密ᄒᆞᆯ이 愧而
去갸 ᄒᆞ니
楊양震진의 ᄇᆞᆯ擧겅薦젼ᄒᆞ온 荊겨州즁人ᅀᅵᆫ
茂ᄆᆞ才ᄍᆡᆼ 王왕密믤이 昌챵邑흡 貟원이
드외야 拜뱅謁ᅙᆞᆳ ᄒᆞ야 ᄇᆞᆯ제 金금 열 斤근
을 푸머 ᄡᅥ 震진의 준대 震진이 닐오ᄃᆡ 故고

도 기르디 아니ᄒᆞ노니 ᄒᆞ다가 주글 나래
廩름에 나문 받이 이시며 庫콩애 나문 쳔
량이 이셔 뻐陛뼁下ᅘᅡᆼ롤 지숩디 아니ᄒᆞ
리라 ᄒᆞ더니 주구메 미처 果광然ᅌᅧᆫ 그 말
ᄀᆞ티 니이그든 사름 모미 眞진實씷로
어루 大땡丈땽夫붕ㅣ라 닐올디로다
楊양震진이 兩량荊겨州즁入 茂ᄆᆞ才ᄍᆡᆼ王왕密믤
을 謁ᅙᆞᆳ見견ᄒᆞ야 ᄡᅥ 以遺震진ᄒᆞ대 震진이 日딣호

公人신은 ··· 올아디 몯ᄒᆞ모닛 엇뎨오 密밀이 닐오ᄃᆡ 어스름밤이라 아ᄅᆞ리 업스니이다 震진이 닐오ᄃᆡ 하ᄂᆞᆯ아ᄅᆞ시고 鬼신神씬이 알오 나 알오 그ᄃᆡ 알어니 엇뎨 아로미 업다ᄒᆞ리오ᄒᆞ니 世셰以 淸쳥白ᄇᆡᆨ 리오ᄒᆞ니 密밀이 붓그려 가니라

溫온公공이 曰ᄒᆞᆯ샤ᄃᆡ 吾家오가ᄂᆞᆫ 本寒族이라ᄒᆞ야 世以淸白으로 相承ᄒᆞᄂᆞ니 吾性오셩이 不喜華靡ᄒᆞ야 自爲乳兒료ᄒᆞᄂᆞ니

時로 長者ㅣ 加以金銀華美之服이어든 輒羞ᄒᆞ야 棄去之ᄒᆞ노다 年이 二十이라 忝科名ᄒᆞ야 聞喜宴에 獨不戴花ᄒᆞ니 同年이 曰호ᄃᆡ 君賜ㅣ라 不可違也ㅣ라 乃簪一花ᄒᆞ라 平生애 衣取蔽寒ᄒᆞ며 食取充腹호ᄃᆡ 亦不敢服垢弊ᄒᆞ야 以矯俗干名이오 但順吾性而已라ᄒᆞ더라

溫온公공이 이러ᄐᆞ샤ᄃᆡ 내지ᄒᆞ샤ᄃᆡ 가난호ᄆᆞ를 世셍예 淸쳥白ᄲᆡᆨ호 本본來링호ᄆᆞ리라

무로ᄡᅥ 서르 닛ᄂᆞ니 내 性셩이 華ᅘᅪ靡밍를 즐기디 아니ᄒᆞ야 졋머글 시져브터 얼운 사ᄅᆞ미 金금銀은과 빗난 됴ᄒᆞᆫ 옷ᄋᆞ로ᄡᅥ 더으거든 곧 붓그려 ᄇᆞ리더라 나히 스믈이라 科쾅名명을 더러여 聞喜ᄒᆡᆼ宴에 ᄒᆞ오ᅀᅡ 곳 디 아니ᄒᆞ니 同ᄙᆼ年년이 닐오ᄃᆡ 님금 주샨 거시라 그르미 몯ᄒᆞ리라 ᄒᆞᆯᄉᆡ ᄒᆞᆫ 곳

죠라 平뼝生ᄉᆡᆼ애 오ᄉᆞ란 치위 ᄀᆞ릴만 ᄂᆞᆷ고 飮食으란 ᄇᆡᄉᆞᆯ만 머고ᄃᆡ ᄯᅩ 잢간도 더러오며 야ᄃᆞ려오 오ᄉᆞᆯ 니버 俗쑉을 고텨 일후믈 求ᄭᅮᆷ호ᄃᆡ 아니ᄒᆞ고 오직 내 性셩을 順쓘호ᄃᆞᄅᆞ미로라

○先션公공이 爲群牧判官이라 客ᄀᆡᆨ至ᄃᆡ어든 未嘗不置酒띠댱호ᄃᆡ 或三行ᄒᆞ며 或五行ᄒᆞ야 不過七行ᄒᆞ더라 酒沽於市ᄒᆞ며 果止梨栗棗柿고ᄒᆞ며 肴止於脯醢菜羹이러라

器用甖漆시느니라 當時士大夫ㅣ 皆然흔혼
고
不相非也야 會數而禮勤며 物薄而情厚더
니 近日士大夫家ᄂᆞᆫ 酒非內法며 果非遠方
珍異며 食非多品이며 器皿이 非滿案이
敢會賓友홀시 常數日營聚호야 人爭非之
니 嗟乎ㅣ라 以爲鄙吝
故로 不隨俗奢靡者ㅣ 鮮不爲鄙
니 苟或不然면 人爭非之야 以爲鄙客이
頹弊如是호니 居位者ㅣ 雖不能禁이나 忍助之
乎아

先션公공이 이群군牧목判판官관이 두외
야쇼셔소니오나ᄃᆞᆫ수를排빵置뎡아니
ᄒᆞ아니호디 시혹三삼行힝ᄒᆞ며 시혹五
行힝ᄒᆞ며 七칧行힝애 너므디 아니호
디 술란져재사고 果광實씷란 비와 밤과
大땡衆즁과 곰만ᄒᆞ고 안쥬란 脯붕肉육
과 졋과 ᄂᆞ믈국만ᄒᆞ고 그르스란 沙상器킹
와 漆칧ᄒᆞᆫ거슬 ᄡᅵ더시니 當時씽옛

士쑹大땡夫ㅣ 다 그러홀시 사ᄅᆞ미 서
르 외다 아니ᄒᆞ야 모도미 ᄌᆞ조디 禮롕를
브즈러니ᄒᆞ며 物믈이 薄빡ᄒᆞ디 情쪙이
두텁더니 이젯 士쌍大땡夫ㅣ의 지븐 수
리 안法뻡이 아니며 果광實씷이 머믓딧 貴귕
흔 거시 아니며 飮음食씩이 가지 하디
아니며 그르시 床쌍의 ᄀᆞ독디 아니커
든 손과 버들 모도디 아니ᄒᆞ느니 샹녜 두서

나ᄅᆞᆯ 일위 모도온 後警에ᅀᅡ 글위ᄅᆞᆯ 내ᄂᆞ
니여 믓시 혹 그리 아니ᄒᆞ면 사ᄅᆞ미 다토
와 외다 ᄒᆞ야 더러우며 앗기ᄂᆞ다 ᄒᆞᄂᆞ니 그
런ᄃᆞ로 風봉俗쏙올 조차 奢샹侈칭ᄒᆞ며
華ᅘᅪ靡밍 아니ᄒᆞ리 져ᄀᆞ니 슬프다 風봉
俗쏙의 믈어 ᄒᆞ야 듀미 이곤ᄒᆞ니 位윙예
잇ᄂᆞ니 비록 能능히 禁금티 몯ᄒᆞ나 太태마
도 ᄋᆞ리여

張文節公이 爲相라 自奉이 如河陽掌書記
時니 所親或이 規之曰 今公이 受俸
不少호되 而自奉이 若此니 雖自信淸約이라에
外人이 頗有公孫이니 公이 歎曰
宜少從衆이어다
吾今日之俸이 豈能常有며 身이 豈能常
存오리 一旦애 異於今日
니 家人이 習奢

已久야 不能頓儉야 必至失所리니 豈若吾
居位去位身存身亡애 如一日乎이리
張文節公이 寧 相이 드외
야스시 奉養호미 河陽人掌
書記 시절티 하더니 親
논 밧사 미 規諫간호야 닐오 이제
公이 祿록 俸뻥토미 적디 아니호
식 奉養호미 이긋 시니 비록 스시

眞實로 淸 自白호며 儉約호
야도 밧사 미 公孫이 비니 블돔뎐
議弄호아 쪼모디 이져기
중을 조초미 맛당호니이다 公이 歎
호야 닐오 내 오날 祿뻥俸이 비록
잘몬호갓分別 며쁘디 儉박을브터
지비다 錦衣玉食을돌굣엇
건댄사 미상녜쁘디보

奢侈예 드로믄 쉽고 奢侈로브
터儉박애 드로믄 어려우니내오
날祿록俸이 엇데能히던더디이시
며모미엇데能히던더디이시리오
릇아太매오 나래다 면집사미奢
侈호비호라能히 이든得儉
朴디몬호야 반기기失所호매
니를리니엇데내의位예이시며位

者矣다로 古人이 言호디 人皆可以爲堯舜
盖觀於己而知之다로
包孝흉公공이 尹윤京경에 尹윤 金금 一일
절에 民민이 이제와 닐오디 白빅 金금
百빅 兩량 ○로뻐 내게 맛디니 사룸미죽
거늘 그 아두룰주니 받디아니호니 顧
원호디 그 아두룰블러주쇼셔 尹윤이 그
아두룰브르니마라 닐오디 주근아비 敆

예업스며 모미아시며 모미업소매호롯
包孝흉公공이 尹윤京경時에 民有自言호디 以自金
百빅 兩로 寄我者ㅣ 死矣호놀 予其子ㅣ 不肯受
호노니 願召其子야 予之호쇼셔 尹윤이 召其子
辭曰 亡父ㅣ 未嘗以白金 으로 委人也ㅣ라 호고
兩人이 相讓久之호더 呂榮公이 聞之호고 미 謂自賊
世人이 喜言無好人 三字者논

李링 文문 靖졍公공이 治居第於封丘門外호디 廳事前
에 僅容旋馬니러 或이 言其太隘대호 公이 笑
曰호디 居第는 當傳子孫이니 此ㅣ 爲宰輔廳事댄 則已寬矣
라니댄니 誠隘와커니
李링 文문 靖졍公공이 이살지블封봉호디 封봉
ㅅ門몬밧극지소디 廳텅 알픽 아야오디
시몯돌만호더니 或혜이너무좁다니란

간도 白빅 金금으로뻐 사룸몰맛디디아
니호니이다 호고두사룸미서르辭쎵讓
샹호야오라더니 呂렁榮웡公공이 이듣고
닐오디 世솅人신이 이죠호사룸업다호며 賊
字쯩롤즐겨니로는사룸미어루져롤해
쪽害행호누다닐올디로다 넷사룸미닐
오디사룸미다어루堯욯舜슌이ᄃᆞ외
리라호니 모매보아아도다

대公공이우ᅀᅥ늘오ᄃᆡ사논지븐반ᄃᆞ기
子ᄌᆞᆼ孫손ᄋᆡ게傳뎐ᄒᆞᄂᆞ니이宰ᄌᆡᆼ輔뽕
의廳텽이ᄃᆞ외린댄眞진實씷로좀거니
와大땡祝쥭奉뽕禮롕의廳텽이ᄃᆞ외린
댄ᄒᆞ마어위니라
文中子之服은儉以絜ᄒᆞ고無長物焉ᄒᆞ더니綺
羅錦綉를不入于室ᄒᆞ야曰호ᄃᆡ君子ᄂᆞᆫ非黃白
이어든不御ㅣ니婦人則有靑碧ᄒᆞ니라

文문中뜡子ᄌᆞᆼㅣ오ᄉᆞᆯ儉껌朴팍호ᄃᆡ조
ᄒᆡᄒᆞ고나ᄆᆞᆫ거시업더니綺킝羅랑錦금
綉슣를지븨드리디아니ᄒᆞ야닐오ᄃᆡ君
군子ᄌᆞᆼᄂᆞᆫ누른빗과ᄒᆡᆫ빗괘아니어든닙
디아니ᄒᆞᄂᆞ니겨지븐靑쳥碧벽이잇ᄂᆞ
니라
楚狂接輿ㅣ耕以爲食ᄒᆞ더니妻從市來曰호ᄃᆡ
先生이少而爲義ᄒᆞ더니豈將老而遺之哉리오

門外車跡이何其深也ㅣ고잇接輿ㅣ曰호ᄃᆡ王
이不知吾의不肖也ᄒᆞ샤欲使我로治淮南ᄒᆞ샤
遣使去聲者ᄒᆞ야持金駟來聘ᄒᆞ시ᄂᆞ다其妻曰호ᄃᆡ得
無許之乎ㅣ가잇接輿ㅣ曰호ᄃᆡ夫富貴者ᄂᆞᆫ人
之所欲也ㅣ니子ㅣ何惡去聲我의許之矣오妻
曰호ᄃᆡ義士ᄂᆞᆫ非禮어든不動ᄒᆞ실不爲下同去聲貧而
易操ᄒᆞ며不爲賤而改行去聲ᄒᆞᄂᆞ니妾이事先生
ᄒᆞ야躬耕以爲食ᄒᆞ며親績以爲衣ᄒᆞ야食飽衣暖
ᄒᆞ며據義而動호미其樂이亦自足矣니若受人

重祿ᄒᆞ며乘人堅良ᄒᆞ며食人肥鮮ᄒᆞ고而將何以
待之오接輿ㅣ曰호ᄃᆡ吾不許也호리라妻曰호ᄃᆡ
君使不從이非忠也ㅣ오從之又違非義也ㅣ니
不如去之라ᄒᆞ야ᄂᆞᆯ夫負釜甑ᄒᆞ고妻戴紝器ᄒᆞ야變
姓易名而徙ᄒᆞ니莫知所之ᄒᆞ니라
楚총狂광接졉輿영ㅣ받가라먹더니接졉
輿영ᄂᆞᆫ楚총國귁人사ᄅᆞ미일후미니짐즛미친양ᄒᆞ고그우실아니홀ᄊᆡ그시졀
사ᄅᆞ미닐오ᄃᆡ楚총狂광이라ᄒᆞ더라妻쳉져재로셔와닐

오딕富붕貴귕ᄂᆞᆫ사ᄅᆞᆷ미코져ᄒᆞᄂᆞᆫ거시
니그ᄃᆡ엇뎨내의許헝호물아쳔ᄂᆞ뇨妻
쳉널오딕어딘사ᄅᆞᆷ禮롕아니어든무
디아니호ᄔᅵ가난올ᄒᆞ며爲윙節졇介갱
롤改ᄀᆡ易역디아니ᄒᆞ며賤쪈호몰爲윙
ᄒᆞ야ᄒᆡᆼᆼ덕을고티디아니ᄒᆞᄂᆞ니내先션
生ᄉᆡᆼ을셤겨親친히가라飮ᅙᅳᆷ食씩ᄒᆞ며
親친히질삼ᄒᆞ야옷ᄒᆞ야밥이비ᄅᆞ며

오딕先션生ᄉᆡᆼ이先션生ᄉᆡᆼ은接졉져며
서義읭롤ᄒᆞ더니엇뎨늘거나ㅣ리오接졉
면밧긧술윗자최엇뎨내기프니잇고接졉
興영ㅣ닐오딕님그미내의不붏肖숗롤
아디몯ᄒᆞ샤淮행南남을다ᄉᆞ리게
호려ᄒᆞ샤샷일후미라샤룸보내샤金금
과물와가져와무르시ᄂᆞ다그妻쳉널오
딕아니許헝ᄒᆞ시니잇가接졉興영ㅣ널

오시더우며義읭ᄂᆞᆫ브더무유미그즐거
우미쏘足죡ᄒᆞ니ᄒᆞ다가사ᄅᆞᆷ미重뜡
祿록을바ᄃᆞ며사ᄅᆞᆷ미구든술위와ᄄᆞ효
ᄆᆞᄅᆞᆯ투며사ᄅᆞᆷᄉᆞᆯ지며死효ᄒᆞ고기룰먹
고쟝太탱엇뎨기드리리오接졉興영ㅣ널
오딕내許헝ᄒᆞ디아니ᄒᆞ리라妻쳉널오딕
님금브려시ᄃᆞᆫ죳디아니ᄒᆞ니忠듀ᇰ이아
니오죳고쏘마로미義읭아ᄂᆞ니니나감곤

內訓卷第三

라
일후믈고텨울ᄆᆞ니간고ᄒᆞ아디몯ᄒᆞ니
지고겨지븐질삼ᄒᆞ그ᄅᆞᆯ슬이여姓시ᇰ과
디몯ᄒᆞ니라ᄒᆞ야ᄇᆞᆸ남진얻가마오셜홀

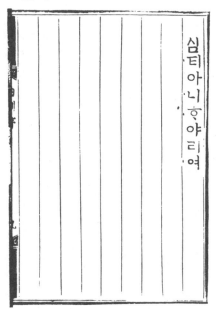

심티아니ᄒᆞ야리여

數(숙)ㅣ조모ᄒᆞ슈이아디몬ᄒᆞ립시이네

글읧中(듕)에어루조수ᄅ완마롤取(츙)ᄒᆞ

야닐굽章(쟝)을밍ᄀᆞ라너희ᄃᆞᆯᄒᆞᆯ쑤노라

슬프다ᄒᆞᆫ모매ᄀᆞᄅᆞ쵸미다이에잇ᄂᆞ니

ᄒᆞᆫ번그모매날로聖(셩)人(신)에期(낑)約(략)

루미ᄎᆞ리여너희도히비록누으ᄎᆞᄃᆞ어

에刻(큭)ᄒᆞ야날로聖(셩)人(신)에期(낑)約(략)

ᄒᆞ라볼ᄀᆞ거우뤼몰ᄀᆞ며몰ᄀᆞ니어루조

내훈 서 6-2

겨제是ᄲᅵᆼ非빙룰 ᄀᆞᆯ히야 어루 모ᄆᆞᆯ 가지
리어 ᄂᆡ어 ᄂᆞᆮ 내의 ᄀᆞᄅᆞ 孝횽 ᄆᆞᆯ 기드린 後훃
에 사 行ᅘᅢᆼ ᄒᆞ리오 겨지븐 그러티 아니ᄒᆞ
야 ᄒᆞᆫ갓 질삼의 굴그며 ᄀᆞᄂᆞ로 ᄆᆞᆯ ᄃᆞᆯ히 너
기고 德득 行ᅘᅢᆼ의 의 노포ᄆᆞᆯ 아디 ᄆᆞᆮᄒᆞᄂᆞ니
이내의 날로 애와 티ᄂᆞᆫ 이리라 ᄯᅩ 사ᄅᆞ미
비록 本본 來ᄅᆡᆼ 淸셩 通통ᄒᆞ야도 聖셩 人ᅀᅵᆫ
ᄭᅵ신 ᄀᆞᄅᆞ치샤ᄆᆞᆯ 보디 ᄆᆞᆮᄒᆞ고 ᄒᆞᆰᅀᅡ 초ᄆᆡ

내훈 서 7-1

믄득 貴귕히 ᄃᆞ외면 이ᄂᆞ나 볼 곳 갈ᄉᆡ이
며 답애 놋 도라션디라 眞진 實씰 로 世솅
예셔 머 사ᄅᆞ미게 ᄆᆞᆺ솜ᄒᆞ미 어려우니 聖셩
人ᅀᅵᆫ ᄀᆞᄅᆞ치샤ᄆᆞ루 千쳔 金금 으로
도 갑디 ᄆᆞᆮ 다닐얼디로다 ᄯᅩ 이리어려우
머 쉬 오미 잇ᄂᆞ니 孟ᄆᆡᆼ 子ᄌᆞᆼ ㅣ니ᄅᆞ샤ᄃᆡ
큰 뫼ᄒᆞᆯ 北븍 녁 바ᄅᆞᆯ 껀너ᄆᆞᆯ 사ᄅᆞᆷ ᄃᆞ려
닐오ᄃᆡ 내 잘 몯ᄒᆞ리로다 ᄒᆞ면 이ᄂᆞᆫ 眞진

내훈 서 7-2

實씰 로 잘 몯 ᄒᆞ미 어니와 長땨ᇰ 者쟝 롤 爲윙
ᄒᆞ야 가지ᄅᆞᆯ 것구ᄆᆞᆯ 사ᄅᆞᆷ ᄃᆞ려 닐오ᄃᆡ 내
잘 몯 ᄒᆞ리로다 ᄒᆞ면 이ᄂᆞᆫ ᄃᆞ려 아니호ᄲᅮᆫ
니언ᄃᆡᆼ 잘 몯 ᄒᆞ야 ᄒᆞᆫ 주리 아니라 ᄒᆞ시
니 長땨ᇰ 者쟝 롤 爲윙 ᄒᆞ야 가지 것 고문 어려운
고 큰 뫼ᄒᆞᆯ 北븍 녁 바ᄅᆞᆯ 껀너ᄆᆞᆫ 어려운
니 일로 보건댄 몸 닷골 道ᄯᅩᇢ 와 舜ᄉᆔᆫ 과 ᄂᆞ
어려이 ᄒᆞᆯ 배 아니라 ᄯᅩ 堯ᅀᅭ 와 舜ᄉᆔᆫ 과 ᄂᆞ

내훈 서 8-1

天텬 下ᅘᅡᆼ 앳 큰 聖셩 人ᅀᅵᆫ 이샤ᄃᆡ 아ᄃᆞ리
丹단 朱즁 와 商샤ᇰ 均균 괘 이시니 식식ᄒᆞ
아바니미 ㅂ즈러니 ᄀᆞᄅᆞ치시논 알피도
오히려 어디디 몯 ᄒᆞᆫ 子ᄌᆞᆼ 息식 이 잇곤 ᄒᆞ
ᄆᆞᆯ며 나ᄂᆞᆫ ᄒᆞᆯ을어 미라 能ᄂᆞᆼ 히 玉옥 곤ᄒᆞ
므슈 ᄆᆡᆺ며 느리롤 보아리여 이럴ᄉᆡ 小ᄉᅸᆯ
學ᄒᆞᆨ 烈ᄅᆌᆯ 女녕 女녕 敎ᄀᆈ 明며ᇰ 鑑감 이 至
징 極끅 졀당ᄒᆞ며 ᄯᅩ 明며ᇰ 白ᄈᆡᆨ 호ᄃᆡ 卷궉

내훈 서 4-2

:숑伯·뵉揚양·이 닐·오ᄃᆡ 災징禍·황ㅣ :일리 ·라 :엇뎨ᄒᆞ·려뇨 홈·도 :업스·리로·다 褒봉姒
:쌍ㅣ 우·수믈 :즐·기디 아·니ᄒᆞ야 王왕·이 여 ·러 가:지로 달·애·요·ᄃᆡ 짐·즛 ·웃디 아·니터·니
王왕·이 諸졍侯ᅘᆞᇢ와로 期끵約·약·호·ᄃᆡ 도 ᄌᆞ·기 오·면 烽퐁火황·ᄅᆞᆯ 드·러 信·신·을 사·모
리·니·른·득 兵병馬:망 가·져·와 救궁ᄒᆞ·라 ᄒᆞ 얫·더·니 王왕·이 褒봉姒:쌍·ᄅᆞᆯ 웃·요리·라 ·홇
아 故·공:업시 烽퐁火:황·ᄅᆞᆯ 든·대 諸졍 侯ᅘᆞᇢㅣ :다 오·나 도ᄌᆞ·기 :업거·늘 褒봉姒:쌍
ㅣ ᄀᆞ장 우·스·ᄃᆡ·라 ·또 褒봉姒쌍ㅣ 깁 ·뼈·논 소·리·ᄅᆞᆯ ·즐겨 듣·더·니 王왕·이 :기·블 :내·야 ·뼈
야 그 ᄠᅳ·데 맛·게 ᄒᆞ더·니 申신國·귁 :님그·미 [illegible] 申신國·귁 :님그·믄 申신后ᅘᆞᇢㅅ 아·바님
이·라 [illegible] 犬:권戎숑·과·로 [illegible] 犬:권·ᅀᅳᆫ 나·랏 일 ·후미·오 [illegible] 戎숑·ᅀᅳᆫ :되·라 [illegible] 王왕·올 ·티거·늘 王

내훈 서 5-1

왕·이 烽퐁火:황·ᄅᆞᆯ 드·러 兵병馬:망 뫼·혼대 兵병馬:망ㅣ 오·디 아·니ᄒᆞ·야·ᄂᆞᆯ 幽흉王왕
·올주·기고 褒봉姒:쌍·ᄅᆞᆯ 자·바가니·라 ○晉 ·진獻·헌公공·이 驪링戎숑·을 틴대 驪링戎
숑·엣 :사ᄅᆞ·미 驪링姬깅·ᄅᆞᆯ 드·려·ᄂᆞᆯ 도·라·와 奚뼹齊쪵·ᄅᆞᆯ 나·햇더·니 제 아·ᄃᆞᆯ :셰오·져 ·ᄒᆞ
야 太·탱子:종ᄃᆞ·려 닐·오ᄃᆡ :님금 ᄭᅮ메 그 뒷 ·어마:니믈 보시·니 ᄲᆞᆯ리 ·가 祭졩ᄒᆞ·라 ᄒᆞ
아·ᄂᆞᆯ 太·탱子:종ㅣ 曲·콕沃·혹·애 가 祭쪵ᄒᆞ ·고 膳뼌肉·슉·을 보·내·야·ᄂᆞᆯ 公공·이 마·초 ·아
山산行ᅘᆡᆼ·갯더시·니 姬깅ㅣ 大땡闕:궳·에 엿·쇄·ᄅᆞᆯ ·뒷더·나 公공·이 ·오나시·ᄂᆞᆯ 藥·약·을
녀·허 반·좁고 公공·ᄭᅴ 숣·오·ᄃᆡ 밧·긔셔 온 거 ᄉᆞᆫ 그저 :좌샤·미 몬ᄒᆞ·리라 ·ᄒᆞ야·ᄂᆞᆯ 公공·이
ᄯᅡ해 노ᄒᆞ니 ᄯᅡ히 부프러오ᄅᆞ고 가·히·ᄅᆞᆯ 주·나 가·히 죽·고 ᄒᆞᆫ 臣씬下:뼁·ᄅᆞᆯ 주·니 臣씬

내훈 서 5-2

下:행ㅣ 죽거·ᄂᆞᆯ 驪링姬깅 우러 닐오ᄃᆡ 도 ᄌᆞ·기 太·탱子:종·로브·터 나·노·소이다 ·ᄒᆞ야
·ᄂᆞᆯ 太·탱子:종ㅣ 曲·콕沃·혹·애 나·갯더·니 公 공·이 주·기니·라 ○漢·한ㅅ 成쎵帝뎽 ᄀᆞ마
니나ᄃᆞᆫ·니·시다가 陽양阿항公공主:중ㅅ 지·블 :디나·가시다·가 飛빙燕·현·의 놀·애 ·춤
잘ᄒᆞ논 :이·ᄅᆞᆯ 보시·고 블러 大땡闕:궳에 드 리·샤 ᄀᆞ·장 :어엿·비 너·기·샤 더·니 飛빙燕·현
의 앗이 양·ᄌᆡ 됴커·ᄂᆞᆯ ·또 블러 드리시·니 左 :장右:웅·에 본 :사ᄅᆞ·미 :다 ·혀·차 과·ᄒᆞ뎌·리 兄
휑弟뎽:다 婕·졉妤영ㅅ 벼·슬ᄒᆞ니 貴:귕·호 미 後흫宮궁·에 爲윙頭뚷ᄒᆞ더·니 그제 皇
황后許와 同똥列렳·엣 班반婕졉妤영·ᄅᆞᆯ 하·로ᄃᆡ 主:중上·썅·올 비·러 :업게 ᄒᆞ·고 져 ·ᄒᆞ
ᄂᆞ이다 ·ᄒᆞ야·ᄂᆞᆯ 皇황帝뎽 ·올히 드ᄅᆞ샤 皇 황后:흫·ᄅᆞᆯ 廢·벵ᄒᆞ야 昭쑁臺띵宮궁·에 보

내훈 서 6-1

내시니·라 ·일즉 글월 앗고 ᄆᆞᅀᆞ·매·서 ·늘히 너·기
디 아·니 ᄒᆞᇙ 아·니 ᄒᆞ노·라 ·일로브·터 보건댄
다ᄉᆞᆯ며 ·어즈러우·며 니러나·며 敗·뺑亡망
·호·미 비·록 남지·늬 어딜·며 사오나·오·매 關
관係·곙ᄒᆞ·나 ·또 :겨지·븨 어딜·며 사오나·오
매브·튼디·라 ᄀᆞᄅᆞ·치디 아·니·호·미 :몯ᄒᆞ·리
라 大·땡抵:뎽ᄒᆞᆫ·디 男남子:종 ·ᄂᆞᆫ ᄆᆞᅀᆞ·ᄆᆞᆯ
·ᄀᆞᆫ·ᄃᆡ :노·니·며 ᄠᅳ·들 ·여·러 微밍妙·묭ᄒᆞᆫ·ᄃᆡ ·니

내훈 서 3-1

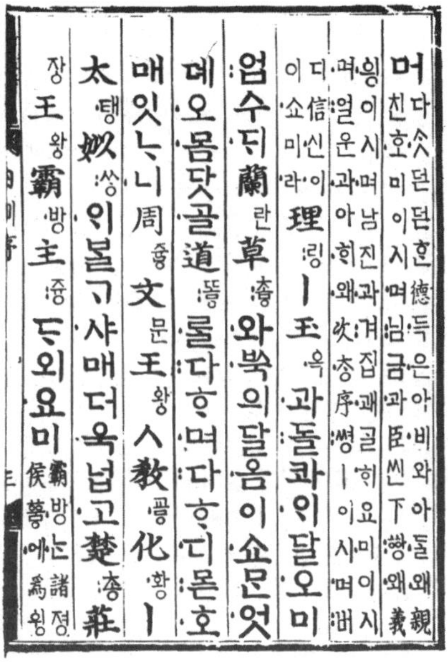

내훈 서 2-2

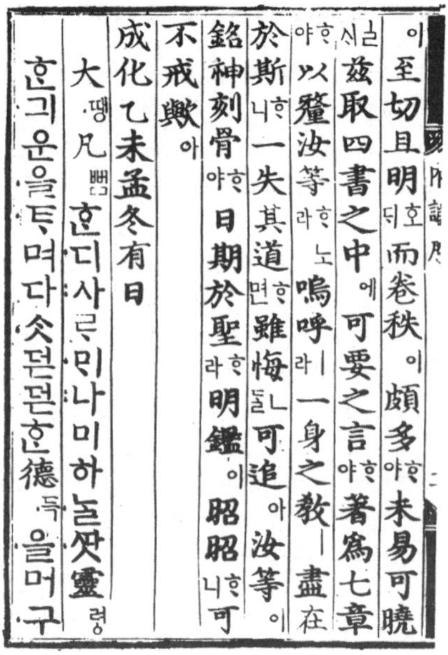

내훈 서 4-1

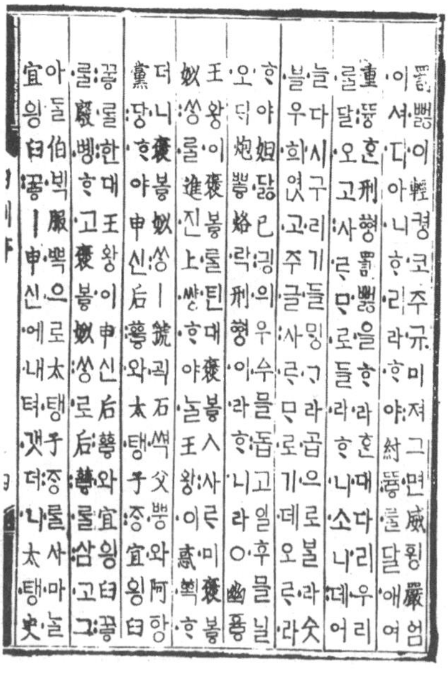

내훈 서 3-2

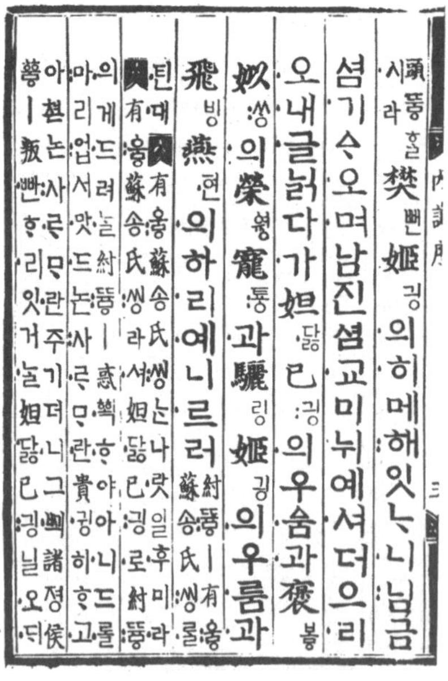

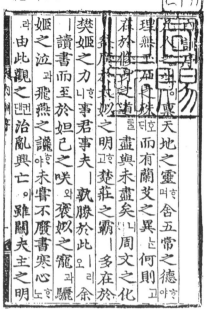

萬曆元年十二月　日
內賜成均館典籍沈忠謙內訓一件
命除謝
恩
左承旨臣鄭（署押）

內賜成均館典籍沈忠謙內訓一件（本文）

間나니 亦繫婦人之臧否라 不可不敎ㅣ니 大
抵남子ᄂ 游心於浩然야 玩志于羲妙
自別是非야 可以持己니 何待我敎而後에
行也오 女子ᄂ 不然야 徒甘紡績之粗細
고 不知德行之迫雲니 是余之日恨也ㅣ라
且人이 雖素淸通야 不見聖學고 而一旦
遽貴면 則是沐猴而冠며 面墻而立이라 固難
立之於世며 語之於人니 聖人謨訓이 可謂
千金不償矣다 且事有難易니 孟子ㅣ 曰

挾太山야 以超北海를 語人曰 我ㅣ 不
能이라면 是ᄂ 誠不能也니와 爲長者야 折枝
를 語人曰 我ㅣ 不能이라면 是ᄂ 不爲也언
뎡 非不能也ㅣ니라 爲長者折枝ᄂ 卽易
고 挾太山야 超北海ᄂ 難니 以此觀之댄 修身
之道ᄂ 非若等의 兩難也ㅣ라
聖人之道ᄂ 而子有丹朱商均니 嚴父ㅣ 攷訓之
前에 尙有不淑之子온 況余ㅣ 寡母ㅣ라 能見
王心之婦耶아 是以로 小學烈女女敎明鑑

內訓

仁

'여자의 마음닦기'《내훈》을 펴내면서
아버지를 기다리며
정양완

그리운 아버지

1950(4283). 10. 2.

어느새 이렇게 목이 다 잠기는지.

그러고 보니 군밤이 벌써 영글었다. 플라타너스는 아직 잎이 붙어 흥성한 듯도 하나 이미 푸르지 못하다. 누르퉁퉁하다. 선고를 받고 짐짓 웃는 여인의 서글픈 애교처럼 햇살의 미소에 어려 사뭇 내 마음에 사무치는 듯하다.

무엇을 한 것도 하는 것도 없이 무엇을 하자는 의욕조차 빼앗긴 허수아비.

컹! 하고 웃던지 짖으면 그만……

그래도 사람이라고 할 수 있을까. 불릴 수 있을까. 모든 것은 이렇게 박탈당한 듯 서운…… 그렇다. 이제 아주 서운조차 가시고 만…… 퍼지던 물올조차 잦다. 물속엔 떠오를 일 없는 무거운 돌이 가라앉아 있건만…… 내 마음의 물위를 스치는 풋잠자리의 나래여.

살풋한 그 감촉이여.

코스모스가 피었다고 하늘이 푸르다고 누가 노래를 부른다고 하여도 다스려지지 않는 멍청한 내 마음.

이젠 정말— 이게 벌써 몇 백 번인지— 아주 몹쓸 사람이 되어 버린 것인가 보다.

부를 사람이 없다.

찾을 길이 없는 듯하다.

물도 없는 좁은 우물에 그만 빠지고만 듯하다.

1950(4283). 10. 9. 새벽.

어스름한 때이리라 또는 훤한……
당장 급한 발걸음으로 오신
아버지…… 안경…… 두루마기
오—랜 오랜 세월이었다.
오신 아버지, 아버지.
왈칵! 달겨들고 얼싸안았다.
아버지 정말. 아버지……
'누구보다 누구보다 네가 제일 보고 싶더라'
아버지 정말 고생 많이 하셨지요. 정숙아 정말이냐?…… 그럼……
뜨겁게 뜨겁게 안기고 안겨 울다보니…… 꿈이었다.

어두움 속에서 불도 켜지 않고 나는 슬픔에 눈이 젖었다. 너무도
너무도 가혹한 몹쓸 운명이다. 정말 얼마나 고생하실까. 오늘이 구일
아니 한글 기념일이라 한다. 아버지가 지으신 노래는 이미 부르지도
않는다…… 다른 누가 지었는지……

「구일날 너 ……와 같이 성 선생한테 가 보리라 미국…… 가 널 데
려 간다더라」……

그러나 내가 보긴 그건 백 선생님이었다…… 누구와 같이 가라셨
는지 잊어버렸다. 아마 나에게 무슨 좋은 일이 생기려는가, 또는 일
생에 있어서의 큰 무슨 변화가 일려는가, 또는 가없는 나의 허영에
대한 아버지의 한 뜨거운 사랑의 가르치심인가…… 어머니의 사랑
을 떠나 한때라도 나만을 위함이 있다면, 죄스러울 날…… 그런데 밤
새 반짝이던 별이었을까? 낙엽의 축복의 기도였을까? 어느 그 아름
다운 마음이 있어 나와 나의 아버지를 축복했을까……

1950(4283). 10. 20.

그들이 가칭한 해방이 우리에게는 사변(事變), 전란(戰亂)이었고 난리였다.

물결같이 밀려 오고가는 군중 속에 내 어찌 반가운 얼굴을, 그리운 음성을 기다릴 수 없으랴. 내 눈은, 귀는 귀뚜라미의 촉각처럼 먼 공기의 떨림을 가려 한결로 긴장되어 있다.

헙수룩하게 차린 노인네의 뒷모습도 지척댐도, 왠지 남의 일 같지가 않다.

한참 바라보기도 하고 멀거니 섰기도 하고……. 우리 아버지가 오실 날이 이 밤이 지나면 하루 더 다가오려니 훤히 날이 새기를 기다린다. 물기 없는 바위에서 꽃이 피이듯 하늘과 땅이 얼러 조화를 부리어야 할 크나큰 기적을 난 기다리고 있다. 아니 굳이 믿고 있다. 하늘이 미운 나를, 죄 지은 나를 살리셨거늘 착한 아버지를.

곧잘 하늘을 부르고 못 뵈온 할머니 할아버지를 애끓게 불러본다. 굽어 도와주옵소서.

1950(4283). 10. 21.

좋은 소식을 들으면 믿고 싶어도 안 믿어지고, 언짢은 말은 귀담아 듣기 싫은데도 어느 틈에 백여 걱정이 된다.

철원에서 뵈었다고, 또 철원에 살아 계시다고. 기적이다. 할머니, 할아버지.

1950(4283). 10. 27. 늦은 아침.

또 속는 게 아닌가. 몇 다리 건너 듣는 소식이란 도대체 곧이들리지가 않는다. 그러나 믿을 수밖에…….

거리에 나서면 하느니 붙들려 갔다는 소린 것 같은데 또 들리느니 살아서 돌아왔다는 소리뿐.

석 달 고생살이에 파리한 얼굴들에도 핏기가 돌고 태극기도 이젠 펄렁대건만, 난 그들과 꼭 같이 희색(喜色)을 띠울 수도 없고.

그 오죽한 누더기를 입고 곡기도 못 하며 사는 움집 식구들이 옹기종기 모여 앉아 되잖은 국물을 마시며 지내는 게, 그 아버지며 어머니 형제들이 다들 있는 게 세상에 없이 귀하고 부럽다.

마음에도 퍽 단련이 되고 그 말따나 사람이 되었을 법한데 나에게 소득이란 보리밥에는 양과, 인색, 신경질. 시들함.

모든 게 시들하다. 옳게 못 살아오고 더럽게 그르게만 지내온 스물 몇 해가, 아까운 것보다 장차도 그러할, 정작 내가 불쌍만 하다.

근본적으로도 썩고 추한 것만 같고 양심도 아름다움도 가신 영혼이 가련하다.

미움과 추함, 그리고 게으름 또한 깊은 사색을 거치지 못한 햄떡개비 우울·비애, 모든 게 싫다. 내가 제일 싫다.

아버지는 어디서 무슨 고행을 하시는지, 아니 생사조차 모르면서 동물적 생활에서 오는 모든 욕구에 못 이겨 세 끼 밥이나 두둑히 먹으면, 새끼 밴 돼지처럼 자빠져 잘 생각.

진정 슬프다. 어쩌면 이런가 하고, 맹랑하다. 무섭다. 더럽다.

하느님 우리 아버진 살아오시지요. 꼭요. 착하니깐. 네…….

1950(4283). 10. 28.

담배를 팔다 들어왔다. 문득 사랑문을 밀어 보았다. 아버지가 일로 해서 와 계신가 보느라고.

치워 논 방에 찬기가 언짢았다. 아버지가 계실 땐 훈훈했는데 언제든지, 아버지가 아랫목 요를 들치시고 두 손을 비비실 때도 웃음으로 맑음으로.

얼른 오세요.

1950(4283). 11. 11.

신문사 게시판 밑에는 신문팔이 아이들의 웅얼거림과 온갖 사람들이 군중을 이루고 있었다. 아무런 반가운 소식이 있을 수 없는 신문을 난 쳐다보기도 싫었다.

마음에도 없는, 신나지도 않는 나는 취직 자리를 찾아보려고 우둑하니 서서, 웅웅거리는 벌떼같이 분주스럽고 굉장한 사람들 속을 헤치고 벗이 오기를 기다리고 있었다. 아버지가 다니시던 관청이라 언제나 마음에 귀엽던 이층집을 멀거니 바라다보고 있었다. 그 순간 내 눈에는 현관층계 앞에 단장을 짚고 선 키 큰 중노인, 아니 아버지의 모습이 솟아올랐다. 여위고……

양복을 입은 아버지를 난 뵌 일 없건만, 정말 아버진가 하고 눈을 부비고 가슴을 가다듬고 다시 보았다. 딴 어른이었다. 또 깜짝할 새 역시 아버지가 거기 서 계셨다. 혹 계시던 관청으로 집보다 먼저 모셔 온 게 아닌가. 저 아버진데…… 비젓도 안 한 딴 사람이었다.

이성으로는 도저히 따질 수 없는 일이 곧잘 굳건히 성립되고 미어지곤 한다.

언젠지도 모르게 녹엽(綠葉)이 단풍지고 또 다시 낙엽이 되어 바스락거리며 날리는 것을 보면, 그야말로 폐허가 된 서울을 보면, 거리보다 낙엽보다 소슬하고 무너진 내 가슴 속에선, 수정같이 언 슬픔이 얇은 봄볕에 녹듯 소리도 없이 쓸쓸히 녹는 것만 같다. 낙엽을 밟으며 가을볕을 즐겨 가노라면 혹 아버지 연세된 노인을 만난다. 한참 보면 볼수록 아버지 같다. 아아, 눈도 저렇게 들어가셨을거야. 볼도 얼마나 여위셨을까. 필경 저렇게 되셨을거야…… 수염, 굽은 등. 그래도 아버진 저렇게 허옇거나 늙지는 않으셨을거야. 딴판인 비치지도 않은 길손을 곧잘 아버진가 그리워하며 반가워 속곤한다. 전보다 더 길에 나서기 싫고 괜히 난 이 세상을 지싯거리며 다니는 이방인 같은 서투른 생각이 나고 슬퍼지곤 한다. 저쯤 유난히 아버지와 걷던 길을 책점(冊店) 길을 동생을 붙들고 걸어보았다. 갑책을 한참 바라다 보았다. 아버지 생각이 난다. 또 몇 발짝마다 음식점이 늘어선 오른편 말고 왼편 책점에 눈이 팔린다. 내음새는 좋더라. 실컷 내음새로 포식하고 나니 책점 속엔 그래도 난리를 겪고 나온 귀한 사람들이 책을 고르고 있더라. 하마 어찌 발을 들여 놓을 것인가. 책 그리는 사람들을, 책 고르는 사람들을 멀거니 바라보고 있었다. 다 가져가고 두어 권 남긴 찌꺼기로 남은 내 책도 한 부 가지런히 짝 맞는 전집이 죽은 애의 얼굴처럼 아른댄다. 귀함, 그리움, 부러움…… 먼지와 껌, 땀, 화장품, 욕, 모략, 아유(阿諛)에 썩은 진 고개에 보리알 시레기를 골삭하게 주워 담은 체온 삼십칠팔도의 내 몸뚱이, 탈을 쓴 내게선 그러한 내음새가…… 그리움, 귀함, 부러움, 아름다운 귀한 정인가 싶다. 내게도 일순 번개같이 밝게 잠깐 왔다 지는 빛임을 나도 안다.

어머니 혼자 모든 근심을 짊어지고 있는데 책을 부러워하는 게 주책 아니냐. 변변히 읽지도 않으면서…… 어린애같이 많이 좋은 걸 가지고 싶고, 들고만 있어도 보고만 있어도 좋은 책…… 주책 아니냐…… 게다가 고등학교 삼학년짜리 동생도 낯선 나라 상노로, House boy로 가게 된 처지에 강의를 듣겠다고 시간표를 베끼러 가다니, 아니 갔다 왔으니…… 가슴이 진정 아픈 것 같다. 야릇하게 뭉클하다. 내 피끼리 부림받아도 싫은 상노 노릇을 제일 나어린 막내둥일 시키고, 눈이 반반해지는 것 같다. 반찬 많이 먹는다고, 밥 많이 먹는다고, 구박한 게, 미워한 게 걸리고 측은하고 괜히 슬퍼진다.

나서도 집에서도 우울만 하고 섧기만 하고, 아, 만일「Irony」아니었

던들 어찌 하룬들 목숨을 끌 수 있으랴. 하고 싶어하는 그것보다 미워하는 그것보다 제일 큰 건 가라앉는 듯한 우울과 바닥 모를 서러움이다.

아무와도 상관 말고 뉘게도 신세 끼치지 말고, 공기도 그야말로 최소한도로 겨우 마셔가며, 소리 없이 오실 때까지 살고 싶다. 많이 꼬아서, 분해서, 그리고 풀 없어서 싫어서.

사람을 조르느니 바위를 안고 울고 싶고 사람을 찾으니 나뭇잎과 더불어 말 건네고 싶은 그런 심정이다.

게다가도 잡념, 정말 울고 싶다. 죽고 싶다. 어디로 멀리 가버리고 싶다. 없어져 버리고 싶다. 나를 사랑하는 어머니에게 또 큰 슬픔을 보태서 쓰겠나, 다만 그 일념이면 한다. 제 목숨 아끼는 추잡한 탈이 아닌가 과연 가슴이 그만 서는 것 같다.

삼차전이나 또 벌어지게 되면, 어디로 우리네가 간단 말이냐, 부산도 이젠 소용도 없으니, 꼼짝없이 앉아 죽을 도리밖에 없다. 아버지나 오시면 같이…… 그래도 아버지만은 우리와 같이 죽어서는 안 된다. 학자로 누가 평화스런 곳으로 모셔 갔으면, 인도나…… 내가 그리는 곳에 공부도 하게…….

제 나라 제 땅을 버리고 좋은 데도 난 싫다는 외골수로 박힌, 애국심이 어머니의 윤리가 그윽히 높음을 난 스스로 부끄러워함으로 존경한다. 실상 배운 게 더 있고 잘났다는 사람들보다, 얼마나 우리 어머니가 골돌히 나라를 사랑하는지 난 어머니가 그지없이 귀엽다.

일생에 또다시는 소원이 없겠노라, 다시는 원을 세우지 않으리라, 한결같이 아버지가 살아오시기만 축수하는 어머닐 봐서라도 하늘이 미쁘리라, 하늘아, 보소서.

하느님을 부를 수도 없는 죄인이로소이다. 그렇지만 하느님, 우리 아버지를 돌아오게, 이 후엔 평생 고생 않으시게, 우리 어머니, 모두 살려 주시옵소서. 할머니, 아버지.

약소국, 무책임하고 학자 모르는 무지한 정부, 살아야 하는 서글
픔, 사느니보다 숨도 채 못 내쉬고 그냥 귀신에게 물려가고 마는 슬
프고 한 많은 영혼. 쥐여지내는 나라의 아유배(阿諛輩), 사형집행사.

한 사람의 슬프고 죄 많은 생애가 가이없이 파리보다 헐하게, 아,
그만 시여지고 말다니. 깊은 위자(慰藉)를 마음속으로 보내고 싶다.
아픈 델 다칠세라, 만져 주고 싶다.

나아서 고생하고 공부하느라 고생하고 아는 이도 없이 슬프게 살
다마는 걸, 자기는 알았길래 그나마 살아왔지 자기에겐 값있게……

저 슬프고 원통한 영들이 뒹굴고 몸부림칠 어머니 가슴 같은 잔
디가 있을까.

학자라서가 아니다. 아닌가가 아니다. 부인이 아이들이 가여워해
서만도 아니다. 그저 그 사람으로 태어나 사는 게, 그러다 저렇게
시여지고 마는 게 슬프다. 아버지가 말하시던 비(悲)를 느끼는 것
같다.

1950(4283). 11. 17. 새벽.

기분이 우울해선 언짢지 않나? 혼자 웃으려는 호젓한 길, 걸음걸
음 만나느니 아버지 같이 모두 아니구나 땅을 보고 걸으면 지금, 아
까 막 골목으로 가 버린 게 아버진가 싶어 쫓아 가보고 머쓱해진다.

싸아늘한 방이 문 열자 훈훈하기, 아버지 내음샌 듯 반가웁기, 혹
오늘인가 기다렸던 초닷새도 등잔 닳는 것과 함께 폭싹 꺼지고 말
았다.

엿새도, 그리고 넘나든다는 핑계로 잡은 이렛날마저 헛되이 가 버
리고 말았다.

산울림이라도 울릴 듯한 공허, 쓸쓸함. 「생초목(生草木) 불붓다는 생별(生別)이면 하노라」

어디 살아 계시다면, 한 달에 한번이라도 뵈올 수 있다면, 아니 꼭 살아만 계시다면, 몸 편하시고 글 쓰실 수 있다면, 만나고 싶지만 참을 것 같은데, 못 참지만.

꼭 믿어만진다면, 지금 믿지 않느냐, 어찌 그 무서운 생각을 품으랴. 꼭 믿는다. 믿는 게 아니라 믿고 싶고 믿을 수밖에 없고 헌대, 머리털부터 발가락 끝까지 오싹 솜털이 서는 그런 무서운 생각이 든다. 연옥의 문을 엿본 어린애의 두려움이다. 무서움이다.

아버지가 오셔야지 그렇잖으면 난 미쳐 죽는다는 어머니……

언젠가 고개 넘을 때 아주 잎 하나 없이 앙상한 나무를 보니깐 말할 수 없이 가엾고 불쌍한 생각이 들었었다. 강물이 은근하게 흐느끼며 지나는 게 뼈에 저리더니.

더 마를 수 없이 여위고 마음 편한 날 드물고, 돈 때문에 쌀 때문에 나무일에 걱정.

왜 이렇게 인색해지고 마음이 시들어버렸나, 마음이 그만 거지가 돼버렸나 할 땐 통곡을 해도 시원치 못하다.

모질고 박하고 더러운 사람이 됐나 하면, 그 길로 그만 죽어버리고 싶다. 어쩌다 이렇게 악인 됐나 하면.

아무튼 우리 집도 야릇한 성격들이 빚어주는 괴상한 막걸리가 있는 것만은 사실이다. 서로 마시곤 쓰다 울고 외면하는.

결코 모두 악의가 있는 건 아니건만 일부러 심술궂게, 애꿎게 마음에도 없는 말을 해선 싸움이 된다.

귀찮다. 서로 싸움이나 하고, 하루가 가고, 어머니 마음에 가시를 묻어주고, 묻어주고 그렇게 헤서 지난날들이, 달들이, 해들이 저윽히 우굿이 자란 잡초들 같아 서글프다.

시끄럽게 사는 걸 보면 대번 가버리고 싶다. 다만 하나, 내가 믿을 수 있는 아름다움은 아버지, 어머니 그리고 소수의 내가 높이는 스승과 벗들이다.

내게선 모든 걸, 고운 걸 아름다운 허위로 돌릴 수 있으나 어머니에게선, 아버지에게선 불허다. 추한 면만 자꾸 뵈서 슬퍼지건만 어머니를 보고 아버지를 보면 그렇지가 않다. 외골수로 티 하나 없는 그 맑은 새암같이 풍풍 끝이 없이 솟는 사랑.

우리 아버지요, 착한 일만 했어요, 글 좋아 했어요, 모두 사랑만 했어요, 나쁜 일 하나도 안 했어요.

염라부(閻羅府)에 내가 불린다면…… 어느 틈에 난 귀신 앞에서 할 말까지 궁리하고 있었나 보다.

좋아하던 처량한 노래대로 된 게 아닌가, 아니 되는 게 아닌가, 아버지와 어머니가 그렇게나 꺼리시던 노래들을, 몸서리치게 후회가 된다. 즐거운 명랑한 노래를 좋아해야겠다고, 된다고 씁쓸히 타이른다. 모든 게 나의 좋지 못한 심상, 까닭 없는 비애, 고독이 다아 이런 조짐 아닌가, 식칼날보다 서슬 푸른 공포.

명랑만 해지고 싶고 햇볕만 쪼이고 싶다.

무서운 일을 생각하고 있는 나를 발견한다. 아버지 얼굴도 어머니 손도 다 이런 무서운 일을 생각하는 악독한 나를 마악 죽이고 싶다. 무섭다. 이게 다 몽마(夢魔)다. 아버지도 어머니도 내 옆에 계신 거고 이게 다 꿈이고, 아니 무겁게 눌린 꿈이다 싶다.

이게 생시냐 이게 꿈이냐……

아버진 사랑에 누워 계시고 글 지으시고 매화 보시고 명상하시고 어머닌 안방에 계시고 다아 아무 일 없다.

이 긴 가위가 속히 깨여서 얼른 사랑으로 안방으로 가고 싶다. 너무 무거워 이 가위에 치여 죽은 것만 같다. 꿈에 꿈임을 알면서도.

찾으러 갈 수 없다. 나의 아버지를, 남은 아버지를 찾고 구하는데 아버지를 죽음 같은 구렁에 혼자 넣고 먹고 자고 먹고 자는 짐승─ 정말 죽으면 한다. 더러운 더러운 나를 보기가. 아, 슬프다. 몸서리친다. 아버지─

할머니, 할아버지, 하느님 속히 돌아오시게 하여 주옵소서…… 신이여…… 굽어 보소서, 아름다움이여 꽃이여.

1950(4283). 11. 18. 아침 후.

아버지를 살리시려, 도우시려 애닳아 하시는 할아버지, 할머니, 어서 아버지 사랑에서 기다려 주세요. 반가운 날을 하늘이 내신 날을, 꼭 돌아오시리라 믿고 할아버지 영혼이에요. 어찌 아니 도우시오리까. 할아버지 살펴 주세요. 사랑에 계시오나니 할아버지 어서 빨간 불사약(不死藥)을 아비에게 나리소서. 할아버지 향내가 진동할 터이니 나타나 불사약을 먹여서 어미를 살리시듯 많은 죄 지은 저를 용서하옵시고 부디 할아버지, 아비를 살려 주시옵소서.

어찌 혼인들 감이 없으시랴 애절 않으시랴 할아버지 살려 주시옵소서.

어디서 물으니깐 할아버지께서 애절하시며 한숨지시며 「네 어찌 내 난리 땐 잘 피하랜 것을 저버리고 이 웬일이냐……」 사랑에 혼이 와 계시다 하더란다. 자식이 팔남매나 되면서 아버지 하날 못 살리고.

할아버지, 불효의 죄, 만가지 죄를 다아 눈감으시고 어서 아비를 구해 주소서.

이렇듯 잠 못 이루고 속이 닳아 꿈을 꿀 땐, 아버지도 우리 꿈을 꾸시리라고, 풋잠을 그냥 깨어 날 새는 걸 같이하시는 어머니.

어머니 꿈대로 원대로 하늘이여 도우소서. 이루게 하소서.

골 속에서 무슨 피가 흘러나오는 것 같던 새벽.

이불 속에서 혼자 슬퍼져서 할아버지를 염불 외듯 부르며 홍건히 괴는 눈물을 삼키며 잠이 들었다.

할아버지가 꼭 언제고 어머니 아버지를 도우셨으니깐, 꼭 도우시지 애쓰시느라고 우리 꿈에 오셔서 꼭 알려 주옵시고 아비를 살려 주옵소서 할아버지.

허망한 세상에 더러운 목숨을 걸고 사는 것이 욕이라면서 막연히 어둠 속에 숨 쉬는 짐승. 눈을 씻고야 본다는 샛별은 코끼리처럼 그리운 집이, 아버지가 가슴에 떠오르면 몸부림 치고 울고 싶다. 망아지처럼 하늘에 목 놓아 울고 싶다.

1950(4283). 11. 24.

Yang Wan a!

나를 부르시게 나를 부르시게 소스라쳐 큰 소리를 질렀다. 그렇듯 부드러이 부르시는 소리에 얼마 만에 들은 반가운 음성인가. 그러나 싸늘한 샛바람이, 횃닭의 울음이 그만그만 데려갔나 보다.

나를 그렇게 부드럽게 차마 귀여운 듯 부르신 아버지의 음성, 지금 어디서 아버지가 날 부르시는지도 모르지…… 옷 밑에 발을 넣고 이러고 엎드린 나를…… 어디 추운 데서 아버지는. 무서워 차마 생각이 앞서질 못한다. 누가 아버지를 잘 모시고 있겠지. 할아버지 할머님의 도우심으로 그 반가운 음성, 어머니의 음성과도 또 다르게 나를 부를 때는, 그렇듯 부드러운 그 말 겨울비만큼 반갑고 사랑스러운 음성.

이 세상에서는 아무리 나와 가까운 사람이 있다고 하더라도 아버지같이 그런 음성을 내 귀에, 그 외는 없을 것이다. 그렇게 크고 뜨겁고 참된 사랑이 없을 것이니깐.

하느님, 제가 죄지은 딸이지만 아버지를 살려 주십시오. 꿈이라 깨지 않는 그런 참 아버지 음성을 제 귀에 담아 주세요. 아버지 저를 부르셨지요. 어디 계세요. 아직 날도 새지 않은 차가운 새벽에 홰치는 소리가 제법 울리고 남은 이 고은 한 새벽에, 어디서 저를 부르셨어요.

아버지, 제 소리가 들리지요. 부디 자력이 일어 아버지를 어머니가 기다리시고 아버지가 그리워하시는 집으로 모셔오고 싶다. 도우소서. 자력을 낳게 하소서—꼭 자력이 작용할 것이다. 믿으면 되고 말하면 이루어지는 제 원을 하늘 아래 제일 깨끗하고 사무치는 원을 하느님 이루어 주옵소서.

그 몇 새벽 꿈결에도 일어나서 보셨을 매화봉이 보풀면 차마 아버지……

매화가 기다리고, 곱게 되려고 은은하고 높은 향내인 아버지, 시를 기다리는 저 매화를 어서 찾아오세요.

아버지, 네! 저에요. 이렇게 대답하는 게 들렸지요. 들려요? 아버지 아버지, 아버지, 아버지……

1950(4283). 12. 3. 밤.
아버지
나는 그 무서운 소설을 그릴 수도 없어요
아무리 아름답고 슬픈 시로도
아버지
나는 그 무서운 일을 생각할 수도 없어요.
아버지
나는 주정꾼이 무섭고 미워요.
그런 이의 딸이 무척 불행하다고 생각했어요

그렇지만 아버지가 살아오시면—

아버지가 주정꾼이라도 난 아버지가 좋아요.

난 불행하지 않을 거예요.

아버지 그저께는 어머니와 장사를 나갔어요.

어머니 그 추운 날 이른 아침 과자점 선술집을

기웃거리며 「도—나스빵 안 사세요」 목에서 꺾이는 소리를 할 땐

아버지 차마 앞이 아니 보였어요.

한나절 몇 푼어치 팔지도 못 하고 돌아올 때

뒹굴며 울고 싶었어요.

아버지가 집에 와 계시다면

장사도 좋지요. 부끄럽지도 아니꼽지도 않지요.

수선거려요. 아버지.

얼루들 우리 사는 이 나라를 버리구……

헌신짝이나 입다 버린 헛옷처럼 대수롭지 않게

여길 버리고 남의 나라에도 간대요. 보를 싸고 짐 꾸리고

아버지 우리나란 왜 이리 쪼들리고 몰리고—

아버지 이렇게 살다가도 염라부에 가면 대왕께 살아왔다 아뢸까요—.

아버지 어서 오세요. 내일이라도, 모레라도 어서, 꼭.

모레는 꼭이다. 틀림없다. 어서 내일이 되어라. 모레가 내일로 되게.

뭐 뭐 말할 수도 없이 좋지 광희(狂喜)……. 할아버지가 아버지 집에 돌아오시게 하는 운동하시느라고 무지하게 바쁘시다. 요새…… 모레는 꼭이다. 뭐, 정말이다. 꼭…… 모레, 모레, 아버지 오신다. 우리 아버지.

사태가 험상궂은 모양이다. 단념할 것도 없이 우린 움직이지 못한다.

조국을 버리고 어디로들 간단 말이냐. 아, 가는 이를 부러워도 하느니, 가엾다. 우리 민족이, 어쩌다 서로 붙들고 얼고 녹질 못하고…….

하늘이여 굽어보소서. 이 조알 같은 인간의 굴속으로 빛을 나리소서…… 향기를, 가면 무엇을 할 것이냐 또다시 우리가 먹히고 만다면 이곳이 전장터로 변한다면 그냥 죽어버리자. 에이라 궂은 세상.

1951(4284). 1. 1. 낮(부산 양정동 동래 정씨 사당에서)

애울음, 짐엄지 잔 냄새 북새통에 밤이 가고 오고 날이 새고 저물고 휘영청 달이 밝은 밤이었다. 「배— 사이소」 멧떨어진 장사의 웅얼댐이 야기(夜氣)에 싸늘하고 달은 둥두렷이 의젓도 하고 훤하기도 하더라. 솔 사이 그 큰 너그러운 얼굴을 나타내고 있는데 바람은 불고. 어째 그 청량한 마음이 들더라. 어머니는 괴로워하시고 어린 조카는 보채고 울고 나도 애들처럼 마냥 울기나 하면 싶더라.

달이 참 밝았었다, 그날 밤은. 구포였을 게다. 그곳이

「배— 사이소, 가고 배」

그 잊히지 않게 처량하더라. 아마 달이 그리 처량했나 보다.

아버지를 혼자 뒤에다 두고 우리가 살자고 간다는 곳은 아버지와 한 발짝이라도 더 떨어지는 멀어지는 걸음이 아닌가. 처량하고 언짢고 섧기도 그지없고. 짐짓 웃으려 까불려 했다. 아무런 생각도 다아 목을 따버리고 그대로 배겨볼까 한다. 아버지는 어디 계신데……. 조상님 계신 델 와서야 어째 마음이 놓이고 반갑더라. 이 집에서 우리가 아버지를 맞이할 수 있다면 얼마나 좋을까.

아버지, 난 당신을 생각할 수 있고 느낄 수 있고 꿈꿀 수 있습니다. 어디서 당신을 찾으오리까……

국운이나 틔어야 말이지, 모든 게 신신치 않으니 죽어나버리면 싶은 때가 아주 한두 번이 아니다. 뻔뻔히 누워서 놀아먹기도 안 됐고 뭐든 하자니 수도 재주도 없으니—.

산다는 건 괴로움이다. 슬픔이다. 그리고 괴로움과 슬픔은 높고 귀한 것이다.

머릿속이 쑤셔내다만 쓰레기통 같다. 내게로 내 냄새가 욕지기나게 끼친다. 이만 살면 어떠냐……

당장 괴로워 귀찮아 죽고 싶다가도 이렇게 허무하게 거저 죽는다면 불쌍도 하다. 한문도 하고 영불(英佛)도 해서 아버지 글을 번역해야지…… 나에게 주어진 큰 일인 것 같다. 사랑하는 나의 아버지를 알다, 공부하다 죽으면 한다.

죽음에 대한 도피일지 생에 대한 도피일지—

아버지가 오시면, 오시면, 오셔야지, 오셔야지, 아니 오시지 꼭 오시지.

어떡하면 좋을지, 하느님께서 아버지를 살려 주셔야지……

1951(4284). 2. 6. 아침 후에.

깨고 나서도 얼쩍지근 뻐근한 몽마(夢魔)로 밤을 새웠다. 깨고 보니 초하루. 쓸쓸한 설이다. 집에 아버지도 안 오시고. 그래도 밥이라고 누룽지라도 먹으니 차례도 못 잡수는 게 황송 섭섭하다. 밥이라도 저희들만 먹는 게 마음에 안 됐다.

주과로라도 지내면 …… 욕심이다. 내일에야 어린애 삼일날인데 방은 겨우 열두어 시간 빌려 낳자 들어왔다. 비탈 같은 섬돌을 그 해산한 몸으로 올라오는 게 걸리고도 신통하고 천덕이 노릇 하는 게 마음에 짠하였다. 어제 도로 건너방 재창방(齋窓房)으로 올라오고 일가댁 쓰시라고 방을 내드렸다. 다 제대로 옳게만 했건만 어째 마음에 걸린다. 어린애 낳다 하니깐 아버지를 부르더라는 언니. 신통하고 고맙고 귀하다. 아침에 물 푸는데 바람에 은은한 그 무슨 향내. 아버지 집에 오실 복된 해라고 바람이 전하는 선물인가 보다. 우리를 사랑하고 위해 주는 고마운 마음들의 향기인가 보다. 경찰학교 입교 중인 둘째 오빤 앓는다는데 동무들이 주물러도 주고 과자도 사다가 주긴 한다지만 집이 얼마나 그리울까.

혹시나 점대로 아버지는 어느 귀인 만나서 어느 골짝에라도 숨어 계셔서 이 설을 맞으셨나? 오죽이나 식구를 걸려하실까. 그만 아프다. 쓰리고.

모든 상한 마음에 빛과 힘을 주는 좋은 해이기를 누구에게도 없이 빈다. 내가 사랑하는 모든 마음에도 빛과 힘이 있기를 바란다. 글로도 말로도 결코 알릴 일 없는 그런 먼 데 있는 나의 사랑하는 모든 벗들의 마음에 복 있기를 빈다.

어젠 눈이 좀 오시더라. 한 해 한 번은 오신다니깐 섭섭해 오시는 눈 같더라.

배를 삼키고 돛을 꺾는 사나운 파도는 대체 어디로 몰려 갈 것이냐. 가여운 새우들은 어찌 될 것이며. 하늘이 어여삐 하시리라. 이 불쌍한 영들을.

본능은 항상 교묘한 외투를 입고 자기의 행동은 미화한다. 그저 있는 그대로 사는 게 옳지. 그렇다. 하긴 이것만이 옳고 저건 그렇다는 그러한 진리는 있을 수 없다. 다 옳다. 내게 어느 것을 택하려느냐 묻는다면 역시 내가 짐승에게 껄리는 게 사실인진 몰라도 이게 곧 나는 아니라는 생각이 든다. 있는 그대로가 아니고 있어야 할 나로 되어야 하는 게 아닐까. 그게 나일 것이다. 그걸 택할 것이다. 다만, 하늘 위에서 구렁을 내려다보는 몸만의 천사보단 구렁에서 하늘을 그리는 마귀의 아들이, 그 죄인이 내게는 늘 높아 뵌다.

그러나 내게는 가릴 수 없이 억지로 안긴 운명이 있다. 떠맡겨진 길이 있다. 가기 싫어도 가야 하고 꼭 가야만 할— 그 지루하고 싫은 길을 가기 위해서 우린 거짓 꾸밈으로 그 길이 좋은 듯 남이 볼 때 좋은 듯 꾸민다.

골방 안에서 아버지 사진을 혼자 꺼내 보았다. 참 좋다. 날 가만히 보시더라. 듣는 듯 괴는 듯한 정과 얼음 같고 벤 듯한 이성, 거기에 섬광 같은 맑은 양심, 지저분하다. 이리 늘어놓는 게, 이 모든 것을 포함해도 아버지와 꼭 같은 인상은 아무에게서도 받을 수 없을 것이니깐. 중도 같고 혁명가도 같고 철인과도 같고 시인도 같고 또— 우리 아버지 같지 뭐, 아버지.
　……
슬플 때 그리운 아버지, 기쁠 때 그리운 아버지, 아버지—. 어디서 꿈결에 울음 섞인 나를 보실 것인가. 그러고 보면 내가 제일 사랑하는 것은 다른 아무도 아니고 곧 아버지인 것 같다. 아버지만 오시면, 한 번 그 눈만 보면 우주를 다 안아도 남을 듯한 그 두 팔로 나를 안아만 주신다면— 아, 아버지.

1951(4284). 4. 23. 낮.
하루가 바쁘게 지나갔다. 남에게 꾼 돈으로 어머니가 손수 만든 초라한 제물을 잡숴 놓고 곡 않는다던 오빠가 나즉한 곡을 하였다.
　달은 퍽 좋았다. 어쩐지 딴 때보다 오늘의 제사는 가슴이 쩐한 듯 곧 울 듯 울 듯 하였다. 어머니가 기특하고 걸리고, 난 흐뭇이 어머니를 껴안고 울고 싶었다. 나물거리도 적고 실과도 적고 아주 보잘 것 없었지만, 할머니가 어머니를 보신다면 언짢아 전보다도 더 우시고 가셨을 것이다.

오늘 아침의 어머니 꿈 이야기.

우리 어머니의 하루는 아름다운 시의 일연이고, 일생은 크고 은은하고 뜨거운, 그리고 마음 속 깊은 곳을 울리울 거룩한 음악과도 비슷하다.

어머니를 더 많이 더 깊이 위하고 싶고 안고 싶다. 내일이면 아니 이따라도 걸핏하면 어머니에게 뾰죽한 소리를 할 내가.

아버지가 보구싶구…… 또.

정양완(鄭良婉)

1929년 서울에서 정인보와 조경희의 딸로 태어나다. 서울대학교 국문학과와 동 대학원을 졸업, 문학박사 학위를 받았다. 성신여자대학교·한국학중앙연구원 교수·연세대 객원교수 및 북경 중앙민족대학 객좌교수 등 역임. 위암(韋庵) 장지연상 수상 (2008). 저서에《조선조후기 한시 연구》《강화학파의 문학과 사상》《육아일기》그리고 수필집과 논문들과 역주서《담원문록(薝園文錄)》《내훈(內訓)》《영세보장(永世寶藏)》《일본동양문고본 고전소설해제》교주서《규합총서(閨閤叢書)》등이 있다.

여자의 마음닦기

內訓
내훈

소혜왕후/정양완 옮겨풀어씀

1판 1쇄 발행/2020. 1. 1

발행인 고정일

발행처 동서문화사

창업 1956. 12. 12. 등록 16-3799

서울 중구 마른내로 144

☎ 546-0331~6 Fax. 545-0331

www.dongsuhbook.com

✳

이 책의 출판권은 동서문화사가 소유합니다.

의장권 제호권 편집권은 저작권 법에 의해 보호를 받는 출판물이므로

무단전재와 무단복제를 금합니다.

사업자등록번호 211-87-75330

ISBN 978-89-497-1735-7 03190